AF193407

Nuevas fronteras

**El Derecho y las Humanidades ante
la revolución tecnológica digital**

Esperanza Ferrando Nicolau
Rosa Pascual Serrats
Coordinadoras

Nuevas fronteras

El Derecho y las Humanidades ante la revolución tecnológica digital

tirant humanidades
Valencia, 2025

© Varios autores y autoras

© TIRANT HUMANIDADES
EDITA: TIRANT HUMANIDADES
C/ Artes Gráficas, 14 - 46010 - Valencia
TELFS.: 96/361 00 48 - 50
FAX: 96/369 41 51
Email: tlb@tirant.com
www.tirant.com
Librería virtual: www.tirant.es
DEPÓSITO LEGAL: V-1297-2025
ISBN: 978-84-1081-152-2

Si tiene alguna queja o sugerencia, envíenos un mail a: *atencioncliente@tirant.com*.
En caso de no ser atendida su sugerencia, por favor, lea en *www.tirant.net/index.*
php/empresa/politicas-de-empresa nuestro Procedimiento de quejas.

Responsabilidad Social Corporativa: *http://www.tirant.net/Docs/RSCTirant.pdf*

Índice

Prólogo
Derecho, Humanidades y tecnología

José Luis Piñar Mañas
Catedrático de Derecho Administrativo.
Universidad CEU San Pablo de Madrid.
Vocal Permanente y Presidente de la Sección de
Derecho Público de la Comisión General de Codificación.

Con enorme gusto y responsabilidad prologo el magnífico libro sobre Derecho, Humanidades y Tecnología que han coordinado las profesoras Rosa Pascual y Esperanza Ferrando. Libro colectivo que se ocupa de uno de los temas sin duda más relevantes para la sociedad actual, el de la innovación tecnológica, la transformación digital, el impacto de la tecnología sobre la vida de las personas.

Llevo años abogando por el necesario diálogo que debe haber entre juristas y técnicos cuando de lo que se trata es de acometer el estudio de la innovación tecnológica desde el punto de vista de su regulación y de su impacto en la sociedad. Este libro es un clarísimo ejemplo de ello, pero asimismo centrado en otro diálogo también incuestionable, el del Derecho y las Humanidades. Con solo leer el índice de la obra caemos en la cuenta de la gran cantidad de temas que aborda, todos ellos tratados por autores que conocen a la perfección el tema del que se ocupan. En la obra que el lector tiene en sus manos y a lo largo de sus catorce capítulos, se habla de neuroderechos, de la tecnología y el derecho contractual, de la aplicación de la innovación tecnológica por las Administraciones Públicas, del derecho, la técnica y la justicia, de la inteligencia artificial y el derecho penal, de los instrumentos internacionales que regulan la inteligencia artificial y los derechos humanos, pero también se habla del impacto de la innovación en los menores, de la tecnología desde el punto de vista de la doctrina social de la Iglesia o de la tecnología en los escritos de Tolkien. Tenemos pues ante nosotros un enfoque enormemente atractivo e interdisciplinar sobre, como digo, una de las cuestiones más relevantes para el presente y el futuro de la humanidad. Ya solo esta perspectiva interdisciplinar hace que la lectura del libro sea imprescindible, y que en mi opinión sea una referencia para cualquier estudio que se afronte de los temas que analiza, y para cualquiera que se enfrente, desde perspectivas muy diferentes, a los retos de la innovación tecnológica.

Como señalaba el principio, cada vez estoy más convencido de que un enfoque parcial y por tanto incompleto de la innovación tecnológica, solo desde la perspectiva del Derecho o solo desde la técnica, es no ya incompleto, como digo, sino peligroso. Enfrentarse a los retos de la innovación desde la perspectiva a veces miope del Derecho puede traer consecuencias no deseadas. Hacerlo desde solo la sensibilidad del tecnólogo puede ser igualmente atrevido. Solo es posible avanzar, y comprender los avances de la sociedad, si se consigue una visión lo más amplia posible de las cuestiones que a todos nos afectan.

No hace mucho, recordaba que Ortega y Gasset ya afirmó en 1933 que "el hombre no vive ya en la naturaleza sino que está alojado en la sobrenaturaleza que ha creado, en un nuevo día del génesis, la técnica"[1]. En efecto el ser humano vive cada vez más en entornos protagonizados por la técnica. Son muchas las personas que no es que vivan "con Internet" es que viven "en internet", en las redes sociales, en el mundo virtual. El cambio que se ha producido en los últimos años, verdaderamente disruptivo, ha hecho que algunos[2] hablen incluso de una nueva época, el "Tecnoceno", como nuevo periodo protagonizado por la imposición tecnológica. Sea como fuere, lo cierto es que estamos siendo testigos

---

[1]   *Meditaciones de la técnica y otros ensayos sobre ciencia y filosofía*, Madrid, Alianza Editorial, 2000 página 15.

[2]   Álvaro San Román, "Elon Musk y la dominación tecnológica", en *Público*, 8 de febrero de 2025.

de una verdadera "aceleración de la historia", como dirían Renaud o Casullo. Aceleración en la que el Derecho no puede en absoluto perder el tren, sino que debe ser capaz de marcar el camino a seguir, pero sin convertirse en la cortapisa para el avance de la técnica que muchos, a veces de forma interesada, pretenden ver. Friedrich Georg Jünger[3] advirtió hace más de ochenta años del riesgo de reemplazar la ley por reglas y regulaciones técnicas, en definitiva del riesgo de que la técnica sea el regulador en lugar de que lo sea el Derecho, como también ha advertido Severino[4]. Esta consideración del Derecho o de la regulación como un obstáculo para el desarrollo de la ciencia se ha trasladado de alguna manera al reciente Informe Draghi de septiembre de 2024[5]. El Informe pone de relieve las tres principales dificultades normativas con las que se encuentran las empresas en la Unión Europea: cumplir con la acumulación de legislación de la Unión Europea y sus frecuentes cambios a lo largo del tiempo, lo que se traduce en superposiciones e incoherencias normativas; la carga adicional añadida por la transposición y aplicación nacional, incluyendo la legislación de la Unión «sobrerregulada» por los Estados miembros, así como los requisitos y normas de aplicación divergentes en los diferentes Estados miembros; y la carga normativa proporcionalmente mayor a la que se enfrentan las Pymes y las empresas de mediana capitalización en comparación con las empresas más grandes[6]. Sin duda el Informe, de un enorme calado para el futuro de Europa, acierta al advertir los riesgos de la excesiva regulación, pero, siendo eso así, bajo ningún concepto puede Europa renunciar a sus valores, principios y señas de identidad, que pasan sobre todo por el reconocimiento y garantía de los derechos fundamentales.

---

3   *La perfección de la técnica*, Editorial Página Indómita Barcelona, 2016 (traducción de la edición alemana de 1944).

4   *Dialogo su Diritto e Técnica*, Editori Laterza, Roma-Bari, 2001.

5   *The Future of European Competitiveness.*

6   *Part. B, In-depth analysis and recommendations*, pág. 318.

La cuestión estriba entonces en esclarecer la posición que el Derecho debe tener en un marco de transformación tecnológica que, como el que ahora estamos viviendo, está cambiando radicalmente la sociedad, y lo va a hacer aún más en un futuro no ya lejano sino totalmente próximo. Y aquí es donde de nuevo cobra pleno sentido el que los juristas dialoguen constantemente con otras disciplinas. Lo que, como señalaba al principio, convierte a la obra que tengo el honor de prologar en una monografía no solo oportuna sino imprescindible. Más atrás ya he adelantado algunos de los temas que el libro aborda y que por supuesto no me corresponde a mí reseñar. Sí quiero en cualquier caso resaltar una vez más la calidad de los trabajos y la solvencia de los autores. En particular las profesoras Rosa Pascual y Esperanza Ferrando, coordinadoras del libro, son ya sobradamente conocidas por las interesantes aportaciones que han hecho al tema al que vengo refiriéndome. Que en definitiva tiene mucho que ver con el de la "calidad de vida", que con tanta precisión investigó hace años ya la profesora Ferrando, y la centralidad de la persona, de la que también se ha ocupado. O con la digitalización del Derecho y de la justicia en particular, sobre lo que ya nos ha ilustrado la profesora Pascual.

Pero volvamos sobre el papel del Derecho en la realidad vital que nos rodea, protagonizada por la innovación tecnológica, y en particular por la transformación digital. Como ya he señalado en otras ocasiones, de lo que se trata es de identificar el papel que ha de corresponder al Derecho, al objeto no de poner trabas o puertas al campo sino de resolver las cuestiones que, sin solución de continuidad, se plantean día a día y de forma aparentemente novedosa. En este sentido, como más de una vez he advertido, el Derecho debe evitar a toda costa basarse en normas que puedan quedar obsoletas con el paso del tiempo; en realidad, con el rápido paso del tiempo. La obsolescencia de la norma es quizá uno de los más graves retos a los que se enfrenta el Derecho en nuestros días. Regular con cortedad de miras, atendiendo a las prontas novedades de la ciencia y sin una perspectiva a largo plazo sería un grave error. Cuanto más concreto y novedoso sea un tema, más preciso se hace acudir a los grandes principios. Los neuroderechos, la inteligencia artificial, las aplicaciones móviles, el metaverso o las redes sociales, son realidades que requieren sin duda una regulación precisa, pero al mismo tiempo la definición de principios que sean válidos y que no resulten desplazados y superados por la evolución de la ciencia. Esto exige un diálogo constante con otras disciplinas, no solo con la técnica. Por ello, repito una vez más, es enormemente acertado el enfoque del presente libro, al incorporar la perspectiva de las Humanidades. Teniendo en cuenta, en cualquier caso, varias cuestiones de enorme importancia, a dos de las cuales me refiero a continuación.

Una de ellas es el papel que la ética debe tener en la regulación, en sentido amplio, de la innovación tecnológica. Si hay algo que se ha resaltado al hablar de cómo enfrentarse a los retos de la técnica es la perspectiva ética, o mejor dicho la necesidad de dar protagonismo a la ética para encauzar la innovación. Nada hay que objetar a ese planteamiento, pero sin olvidar que la ética no tiene por qué ser democrática, que no está definido quién fija los criterios que han de considerarse éticos y, lo que es especialmente importante para cualquier jurista, que la ética carece de fuerza jurídicamente vinculante; dicho con otras palabras, la violación de un principio ético no podrá ser invocada ante un tribunal, aunque de ella derive la posible violación de un derecho. Con esto quiero señalar que lo que los juristas debemos hacer, en mi opinión, es, por supuesto, defender la perspectiva ética de la técnica, pero resaltando la importancia, cuando no la necesidad, de que los valores éticos se juridifiquen. Solo de este modo se podrá garantizar que la ética pase a formar parte del Estado de Derecho, que forme parte del ordenamiento democrático vinculante para la entera sociedad, y de que pueda ser invocada ante los tribunales.

La segunda cuestión alude al nuevo marco de fuentes del derecho que la realidad de la innovación tecnológica está trayendo consigo. Me refiero en particular al protagonismo que están adquiriendo cada vez con mayor fuerza dos fenómenos normativos, o mejor cuasi normativos, en torno a la regulación de la tecnología. Por un lado, la autorregulación, por otro, la apuesta por el *soft law*. En cuanto a la primera parece lógico que, si optamos por una regulación de principios de alcance general, tenga sentido que los mismos puedan concretarse y adaptarse a la realidad de un sector en base a instrumentos de autorregulación. Que, no obstante, nunca deben desplazar a los tradicionales instrumentos de desarrollo normativo de la ley, es decir las disposiciones de carácter general, pero que sí pueden, sin duda, convivir con ellas y desempeñar un papel muy relevante en la concreción de aquellos principios. En cuanto al *soft law*, vemos cómo se recurre, cada vez con más frecuencia, a instrumentos tales como guías, directrices, opiniones -elaboradas por regla general por los reguladores o autoridades independientes que supervisan la innovación tecnológica o la afectación a los derechos fundamentales- que, careciendo de valor normativo, definen sin embargo criterios o elementos, muchas veces vinculantes, relativos a la implantación, uso o desarrollo de nuevas tecnologías. En definitiva, instrumentos que, si bien lo que pretenden es facilitar la interpretación de conceptos o fijar criterios de aplicación, resultan en la práctica vinculantes para los aplicadores de las normas que interpretan. Nada hay que objetar en cuanto a la utilidad de tales instrumentos, pero debemos plantearnos cuál es su verdadera naturaleza jurídica y, desde otro punto de vista pero igualmente relevante, cuáles deberían ser las exigencias mínimas en relación con el procedimiento para su elaboración y aprobación, que debería garantizar en todo caso los principios de transparencia y participación.

Vemos en definitiva que los retos que para el Derecho y en general para las Ciencias Sociales plantea la innovación tecnológica son innumerables. Afrontarlos en una obra colectiva y con distintas perspectivas, todas ellas basadas en análisis solventes, rigurosos y especializados, es una de las muchas bondades que tiene la obra que han coordinado las profesoras Pascual y Ferrando. Que, de este modo, se alinea con la idea de que el Derecho solo es posible si va de la mano de la realidad social y la tecnológica no contra ellas, como, entre otros, ha señalado Marc Langheinrich.

Por último, no querría terminar estas breves líneas sin poner de manifiesto la apuesta que por la investigación hicieron desde el principio, y siguen haciendo, las universidades del CEU. Esperanza Ferrando es Decana de la Facultad de Derecho, Empresa y Ciencias Políticas de la Universidad Cardenal Herrera CEU, cargo que también ocupó con anterioridad Rosa Pascual. Su compromiso con la Universidad y con la investigación es por tanto incuestionable. Además, son una prueba de la colaboración que existe con otras universidades del CEU, como la San Pablo de Madrid, la Abat Oliba de Barcelona o la Fernando III en Sevilla. Investigación que tiene muy en cuenta los principios y valores esenciales de la sociedad y que sabe conjugar las aportaciones de disciplinas diferentes que, sin embargo, aciertan a confluir en un tema común, como es el de la innovación tecnológica, que supone uno de los mayores retos para el ser humano y la sociedad en su conjunto. Por ello debo concluir reiterando mi satisfacción por poder prologar una obra que ahora ve la luz y qué será sin duda un referente para quienes se acerquen a los problemas que plantea la innovación tecnológica, que supone sin duda un enorme e incuestionable avance para el ser humano, pero que también genera retos que entre todos debemos ser capaces de resolver, o al menos afrontar.

Capítulo 1
La regulación de la inteligencia artificial en el ámbito internacional: la Recomendación de la UNESCO, el Convenio del Consejo de Europa y el Reglamento de la UE

Adela M. Aura y Larios de Medrano[1]

1. INTRODUCCIÓN

Los sistemas de inteligencia artificial (en adelante, IA), conviven con nosotros desde hace años, han mejorado nuestra vida y coadyuvado al crecimiento económico mundial; es difícil pensar en un sector de actividad que, en la actualidad, se mantenga ajeno a los mismos. Ahora bien, a pesar de todas las ventajas que la IA ha traído consigo, el continuo desarrollo de esta tecnología y su incesante uso ha creado también preocupación en toda sociedad y en todo ámbito, incluido el internacional. Precisamente por ello, son varias las organizaciones internacionales que, en fecha reciente, han adoptado algún tipo de instrumento, con vistas a su regulación.

Este trabajo tiene por objeto el análisis de tres instrumentos acordados en el seno de tres distintas organizaciones internacionales: la

1   Profesora Titular de Derecho Internacional, Departamento de Ciencias Jurídicas, Facultad de Derecho, Empresa y Ciencias Políticas-Centro de Elche, Universidad Cardenal Herrera-CEU, CEU Universities, Calle Carmelitas 3, 03203 Elche.
WOS Researcher ID: AAA-5748-2019. Código Orcid: 0000-0002-3529-4366.

Recomendación de la UNESCO sobre la Ética de la Inteligencia Artificial, de 23 de noviembre de 2021; el Convenio Marco del Consejo de Europa sobre Inteligencia Artificial y Derechos Humanos, Democracia y Estado de Derecho, de 17 de mayo de 2024, recientemente abierto a la firma, en Vilna, el pasado 5 de septiembre; y el Reglamento (UE) 2024/1689 del Parlamento Europeo y del Consejo, de 13 de junio de 2024, de Inteligencia Artificial, que entró en vigor el 1 de agosto de 2024, aunque no será aplicable hasta el 2 de agosto de 2026.

Por la propia naturaleza de este trabajo y por su objeto, las fuentes de conocimiento empleadas son mayoritariamente primarias. En este sentido, nuestro trabajo es original, dado que hemos trabajado con las fuentes directas y que, debido a lo reciente de su fecha (dos de ellas adoptadas hace apenas tres o cuatro meses), no hemos encontrado trabajos doctrinales que las aborden en profundidad.

A modo de cierre del presente trabajo incluimos unas conclusiones, que ponen de manifiesto las principalmente alcanzadas en nuestra investigación.

2. LA RECOMENDACIÓN DE LA UNESCO SOBRE LA ÉTICA DE LA INTELIGENCIA ARTIFICIAL, DE 23 DE NOVIEMBRE DE 2021

2.1. La UNESCO. Las recomendaciones de la Conferencia General de la UNESCO

La UNESCO[2] es una organización internacional de vocación universal y fines específicos, con sede en París, creada para llevar a cabo la

---

2   El acrónimo procede de las siglas de su nombre en inglés: *United Nations Educational, Scientific, and Cultural Organization*. Su tratado constitutivo (Constitución, de aquí en adelante) firmado el 16 de noviembre de 1945, entró en vigor en noviembre de 1946, y puede ser consultado en: UNESCO (2024). "Constitución". *Textos fundamentales*. Ed. Unesco París, pp. 5-20. Se

cooperación en el ámbito de la educación, la ciencia y la cultura. Se encuentra vinculada a la ONU desde su nacimiento, en noviembre de 1946, por un acuerdo que le confiere el estatuto de organismo especializado de las Naciones Unidas[3]. En la actualidad consta de 194 Estados miembros y 12 miembros asociados, por lo que su ámbito es universal; en cuanto a España, forma parte de la misma desde el 30 de enero de 1953[4].

La UNESCO se propone, como establece el art 1 de su tratado constitutivo[5], "contribuir a la paz y a la seguridad estrechando, mediante la educación, la ciencia y la cultura, la colaboración entre las naciones, a fin de asegurar el respeto universal a la justicia, a la ley, a los derechos humanos y a las libertades fundamentales que sin distinción de raza, sexo, idioma o religión, la Carta de las Naciones Unidas reconoce a todos los pueblos del mundo". A tal fin, la UNESCO actúa a través de cinco grandes programas: educación, cultura, ciencias naturales, ciencias sociales y humanas y comunicación y educación.

En cuanto a su estructura orgánica y funciones, en la UNESCO encontramos tres órganos principales: la Conferencia General, que es el

---

recomienda esta edición porque contiene los textos con las modificaciones aprobados por la Conferencia General en su última reunión, la 42a reunión (París, 7-22 de noviembre de 2023). Disponible también on line: https://unesdoc.unesco.org/ark:/48223/pf0000389074_spa. Recuperado el 3 de septiembre de 2024.

3   Jiménez Piernas, C. (2011). *Introducción al Derecho Internacional Público. Práctica de España y de la Unión Europea*. Tecnos, p. 241. El acuerdo entre la ONU y la UNESCO a través del cual esta última llegó a ser un organismo especializado fue adoptado en noviembre de 1946 por la primera Conferencia General de la UNESCO y aprobado el 14 de diciembre de 1946 por la Asamblea General de la ONU.

4   Para consultar los Estados miembro y su fecha de incorporación a la organización *vid.* https://www.unesco.org/en/countries. Recuperado el 3 de septiembre de 2024.

5   *Vid. supra* nota 2.

órgano deliberante supremo y está compuesta por las delegaciones nacionales de los Estados miembros; el Consejo Ejecutivo, órgano restringido con funciones ejecutivas; y la Secretaría[6].

Entre las competencias de la Conferencia General, cabe destacar que la misma puede aprobar dos tipos de instrumentos normativos: tenemos, por un lado, las convenciones internacionales, que pueden ser adoptadas en su seno por mayoría de dos tercios y que luego se abren a la firma y ratificación individual de los Estados; y están, por otro lado, las meras recomendaciones dirigidas a esos Estados, en cuyo caso es suficiente con la simple mayoría de votos[7].

En ambos casos, los Estados Miembros han de someter a sus autoridades nacionales lo adoptado, en el plazo de un año. Ahora bien, su naturaleza es muy distinta, pues "las recomendaciones no son por supuesto obligatorias y las convenciones necesitan lógicamente de la manifestación del consentimiento de los Estados en obligarse"[8]. Por ello, solo las convenciones internacionales en vigor contienen obligaciones jurídicas, y solo para los Estados que las han ratificado[9].

Las recomendaciones[10] de la Conferencia General de la UNESCO no están sujetas a ratificación, sino que los Estados miembros son invitados

---

6   Diez de Velasco, M. (2010). *Las Organizaciones Internacionales,* 16 ed. Tecnos, pp. 352-353.

7   Art. 4 de su Constitución.

8   Pastor Ridruejo, J.A. (2006). *Curso de Derecho Internacional Público y Organizaciones Internacionales,* 10 ed. Tecnos, p. 764.

9   La página web de la UNESCO nos facilita su consulta, indicando, para cada Estado miembro, de qué convenciones es parte. La situación de España, puede ser consultada en el siguiente enlace: https://www.unesco.org/es/countries/es/conventions. Visitado el 3 de septiembre de 2024.

10   La lista completa de las recomendaciones adoptada y su contenido puede ser consultado en: https://www.unesco.org/es/legal-affairs/standard-setting/recommendations?hub=66535. Visitado el 3 de septiembre de 2024.

a aplicarlas. Las mismas no son vinculantes, pero como emanan de la Conferencia General, gozan de gran autoridad y tienden a influenciar el desarrollo de las legislaciones y prácticas nacionales. Así son contempladas en el art. 1 del vigente Reglamento de la UNESCO[11]: "las recomendaciones en las cuales la Conferencia General formule principios y normas destinados a reglamentar internacionalmente una cuestión, e invite a los Estados Miembros a adoptar cualesquiera medidas legislativas o de otro carácter que sean necesarias según las particularidades de las cuestiones de que se trate y las disposiciones constitucionales de cada Estado para aplicar en sus respectivos territorios los principios y normas formulados."

Desde el año 1956 hasta la actualidad, la Conferencia General de la UNESCO ha adoptado 37 recomendaciones, siendo la penúltima la Recomendación sobre la Ética de la Inteligencia Artificial, que pasamos a examinar.

2.2. La Recomendación sobre la Ética de la Inteligencia Artificial

La Recomendación sobre la Ética de la Inteligencia Artificial fue adoptada en Paris, el 23 de noviembre de 2021, por los 193 Estados miembros

---

[11]   Su nombre completo es Reglamento sobre las recomendaciones a los Estados Miembros y las convenciones internacionales previstas en el párrafo 4 del Artículo IV de la Constitución, fue aprobado por la Conferencia General en su 5a reunión (5 C/Resoluciones) y ha sido modificado en varias ocasiones. Para su consulta *vid.* UNESCO (2024). "Reglamento sobre las recomendaciones a los Estados Miembros y las convenciones internacionales previstas en el párrafo 4 del Artículo IV de la Constitución". *Textos fundamentales*. Ed. Unesco París, pp. 117-122. Se recomienda esta edición porque contiene los textos con las modificaciones aprobados por la Conferencia General en su última reunión, la 42a reunión (París, 7-22 de noviembre de 2023). Disponible también on line: https://unesdoc.unesco.org/ark:/48223/pf0000389074_spa. Recuperado el 3 de septiembre de 2024.

de la UNESCO[12]. La Recomendación trata sobre las cuestiones éticas relacionadas con el ámbito de la IA, en la medida en que competen al mandato de la UNESCO[13], y es el primer marco normativo universal sobre ética de la IA. Ahora bien, hay que resaltar que, al tratarse de una "recomendación", lo que se hace desde la UNESCO es simplemente "recomendar que los Estados Miembros apliquen, de manera voluntaria, las disposiciones de la Recomendación mediante la adopción de las medidas adecuadas, en particular las medidas legislativas o de otra índole que puedan ser necesarias, de acuerdo con la práctica constitucional y las estructuras de gobierno de cada Estado, con el fin de dar efecto en sus respectivas jurisdicciones a los principios y normas enunciados en la Recomendación, de conformidad con el derecho internacional, incluido el derecho internacional de los derechos humanos"[14].

La Recomendación maneja una noción amplia de sistemas de IA: aquellos sistemas con capacidad para procesar datos de forma similar a un comportamiento inteligente[15]. Su finalidad es orientar a los Estados, y a otros actores, sobre qué tecnologías de IA son aceptables, desde un punto de vista ético, y cuáles deben ser rechazas, por atentar contra la dignidad humana[16].

La Recomendación de la UNESCO aborda la ética de la IA como una reflexión normativa sistemática, basada en un marco integral, global, multicultural y evolutivo de valores, principios y acciones interdependientes.

---

12   UNESCO (2022). *Recomendación sobre la Ética de la Inteligencia Artificial.* Ed. Unesco París. El texto de la misma está también disponible en la web de la UNESCO, en el siguiente enlace: https://www.unesco.org/es/legal-affairs/recommendation-ethics-artificial-intelligence?hub=66535#item-0. Recuperado el 3 de septiembre de 2024.

13   Pár. 1 de la Recomendación.

14   Preámbulo de la Recomendación.

15   Pár. 2 de la Recomendación.

16   Párs. 5-8 de la Recomendación.

Considera la ética como una base dinámica para la evaluación y la orientación normativas de las tecnologías de IA, tomando como referencia la dignidad humana, el bienestar y la prevención de daños y apoyándose en la ética de la ciencia y la tecnología.[17]

La Recomendación formula cuatro valores fundamentales y diez principios básicos, que considera son los que pueden guiar a los Estados y otros actores en sus acciones concretas. Los valores y principios deberían así ser respetados por todos los actores de sistemas de IA en el mundo, y por ello se considera que los Estados, cuando sea procedente, deben promoverlos mediante modificaciones legislativas[18], para hacerlos así efectivos en sus ordenamientos internos. En este sentido, la Recomendación señala que la principal acción consiste en que los Estados Miembros establezcan medidas eficaces, por ejemplo, marcos o mecanismos normativos, y velen por que otras partes interesadas, como las empresas del sector privado, las instituciones universitarias y de investigación y la sociedad civil, se adhieran a ellas[19].

Los cuatro valores fundamentales, que sientan las bases para que los sistemas de IA trabajen por el bien de la humanidad, las personas, las sociedades y el medio ambiente, son los siguientes: el respeto, protección y promoción de los derechos humanos, las libertades fundamentales y la dignidad humana; la prosperidad del medio ambiente y los ecosistemas; garantizar la diversidad y la inclusión; y vivir en sociedades pacíficas, justas e interconectadas[20].

Los diez principios básicos, que establecen un enfoque de la ética de la IA centrado en los derechos humanos, son los siguientes: proporcionalidad e inocuidad; seguridad y protección; equidad y no discriminación; sostenibilidad; derecho a la intimidad y protección de datos;

---

17   Pár. 1 de la Recomendación.

18   Pár. 9 de la Recomendación.

19   Pár. 48 de la Recomendación.

20   Párs. 13-24 de la Recomendación.

supervisión y decisión humana; transparencia y explicabilidad; responsabilidad y rendición de cuentas; sensibilización y educación; y gobernanza y colaboración adaptativas y de múltiples partes interesadas[21].

Estos principios y valores son los que pueden guiar a los Estados en sus acciones concretas, en particular en los distintos ámbitos de actuación política que la misma contempla: evaluación del impacto; gobernanza y administración; política de datos; desarrollo y cooperación internacional; medio ambiente y ecosistemas; género; cultura, educación e investigación; comunicación e información; economía y trabajo; y salud y bienestar social.[22] Los ámbitos políticos clave dejan claros los campos de acción en los que los Estados miembros pueden avanzar hacia una evolución responsable de la IA, pues son principalmente éstos los que deben respetar, promover y proteger los valores, principios y normas éticos relativos a la IA que se establecen en esta Recomendación y adoptar todas las medidas posibles para dar efecto a sus recomendaciones de actuación[23].

2.3. Desarrollos posteriores

El seguimiento de la aplicación de la recomendación ha sido encargado al Consejo Ejecutivo de la UNESCO. La primera consulta a los Estados Miembros comenzó en junio de este año 2024 y aún no ha concluido. Cuando se cierre, el Consejo ejecutivo tendrá que redactar su Informe, que deberá presentar a la Conferencia General en su 43ª reunión, esto es, en otoño del año 2025[24].

---

21   Párs. 25-47 de la Recomendación.

22   Párs. 48 y ss. de la Recomendación.

23   Pár. 135 de la Recomendación.

24   Para seguir este proceso puede consultarse la Ventanilla única para el seguimiento de la aplicación de los instrumentos normativos, en el siguiente enlace: https://www.unesco.org/es/node/107897?hub=66535. Visitado el 3 de septiembre de 2024.

Cerramos este apartado dedicado a la UNESCO destacando que el "2º Foro Mundial sobre la Ética de la Inteligencia Artificial: Cambiando el panorama de la gobernanza de la IA" tuvo lugar en Eslovenia los días 5 y 6 de febrero de 2024. En el mismo se pusieron en común diversas experiencias y conocimientos, fruto de lo cual la UNESCO se ha refirmado en su consideración de que lograr una buena regulación de la IA es uno de los retos más importantes de nuestro tiempo, y que aún queda un largo camino para el logro de la aplicación efectiva de la Recomendación[25].

---

25   Con el fin de ayudar a los Estados miembros en su tarea, esta organización ha desarrollado dos metodologías prácticas, la RAM y la EIA. La Metodología de evaluación del estadio de preparación (RAM, por sus siglas en inglés) está diseñada para ayudar a evaluar si los Estados miembros están preparados para aplicar eficazmente la Recomendación. Esta metodología está creada para ayudar a los Estados a identificar su estadio de preparación y proporcionar una base para que la UNESCO adapte su apoyo al desarrollo de capacidades. La Evaluación del impacto ético (EIA, por sus siglas en inglés) es un proceso estructurado que ayuda a los equipos de proyectos de IA, en colaboración con las comunidades afectadas, a identificar y evaluar las repercusiones que puede tener un sistema de IA. Permite reflexionar sobre su impacto potencial e identificar las acciones de prevención de daños necesarias.

3. EL CONVENIO MARCO DEL CONSEJO DE EUROPA SOBRE INTELIGENCIA ARTIFICIAL Y DERECHOS HUMANOS, DEMOCRACIA Y ESTADO DE DERECHO, DE 17 DE MAYO DE 2024 (VILNA, 5 DE SEPTIEMBRE DE 2024)

3.1. El Consejo de Europa. Los Convenios adoptados en el seno de su Consejo de Ministros

El Consejo de Europa es una organización internacional regional de fines generales[26], creada en la Europa occidental en 1949[27], que "constituye fundamentalmente una comunidad ideológica, basada en el triple pilar de democracia parlamentaria, Estado de Derecho y respeto a los derechos del hombre"[28]. Durante este 2024 se conmemora el 75º aniversario de la organización, que en el momento presente cuenta con 46 Estados miembros y 5 Estados observadores[29].

La finalidad del Consejo de Europa consiste en "realizar una unión más estrecha entre sus miembros para salvaguardar y promover los ideales y los principios que constituyen su patrimonio común y favorecer su progreso económico y social. Esta finalidad se perseguirá a través de los órganos del Consejo, mediante el examen de los asuntos de interés común, la conclusión de acuerdos y la adopción de una acción conjunta en los campos económico, social, cultural, científico,

---

26 Jiménez Piernas, C. (2011). *Op. cit*, pp. 210-211.

27 El tratado que instituyó el Consejo de Europa, fijando su sede en Estrasburgo, se firmó en Londres el 5 de mayo de 1949.

28 Pastor Ridruejo, J.A. (2006). *Op. cit.,* p. 209.

29 España ingresó en el Consejo de Europa el 24 de noviembre de 1977, estando publicado el Instrumento de Adhesión de España al Estatuto del Consejo de Europa en el BOE de 1 de marzo de 1978. En el siguiente enlace de la página web del Consejo de Europa puede consultarse el listado de Estados miembros y observadores, con detalle de fechas y acciones de los mismos: https://www.coe.int/es/web/portal/46-members-states. Visitado el 3 de septiembre de 2024.

jurídico y administrativo, así como la salvaguardia y la mayor efectividad de los derechos humanos y las libertades fundamentales"[30]. Es precisamente en este último ámbito, el de la protección de los derechos del hombre, donde el Consejo de Europa ha llevado a cabo su gran obra, gracias al Convenio para la Protección de los Derechos Humanos y de las Libertades Fundamentales de 1950[31] y al Tribunal Europeo de Derechos Humanos[32].

Ello, no obstante, el Consejo de Europa ha desarrollado ampliamente su finalidad de cooperación internacional, y bajo sus auspicios se han elaborado múltiples convenciones multilaterales, de las que el Consejo es el depositario. En efecto, además del citado Convenio de Roma de 1950, el Consejo de Europa ha elaborado más de 200 tratados internacionales, acordados en el seno de su Comité de Ministros, órgano entre cuyas funciones está la posibilidad de concluir convenios y acuerdos internacionales[33], por lo que tiene un "poder prelegislativo", que fue clarificado por dos resoluciones del año 1951: por la primera, cada uno de los miembros se obliga a someter, en el plazo de un año la cuestión de la ratificación de los acuerdos a la autoridad competente de su país; y la segunda, por la que las Conclusiones del Comité que revistan la forma de

---

30   Art. 1, apartados a) y b), del Estatuto del Consejo de Europa de 5 de mayo de 1949.

31   El Convenio para la Protección de los Derechos Humanos y de las Libertades Fundamentales, hecho en Roma el 4 de noviembre de 1950, ha sido enmendado por 16 Protocolos adicionales. Para más información sobre el mismo puede consultarse su web: https://www.coe.int/en/web/human-rights-convention. Visitado el 3 de septiembre de 2024.
En España firmó el Convenio y algunos de sus protocolos el 24 de noviembre de 1977 (BOEde 10 de octubre de 1979).

32   Órgano del Consejo de Europa y principal mecanismo de garantía de los derechos reconocidos en el Convenio de Roma y sus protocolos. Dispone de su propia página web: https://www.echr.coe.int/. Visitado el 3 de septiembre de 2024.

33   Art. 15.a) del Estatuto del Consejo de Europa de 5 de mayo de 1949.

convención serán sometidas por el Secretario General a todos los miembros y las ratificaciones serán depositadas ante el mismo[34]. De esta forma, las convenciones y acuerdos promovidos por el Consejo de Europa y adoptados en el seno de su Consejo de Ministros, cuando entran en vigor, obligan exclusivamente a los miembros que los han ratificado[35].

El último de los tratados adoptados en el Comité de Ministros del Consejo de Europa es el Convenio Marco del Consejo de Europa sobre Inteligencia Artificial y Derechos Humanos, Democracia y Estado de Derecho, de 17 de mayo de 2024; abierto a la firma, con el número 225, durante la conferencia de los Ministros de Justicia del Consejo de Europa que se ha celebrado en Vilna, el pasado 5 de septiembre[36], y del que nos ocupamos a continuación.

3.2. El Convenio Marco del Consejo de Europa sobre Inteligencia Artificial y Derechos Humanos, Democracia y Estado de Derecho

Sobre la elaboración de este convenio, cabe destacar que fue en la 129 sesión del Comité de Ministros, celebrada en Helsinki durante los días 16 y 17 de mayo de 2019, cuando se acordó estudiar la viabilidad de un marco legal para la IA, basado en los estándares de la organización (Democracia, Estado de Derecho y Derechos Humanos). A tal fin, se

---

34 Diez de Velasco, M. (2010). *Op. cit.,* p. 465.

35 El texto de todos los tratados del Consejo de Europa, sus informes explicativos, el estado de las firmas y ratificaciones, las declaraciones y reservas realizadas por los Estados, así como las notificaciones emitidas por la Oficina de Tratados desde el año 2000, están disponibles en la web del mismo, en el siguiente enlace: https://www.coe.int/en/web/conventions/home. Visitado el 7 de septiembre de 2024.

36 En ocasiones, los convenios internacionales se abren a la firma inmediatamente después de su adopción, en especial si los adopta una conferencia diplomática. En el caso del presente Convenio, entre la adopción y la apertura a la firma ha mediado un periodo de más de tres meses.

estableció un comité *ad hoc,* denominado Comité sobre Inteligencia Artificial (CAI)[37], que ese mismo año comenzó sus trabajos, y que en marzo de este año 2024 ya había presentado al Comité de Ministros el proyecto de Convenio Marco sobre IA, Derechos Humanos, Democracia y Estado de Derecho[38].

Del proceso de negociación de este Convenio Marco destaca que en el mismo participaron, además de los 46 Estados miembros del Consejo de Europa, la Unión Europea (en adelante, UE) y varios Estados de distintas regiones (Argentina, Australia, Canadá, Costa Rica, Estados Unidos, Israel, Japón, México, Perú, Uruguay y la Santa Sede)[39]. Además, el Presidente del CAI pone de relieve que durante el mismo se escuchó a varios órganos del Consejo de Europa y a otras organizaciones

---

37   Toda la información relacionada con este Comité puede ser consultada en la web del Consejo de Europa, en el siguiente enlace: https://www.coe.int/en/web/artificial-intelligence/cai, Visitado el 3 de septiembre de 2024.

38   El CAI fue creado por el Consejo de Ministros en su 1353 reunión, celebrada el 11 de septiembre de 2019, y celebró su primera reunión plenaria, en Estrasburgo del 18 al 20 de noviembre de 2019; en la sexta reunión plenaria, que se celebró del 31 de mayo al 2 de junio de 2023, se presentó el *Zero Draft* del Convenio Marco. El CAI celebró su décima sesión plenaria los días 11-14 de marzo de 2024, y en la misma se acordó presentar al Comité de Ministros el proyecto de Convenio Marco con miras a su adopción formal, junto con el proyecto de Informe Explicativo (*Decisions, 10th Meeting,* Doc. CAI (2024) 09). En la página web del CAI se encuentran disponibles, en lengua inglesa, ambos documentos. Está previsto que el CAI celebre su 11th Meeting en breve, durante los días 17-19 de septiembre de 2024.

39   *Vid.* Committee on Artificial Intelligence (CAI). *Council of Europe Framework Convention on Artificial Intelligence and Human Rights, Democracy and the Rule of Law, Explanatory Report (Doc. CM(2024)52-addfinal, 17/05/2024).* https://search.coe.int/cm#_Toc161675549. Recuperado el 3 de septiembre de 2024.

internacionales (la OCDE, la OSCE, la UNESCO) así como a representantes de la sociedad civil, del sector privado y del mundo académico[40].

El Convenio Marco del Consejo de Europa sobre Inteligencia Artificial y Derechos Humanos, Democracia y Estado de Derecho fue adoptado el 17 de mayo de 2024 por el Comité de Ministros del Consejo de Europa, en su 133.º período de sesiones celebrado en Estrasburgo[41]. Nos encontramos ante el primer acuerdo internacional sobre esta materia, al que pueden adherirse también países no pertenecientes al Consejo de Europa.

El Convenio Marco se ha abierto a la firma el 5 de septiembre de 2024, con motivo de la Conferencia de Ministros de Justicia celebrada en Vilna (Lituania). Ese mismo día ha sido firmado por Andorra, Georgia, Islandia, Noruega, la República de Moldavia, San Marino, Reino Unido, así como Israel, Estados Unidos de América y la Unión Europea[42]. En dicho acto, la Secretaria General del Consejo de Europa ha declarado: "debemos garantizar que el auge de la IA sostenga nuestras normas, en lugar de socavarlas. El Convenio Marco está diseñado para garantizar justo eso. Es un texto potente y equilibrado, resultado del enfoque abierto e inclusivo con el que ha sido redactado, lo que ha garantizado que se beneficie de perspectivas múltiples y expertas. El Convenio Marco es un tratado abierto con un potencial alcance mundial. Espero que éstas

---

40   En palabras de Thomas Schneider, Presidente del CAI 2022-2024, disponibles en la web del CAI.

41   El texto del mismo se encuentra disponible en la web del Consejo de Europa en el siguiente enlace: https://rm.coe.int/1680afae3c. Recuperado el 7 de septiembre de 2024.

42   Todos los detalles sobre este tratado número 225, incluido su status con firmas y ratificaciones, están disponibles en Treaty Office del Consejo de Europa, en el siguiente enlace: https://www.coe.int/en/web/conventions/full-list?module=treaty-detail&treatynum=225. Visitado el 7 de septiembre de 2024. En fecha de corrección de pruebas (marzo 2025) ya asciende a quince el número de firmas no seguidas de ratificación, incluyendo también a: Liechtenstein, Montenegro, Suiza, Canadá y Japón.

sean las primeras de muchas firmas, y que pronto seguirán las ratificaciones, de modo que el tratado pueda entrar en vigor tan pronto como sea posible"[43].

Queremos destacar que la Comisión Europea ha firmado el Convenio Marco en nombre de la Unión Europea[44], dado que está en consonancia con el Reglamento de Inteligencia Artificial de la UE, a través del cual será aplicado el Convenio Marco en la UE[45]. Ello es posible porque nos encontramos ante un "convenio marco"[46], que debe ser complementado con otros instrumentos específicos que regulen los sistemas de IA. Precisamente por ello, el art. 27, que trata los efectos del Convenio, se refiere, expresamente, a la UE, al establecer que "las Partes que sean

---

43   La declaración de Marija Pejčinović se recoge en el comunicado de prensa del Consejo de Europa de 5 de septiembre de 2024, https://www.coe.int/en/web/portal/-/council-of-europe-opens-first-ever-global-treaty-on-ai-for-signature. Recuperado el 7 de septiembre de 2024.

44   La misma fue autorizada por la Decisión (EU) 2024/2218 del Consejo de 28 de agosto de 2024, relativa a la firma, en nombre de la Unión Europea, del Convenio Marco del Consejo de Europa sobre Inteligencia Artificial, Derechos Humanos, Democracia y Estado de Derecho (DOUE L, de 4 de septiembre de 2024).

45   Representación de la Comision en España, "Comunicado de prensa del 5 de septiembre de 2024", https://spain.representation.ec.europa.eu/noticias-eventos/noticias-0/la-comision-firma-el-convenio-marco-sobre-inteligencia-artificial-del-consejo-de-europa-2024-09-05_es. Recuperado el 7 de septiembre de 2024.

46   La expresión "convenio marco" no tiene un significado claro y unívoco, si bien en la práctica suele utilizarse para designar a las "convenciones básicas" que luego pueden ser complementada con "acuerdos específicos" u otro tipo de normas. Así, por ejemplo, se autodenominan la Convención marco sobre el cambio climático adoptada por la Conferencia de Río de Janeiro el 5 de junio de 1992, el Convenio-marco europeo sobre cooperación transfronteriza entre comunidades o autoridades territoriales, de 21 de mayo de 1980, y el Convenio-marco para la protección de las minorías nacionales, de 1 de febrero de 1995.

miembros de la Unión Europea aplicarán, en sus relaciones mutuas, las normas de la Unión Europea que regulan las materias comprendidas en el ámbito de aplicación del presente Convenio, sin perjuicio del objeto y fin de la presente Convención y sin perjuicio de su plena aplicación con otras Partes"[47]. Dedicamos el siguiente apartado de este trabajo al Reglamento de IA de la UE, también denominado Ley de IA.

El Convenio Marco, que no está en vigor, entrará en vigor a los tres meses desde la fecha en que cinco signatarios, incluidos al menos tres Estados miembros del Consejo de Europa, lo hayan ratificado[48].

En cuanto al contenido del Convenio Marco sobre Inteligencia Artificial y Derechos Humanos, Democracia y Estado de Derecho, el mismo consta de 36 artículos y se estructura en 8 capítulos, precedidos de un Preámbulo, en el que se recuerdan los fines del Consejo de Europa: el respeto y defensa de los derechos humanos, la Democracia y el Estado de Derecho. Se señala, también, que, aunque los sistemas de IA pueden promover la prosperidad en el mundo, algunas actividades relacionadas con los mismos pueden socavar la dignidad humana y autonomía individual, dado que su mal uso puede vulnerar los derechos humanos, la Democracia y el Estado de Derecho; y que, por ello, es necesario un marco legal que establezca los principios y reglas generales comunes que deben regular las actividades de los sistemas de IA, destacando así su naturaleza de convenio marco[49].

El tratado, que también está abierto a países no europeos, establece un marco jurídico que abarca todo el ciclo de vida de los sistemas de IA

---

47   La traducción es nuestra.

48   Art. 30.3 del Convenio Marco.

49   El art. 27 del Convenio Marco también establece, con carácter general, que si dos o más Partes ya hubieran celebrado un tratado sobre las cuestiones tratadas en este Convenio, o hubieran establecido de otro modo relaciones sobre tales materias, podrán aplicar esos instrumentos, siempre que sean compatibles con el objeto y fin del mismo.

y se ocupa de los riesgos que pueden plantear, a la vez que promueve la innovación responsable. El convenio, que recoge un conjunto de principios y medidas para regular el desarrollo y uso de la inteligencia artificial, se centra en la cooperación entre los Estados miembros para asegurar que la IA se utilice de manera ética y respetuosa con los derechos humanos. Adopta, por tanto, "un enfoque basado en el riesgo para diseñar, desarrollar, usar y decomisar sistemas de IA, que exige considerar cuidadosamente cualquier posible consecuencia negativa del uso de sistemas de IA". Obliga a las partes a adoptar medidas para identificar, evaluar, prevenir y mitigar posibles riesgos de los sistemas de IA, pudiendo prohibir aquellos cuyo uso implique riesgos que puedan ser incompatibles con las normas de los derechos humanos[50].

El Convenio proporciona una definición amplia de lo que es un "sistema de IA", al disponer en su art. 2 que "a los efectos del presente Convenio, se entenderá por "sistema de inteligencia artificial" un sistema basado en una máquina que, para objetivos explícitos o implícitos, infiere, a partir del input que recibe, cómo generar resultados como predicciones, contenidos, recomendaciones o decisiones que pueden influir entornos físicos o virtuales"

El Capítulo I, que está dedicado a las "Disposiciones Generales", explicita que la finalidad del mismo es "asegurar que las actividades dentro del ciclo de vida de los sistemas de IA sean plenamente coherentes con los derechos humanos, la Democracia y el Estado de Derecho", y por ello obliga a las partes a adoptar las medidas legislativas, administrativas y de otra naturaleza que sean necesarias a tal fin[51]. Por

---

50   Tomado de la nota de prensa del Comité de Ministros del Consejo de Europa distribuida en la fecha de su adopción, el 17 de mayo de 2024, disponible en https://www.coe.int/es/web/portal/-/council-of-europe-adopts-first-international-treaty-on-artificial-intelligence. Consultado el 20 de mayo de 2024.

51   Art. 1 del Convenio Marco, que añade que esas medidas han de ser graduadas atendiendo al riesgo, esto es, a la severidad y probabilidad de que se produzcan impactos adversos.

ello, el convenio cubre el uso de sistemas de IA, tanto en el sector público como por el sector privado; si bien, en lo que se refiere a la obligación de las partes de regular el sector privado bajo su jurisdicción, el Convenio permite que le den cumplimiento de dos formas diferentes: quedando obligadas directamente por las disposiciones de los Capítulos II a VI del Convenio o, como alternativa, adoptando otras medidas para cumplir con las mismas. Destaca también de su ámbito de aplicación que se prevén exenciones limitadas en materia de seguridad nacional e investigación y desarrollo. Además, de conformidad con el Estatuto del Consejo de Europa, las cuestiones relativas a la defensa nacional no entran dentro del ámbito de aplicación del Convenio[52].

El Capítulo II se dedica a las "Obligaciones Generales", siendo las principales proteger los derechos humanos y asegurar la integridad de los procesos democráticos y el respeto al Estado de Derecho[53]; en cuanto a los riesgos para la Democracia, requiere a las partes que adopten medidas para garantizar que los sistemas de IA no se utilicen para minar las instituciones y procesos democráticos, incluido el principio de separación de poderes, el respeto de la independencia judicial y el acceso a la justicia. En cuanto al Capítulo III sobre los "Principios relacionados con las actividades dentro del ciclo de vida de los sistemas de inteligencia artificial", en el mismo se recogen los principios comunes que cada participante en el convenio deberá implantar en sus sistemas de IA, de conformidad con su sistema legal y las demás obligaciones del propio convenio. Estos principios son muy parecidos a los del Reglamento de IA de la UE: dignidad humana y autonomía individual, transparencia y supervisión, rendición de cuentas y responsabilidad, equidad y no discriminación, privacidad y protección de datos personales, confiabilidad, e innovación segura[54].

---

52   Art. 3 del Convenio Marco.

53   Arts. 4-5 del Convenio Marco.

54   Arts. 6-13 del Convenio Marco.

El Capítulo IV "Recursos", exige que las partes adopten y mantengan en sus sistemas domésticos legales un sistema de recursos efectivo frente a las violaciones de derechos humanos relacionadas con la IA; también que se definan salvaguardas procedimentales para proteger los derechos de las personas afectadas por el uso de estos sistemas, que aseguren que las personas que interactúen con sistemas de IA sean conscientes de ello, esto es, sepan claramente que no lo hacen con un ser humano[55].

El Capítulo V se dedica a la "Evaluación y mitigación de riesgos e impactos adversos", y en el mismo se dispone que cada parte debe tomar medidas para: identificar, evaluar, prevenir y mitigar los riesgos asociados con estos sistemas, en particular cuando afecten a los derechos humanos, la Democracia y el Estado de Derecho; asegurar que esas medidas sean graduadas y cumplan con varios requisitos, como considerar la probabilidad y severidad de los posibles efectos adversos; e incluir documentación sobre los riesgos, sus efectos y su estrategia de gestión[56]. En el Capítulo VI, titulado "Implementación del Convenio", se establece que las disposiciones del mismo deben ejecutarse sin discriminación, con igualdad de trato y respetando los compromisos internacionales sobre derechos humanos[57].

El Capítulo VII, dedicado a los "Mecanismo de seguimiento y cooperación" regula la celebración de una "Conferencia de las Partes", compuesta por los representantes de los participantes en el convenio, con los objetivos que debe cubrir y la obligación de rendir cuentas ante ella; también la cooperación internacional, animando a las partes a asistir a los Estados no participantes para que actúen en coherencia con el

---

55 Arts. 14-15 del Convenio Marco.

56 Art. 16 del Convenio Marco.

57 Arts. 17-22 del Convenio Marco, que también contienen disposiciones sobre los derechos de las personas con discapacidad y de los niños; las consultas públicas; la alfabetización y habilidades digitales; la salvaguardia de los derechos humanos existentes; y la más amplia protección.

convenio y se unan a él, y a intercambiar información relevante sobre la inteligencia artificial; y los mecanismos de supervisión efectiva del cumplimiento de las obligaciones del convenio[58].

Por último, el Capítulo VIII recoge las habituales cláusulas finales de toda convención[59]; del mismo destacan las disposiciones del art. 27 (antes referidas) y la posibilidad de accesión de Estados que no forman parte del Consejo de Europa[60].

4. EL REGLAMENTO (UE) 2024/1689 DEL PARLAMENTO EUROPEO Y DEL CONSEJO, DE 13 DE JUNIO DE 2024, DE INTELIGENCIA ARTIFICIAL

4.1. Los reglamentos de la Unión Europea

Por todos es conocido que la Unión Europea (en adelante, UE) es una organización internacional de integración y de ámbito regional europeo, que en la actualidad está formada por 27 Estados miembros. Ello implica que la UE carece de competencias propias u originarias, y que las mismas derivan de la voluntad de los Estados miembros, quienes le atribuyen los poderes necesarios para que alcance los objetivos previstos en sus dos Tratados Constitutivos: el Tratado de la Unión Europea (TUE) y el Tratado de Funcionamiento de la Unión Europea (TFUE)[61]. También es algo comúnmente conocido que la UE tiene personalidad jurídica y un ordenamiento jurídico propio, el Derecho de la Unión Europea; el mismo está formado, además de por los

---

58   Arts. 23-26 del Convenio.

59   Sobre la firma y entrada en vigor, las reservas, las enmiendas, la solución de controversias y las denuncias, entre otros.

60   Art. 31 del Convenio Marco.

61   Ambos con el mismo valor jurídico. La versión consolidada de ambos tratados está publicada en DOUE C 202, de 7 de junio de 2016.

Tratados Constitutivos[62] (el denominado Derecho Originario), por los actos y normas jurídicas adoptados por las Instituciones de la UE, en el ejercicio de las competencias atribuidas a la misma y de conformidad con los procedimientos de adopción de decisiones previstos en los Tratados Constitutivos (el denominado Derecho Derivado).

El "reglamento" es uno de estos actos normativos de Derecho Derivado, que es definido en el art. 288.2 del TFUE: "El reglamento tendrá un alcance general. Será obligatorio en todos sus elementos y directamente aplicable en cada Estado miembro". Nos encontramos, por tanto, ante un acto normativo vinculante de Derecho Derivado, dado que produce efectos jurídicos obligatorios, por lo que su incumplimiento puede generar la imposición de sanciones. Cuando el mismo es adoptado conforme a un procedimiento legislativo, ya sea ordinario o especial, tiene la naturaleza de acto legislativo, y las siguientes características: "alcance general", que significa que el reglamento es de aplicación a situaciones objetivamente determinadas y los sujetos destinatarios están delimitados de manera general y abstracta; "obligatoriedad en todos los elementos", lo que supone que el reglamento no puede ser aplicado de manera incompleta o selectiva; y "directamente aplicable en todos los Estados miembros", ya que los efectos jurídicos del reglamento no dependen de ninguna medida estatal (legislativa, administrativa o judicial) de transposición o incorporación. De esta forma, se garantiza su aplicación simultánea y uniforme en toda la UE, ya que desde su entrada en vigor el reglamento genera derechos y obligaciones, tanto para los Estados miembros como para los particulares; se prohíbe, además, cualquier tipo de medida interna que implique la incorporación del reglamento a los ordenamientos estatales.

Uno de los últimos Reglamentos adoptados por el Parlamento Europeo y el Consejo es el Reglamento (UE) 2024/1689 del Parlamento Europeo y

---

62   Junto con sus sucesivas reformas y la Carta de Derechos Fundamentales de la Unión Europea.

del Consejo, de 13 de junio de 2024, por el que se establecen normas armonizadas en materia de inteligencia artificial y por el que se modifican los Reglamentos (CE) n.° 300/2008, (UE) n.° 167/2013, (UE) n.° 168/2013, (UE) 2018/858, (UE) 2018/1139 y (UE) 2019/2144 y las Directivas 2014/90/UE, (UE) 2016/797 y (UE) 2020/1828 (Reglamento de Inteligencia Artificial)[63], también conocido con el nombre de Ley de IA, del que nos ocupamos a continuación.

4.2. El Reglamento de Inteligencia Artificial de la Unión Europea

El pasado 13 de junio de 2024 la UE adoptó el Reglamento de Inteligencia Artificial (Reglamento de IA, en adelante), un extenso texto de 144 páginas[64], con el que la UE pretende, por un lado, mejorar el funcionamiento del mercado interior y, por otro lado, promover la adopción de una IA centrada en el ser humano y fiable[65]. Culminaba así un procedimiento legislativo ordinario[66] que ha durado más de tres años, ya que se inició el 21 de abril de 2021, con la Propuesta de la Comisión al Parlamento Europeo y al Consejo[67].

Queremos destacar que la UE ha adoptado un "reglamento" para regular la IA, esto es, que ha optado por un acto típico y vinculante de Derecho derivado; además la elección del "reglamento", de entre los

---

63   Publicado en el DOUE L de 12 de julio 2024.

64   Tras un extenso preámbulo de 44 páginas y 180 Considerandos, el Reglamento de IA contiene 113 artículos, estructurados en 13 capítulos, seguidos de 13 Anexos.

65   Art. 1.1 del Reglamento de IA.

66   Procedimiento legislativo 2021/0106/COD. Toda la información sobre el mismo está disponible en EURLEX, en el siguiente enlace: https://eur-lex.europa.eu/legal-content/ES/HIS/?uri=CELEX:52021PC0206&-qid=1719669780396. Visitado el 1 de septiembre de 2024.

67   Doc. COM/2021/206 final. La versión en español puede ser consultada en el siguiente enlace. https://eur-lex.europa.eu/legal-content/ES/ALL/?uri=CE-LEX:52021PC0206. Visitado el 1 de septiembre de 2024.

distintos actos legislativos vinculantes de entre los que podría optar (reglamentos, directivas y decisiones), es muy significativa, pues el reglamento es el que tiene mayor intensidad normativa, dado que uniformiza la legislación de los 27 Estados miembros; ya que sus efectos jurídicos se imponen, a todas las legislaciones nacionales, de forma simultánea, automática y uniforme. En efecto, este Reglamento de IA, que ya está en vigor desde el 1 de agosto de 2024, será aplicable, a partir del 2 de agosto de 2026[68], en todos los Estados miembros de la UE y sin necesidad de ser transpuesto al Derecho nacional.

En cuanto a su contenido, el Reglamento de IA regula la introducción en el mercado, la puesta en servicio y la utilización de los sistemas de IA en la UE. El propósito o fin del Reglamento aparece sintetizado en su art. 1.1, que dispone: "El objetivo del presente Reglamento es mejorar el funcionamiento del mercado interior y promover la adopción de una inteligencia artificial (IA) centrada en el ser humano y fiable, garantizando al mismo tiempo un elevado nivel de protección de la salud, la seguridad y los derechos fundamentales consagrados en la Carta, incluidos la democracia, el Estado de Derecho y la protección del medio ambiente, frente a los efectos perjudiciales de los sistemas de IA (en lo sucesivo, «sistemas de IA») en la Unión así como prestar apoyo a la innovación."

Por tanto, el objetivo que persigue este Reglamento es doble: incentivar el desarrollo de sistemas y de aplicaciones de IA que mejoren la calidad de vida de los ciudadanos y que aumenten el crecimiento económico; y, a la vez, proteger los derechos fundamentales de las personas. Para lograrlo, el Reglamento de IA clasifica los sistemas de IA ateniendo al riesgo que éstos puedan generar en los derechos fundamentales, y en función de ello, establece determinadas obligaciones.

El Reglamento dedica su art. 3 a ofrecer una serie de definiciones, entre las que encontramos la de "sistema de IA": "un sistema basado

---

68   Art. 113 del Reglamento de IA. Sin perjuicio de la aplicación parcial anticipada de alguno de sus preceptos.

en una máquina que está diseñado para funcionar con distintos niveles de autonomía y que puede mostrar capacidad de adaptación tras el despliegue, y que, para objetivos explícitos o implícitos, infiere de la información de entrada que recibe la manera de generar resultados de salida, como predicciones, contenidos, recomendaciones o decisiones, que pueden influir en entornos físicos o virtuales"[69].

De su ámbito de aplicación[70] cabe destacar que el mismo no solo obliga a las organizaciones establecidas en la UE, sino también a aquellas que utilicen la IA en el mercado europeo; por tanto, deberán cumplir con sus disposiciones también las multinacionales con relaciones comerciales en la UE[71]. Ahora bien, se excluye del ámbito de aplicación a determinados sistemas de IA, como son los que se utilizan exclusivamente con fines militares, de defensa o de seguridad nacional y los que se destinan, exclusivamente, a la investigación y al desarrollo científico; además, se excluye también su aplicación a las personas físicas que utilicen los sistemas de IA con fines personales (no profesionales), y a aquellas actividades de investigación y desarrollo de sistemas y modelos de IA antes de su introducción en el mercado o puesta en servicio.

El Reglamento clasifica los sistemas de IA en función del riesgo[72], para luego distinguir entre los requisitos y obligaciones que impone

---

69   Se ha logrado así garantizar cierta seguridad jurídica a la vez que se ha fomentado una unificación y, por tanto, una aceptación de dicho concepto a nivel mundial (Considerando núm. 12 del Preámbulo del Reglamento de IA).

70   Art. 2 del Reglamento de IA.

71   El Reglamento también se aplicará a los importadores y distribuidores de sistemas de IA, a los fabricantes de productos que introduzcan o pongan en servicio un sistema de IA, junto con su producto y bajo su nombre o marca; así como a los representantes autorizados de los proveedores no establecidos en la UE y a las personas afectadas ubicadas en la UE

72   El Reglamento de IA en su artículo 3 define el riesgo como la combinación de la probabilidad de que ocurra un daño y la severidad del mismo.

para los diversos participantes en la cadena de valor[73]. Se diferencia, así, entre cuatro categorías de riesgo: inadmisible, alto, limitado y mínimo. Además, los sistemas de IA son regulados en diferentes capítulos: en primer lugar, el Capítulo II está dedicado a la prohibición de sistemas de IA que considera que generan riesgos inadmisibles por contravenir los valores de la Unión; el Capítulo III se encarga de los sistemas de alto riesgo, objeto principal de regulación, dado lo extenso de su articulado en el Reglamento[74]; y los sistemas de IA de riesgo limitado están regulados en el Capítulo IV. Finalmente, los sistemas de IA que no se encuentran comprendidos dentro de las categorías anteriores (quizá la mayoría) no están regulados, al considerarse de riesgo mínimo o nulo.

De lo expuesto anteriormente se puede observar que todos los sistemas de IA no son iguales, sino que cada uno presenta unas particularidades diferentes y una configuración distinta. Al ser tan heterogéneos, no todos los sistemas de IA y tipos de IA provocan preocupación en el ámbito de la UE, sino solo aquellos que puedan afectar al régimen de derechos fundamentales de las personas. Por este motivo, el Reglamento de IA sigue un enfoque basado en el riesgo, y distingue entre las distintas modalidades de IA en función del riesgo que puedan generar en las personas. En este sentido, a mayor riesgo, se exigen más obligaciones y garantías de transparencia[75]. Por eso, a los sistemas de IA considerados de

---

73 Cabe destacar que la mayoría de las obligaciones recaen en los proveedores y responsables del despliegue (desarrolladores) de sistemas de IA de alto riesgo. El propio Reglamento, en su artículo 3 dedicado a las definiciones expone los conceptos de proveedor (art. 3.3), responsable del despliegue (art. 3.4), representante autorizado (art. 3.5), importador (art. 3.6), distribuidor (art. 3.7).

74 El Cap. III está formado por los arts. 6-49, estructurados en 5 secciones; se complementa con sus correspondientes anexos.

75 Gallego Aura, A. (2024). *El reglamento de la Unión Europea en materia de inteligencia artificial (Artificial Intelligence Act)*. TFG defendido en la Universidad CEU Cardenal Herrera para la obtención del Grado en Derecho, p. 25.

riesgo limitado o mínimo, porque se presume que no conllevan apenas daños personales, únicamente se les imponen medidas de control y de transparencia. Sin embargo, es a los sistemas que implican un gran riesgo (porque pueden afectar a las personas y a sus derechos), a los que el Reglamento dedica el grueso de la regulación, considerándolos sistemas de alto riesgo o sistemas prohibidos. Es decir, a mayor afectación de los derechos de las personas se considera mayor riesgo, y a mayor riesgo se implementarán mayores controles y limitaciones, hasta llegar, incluso, a la prohibición directa de los sistemas de IA, en determinados casos[76].

Los sistemas de IA que presentan un riesgo inaceptable están prohibidos por el Reglamento de IA[77] (salvo en situaciones muy excepcionales). Se trata de un listado *numerus clausus* de aplicaciones y sistemas, que incluye a aquellos sistemas que implican una amenaza a la seguridad pública, los derechos fundamentales o a la privacidad de las personas. Así, por ejemplo, los sistemas que son capaces de manipular el comportamiento de personas y aprovecharse de grupos concretos o de las vulnerabilidades de determinadas personas; los que permiten llevar a cabo una puntuación ciudadana de las personas físicas, por ejemplo, para obtener datos como la orientación sexual o la ideología de las personas, dado que pueden tener resultados discriminatorios y abocar a la exclusión a determinados colectivos; los sistemas que permiten la identificación biométrica[78] en tiempo real en espacios públicos; los que permiten la extracción indiscriminada de imágenes faciales, obtenidas de internet y de circuitos cerrados de televisión; o los sistemas para el reconocimiento de emociones[79] en el lugar de trabajo o en instituciones de enseñanza.

---

76   *Idem*, p. 44.

77   Art. 5 del Reglamento de IA.

78   El artículo 3.35 del Reglamento de IA define el concepto de identificación biométrica.

79   El artículo 3.39 del Reglamento de IA define el concepto de sistema de reconocimiento de emociones.

Los sistemas de IA de alto riesgo están permitidos por el Reglamento, pero tienen que cumplir con ciertos requisitos y evaluaciones antes de su introducción, puesta en servicio y uso. Los requisitos impuestos a estos sistemas[80] y las obligaciones de los proveedores y responsables del despliegue de sistemas de IA de alto riesgo y de otras partes[81], son muy exigentes.

Un sistema de IA será clasificado como de alto riesgo en función de cómo de dañino sea para las personas o sus derechos fundamentales, teniendo en cuenta la función que desempeña y las finalidades de su uso. Se distinguen, así, dos grupos de sistemas de alto riesgo: los enumerados

---

80   Algunos de los requisitos son: implementar un sistema de gestión de riesgos; permitir la supervisión humana efectiva y cumplir con los niveles adecuados de solidez, ciberseguridad y precisión; permitir el registro automático de eventos y la trazabilidad a lo largo de todo el ciclo de vida del sistema; y llevar a cabo una gobernanza de datos. El objetivo que se pretende alcanzar con ello no es otro que demostrar que hay un gran control de estos riesgos y que por ello se procura un modelo responsable y confiable en la IA. Están recogidos en la Sección Segunda del Capítulo III, artículos 8 al 15 del Reglamento de IA.

81   De entre las principales obligaciones para los proveedores, podemos destacar que: deben contar con un sistema de gestión de la calidad; deben conservar documentación y archivos de registro; es necesario que se registre el sistema en la base de datos de la UE; tienen que asegurar que cumplen con los requisitos enumerados anteriormente; y adoptar correcciones si consideran que el sistema no cumple con las obligaciones impuestas el Reglamento de IA. Además, los responsables del despliegue, esto es, las personas tanto físicas como jurídicas que utilicen estos sistemas para fines profesionales, también deben cumplir diferentes obligaciones, como son: cooperar con autoridades competentes; garantizar la alfabetización de la IA; encomendar la supervisión humana; informar en caso de que se generen riesgos o incidentes a los responsables de la cadena de valor; informar a los trabajadores y a los representantes legales; e informar a las personas afectadas cuando estos sistemas se utilicen para tomar o ayudar a tomar decisiones. Están recogidos en la Sección Tercera del Capítulo III, artículos 16 al 27 del Reglamento de IA.

en el Anexo I del Reglamento de IA, por estar vinculados a la legislación armonizada sobre seguridad de productos; y los contemplados en el Anexo III, que presentan un elevado riesgo dependiendo del uso y el ámbito en el que se empleen, siempre y cuando impliquen un perjuicio para la salud, la seguridad o los derechos fundamentales. Es importante destacar que los sistemas de alto riesgo podrán variar (se podrán suprimir, modificar o incluso añadir algunos a los Anexos) cuando la Comisión Europea así lo considere. Algunos ejemplos de sistemas de alto riesgo son los siguientes: aquellos que se destinen en la administración de justicia para ayudar a las autoridades judiciales en la investigación e interpretación de hechos y normas; los que se utilicen en la gestión de infraestructuras críticas (como el suministro de agua o electricidad); los que se utilicen en el ámbito educativo para clasificar a las personas y que pueda afectar a su desarrollo académico y profesional; y los empleados en las relaciones laborales, ya sea para decidir sobre contratación o sobre promoción.

Los sistemas de IA de riesgo limitado se encuentran menos regulados, estando sujetos a obligaciones de transparencia más ligeras. Nos referimos a los sistemas de reconocimiento de emociones, los sistemas que manipulen contenido que pueda inducir a que una persona piense que son reales cuando no lo son y los sistemas que interactúen directamente con personas. Finalmente, las aplicaciones que no están explícitamente prohibidas o catalogadas como de riesgo alto o limitado quedan sin regular por el Reglamento de IA.

Por último, queremos destacar que el Reglamento contiene un régimen sancionador que los Estados Miembros deberán implementar[82]; además, se ha creado una autoridad supervisora, la Oficina Europea de IA[83] (en adelante, Oficina de IA), con múltiples funciones, para controlar la aplicación efectiva del Reglamento de IA.

---

82   Cap. XII del Reglamento de IA.

83   Toda la información sobre la misma está disponible, en abierto, en la web de la Oficina de IA: https://artificialintelligenceact.eu/es/. Visitada el el 1 de septiembre de 2024.

La breve revisión que acabamos de hacer del Reglamento de IA deja claro que la UE va a la cabeza en la regulación de los usos de la IA en el mundo, al haberse dotado de una normativa que pretende tanto el desarrollo y fomento de las tecnologías de IA, como el que su utilización respete los derechos humanos, tanto los reconocidos por los derechos nacionales, como por el Derecho de la Unión y el Derecho Internacional. Precisamente por ello, cuando el pasado 5 de septiembre la Comisión Europea firmó en Vilna el Convenio Marco del Consejo de Europa en nombre de la UE[84], declaró que él mismo será aplicado en la UE a través del Reglamento de IA[85].

5. CONCLUSIONES

1.- En el presente trabajo hemos estudiado tres recientes instrumentos internacionales de diferente naturaleza jurídica, procedentes de tres distintas organizaciones internacionales: en primer lugar, la Recomendación sobre la Ética de la Inteligencia Artificial, adoptada en la UNESCO el 23

---

84   La misma fue autorizada por la Decisión (EU) 2024/2218 del Consejo de 28 de agosto de 2024, relativa a la firma, en nombre de la Unión Europea, del Convenio Marco del Consejo de Europa sobre Inteligencia Artificial, Derechos Humanos, Democracia y Estado de Derecho (DOUE L, de 4 de septiembre de 2024).

85   Representación de la Comision en España, "Comunicado de prensa del 5 de septiembre de 2024", https://spain.representation.ec.europa.eu/noticias-eventos/noticias-o/la-comision-firma-el-convenio-marco-sobre-inteligencia-artificial-del-consejo-de-europa-2024-09-05_es. Recuperado el 7 de septiembre de 2024. En fecha de corrección de pruebas (marzo 2025) ya se ha publicado, atendiendo a lo previsto en el art. 68.1 del Reglamento de IA, el Reglamento de Ejecución (UE) 2025/454 de la Comisión, de 7 de marzo de 2025 por el que se establecen disposiciones de aplicación del Reglamento (UE) 2024/1689 del Parlamento Europeo y del Consejo en lo referente a la creación de un grupo de expertos científicos independientes en el ámbito de la inteligencia artificial (DOUE L de 10 de marzo de 2025).

de noviembre de 2021; en segundo lugar, el Convenio Marco sobre Inteligencia Artificial y Derechos Humanos, Democracia y Estado de Derecho, adoptado en el Consejo de Europa el 17 de mayo de 2024; y, por último, el Reglamento (UE) 2024/1689 del Parlamento Europeo y del Consejo, de Inteligencia Artificial, adoptado por la Unión Europea el 13 de junio de 2024.

Se pone así, de manifiesto, que la necesidad de regular la IA es sentida en el ámbito internacional, en el seno de muy diferentes organizaciones: en la UNESCO, organización de cooperación, con vocación universal y fines específicos; en el Consejo de Europa, organización de cooperación, de ámbito regional y fines generales; y en la Unión Europea, organización internacional de integración, de ámbito regional y fines específicos.

Nos encontramos, además, con actos normativos de muy diferente naturaleza jurídica: una recomendación UNESCO, un acto que no es obligatorio y que solo recomienda a los Estados que, de manera voluntaria, adopten normas internas para aplicar sus disposiciones; un convenio del Consejo de Europa, que cuando entre en vigor obligará exclusivamente a las partes que manifiesten el consentimiento en obligarse, y que al ser un convenio marco va a necesitar ser complementado con acuerdos específicos u otro tipo de normas; y un reglamento de la UE, un acto legislativo de la UE con alcance general, plenitud de efecto obligatorio y que en agosto del año 2026 ya será directamente aplicable en los 27 Estados miembros de la UE, sin necesidad transposición.

2.- Los tres instrumentos internacionales estudiados son diferentes en cuanto a sus destinatarios, su forma y naturaleza jurídica. Ello, no obstante, en cuanto a los fines y objetivos que persiguen, los mismos presentan coincidencias que nos muestran cuál es la principal preocupación de la sociedad internacional: la relación entre la IA y el hombre, y más en concreto, que los sistemas de IA respeten la dignidad de la persona y los derechos humanos.

La Recomendación de la UNESCO tiene por finalidad orientar a los Estados sobre qué técnicas IA son aceptables desde un punto de vista ético, por ser respetuosas con los derechos humanos y la dignidad de la persona. De igual modo, la finalidad del Convenio Marco del Consejo de Europa es asegurar que las actividades dentro del ciclo de vida de los sistemas de IA sean plenamente coherentes con los derechos humanos, la Democracia y el Estado de Derecho. En cuanto al Reglamento de la UE, coincide también con los anteriores, dado su objetivo de mejorar el funcionamiento del mercado interior y promover la adopción de una IA centrada en el ser humano y fiable, garantizando al mismo tiempo un elevado nivel de protección de la salud, la seguridad y los derechos fundamentales consagrados en la Carta, incluidos la Democracia, el Estado de Derecho y la protección del medio ambiente, frente a los efectos perjudiciales de los sistemas de IA.

Queda pues, manifiesto, que la principal preocupación de los Estados y las organizaciones internacionales concierne a los desafíos éticos y sociales que plantea la IA, y que por ello consideran necesaria la regulación internacional de esta nueva realidad, con el fin de que las tecnologías de IA sean desarrolladas y utilizadas de manera responsable y confiable, sin riesgo para el ser humano, esto es, respetando la dignidad de la persona, los derechos humanos y los valores en los que se asientan nuestras Democracias.

3.- En los instrumentos estudiados encontramos, también, varias coincidencias en cuanto al contenido de la regulación; en particular, en lo referido a la noción de "sistema de IA", en cuanto al ámbito de aplicación de cada uno de ellos y en la adopción de un enfoque basado en el riesgo.

Encontramos varias coincidencias concretas en las definiciones que proporcionan sobre qué es la IA o un "sistema de IA". Ahora bien, nos parece más relevante el destacar que, en todos los casos, se ha optado por proponer una noción amplia y flexible, algo que consideramos un acierto; en efecto, dada la naturaleza dinámica de la IA, que está en constante evolución debido a los avances tecnológicos, es esta una buena forma de evitar la obsolescencia de la definición y, por ende, de la regulación.

En cuanto al ámbito de aplicación, hay que destacar que, aunque nos encontramos con instrumentos internacionales, los mismos no solo pretenden regular la actividad de los Estados miembros de las respectivas organizaciones internacionales, sino también la del sector privado bajo la jurisdicción de cada uno de ellos. Además de esta inclusión, queremos también destacar que coinciden en una exclusión, la del sector de la defensa nacional; exclusión ésta que no debe sorprender, dado que es muy habitual en el ámbito convencional.

El enfoque basado en el riesgo es también otra nota coincidente en los instrumentos internacionales estudiados, que establecen diferencias, con consecuencias jurídicas, entre los sistemas de IA, atendiendo al riesgo de que su uso pueda conllevar consecuencias negativas para el ser humano -que pueda afectar a los derechos humanos- o para el correcto funcionamiento de los sistemas democráticos. Teniendo en cuenta la procedencia de los mismos, en particular que el Convenio Marco ha sido gestado en el Consejo de Europa y que el Reglamento ha sido adoptado por la Unión Europea, no podía ser de otra manera, dado que Europa es la cuna de la Democracia y de los derechos humanos.

4.-Es por todo lo anterior que valoramos, muy positivamente, las acciones emprendidas en el seno de estas tres organizaciones internacionales, con el fin de dotar a la sociedad de un marco jurídico que, tomando como referencia la dignidad de la persona, tiene por finalidad que los sistemas de Inteligencia Artificial se apliquen y desarrollen bajo medidas de control, para que no se ponga en peligro el Estado de Derecho, la Democracia ni los derechos humanos.

6. REFERENCIAS BIBLIOGRÁFICAS

Diez de Velasco, M. (2010). *Las Organizaciones Internacionales,* 16 ed. Tecnos.

Gallego Aura, A. (2024). *El Reglamento de la Unión Europea en materia de inteligencia artificial (Artificial Intelligence Act).* TFG Grado en Derecho. CEU UCH.

Jiménez Piernas, C. (2011). *Introducción al Derecho Internacional Público. Práctica de España y de la Unión Europea.* Tecnos.

Pastor Ridruejo, J.A. (2006). *Curso de Derecho Internacional Público y Organizaciones Internacionales,* 10 ed. Tecnos.

UNESCO (2022). *Recomendación sobre la Ética de la Inteligencia Artificial.* Ed. Unesco París.

UNESCO (2024). *Textos fundamentales.* Ed. Unesco París.

Capítulo 2
Una primera aproximación a la posible responsabilidad penal de sistemas autónomos dotados de inteligencia artificial: ¿IA delinquere non potest?

María Asunción Chazarra Quinto[1]

1. Paralelismo entre la responsabilidad penal de las personas jurídicas y la responsabilidad penal del robot
2. ¿IA delinquere non potest?

1. CONSIDERACIONES PREVIAS

El derecho penal queramos o no ya no se puede apartar de los progresos tecnológicos que generan una nueva delincuencia y que plantean un reto para los operadores jurídicos.

Hasta nuestras salas de cine más comerciales se están viendo salpicadas de películas en las que se plantea la intervención de la inteligencia artificial en todos los ámbitos de la justicia llegándose a convertirse en el hilo argumental de una película española estrenada hace escasos días la sustitución de los jueces humanos por sistemas de Justicia artificial[2].

---

1   Profesora Titular, Departamento de Ciencias Jurídicas, Universidad Cardenal Herrera-CEU, CEU Universities, calle Assegadors 2, Alfara del Patriarca-Valencia, España.

2   La película justicia universal dirigida por Simón Casal desarrolla un supuesto en el que El gobierno español anuncia un referéndum para aprobar un sistema de Inteligencia Artificial en la Administración de Justicia que

Desde un punto de vista jurídico-penal la inteligencia artificial va a plantear no solamente el surgimiento de nuevas formas de criminalidad, la sofisticación de los medios comisivos de los delitos tradicionales y una mayor dificultad para identificar a a la personas físicas o jurídicas que hayan creado, diseñado o usado las máquinas inteligentes, sino también nuevos desafíos a la hora de determinar quién va a ser el responsable de los delitos que se cometan a través de dichos dispositivos, más tarde o más temprano nos tendremos que pronunciar acerca de si la evolución de la técnica nos hará poner los artefactos inteligentes en una situación equiparable a los seres humanos, en el momento actual las máquinas quedan al servicio del hombre y actúan de manera dependiente, en un futuro se control humano puede ir diluyéndose y puede llegar quizá a ser necesaria la aprobación de una personalidad jurídica propia de los robots o de cualquier dispositivo.

Como ha afirmado PÉREZ ARIAS el derecho penal necesita responder a nuevos retos que pueden exigir nuevos principios, en este primer trabajo sobre la materia simplemente aspiro hacer unas primeras reflexiones acerca del Estado de la dogmática penal en la actualidad, recogiendo opiniones de los distintos expertos y sus posicionamientos

---

promete automatizar y despolitizar la justicia sustituyendo, en la práctica, a los jueces y juezas en todos los tribunales del país.

En el ámbito penal, la IA tiene numerosos usos desde sistemas que actúan como predictores, ya de posibilidad de reincidencia (por ejemplo, Compas en Estados Unidos y Hart en el Reino Unido) o de delitos (como Predpol y COmpstat 2.0 en Estados Unidos o VALCRI, en la Unión Europea). Vid. Gómez Colomer, J. L., *Ética, robots y proceso: sobre los límites en el uso de la inteligencia artificial*, en Gómez colomer, J. L., "Ética, robots y proceso: sobre los límites en el uso de la inteligencia artificial, en Velásquez Velásquez/ Ambos / Londoño Berrio (Coord.) (2022). *Toda una vida por la vida. Libro Homenaje al defensor de los derechos humanos Jesús María Valle Jaramillo*, Tirant lo Blanch – CEDPAL, Valencia, 101 y ss.

con respecto la necesidad o no de dotar de responsabilidad penal propia los dispositivos dotados de inteligencia artificial[3].

2. PARALELISMO ENTRE LA RESPONSABILIDAD PENAL DE LAS PERSONAS JURÍDICAS Y LA RESPONSABILIDAD PENAL DEL ROBOT

A la hora de plantearnos la complejidad de todo lo relacionado con la inteligencia artificial y todos aquellos programas, dispositivos robots, sistemas de información y las implicaciones que ello tiene para una rama muy específica y principal del ordenamiento jurídico como es el derecho penal me viene indudablemente a la mente el paralelismo que el tratamiento de este tema tiene con la implantación de la responsabilidad penal de las personas jurídicas.

La posibilidad de aplicar el modelo de la responsabilidad penal de las personas jurídicas a los supuestos de daños penalmente punibles provenientes de los sistemas de IA, con las necesarias adaptaciones legales, ha sido planteada por algunos autores, por servir de referencia como sistema de imputación de delitos a entidades que no constituyen personas físicas individuales[4].

---

3   Pérez Arias, J. (2023)."Algoritmos y Big Data en la responsabilidad penal el reto de la cibercriminalidad en el derecho penal." *Derecho Penal, Inteligencia Artificial y Neurociencias* / coord. por Peris Riera/Massaro , Roma, 285 y ss.

4   Del Rosal Blasco, B.(2023). "¿El modelo de la responsabilidad penal de las personas jurídicas para los daños punibles derivados del uso de la inteligencia artificial?" en REDEPEC: *Revista Electrónica de Responsabilidad Penal de Personas Jurídicas y Compliance*, Vol. 2, N°. 2.

Durante décadas la ciencia penal rechazó la idea de que la persona jurídica respondiera penalmente por sus actos porque no sabía cómo proyectar sobre ella las categorías penales tradicionales[5].

Lógicamente, carecía de sentido aceptar la idea de que la persona jurídica actúa por sí misma, con capacidad autónoma de representación de sus propios intereses, soportando las consecuencias de sus decisiones porque para actuar necesita del ser humano, se atribuye responsabilidad penal a las personas jurídicas con la sola constatación de la comisión de un ilícito penal por algún miembro de la organización en beneficio o por cuenta de esta.

Es decir, se transfiere la responsabilidad criminal de la persona individual a la persona jurídica sin requerirse la verificación de una culpabilidad o injusto propio de la persona jurídica. El delito cometido por el directivo o representante se le imputa a la persona jurídica si se ha actuado en el ámbito de la empresa o en su beneficio. La culpabilidad de la persona física es la que hace culpable a la persona jurídica[6].

Lo mismo nos planteamos con la inteligencia artificial, puede considerarse la inteligencia artificial autónoma como posible autora del delito. Ahora bien, no olvidemos que para que esta afirmación sea posible deberíamos entender que la inteligencia fuera capaz de articular decisiones independientes tomadas exclusivamente por ella misma sin ningún tipo de intervención humana[7].

---

5   Vid. una completísima exposición de argumentos contrarios a la responsabilidad penal de la persona jurídica puede verse en Gracia Martín, L.(2016). «Crítica de las modernas construcciones de una mal llamada responsabilidad penal de la persona jurídica», en *Revista electrónica de Ciencia Penal y Criminología*, 18-05, 6 y ss.

6   Ortiz De Urbina Gimeno, I.(2014) "Ni catástrofe, ni panacea: la responsabilidad penal de las personas jurídicas", en *Boletín de Estudios Criminológicos*, Vol. LXIX Abril 2014 Núm. 211, 103 y ss.

7   Morillas Fernández, D.L. (2023). "Implicaciones de la inteligencia artificial en el ámbito del Derecho Penal", *Derecho Penal, Inteligencia Artificial y Neurociencias* / coord. por Peris Riera/Massaro, Roma, 73.

Actualmente como ha matizado MIRÓ LLINARES[8] no puede atribuirse autonomía a las entidades con inteligencia artificial Por ello hasta el momento las categorías penales tradicionales podrían ser totalmente válidas. Mientras sea necesaria la interactuación máquina -creador el sistema de inteligencia no tendrá una autonomía plena y el problema penal puede reducirse a aplicar correctamente la responsabilidad penal de la persona física utilizando mecanismos ya existentes como la autoría mediata la responsabilidad penal del hombre de atrás acompañados de la aplicación correcta de consecuencias accesorias que recaigan sobre los sistemas de inteligencia artificial planteándose cuestiones cómo la destrucción del sistema, el apagado del robot y la responsabilidad en cascada de todas las personas físicas y jurídicas que hayan permitido la utilización de la inteligencia artificial para lesionar bienes jurídicos dignos de tutela penal[9].

Durante décadas la ciencia penal rechazó la idea de que la persona jurídica respondiera penalmente por sus actos porque no sabía cómo proyectar sobre ella las categorías penales tradicionales[10]. Lógicamente, carece de sentido aceptar la idea de que la persona jurídica actúa por

---

8   Miró Llinares F. (2020). "El sistema penal ante la inteligencia artificial: actitudes usos y retos" en Kiefer/ Silva Dupuy de Repetto/Corvalan *Cibercrimen III: inteligencia artificial, automatización, algoritmos y predicciones en el derecho penal y procesal penal* , B de F, Montevideo, 112.

9   Una de las opciones que se plantean al respecto es la de la necesidad de que los robots cuenten con el llamado "botón de la muerte" o "teclas de interrupción de urgencia", que podrán ejecutarse en caso de emergencia y supondrán el cese del funcionamiento del robot. Hernández Giménez, M. (2019). "Inteligencia artificial y derecho penal", en *Actualidad jurídica iberoamericana,* I Nº. Extra 10, 2, 803.

10   Una completísima exposición de argumentos contrarios a la responsabilidad penal de la persona jurídica puede verse en GRACIA MARTÍN, L. (2016), «Crítica de las modernas construcciones de una mal llamada responsabilidad penal de la persona jurídica», en *Revista electrónica de Ciencia Penal y Criminología*, 18-05, 6 y ss.

sí misma, con capacidad autónoma de representación de sus propios intereses, soportando las consecuencias de sus decisiones porque para actuar necesita del ser humano, se atribuye responsabilidad penal a las personas jurídicas con la sola constatación de la comisión de un ilícito penal por algún miembro de la organización en beneficio o por cuenta de esta. Es decir, se transfiere la responsabilidad criminal de la persona individual a la persona jurídica sin requerirse la verificación de una culpabilidad o injusto propio de la persona jurídica. El delito cometido por el directivo o representante se le imputa a la persona jurídica si se ha actuado en el ámbito de la empresa o en su beneficio. La culpabilidad de la persona física es la que hace culpable a la persona jurídica[11].

En Derecho penal español hasta la reforma operada por la Ley Orgánica de 5/2010, el administrador de una sociedad así como los miembros de un órgano colegiado de administración respondían (en exclusiva) penalmente por los hechos cometidos a título individual y como consecuencia del ejercicio del cargo que desempeñan. La persona jurídica, incapaz de culpabilidad, quedaba en un discreto segundo plano como responsable civil subsidiaria.

El Derecho penal tradicional nada más cuadra con las personas físicas, incluso después de un amplio reconocimiento de la responsabilidad penal de las personas jurídicas, seríamos incapaces de demostrar que las categorías penales tradicionales se pueden aplicar sin que estallen las costuras del traje a las corporaciones. Una persona jurídica, por mucho que lo dispone el artículo 31 del Código penal, no cumple los requisitos de autoría, ni de culpabilidad, ni de capacidad de ser intimidada por la norma, ni posee capacidad de actuar de manera dolosa o imprudente y ni siquiera puede ser reprochada su actuación con la imposición de la pena estrella del ordenamiento penal que no es otra que la pena de prisión.

---

11   Ortiz De Urbina Gimeno, I.(2014)."Ni catástrofe, ni panacea: la responsabilidad penal de las personas jurídicas", en *Boletín de Estudios Criminológicos*, Vol. LXIX Abril 2014 Núm. 211, 103 y ss.

Lo mismo ocurriría con la inteligencia artificial, un dispositivo autónomo carece de las emociones y sentimientos que permiten reprochar a las personas físicas y considerarlas culpables. Las sanciones que pueden imponerse a las máquinas no se enmarcan en el catálogo tradicional de las penas ni se le puede meter en prisión ni se le puede atacar un patrimonio que no posee habría que estudiar un sistema tecnológico propio como pudiera ser el apagado definitivo y temporal del sistema[12].

Como puso de manifiesto COBO DEL ROSAL[13] en ninguna parte del vigente Código Penal se afirma que se construya una autoría criminal de las personas jurídicas porque la autoría ni se puede improvisar ni se puede derivar de una prejuiciosa y errática interpretación si se lee el Código Penal no hay posibilidad de afirmar una societas Como realizadora en régimen de autoría estricta o de complicidad de infracción penal de clase alguna, sin lugar a dudas lo mismo afirmaría hoy en día si se le hablara de la responsabilidad penal del robot o de cualquier sistema inanimado de inteligencia artificial.

Es imposible poder afirmar que un sistema de Inteligencia Artificial tenga capacidad de acción, capacidad de culpabilidad y capacidad de pena, entendidas dichas capacidades en los términos del vigente desarrollo de la teoría del delito como para ser sometido a responsabilidad penal y castigado por los daños eventualmente causados, pero tampoco dichos parámetros se pueden aplicar a las personas jurídicas y sin embargo se ha optado por su incriminación.

Ahora bien, no olvidemos que no se trata del mismo supuesto de partida, cuando se instaura la responsabilidad penal de las personas jurídicas se está castigando a la empresa o a la corporación por las

---

12   González Tapia, M. I.(2023) "Neurociencias y culpabilidad: recapitulando", *Derecho Penal, Inteligencia Artificial y Neurociencias*, coord. por Peris Riera/ Massaro , Roma, 285 y ss.

13   Cobo Del Rosal, M. (2012), "Societas delinquere non potest" en *Anales de derecho*, 8-9.

conductas que ha llevado a cabo una persona física o un conjunto de ellas en nombre o beneficio de la persona jurídica, mientras que en la responsabilidad penal del robot o sistema inteligente sería el propio ser inanimado el que actuaría directamente, cuando fuera programado o dirigido por la persona física, no se trataría de reprochar penalmente al robot sino a su creador o usuario que lo ha utilizado como instrumento para la creación de delitos.

Además, si debemos tener en cuenta el protagonismo de las empresas en la elaboración y en el uso de la IA lo que plantea cuestionamientos de carácter sustantivo, especialmente sobre la responsabilidad penal de las personas jurídicas por los posibles daños causados por estos sistemas y las dificultades de carácter dogmático a superar para ello, y también los obstáculos de carácter procesal. En estos supuestos se dificulta, aún más si cabe, la imputación de responsabilidades penales de las personas jurídicas y la aplicación de los programas de *compliance*[14].

3. ¿IA DELINQUERE NON POTEST?

Debemos plantearnos, indudablemente, sí el andamiaje de nuestro sistema penal va a soportar la creación de un nuevo posible sujeto activo de delitos, cuando aún se están resistiendo sus viejos cimientos de la responsabilidad penal de las personas jurídicas y determinar si es necesario arriesgarnos a tener que construir un sistema *ex novo* porque haya que posibilitar la atribución de responsabilidad penal directa a los sistemas autónomos de inteligencia artificial.

La pregunta es fácil ¿también la IA debe responder directamente de los delitos cometidos por sus hechos?, es decir, debemos aventurar si podremos imputarles penalmente considerándoseles sujetos penalmente

---

14   Tulio Felippe X. J. (2023)," Inteligencia artificial y responsabilidad penal de personas jurídicas: un análisis de sus aspectos materiales y procesales" *Estudios Penales y Criminológicos.*, 44 (ext), (1-40), 39.

responsables o por el contrario deberán quedar extramuros del derecho penal huyendo de ficciones y formalismos propios que otros sectores del ordenamiento jurídico. Desde luego la respuesta no la vamos a alcanzar en este trabajo meramente introductorio.

Nos encontramos en un momento en que la discusión sobre la responsabilidad penal de los sistemas de inteligencia artificial es todavía preliminar y no queremos, ni debemos olvidar, que los sistemas inteligentes no realicen acciones humanas y equiparar su responsabilidad de las personas físicas es una analogía extensiva que puede rozar la ciencia ficción.

En el campo de la Unión Europea abogan por crear a largo plazo una personalidad jurídica específica para los robots, de forma que como mínimo los robots autónomos más complejos puedan ser considerados personas electrónicas responsables de reparar los daños que puedan causar, y posiblemente aplicar la personalidad electrónica a aquellos supuestos en los que los robots tomen decisiones autónomas inteligentes o interactúen con terceros de forma independiente[15].

Para determinar la responsabilidad penal de los diferentes sujetos que intervienen en la vida del sistema inteligente podemos siguiendo a VALLS PRIETO sintetizar el análisis en tres ámbitos: la responsabilidad de la máquina autónoma por sus propias decisiones, la responsabilidad por imprudencia o dolo eventual de los humanos que la crean o la utilizan, teniendo que determinar cuáles son las normas de

---

15   Dictamen del Comité Económico y Social Europeo sobre la «Inteligencia artificial: las consecuencias de la Inteligencia Artificial para el mercado único (digital), la producción, el consumo, el empleo y la sociedad» (Dictamen de iniciativa) (2017/C 288/01), 7.
Checa Prieto,S.(2022)¿Estamos caminando hacia el reconocimiento de la personalidad jurídica a los robots en la Unión Europea? Are we moving towards the recognition of legal personality for robots in the European Union? *Revista Universitaria Europea* Nº 37. Julio-Diciembre 2022, 22.

cuidado y, por último, los mecanismos de cumplimiento normativo, similares a los de las personas jurídicas[16].

Hemos de abordar, en primer término, la cuestión de la posible responsabilidad penal del sistema inteligencia artificial. En los supuestos en los que ni el propietario ni el creador, ni el diseñador ni el usuario tienen la capacidad de controlar las decisiones que pueda adoptar el sistema inteligente, parecería que debería atribuirse al sistema en cuanto a tal la autoría de un delito doloso o imprudente ya que goza de autonomía plena[17].

Para ello sería necesario reconducir la culpabilidad a terrenos más objetivos, teniendo en cuenta que la pena debería tender fundamentalmente a la inocuización del sistema inteligente Impidiendo la reiteración delictiva[18].

Si nos centramos en el segundo de los aspectos planteados estamos abordando la situación más fácilmente solucionable con los parámetros penales actuales. Nos referimos conductas llevadas a cabo por sistemas de inteligencia artificial que producen daños punibles penalmente debido a la imprudencia o el dolo de las personas que han creado programado o utilizado los sistemas inteligentes.

El que dispone de capacidad para programar una "actuación" de un robot o una máquina dotada de IA para que lleve a cabo un acto delictivo, y puede mantener el control hasta alcanzar el objetivo propuesto,

---

16   Valls Prieto, J. (2023), "Sobre la responsabilidad penal por la utilización de sistemas inteligentes", en Revista *Electrónica de Ciencia Penal y Criminología*, núm. 24-27, 4

17   lapeña Azurmendi, J. (2024) "¿Es posible hablar de una responsabilidad penal de los robots?", *Diario La Ley*, Nº 10543.

18   En este sentido Romeo Casabona C. M. (2022) "La atribución de responsabilidad penal por los hechos cometidos por sistemas autónomos inteligentes, robótica y tecnologías conexas" *Revista de Direito da ULP*, Vol. 16, Nº. 1-2, 7-16.

habrá cometido un delito (contra las personas, contra la intimidad, o contra el patrimonio, que le será imputable a título de autoría directa, no siendo necesario acudir a la figura de la autoría mediata ya que conceptuamos al sistema inteligente como un instrumento no dotado de personalidad jurídica[19]. En estos supuestos habría, en todo caso, una acción material y un dolo directo por parte del creador o del usuario que sería el único autor y sobre el mismo debe recaer la imputación en base a la comisión directa y personal de la conducta típica. El robot o sistema dotado de IA más avanzada sería meramente la herramienta a través de la cual se comete el delito.

Tampoco hay problema para atribuir responsabilidad a quienes crean, diseñan o ponen en marcha sistemas de inteligencia artificial sabiendo y aceptando la posibilidad de que se desvíen de su teórica tarea, especialmente cuando se utilizan ordenadores o robots que funcionan con software de *deep learning*, que pueden llegar a tomar decisiones autónomas distintas de lo programado inicialmente. La creación de estos sistemas inteligentes más avanzados y autónomos podría plantear, en el futuro, supuestos en los que el propio usuario podría esgrimir su argumento absolutorio en que la acción fue llevada a cabo por el sistema autónomo y con capacidad de autoaprendizaje, por «decisión» del mismo y al margen de la del creador o la del usuario[20].

Sin embargo, en el momento actual se podría acudir a la aplicación del dolo eventual o de la imprudencia en aquellos supuestos en que un sistema de inteligencia artificial tome decisiones autónomas distintas a las que planificaron sus creadores o usuarios dependiendo del grado de posible predictividad de la conducta del sistema.

---

19   En este sentido Quintero Olivares, G. (2017), "La robótica ante el derecho penal: El vacío de respuesta jurídica a las desviaciones incontroladas", *Revista Electrónica de Estudios Penales y de la Seguridad: REEPS* 1, 14.

20   Muñoz Vela, J.M. (2022). "Inteligencia Artificial y responsabilidad penal" en *Diario La Ley, 2953/2022.*

El responsable penal sería aquella persona física o jurídica que incumple el deber de *culpa in vigilando* y no llega a prevenir los riesgos de las decisiones autónomas que pueda llegar a tomar el sistema de inteligencia artificial. De este modo estos delitos podrían constituirse como delitos de infracción de deberes especiales cometidos por personas físicas o jurídicas. De acuerdo con lo planteado ya por la doctrina, en aras de satisfacer las exigencias del principio de legalidad de los delitos, podría el legislador introducir una cláusula general de cobertura de modo semejante a lo que suele hacerse con los delitos de comisión por omisión y Frente a los robots y a los sistemas inteligentes en cuanto tales, bastaría con aplicar las llamadas consecuencias accesorias oportunas[21].

REFERENCIAS BIBLIOGRÁFICAS

Checa Prieto, S.(2022). "¿Estamos caminando hacia el reconocimiento de la personalidad jurídica a los robots en la Unión Europea?", en *Revista Universitaria Europea* Nº 37. Julio-Diciembre 2022, 17-72.

Cobo Del Rosal, M. (2012) "Societas delinquere non potest" en *Anales de derecho*,1-12.

Del Rosal Blasco, B. (2023), "¿El modelo de la responsabilidad penal de las personas jurídicas para los daños punibles derivados del uso de la inteligencia artificial?" en REDEPEC: Revista Electrónica de Responsabilidad Penal de Personas Jurídicas y Compliance, Vol. 2, Nº. 2, 3, 1-47.

Gómez Colomer, J. L., "Ética, robots y proceso: sobre los límites en el uso de la inteligencia artificial, en VELÁSQUEZ VELÁSQUEZ/ AMBOS / LONDOÑO BERRÍO (Coord.) (2022). *Toda una vida por la vida. Libro Homenaje al defensor de los derechos humanos Jesús María Valle Jaramillo*, Tirant lo Blanch – CEDPAL, Valencia.

---

21   Romeo Casabona C. M. (2022) "La atribución de responsabilidad penal por los hechos cometidos por sistemas autónomos inteligentes, robótica y tecnologías conexas, *op.cit.*, 12.

González Tapia M.I. (2023). "Neurociencias y culpabilidad:recapitulando", *Derecho Penal, Inteligencia Artificial y Neurociencias* / coord. por Peris Riera/ Massaro , Roma, 285 y ss.

Gracia Martín, L. (2016), «Crítica de las modernas construcciones de una mal llamada responsabilidad penal de la persona jurídica», en *Revista electrónica de Ciencia Penal y Criminología*, 18-05 (2016),1-95.

Hernández Giménez, M. (2019). "Inteligencia artificial y derecho penal", en *Actualidad jurídica iberoamericana*, I Nº. Extra 10, 2, 792-843.

Lapeña Azurmendi, J. (2024) "¿Es posible hablar de una responsabilidad penal de los robots?", *Diario La Ley,*, Nº 10543.Miro Llinares, F.(2018). "Inteligencia artificial y justicia penal: más allá de los resultados lesivos causados por robots", en *Revista de Derecho Penal y Criminología*, 3. época, n. 20.

Miró Llinares F. (2020). "El sistema penal ante la inteligencia artificial: actitudes usos y retos" en Kiefer/ Silva Dupuy de Repetto/Corvalan *Cibercrimen III: inteligencia artificial, automatización, algoritmos y predicciones en el derecho penal y procesal penal* B de F, Montevideo.

Morillas Fernández, D.L. (2023). "Implicaciones de la inteligencia artificial en el ámbito del Derecho Penal", *Derecho Penal, Inteligencia Artificial y Neurociencias* / coord. por Peris Riera/Massaro, Roma.

Muñoz Vela, J.M. (2022). "Inteligencia Artificial y responsabilidad penal" en *Diario La Ley, 2953/2022.*

Ortiz De Urbina Gimeno, I.(2014) "Ni catástrofe, ni panacea: la responsabilidad penal de las personas jurídicas", en *Boletín de Estudios Criminológicos*, Vol. LXIX Abril 2014 Núm. 211,103 y ss.

Pérez Arias, J. (2023) "Algoritmos y Big Data en la responsabilidad penal el reto de la cibercriminalidad en el derecho penal." *Derecho Penal, Inteligencia Artificial y Neurociencias* / coord. por Peris Riera/Massaro , Roma, 285 y ss.

Quintero Olivares, G. (2017), "La robótica ante el derecho penal: El vacío de respuesta jurídica a las desviaciones incontroladas", *Revista Electrónica de Estudios Penales y de la Seguridad: REEPS*, 1, 1-23.

Romeo Casabona, C. M. (2022) "La atribución de responsabilidad penal por los hechos cometidos por sistemas autónomos inteligentes, robótica y tecnologías conexas" *Revista de Direito da ULP*, Vol. 16, Nº. 1-2, 2022, 1-16.

Tulio Felipe, X. J. (2023)." Inteligencia artificial y responsabilidad penal de personas jurídicas: un análisis de sus aspectos materiales y procesales" *Estudios Penales y Criminológicos.*, 44 (ext), 1-40

Valls Prieto, J. (2022) "Sobre la responsabilidad penal por la utilización de sistemas inteligentes" en *Revista Electrónica de Ciencia Penal y Criminología,* núm. 24-27, 1-35.

Capítulo 3
La influencia de la inteligencia artificial en la formación jurídica: un nuevo paradigma

Esperanza Ferrando Nicolau[1]

1. INTRODUCCIÓN

La tecnología está marcando un punto de inflexión a muchos niveles. Y en particular, la inteligencia artificial generativa (IAGen) ha supuesto toda una revolución en poco tiempo, al ponerse al alcance de prácticamente de cualquier persona la posibilidad de realizar muchas actividades, de manera sencilla, con un gran aumento de la productividad.

Y el sector jurídico no es ajeno a esta revolución. De hecho, voces autorizadas, como Susskind[2], advierten desde hace años de que probablemente el mundo del Derecho cambie de forma más radical en las próximas dos décadas de lo que lo ha hecho en los últimos siglos. Y, es innegable que este cambio tendrá su origen en la transformación digital.

---

1   Profesora Titular, Departamento de Ciencias Jurídicas, Facultad de Derecho, Empresa y Ciencias Políticas, Universidad Cardenal Herrera-CEU, CEU Universities, Calle Luis Vives 1, 46115 Alfara del Patriarca-Valencia, España. Este trabajo se enmarca en las actividades del Grupo de Investigación Reconocido "IA, Humanidad, Derecho y Justicia: tópicos y realidades para un mañana que ya ha llegado"(IAJ), registro G24/1-10, Universidad San Pablo CEU y en el Proyecto "Eficiencia tecnológica, dignidad y derechos humanos. ¿Quo vadis, humanidad, en la era de la IA?" Coordinación de Universidades CEU (Fundación Universitaria San Pablo CEU) 2024-2025.

2   Cfr. Susskind, R. (2020), *El abogado del mañana,* trad. Alcubilla, A., Benzo, E.A, y Sánchez de Pazos Peigneux, C., La Ley, Wolters Kluwers, 7.

La tecnología legal (*Legal Tech*) está transformando la forma en que las empresas gestionan sus necesidades legales, desde la creación y revisión de contratos hasta el cumplimiento normativo y la gestión de litigios.

Como señala el autor citado[3], las posibilidades más interesantes en el mundo jurídico no radican tanto en la simplificación de tareas sino en utilizar la inteligencia artificial (en adelante IA) para ofrecer resultados a los clientes de maneras completamente nuevas, como la resolución de disputas en línea en lugar de tribunales físicos y, más fundamentalmente, la prevención de disputas en lugar de su resolución.

Pero, dado que va a ser inevitable la presencia de la IA en nuestra vida, también será esencial no perder de vista que, en ningún caso, podrá sustituir la riqueza de la interacción humana.

A día de hoy, la IA es una realidad cotidiana y la formación en general, y la jurídica en particular, debe integrarla para que los estudiantes hagan el uso más adecuado de la misma. Aunque todavía se está discutiendo si la utilización de ChatGPT o cualquier otro sistema basado en IA, podía prohibirse en las universidades, podría entenderse que el debate productivo debe girar en torno a la forma en la que se realiza la implementación de dicha tecnología y las garantías que deben aplicarse, para no lesionar derechos fundamentales ni bienes dignos de protección.

En este capítulo se pretende mostrar cómo todo este panorama va a repercutir en la formación de los futuros juristas, cómo las universidades y, en particular, las Facultades de Derecho, tendrán que adaptarse e introducir en sus planes de estudio, de una u otra forma, habilidades y competencias digitales. Y todo ello, sin perder de vista el esfuerzo necesario para reafirmar en los estudiantes, los valores que son exclusivamente humanos, como la empatía, la creatividad, o el juicio ético.

---

3   Cfr. Susskind, R.(2020), *Tribunales on line y la Justicia del Futuro,* trad. GEA Textos S.L, ed. La Ley, Wolters Kluwers, 293 y ss.

2. LA INTELIGENCIA ARTIFICIAL Y SU RELEVANCIA EN EL DERECHO

2.1. Breve descripción de la IA

Definiciones de inteligencia artificial hay cientos, en los ámbitos doctrinal y legal, destacando como más reciente (y compleja) la establecida en el artículo 3 del Reglamento Europeo de Inteligencia Artificial (RIA)[4]. Ahora bien, para el propósito de este trabajo es suficiente, en principio, la mítica definición del llamado padre de la de IA, John Mc-Carthy, acuñada por primera vez en 1956, en la conferencia de Dartmouth donde, en su discurso la definió como la ciencia e ingeniería de hacer máquinas inteligentes[5].

Puesto que este trabajo versa sobre la influencia de la IA en la formación jurídica resulta interesante también acudir al documento de Directrices éticas sobre el uso de la inteligencia artificial (IA) y los datos en la educación y formación para los educadores, en el que la Comisión Europea, indica que "Cuando hablamos de sistemas de IA, nos referimos a los programas informáticos de ordenadores o máquinas

---

4   Art.3.1 RIA: "«sistema de IA»: un sistema basado en una máquina que está diseñado para funcionar con distintos niveles de autonomía y que puede mostrar capacidad de adaptación tras el despliegue, y que, para objetivos explícitos o implícitos, infiere de la información de entrada que recibe la manera de generar resultados de salida, como predicciones, contenidos, recomendaciones o decisiones, que pueden influir en entornos físicos o virtuales". Reglamento (UE) 2024/1689 del Parlamento Europeo y del Consejo, de 13 de junio de 2024, por el que se establecen normas armonizadas en materia de inteligencia artificial y por el que se modifican los Reglamentos (CE) nº 300/2008, (UE) nº 167/2013, (UE) nº 168/2013, (UE) 2018/858, (UE) 2018/1139 y (UE) 2019/2144 y las Directivas 2014/90/UE, (UE) 2016/797 y (UE) 2020/1828 (Reglamento de Inteligencia Artificial). DOUE, núm. 1689, de 12 de julio de 2024.

5   Citado por Rebollo Delgado, L. (2023), *Inteligencia artificial y derechos fundamentales,* Dykinson, 20.

que están programados para llevar a cabo tareas que normalmente requieren inteligencia humana, por ejemplo, aprendizaje o razonamiento. Mediante el uso de datos, se puede «entrenar» a determinados sistemas de IA para realizar predicciones, formular recomendaciones o tomar decisiones, a veces sin intervención humana"[6].

Cualquiera que sea la definición que utilicemos, lo que es innegable es que la IA, está transformando todos los sectores de nuestra vida y, desde luego, el jurídico no es ajeno a esta transformación.

2.2. Aplicaciones de la IA en el ámbito jurídico

La IA, con las diferentes tecnologías que engloba–se ha convertido en un elemento fundamental de muchas de las modalidades del denominado *Legal Tech*[7]. Como señala Barrio Andrés, la IA es un supraconcepto que incorpora una serie de herramientas tecnológicas (como el aprendizaje automático -*Machine Learning*-, el aprendizaje profundo -*Deep Learning*-,la analítica predictiva -*predictive analytics*-, o el procesamiento del lenguaje natural -*NLP o Natural Language Processing*-[8]). Y tales herramientas pretenden, entre otras finalidades,

---

6   Directrices éticas sobre el uso de la inteligencia artificial (IA). https://op.europa.eu/es/publication-detail/-/publication/d81a0d54-5348-11ed-92ed-01aa75ed71a1. Recuperado el 30 de junio de 2024.

7   Bues en una de las primeras definiciones de *Legal Tech*, ya en 2015, entendía que: "*Legal Tech* describe el uso de tecnologías digitales modernas, asistidas por ordenador, para automatizar, simplificar y, con suerte, mejorar el proceso de búsqueda, aplicación, acceso y gestión de la justicia a través de la innovación". Bues M..,(2015), "*Was is Legal Tech*", https://legal-tech-blog.de/was-ist-legal-tech . Recuperado el 30 de junio de 2024.

8   Cfr. Barrio Andrés, M. (2023), *Legal Tech. La transformación digital de la abogacía*. 2ª ed., La Ley, 74 y Barrio Andrés, M. (2022), *Manual de Derecho Digital, Tirant lo Blanch*, 67 y ss.

gestionar y automatizar tareas o funciones y transformar las formas y canales mediante los que se prestan servicios legales[9].

La capacidad de la IA para procesar y analizar grandes volúmenes de información está ya revolucionando la manera en que los abogados trabajan y cómo se prestan los servicios jurídicos. En general, puede considerarse que los juristas pueden ya liberarse de las tareas que menos valor aportan para centrarse en las que sí lo hacen.

En el ámbito legal, la IA se aplica de diversas formas:

1. A través del *Legal Tech*, término referido a la aplicación de la IA y otras tecnologías al campo del derecho, con la idea de automatizar tareas repetitivas y mejorar la eficiencia en la práctica legal.

2. Mediante el procesamiento de grandes cantidades de documentación y jurisprudencia, con el fin de complementar la labor de los juristas y ser un apoyo en la toma de decisiones legales.

3. Además, la IA permite organizar y analizar bases de datos masivas de clientes, casos y legislación, lo que facilita la búsqueda de información relevante y la identificación de patrones. Y, mediante el procesamiento del lenguaje natural, la IA puede interpretar y clasificar documentos legales para agilizar la gestión de procesos y la atención al cliente. Entrenada con millones de documentos, es capaz de aprehender los patrones lingüísticos del lenguaje humano, que le permite generar documentos *ex novo*, completar, resumir, extraer, corregir, traducir, etc. textos con extraordinaria rapidez y sorprendentes resultados.

   Del mismo modo, es capaz de responder a preguntas concretas sobre cualquier documento largo y complejo que examine, así como de escribir textos con una notable calidad.

4. Otro ámbito de gran relevancia jurídica, no exento de dudas y polémicas, es el de la predicción de resultados legales, es decir

---

9   Cfr. Barrio Andrés, M. (2023), *op. cit.*, 81.

la obtención de predicciones, mediante algoritmos, de resultados en casos judiciales, ayudando a los abogados a tomar decisiones informadas.

Como puede observarse, todas estas herramientas, y muchas más, que se están desarrollando a un ritmo exponencial, ahorrarán tiempo, y costos y, es de esperar, que permitan la implementación de políticas públicas que accedan a mejorar la eficiencia de la abogacía y de las instituciones judiciales[10].

En resumen, la IA está transformando la práctica legal al hacerla más eficiente, accesible y precisa.

Un informe de la consultora KPMG con las predicciones sobre la evolución de la función jurídica, indica que "Para 2030, la capacidad de un profesional jurídico de utilizar la tecnología con el fin de mejorar la prestación de servicios se convertirá en un elemento diferenciador clave" [11].

La tecnología y la Inteligencia Artificial Generativa (en adelante, GenAI) no sustituirán a todos los abogados, sino a aquellos que no las utilicen para mejorar su trabajo, impulsar el valor y ofrecer una nueva experiencia para la empresa, una experiencia de colaboración y conocimiento que ayude a la empresa a superar sus retos y potencie su rentabilidad.

---

10   Cfr. Leyva Vázquez, M.Y., Estupiñán Ricardo, J., Vega-Falcón, V. (2022). "La inteligencia artificial y su aplicación en la enseñanza el Derecho", Estudios del Desarrollo Social: Cuba y América Latina, Vol. 10, No. Especial 3, p.372. www.revflacso.uh.cu. Recuperado el 7 de julio de 2024.

11   Estrelles, A., Brito,N., Fuller, S. (KPMG) (2024), "10 predicciones sobre la evolución de la función jurídica", https://www.tendencias.kpmg.es/2024/01/10-predicciones-evolucion-funcion-juridica/ . Recuperado el 15 de julio de 2024.

Con estas premisas es lógico plantearse que la formación jurídica va a tener que adaptarse a o adecuarse, cuanto menos, a las nuevas exigencias del mercado...sin perder de vista su esencia.

3. LA IA EN LA FORMACIÓN JURÍDICA

3.1. Introducción: la IA en la formación en general

Antes de abordar la cuestión central sobre el uso de la IA en la formación jurídica, es interesante observar cómo la IA está afectando al ámbito de la formación en general, puesto que se considera que es uno de los campos en los que tendrá una mayor repercusión[12].

La Comisión Europea publicó en 2022 el documento mencionado *supra* con una serie de Directrices éticas sobre el uso de la IA dentro del Plan de Acción de Educación Digital (2021-2027), para apoyar una adaptación sostenible y eficaz de los sistemas de educación de los Estados Miembros de la Unión a la era digital.

Las líneas maestras de este documento giraban en torno a los siguientes temas que los formadores deben tener en cuenta a la hora de aplicar la IA: en primer lugar, los educadores deben entender cómo

---

12   En este sentido se puede considerar representative de las repercusiones de la IA en la educación la afirmación realizada en el Informe del Oliver Wyman Forum: *"Of the 260 million school aged children worldwide who do not attend school, we estimate that up to Generative AI*
100 million could gain access to education through generative AI by 2030 due to generative AI's power to provide universal access to individualized tutoring. Apps like Hello History, forexample, allow students to engage in philosophical debates with Aristotle or learn about the intricacies of
evolutionary biology from Charles Darwin". Oliver Wyman Forum (2024), "How Generative AI is transforming Business and Society", https://www. oliverwymanforum.com/global-consumer-sentiment/how-will-ai-affect-global-economics.html . Recuperado el 15 de julio de 2024.

la IA puede mejorar la enseñanza y el aprendizaje, y cómo puede ser utilizada de manera efectiva en su campo de estudio.

En segundo lugar, deben ser conscientes de los posibles riesgos asociados con el uso de la IA: privacidad y protección de datos, asuntos de ciberseguridad, dependencia excesiva de la IA, toma de decisiones de alto riesgo impulsada por IA, responsabilidad poco clara, pérdida de empleos por causa de la IA, falta de transparencia, impactos ambientales, sesgos, impacto negativo en la salud mental[13], modelos mal entrenados, y los que vayan surgiendo conforme se desarrolle la tecnología.

Además, deben utilizar la IA de manera ética y responsable, respetando los derechos de los estudiantes y cumpliendo con todas las leyes y regulaciones pertinentes.

Y, finalmente, dado que la IA es un campo en constante evolución, los docentes deben comprometerse con la formación continua para mantenerse al día con las últimas investigaciones y desarrollos[14].

Asimismo, es necesario tener en cuenta el "Marco de referencia de competencia digital docente", elaborado por el Ministerio de Educación y Formación Profesional y Administraciones educativas de las Comunidades Autónomas, en 2022[15].

La inteligencia artificial como herramienta complementaria a la educación superior se aprecia en diferentes ámbitos. Por una parte, se mejoran las competencias digitales de los estudiantes. Y, por otra, la investigación sobre la enseñanza y el aprendizaje ha demostrado desde hace mucho tiempo los efectos de los sistemas de aprendizaje

---

13   Cfr. Oliver Wyman Forum, *op. cit.*

14   Cfr. Directrices éticas sobre el uso de la inteligencia artificial (IA), *op.cit.*

15   Ministerio de Educación y Formación Profesional y Administraciones Educativas de las Comunidades Autónomas (2022), "Marco de referencia de la competencia digital docente", https://intef.es/wpcontent/uploads/2023/05/MRCDD_GTTA_2022.pdf . Recuperado el 20 de julio de 2024.

digitalizados en el éxito del rendimiento de los estudiantes[16], debido al potencial de la IA para personalizar la experiencia de aprendizaje, adaptándola a sus necesidades individuales y brindando retroalimentación instantánea y personalizada[17].

Si a esto se une, la asistencia, las explicaciones, la participación de los alumnos (aprendizaje activo), la optimización del tiempo de aprendizaje (compromiso/gamificación) y el aprendizaje cooperativo o los sistemas tutoriales inteligentes, cuya finalidad es contribuir a la resolución de problemas por parte de los alumnos[18], resulta evidente el potencial para provocar mejoras sustanciales en los resultados de los estudiantes[19].

---

16   Cfr. Castrillón, O., Sarache, W., Ruiz-Herrera, S. (2020). "Predicción del rendimiento académico por medio de técnicas de inteligencia artificial". Revista Formación Universitaria, 13(1), 98. http://dx.doi.org/10.4067/S0718500620200001000093 . Recuperado el 15 de junio de 2024.

17   Cfr. Contreras Alcántara, F.(2024), "IA en la educación: desafíos de Implementación y oportunidades de transformación, Regional de Educación 08, Santiago", Ciencia Latina Revista Científica Multidisciplinar, Ciudad de México, vol.8, núm. 2. 5339. https://dialnet.unirioja.es/descarga/articulo/9565938.pdf. Recuperado el 15 de julio de 2024 y Lachner, A., Burkhart, C., Nückles, M.(2017), "Formative computer-based feedback in the university classroom: Specific concept maps scaffold students' writing", Computers in Human Behaviour, 72. https://www.sciencedirect.com/journal/computers-in-human-behavior/vol/72/suppl/C . Recuperado el 15 de julio de 2024.

18   Rodríguez, M. (2021), "Sistemas de tutoría inteligente y su aplicación en la educación superior". Revista Iberoamericana para la Investigación y el Desarrollo Educativo, 12(22), 12.

19   Leupold-Wendling, C.,Neubert, C.W. (2023), *"Die Zukunft des juristischen Lernens in Rechtsanwaltskanzleien"* https://www.ki-in-kanzleien.de/zukunft-des-juristischen-lernens-in-rechtsanwaltskanzleien/. Recuperado el 1 de agosto de 2024.

A todo lo anterior hay que añadir que los materiales de aprendizaje digitalizados pueden activar las habilidades cognitivas a través del aprendizaje activo y estimular la memoria a largo plazo con mecanismos de repetición[20].

Ahora bien, estas fórmulas de aprendizaje a través de medios digitales, obligan a los docentes a considerar nuevas estrategias de evaluación[21], puesto que, en el fondo, la utilización de la IA implica un proceso de transición desde la enseñanza tradicional hacia una forma especial de enseñanza a distancia[22].

Desde luego, la IA supone un enorme reto para las Universidades, no sólo por la necesaria inclusión de la tecnología en los programas docentes, sino también por el papel de los docentes. A los docentes se les va a requerir, más que nunca, para poder aportar un valor añadido en la formación de los estudiantes, que no se limiten a transmitir conocimientos, sino que transmitan sentimientos, experiencias, sabiduría, en definitiva. Solo así, el docente no podrá ser reemplazado por ninguna inteligencia artificial, ya que su contribución a la formación de los estudiantes será insustituible.

---

20   Kelley, P., Whatson, T. (2013), "Making long-term memories in minutes: a spaced learning pattern from memory research in education", Frontiers in Human Neurosciencies, 7, 1. https://www.frontiersin.org/journals/human-neuroscience/articles/10.3389/fnhum.2013.00589/full. Recuperado el 1 de agosto de 2024.

21   Cfr. Ortega, D., Rodríguez, J., Mateos, A. (2021). "Educación superior y la COVID-19: adaptación metodológica y evaluación online en dos universidades de Barcelona". *Revista Digital de Investigación en Docencia Universitaria,* 15(1), 7. http://www.scielo.org.pe/scielo.php?pid=S2223-25162021000100006&script=sci_arttext. Recuperado el 15 de junio de 2024.

22   Cfr.Quezada Castro, G.A., Castro Arellano, M.P, Quezada Castro, M.P. (2022), "Inteligencia artificial y enseñanza del derecho: su incorporación durante la pandemia de la Covid-19", *Revista Venezolana De Gerencia,* 27(Especial 8), p. 752. https://doi. org/10.52080/rvgluz.27.8.2. Recuperado el 14 de abril de 2024.

Los programas de las Universidades -en cualquier disciplina- van a tener que contemplar la IA, bien como parte de su formación reglada o extracurricular[23]. Pero, en todo caso, han de conseguir que los estudiantes salgan al mundo laboral manejando las herramientas tecnológicas propias de su ámbito de estudio para poder adecuarse a las necesidades de los empleadores[24].

3.2. Impacto de la IA en la formación jurídica.

En el ámbito jurídico la IA impacta en diferentes sentidos. Por una parte, en el modo de aprender de los alumnos, como se mencionará a continuación y, por otra, por sus efectos en prácticamente todas las ramas del Derecho.

Si concretamos en las materias que componen la formación jurídica, parece claro que ninguna puede liberarse de la influencia de la IA:

Así, en Derecho civil, resulta necesario tratar la e-Personality (personalidad digital), la identidad tokenizada o el desarrollo de la identidad autosoberana (SSI), la responsabilidad derivada del uso de la IA, la herencia digital, los *Smart Legal Contracs*, las herramientas para la automatización de contratos o el Blockchain para la digitalización de los Registros.

---

23   De hecho, algunos grandes despachos (Freshfields Bruckhaus Deringer) hace años que están colaborando con universidades para entrenar a los futuros abogados en el uso de la tecnología. Cfr. Van Beemen, R., Graf Von Pfeil, R., Tanja, G.J. (2018), "Legal Tech and Digital Transformation. Competitive positioning and Business Models of Law Firms", Venturis Consulting Group, 41.

24   Según el Informe de KMPM-CEOE "Perspectivas España 2024: Inteligencia Artificial y Digitalización", la digitalización se consolida como la principal prioridad estratégica para el 69% de los empresarios. https://kpmg.com/es/es/home/tendencias/2024/03/perspectivas-espana-2024.html. Recuperado el 1 de agosto de 2024.

En el ámbito penal, sin entrar en los temas de ciberseguridad, cuestiones como la posible responsabilidad como sujeto de los robots.

En el Derecho Constitucional se hace necesario el estudio de nuevos derechos y libertades, como p.ej., el derecho al olvido como nuevo derecho fundamental de la sociedad de la información.

La IA en la Administración pública tendrá que ser necesariamente objeto de estudio en las materias de Derecho Administrativo,

La denominada *Gig Economy*, caracterizada por las relaciones laborales puntuales y temporales, frente a la contratación tradicional, deberá tener un hueco en el estudio de Derecho del Trabajo y la Seguridad Social; al igual que deberá tenerlo en Derecho Procesal, la prueba electrónica, la posible robotización de la justicia, los juicios telemáticos, los expedientes electrónicos o la posible automatización de reglas judiciales. El Derecho Tributario deberá enfrentarse a la tributación de las criptomonedas, al *crowfunding*, la posible tributación de los robots, etc.

Actualmente, las Facultades de Derecho y Escuelas de Práctica Jurídica están ofreciendo formación de Posgrado[25] o incorporando módulos de tecnología legal en sus planes de estudio[26] en la línea que se acaba de mencionar. Como señala Leyva, estos temas "no solo son intelectualmente atractivos para los estudiantes, sino que también les permiten obtener una mejor posición competitiva cuando se trata de ingresar al mercado laboral. De manera que, impulsar la tecnología en la educación legal va un paso más allá: lleva los estudios de Derecho a la

---

25 A título de ejemplo, en España existen Programas de Legal Tech en ESADE, CUNEF, Universidades CEU, Universidad de Salamanca, Universidad Autónoma de Barcelona, Escuela de Práctica Jurídica de la Universidad Complutense...Fuera de España destacan los Programas de la *Bucerius Law School* (Hamburgo), *Oxford University* (Oxford), *Harvard Law School* (EEUU), *Standford Law School* (Estados Unidos) o la *National University of Singapore* (Singapur).

26 Universidad CEU Cardenal Herrera, CEU Abat Oliba, Universidad de Deusto...

economía digital moderna, donde ya no existen los límites tradicionales entre industrias y territorios. Las empresas y los bufetes de abogados operan en todos los continentes, jurisdicciones, mercados y los estudios jurídicos modernos deben reflejar esto"[27].

Así pues, la necesaria presencia de la tecnología en la formación jurídica y la velocidad con la que avanza va a obligar más que nunca a que los estudiantes sean conscientes de que necesitan estar preparados para estar constantemente aprendiendo. Los estudiantes en general -y, por supuesto, también los de Derecho- van a tener que ser conscientes, desde el inicio de sus carreras, que deberán completar su formación con algunas herramientas tecnológicas que avanzan a una velocidad imparable. Y, por tanto, tendrán que saber adaptarse a que sus profesiones, con los conceptos, técnicas, materias, competencias y habilidades, que hayan aprendido van a estar en cambio constante.

Evidentemente, no se trata de repetir lo que se dice -desde el desconocimiento- de que la IA quitará el trabajo a los abogados, pero sí de asumir que los juristas van a encontrar en la IA una potente herramienta para desarrollar su labor.

Y, al mismo tiempo, van a tener un amplio campo de estudio, investigación y trabajo en el ámbito regulatorio de dicha tecnología.

Como dice Elen Irazabal, "los abogados tenemos dos frentes con las máquinas: por un lado, la transformación digital y la innovación, y por otro, lo que dicta la normativa"[28],

El Derecho digital con el estudio de las normas aplicables a la tecnología y a la IA (en particular las normas europeas que buscan la armonización de las regulaciones), las normas sobre protección de datos o la regulación de la ciberseguridad, va a convertirse en una importante y

---

27   Leyva Vázquez, M.Y., *et al.*, *op. cit.*, 371.

28   Irazabal Arana, E. (2023), *La inteligencia artificial explicada para abogados*, La ley,15.

novedosa área del Derecho. Es cierto que no aporta nuevas competencias a los abogados, pero se convierte en una rama de especialización que va a ser tremendamente demandada.

Ahora bien, la transformación digital se aborda mejor desde la base de algunos conocimientos técnicos, como mínimo es necesario conocer el método con el que se pueden dar instrucciones a "la máquina", sin que eso suponga que va a ser necesario que los juristas sepamos programar. Pero sí que sería interesante que sepamos lo que podemos pedir a las máquinas y a los ingenieros, que van a colaborar necesariamente en los despachos, que utilicen la GenIA.

La recientemente aprobada regulación europea va a requerir que los profesionales del Derecho, para poder dar el servicio que exige, entiendan la IA. Porque entre los futuros clientes se van a incluir los ingenieros y los equipos técnicos que han desarrollado la tecnología, y será necesario entender, aunque sea mínimamente, la parte técnica de la IA[29].

Por otra parte, asistimos así a la emergencia de un nuevo campo de interés para el jurista: el de la "inteligencia artificial en el Derecho", como la denomina Solar Cayón[30]. Un dominio centrado básicamente en el estudio del "conjunto de herramientas de inteligencia artificial diseñadas y/o utilizadas para la automatización de las diversas tareas jurídicas, de los desafíos e implicaciones epistemológicas que comporta el desarrollo o la adaptación de dichas herramientas a las peculiaridades del razonamiento jurídico, y de los efectos que su utilización puede tener, tanto sobre los esquemas mentales y los métodos de trabajo tradicionales del jurista, como sobre la práctica profesional del Derecho".

---

29   Cfr. *Íbid.*, 155.

30   Solar Crayón, J.I., "La inteligencia artificial jurídica: nuevas herramientas y perspectivas metodológicas para el jurista", https://doi.org/10.4000/revus.6547 . Recuperado el 30 junio de 2024.

Ahora bien, cuando nos referimos a la tecnología y a la IA aplicadas al ámbito legal y al de la formación jurídica, parece que nos olvidamos del elemento clave: el Derecho. Es destacable que, en los últimos tiempos, las noticias sobre la tecnología e inteligencia artificial, en sentido positivo o negativo, empiezan a ocupar un volumen importante de las obras jurídicas.

Es evidente que el Derecho sustantivo, con independencia de que sea civil, penal, administrativo o mercantil, se verá afectado, como ya se ha mencionado *supra-* por la influencia de la tecnología. Cada rama del Derecho va a tener que lidiar con cuestiones tecnológicas, bien porque tendrá que darles respuesta, bien porque alterarán su contenido.

Y, aunque ya es innegable la necesidad de introducir el conocimiento de la tecnología en los estudios universitarios y, por supuesto, en la formación jurídica, también lo es que el conocimiento en profundidad del ordenamiento jurídico -dentro de lo que los planes de estudio permiten-, debe ser lo esencial.

Los juristas no podemos quedarnos obnubilados con las novedades y con el enorme poder transformador de la tecnología, y en especial de la IA. No debemos olvidar que nuestra función es conocer el Derecho, estudiarlo, investigar su sentido, aplicar los criterios hermenéuticos y saber subsumir en él las diferentes situaciones y circunstancias que los ciudadanos y las sociedades requieren, adaptándolo al caso concreto.

3.3. Desafíos de la integración de la IA en la formación jurídica.

El Derecho es una disciplina que se basa en el lenguaje, la lógica, la argumentación y la interpretación. Y estas son habilidades que la IA puede intentar emular, pero que también presentan para sus creadores grandes desafíos.

Por un lado, el lenguaje jurídico es complejo, ambiguo y dinámico, lo que dificulta su comprensión y procesamiento por parte de las máquinas.

Por otro lado, el Derecho no es una ciencia exacta, sino que depende del contexto, de los valores, de la ética y de la justicia, conceptos que no son fáciles de definir ni de codificar.

Un error en la redacción de un contrato puede cambiar el significado de un documento legal. Un estudio de Stanford[31] analizó la precisión de los servicios de investigación legal con IA y su tendencia a cometer errores, comparándolos con investigadores humanos. La conclusión fue que la calidad de los resultados (*Output*) de los sistemas de IA depende de la claridad y precisión de las instrucciones (*Input*) proporcionadas por los usuarios. Si los juristas tienen que saber proporcionar contexto detallado y explicar determinados conceptos legales al usar sistemas de IA para mejorar los resultados[32], es evidente que tienen que tener una formación previa, porque "la máquina" responderá, argumentará o redactará de manera más o menos correcta, según lo adecuada y precisa que sea la pregunta.

Como señala Elen Irazabal[33], utilizando la analogía del Sistema 1 y Sistema 2 a los que se refería el Premio Nobel de Economía, Daniel Kahneman[34], la IA opera predominantemente de manera rápida y automática,

---

31   Magesh, V., Surani, F., Dahl, M., Suzgun, M., Manning, C., HO, D.E.(2024), "Hallucination-Free? Assessing the Reliability of Leading AI Legal Research Tools", https://dho.stanford.edu/wpcontent/uploads/Legal_RAG_Hallucinations.pdf. Recuperado el 14 de julio de 2024.

32   Cfr. Crutchfield, K.(2024), "Language Matters With AI And The Law", https://abovethelaw.com/2024/07/language-matters-with-ai-and-the-law/ Recuperado el 14 de julio de 2024.

33   Irazabal Arana, E. (2024), "¿Por qué no debemos utilizar la IA para sustituir nuestro razonamiento jurídico?", en https://www.abogacia.es/publicaciones/blogs/blog-de-innovacion-legal/por-que-no-debemos-utilizar-la-ia-para-sustituir-nuestro-razonamiento-juridico/ Recuperado el 28 de julio de 2024.

34   Kahneman, D. (2011), *Pensar rápido, pensar despacio*, trad. Chamorro Mielke, J., Debate, 101 y ss.

reconociendo patrones y haciendo predicciones basadas en grandes cantidades de datos (sería un sistema 1 sofisticado).

Ahora bien, el mundo del Derecho requiere del denominado Sistema 2 para la toma de decisiones, es decir, un pensamiento lento, deliberado y lógico, que conlleva un análisis detallado, la deliberación, la comprensión de la causalidad y una comprensión profunda de las situaciones. Un abogado debe evaluar el contexto, interpretar la ley y aplicar principios legales a situaciones complejas, tareas que requieren un razonamiento. Y, dicho razonamiento profundo y contextualización que caracteriza al "Sistema 2" están ausentes en la IA que, como se ha señalado es un sistema 1 mejorado.

Es evidente, pues, que la IA será una gran ayuda para los juristas a la hora de procesar, resumir, clasificar e incluso argumentar a partir de una gran cantidad de datos, pero no podrá realizar el razonamiento último que exige, como acabamos de ver, unas características eminentemente humanas. Confiar plenamente en la IA para realizar estas funciones, implica muchas posibilidades de malas interpretaciones y juicios defectuosos[35].

Así pues, en el ámbito de la formación jurídica, las herramientas tecnológicas debemos enseñarlas, como lo que son: instrumentos que pueden ayudar a mejorar la eficiencia de los juristas e, incluso, democratizar el acceso a la justicia de los ciudadanos. Pero debemos explicarlas, advirtiendo de que sus potencialidades llevan aparejadas, como se ha mencionado, numerosos riesgos y desafíos -siendo el principal, el respeto a los derechos fundamentales y las libertades, sin olvidar los problemas derivados de la denominada "brecha digital[36]"-. Resultará pues

---

35   Vid. Ercilla García, J., "La inteligencia artificial y el futuro del razonamiento jurídico", en Abadías Selma, A. y González Uriel, D.(2024), *El impacto de la IA en el aprendizaje y en la práctica del Derecho"*, Aranzadi la Ley, 148 y ss.

36   Parlamento Europeo (2023), "Resolución del Parlamento Europeo, de 13 de diciembre de 2022, sobre la brecha digital: diferencias sociales

imprescindible, abordar estas cuestiones desde una visión humanista, dejando claro que las personas deben seguir en el centro.

Tendremos que seguir enseñando a nuestros estudiantes los principios generales y las fuentes del Derecho, la equidad, el abuso de derecho, las clases de normas, la ley aplicable cuando intervenga un elemento extranjero... y, por supuesto, la fundamentación de cada uno de los preceptos y, de esta forma, podremos seguir exigiendo y aplicando un Derecho que permita hacer justicia; un Derecho aplicable únicamente por personas, que no puedan ser sustituidas por las máquinas.

Debemos transmitirles que, cualesquiera que sean los instrumentos que utilicen, serán ellos quienes aplicarán esas reglas jurídicas tan esenciales para la convivencia social. Porque la máxima, que ninguna tecnología podrá hacer desaparecer, es la de *ubi ius, ibi societas, ubi societas, ibi ius.*

4. EL FUTURO DE LA FORMACIÓN JURÍDICA CON LA IA

Puesto que en este trabajo únicamente nos referimos a las implicaciones de la IA en la formación jurídica, no haremos referencia a todas las aportaciones que conlleva para la simplificación de procesos administrativos a nivel de toda la universidad (desde la información y asistencia a los estudiantes o candidatos a la gestión de los datos de matrícula, predicción de resultados y alertas tempranas para evitar el abandono o el fracaso, etc.) Es decir, prácticamente todas las áreas de gestión de cualquier universidad, como de cualquier empresa o institución, se pueden ver favorecidas por el uso de la IA.

---

como consecuencia de la digitalización" (2022/2810(RSP)). Diario Oficial de la Unión Europea C 177/57, de 17 mayo 2023. https://eur-lex.europa.eu/legal-content/ES/TXT/PDF/?uri=CELEX:52022IP0438. Recuperado el 2 de agosto de 2024.

Centrándonos en las Facultades de Derecho, la introducción -curricular o extracurricular- de la IA debería orientarse, al menos, en los siguientes aspectos, tanto técnicos como estrictamente jurídicos[37]:

En primer lugar, en enseñar a los alumnos lo que es la IA, introduciendo un mínimo básico de aspectos técnicos para que puedan comprender que no es una máquina mágica que les va a dar respuestas a cualquier cuestión o problema sin tener que supervisarlo. Será necesario enseñarles el valor de los datos y de la analítica de datos, así como la manera de interactuar con la IA para obtener resultados de valor.

En segundo lugar, en explicar el uso de la IA en cada una de las asignaturas jurídicas, alejando la idea de la omnipotencia de Chat GPT para resolver cualquier materia. Y destacando que, especialmente en el ámbito jurídico, la IA generativa no entrenada por juristas es muy poco de fiar. Además, los estudiantes deberán concienciarse de que su nivel de conocimiento y de profundidad del ordenamiento jurídico deberá aumentar en lugar de disminuir. El trabajo más mecánico, la aplicación automática de las leyes, la podrá hacer la IA por ellos. Pero para diferenciarse, para aportar valor, deberían ir más allá de lo que "la máquina" puede hacer[38]. La IA no puede enmascarar el desconocimiento del Derecho sustantivo y adjetivo, so pena de llegar a conclusiones absurdas.

En tercer lugar, será necesario incidir en los problemas, desafíos y riesgos de carácter ético del uso de la IA: cuestiones de privacidad, de uso indebido de programas, de detección de sesgos, de posibles

---

37   El informe de KPMG sobre Tendencias, mencionado *supra*, contiene un interesante listado de futuribles, que pueden servir de base para empezar a replantearse los temas en los que las Facultades de Derecho tendrán que incidir.

38   Cfr. Chen, C.(2023) "AI Will Transform Teaching and Learning. Let's Get it Right", https://hai.stanford.edu/news/ai-will-transform-teaching-and-learning-lets-get-it-right#:~:text=At%20the%20recent%20AI%2BEducation%20Summit%2C,and%20the%20risks%20at%20play. Recuperado el 28 de julio de 2024.

"alucinaciones" de los programas que conducen a respuestas incorrectas y datos (jurisprudencia o incluso legislación) inexistentes, de modelos mal entrenados. Y, de igual manera, será necesario conocer la normativa que se ocupa del tema[39]

En paralelo, resultará imprescindible un replanteamiento en la forma de enseñar -y de evaluar- por parte de los docentes que, como se ha mencionado *supra,* ya no podrán limitarse a transmitir los conocimientos que estén al alcance de cualquiera. El profesor va a seguir teniendo -más que nunca- la misión de enseñar a pensar a los estudiantes y a ser críticos con la IA y los resultados que les proporciona.

En quinto lugar, el estudio del Derecho Digital, de la normativa nacional e internacional que va a regular todas las cuestiones relacionadas con la IA y la tecnología aplicada al Derecho, se podrá plantear como parte del currículo de los Grados en Derecho.

Y, finalmente, podrán aprovecharse los aspectos más positivos de algunas IAs que ya están en el mercado y que pueden realmente ser de ayuda para estudiantes y profesores, para tareas como personalizar el aprendizaje, responder preguntas las 24 horas del día, dar *feed-back* inmediato a los estudiantes permitiéndoles mejorar su aprendizaje[40], etc.

---

39   Entre otras las Directrices éticas para una IA fiable, presentadas por el Grupo de Expertos de alto nivel sobre la IA, de la Comisión europea: https://digital-strategy.ec.europa.eu/es/library/ethics-guidelines-trustworthy-ai Recuperado el 21 de julio de 2024.

40   Vid. como ejemplos: el programa "Bártolo", una herramienta de inteligencia artificial destinada a revolucionar la enseñanza del Derecho desarrollado por la Universidad de Alicante y la empresa OneMillionbot: https://1millionbot.com/bartolo-la-ia-que-revoluciona-la-ensenanza-juridica-y-desafia-el-abandono-estudiantil/ Recuperado el 26 de julio de 2024. O en Alemania, la plataforma de aprendizaje digital Jurafuchs (www.jurafuchs.de) que ya utiliza la inteligencia artificial (GPT-4) en este sentido. Las primeras aplicaciones de IA de Jurafuchs están disponibles para los alumnos en cualquier momento del día o de la noche para consultar definiciones y conceptos legales y para

Además, suponiendo que algunas actividades de los juristas se volverán obsoletas en un futuro cercano, sería deseable que las políticas educativas se plantearan cómo las personas en estas ocupaciones pueden desempeñar nuevos empleos o nuevas competencias valiosas[41].

5. CONCLUSIONES

En definitiva, la IA está generado una revolución en el mundo jurídico y en la formación jurídica, que no puede olvidar en ningún caso que los estudiantes tienen que aprender Derecho, además de las nuevas herramientas.

En buena parte, ellos serán responsables de que los eventuales riesgos del enorme poder transformador que tiene la IA -algunos ya detectados y otros que aún no podemos imaginar- se palíen si se aplica y se regula desde un pensamiento crítico, imbuido de valores y principios claros y sin perder de vista el fundamental componente ético.

Como cualquier innovación, va a implicar ventajas e inconvenientes. Entre las primeras podrían destacarse: la personalización del aprendizaje, la mayor eficiencia en la investigación por la posibilidad de analizar fácilmente grandes volúmenes de datos y de jurisprudencia lo que puede permitir a los estudiantes centrarse en aspectos más complejos del Derecho, la posibilidad de simulación de casos reales que permitirán

---

señalar cualquier error o inexactitud en sus respuestas a los alumnos individualmente. Una base de datos de más de 40 millones de experiencias de aprendizaje completadas proporciona a Jurafuchs la base para otros pasos de personalización respaldados por IA.

41   Tuomi, I.(2018), *The Impact of Artificial Intelligence on Learning, Teaching, and Education. Policies for the future,* Eds. Cabrera, M., Vuorikari, R & Punie, YPublications Office of the European Union, Luxembourg, p.15. https://www.intef.es/wp-content/uploads/2020/02/2019_11_Inteligencia-Artificial_JRC_INTEF.pdf Recuperado el 28 de julio de 2024.

a los estudiantes practicar y aplicar sus conocimientos en un entorno seguro y controlado, incluso practicar su exposición oral, eficiencia en la investigación o el fomento del pensamiento crítico, puesto que los estudiantes estarán obligados a interpretar y aplicar la información proporcionada por la tecnología a situaciones legales específicas.

Estas ventajas podrían mejorar la calidad en la enseñanza del Derecho y preparar los estudiantes para un entorno profesional, cada vez más digitalizado y tecnológicamente avanzado.

Entre los inconvenientes se encuentra la eventual dependencia excesiva de la tecnología, los sesgos, algorítmicos que puedan desembocar en decisiones injustas o discriminatorias, la privacidad y la protección de datos, la transparencia y explicabilidad, crucial para que las decisiones legales sean comprensibles y justificables, o la dificultad de determinar la responsabilidad legal en el caso de errores o decisiones incorrectas.

La formación jurídica debe, más que nunca, enseñar a los estudiantes a aprender, puesto que la velocidad a la que avanza la tecnología hace imposible que los curricula formativos abarquen todas las herramientas existentes y que existirán en el futuro.

Las nuevas exigencias de los despachos y las empresas y los nuevos modelos de negocio abrirán nuevas oportunidades profesionales en el mercado laboral (juristas especializados en tecnología, en operaciones legales, en análisis de datos, en gestión de proyectos, etc.); si bien las labores tradicionalmente realizadas por los abogados más noveles dejarán de ser necesarias, y los juristas tendrán que aportar un valor diferenciado desde el primer momento de su incorporación a la profesión. De hecho, la búsqueda de talento (entendido en un sentido amplio, que incluye el dominio de competencias digitales, cultura digital, actitud tecnológica y habilidades sociales integradoras[42] y no sólo como conocimiento de las

---

42   Cfr. Caldueño, C. (2019), "Los despachos deben implementar talento técnico si quieren progresar en la era digital", Legal Today, 20 mayo, 2019. https://www.legaltoday.com/legaltech/nuevas-tecnologias/los-despachos-de-

leyes) es uno de los grandes desafíos para los despachos de abogados y las empresas. Y, por supuesto también para las Facultades de Derecho que se preocupen por la salida al mercado laboral de sus estudiantes.

REFERENCIAS BIBLIOGRÁFICAS

Barrio Andrés, M. (2022), *Manual de Derecho Digital*, Tirant lo Blanch.

Barrio Andrés, M., *Legal Tech. La transformación digital de la abogacía*. 2ª ed., La Ley, 2023.

Caldueño, C. (2019), "Los despachos deben implementar talento técnico si quieren progresar en la era digital", Legal Today, 20 mayo, 2019. https://www.legaltoday.com/*Legal Tech*/nuevas-tecnologias/los-despachos-deben-implementar-talento-tecnico-si-quieren-progresar-en-la-era-digital-2019-05-20/. Recuperado el 3 de agosto de 2024.

Castrillón, O., Sarache, W., Ruiz-Herrera, S. (2020). "Predicción del rendimiento académico por medio de técnicas de inteligencia artificial". Revista Formación Universitaria, 13(1), 93-102. http://dx.doi.org/10.4067/S0718500620200000100093. Recuperado el 15 de junio de 2024.

Chen, C. (2023), "AI Will Transform Teaching and Learning. Let's Get it Right", https://hai.stanford.edu/news/ai-will-transform-teaching-and-learning-lets-get-it-right#:~:text=At%20the%20recent%20AI%2BEducation%20Summit%2C,and%20the%20risks%20at%20play . Recuperado el 28 de julio de 2024.

Contreras Alcántara, F.(2024), "IA en la educación: desafíos de Implementación y oportunidades de transformación, Regional de Educación 08, Santiago", Ciencia Latina Revista Científica Multidisciplinar, Ciudad de México, vol.8,núm.2.5337-5359. https://dialnet.unirioja.es/descarga/articulo/9565938.pdf. Recuperado el 15 de julio de 2024.

Crutchfield, K. (2024), "Language Matters With AI And The Law", https://abovethelaw.com/2024/07/language-matters-with-ai-and-the-law/ Recuperado el 14 de julio de 2024.

---

ben-implementar-talento-tecnico-si-quieren-progresar-en-la-era-digital-2019-05-20/ Recuperado el 3 de agosto de 2024.

Ercilla García, J., "La inteligencia artificial y el futuro del razonamiento jurídico", en Abadías Selma, A. y González Uriel, D.(2024), *El impacto de la IA en el aprendizaje y en la práctica del Derecho*, Aranzadi la Ley.

Estrelles, A., Brito. N., Fuller, S. (2024), "10 predicciones sobre la evolución de la función jurídica", https://www.tendencias.kpmg.es/2024/01/10-predicciones-evolucion-funcion-juridica/ . Recuperado el 15 de julio de 2024.

Irazabal Arana, E. (2023). La inteligencia artificial explicada para abogados. La Ley.

Irazabal Arana, E. (2024). "¿Por qué no debemos utilizar la IA para sustituir nuestro razonamiento jurídico?", en https://www.abogacia.es/publicaciones/blogs/blog-de-innovacion-legal/por-que-no-debemos-utilizar-la-ia-para-sustituir-nuestro-razonamiento-juridico/. Recuperado el 28 de julio de 2024.

Kahnemann, D. (2011). Pensar rápido, pensar despacio, trad. Chamorro Mielke, J., Debate.

Kelley, P., Whatson, T. (2013), "Making long-term memories in minutes: a spaced learning pattern from memory research in education", Frontiers in Human Neurosciencies, 7, 1. https://www.frontiersin.org/journals/human-neuroscience/articles/10.3389/fnhum.2013.00589/full . Recuperado el 1 de agosto de 2024.

KMPM-CEOE (2024), "Perspectivas España 2024: Inteligencia Artificial y Digitalización", https://kpmg.com/es/es/home/tendencias/2024/03/perspectivas-espana-2024.html. Recuperado el 1 de agosto de 2024.

Leupold-Wendling, C.,Neubert, C.W. (2023). "Die Zukunft des juristischen Lernens in Rechtsanwaltskanzleien" https://www.ki-in-kanzleien.de/zukunft-des-juristischen-lernens-in-rechtsanwaltskanzleien/. Recuperado el 1 de agosto de 2024.

Leyva Vázquez, M.Y., Estupiñan Ricardo, J., Vega-Falcón, V. (2022). "La inteligencia artificial y su aplicación en la enseñanza del Derecho", Estudios del Desarrollo Social: Cuba y América Latina, Vol. 10, No. Especial 3, 368-380. www.revflacso.uh.cu Recuperado el 7 de julio de 2024.

Magesh, V., Surani, F., Dahl, M., Suzgun, M., Manning, C., Ho, D.E. (2024) "Hallucination-Free? Assessing the Reliability of Leading AI Legal Research Tools", https://dho.stanford.edu/wpcontent/uploads/Legal_RAG_Hallucinations.pdf Recuperado el 14 de julio de 2024.

Oliver Wyman Forum (2024). "How Generative AI is transforming Business and Society", https://www.oliverwymanforum.com/global-consumer-sentiment/how-will-ai-affect-global-economics.html Recuperado 15 de julio de 2024.

Ortega, D., Rodríguez, J., Mateos, A. (2021). "Educación superior y la COVID-19: adaptación metodológica y evaluación online en dos universidades de Barcelona". Revista Digital de Investigación en Docencia Universitaria, 15(1), 1-13. http://www.scielo.org.pe/scielo.php?pid=S2223-25162021000100006&script=sci_arttext Recuperado el 15 de junio de 2024.

Pedreño Muñoz ,A., González Gosálbez, R., Mora Illán, T., Pérez Fernández, E.M., Ruiz Sierra, J., Torres Penalva, A. (2024), La inteligencia artificial en las universidades: retos y oportunidades. Grupo 1Million.

Quezada Castro, G.A., Castro Arellano, M.P, Quezada Castro, M.P., "Inteligencia artificial y enseñanza del derecho: su incorporación durante la pandemia de la Covid-19", Revista Venezolana De Gerencia, 27(Especial 8), 2022, pp. 750-764. https://doi. org/10.52080/rvgluz.27.8.2 Recuperado el 14 abril 2024.

Rebollo Delgado, L., Inteligencia artificial y derechos fundamentales, ed. Dykinson, Madrid, 2023.

Solar Cayón, J.I., "La inteligencia artificial jurídica: nuevas herramientas y perspectivas metodológicas para el jurista", https://doi.org/10.4000/revus.6547 Recuperado el 30 junio 2024.

Susskind, R. (2020), *El abogado del mañana*, trad. Alcubilla, A., Benzo, E.A, y Sánchez de Pazos Peigneux, C., ed. La Ley, Wolters Kluwers.

Susskind, R. (2020), *Tribunales on line y la Justicia del Futuro*, trad. GEA Textos S.L, ed. La Ley, Wolters Kluwers.

Tuomi, I. (2018), The Impact of Artificial Intelligence on Learning, Teaching, and Education. Policies for the future, Eds. Cabrera, M., Vuorikari, R & Punie, Y. Publications Office of the European Union, Luxembourg, p.15. https://www.intef.es/wp-content/uploads/2020/02/2019_11_Inteligencia-Artificial_JRC_INTEF.pdf . Recuperado el 28 de julio de 2024.

Van Beemen, R., Graf Von Pfeil, R., Tanja, G.J. (2018), "Legal Tech and Digital Transformation. Competitive positioning and Business Models of Law Firms", Venturis Consulting Group.

Capítulo 4
La creación de neuroderechos a debate

Javier García González[1]

1. LA REGULACIÓN DE LOS AVANCES MÉDICOS

Los progresos en neurociencia y en particular en el campo de la neurotecnología son una realidad que está generando importantes logros para nuestra salud y lo que resulta más importante, sigue dando muestras de una gran potencialidad para futuros desarrollos y aplicaciones médicas.

Como suele ocurrir ante avances científicos de ese calado, surgen dudas sobre los posibles riesgos que tales técnicas pueden acarrear, al tiempo que se plantean los límites que, hipotéticamente, convendría imponer para evitar excesos. La situación no es nueva. Hace apenas dos décadas ocurrió lo mismo ante el desarrollo de la ingeniería genética aplicada al ser humano. Y más recientemente se detecta esa misma inquietud social ante la llegada de la inteligencia artificial[2].

---

1   Profesor Catedrático, Departamento de Ciencias Jurídicas, Universidad Cardenal Herrera-CEU, CEU Universities, Calle Luis Vives 1, 46115 Alfara del Patriarca-Valencia, España.

2   Y mucho antes. Como menciona Orias, esta preocupación quedó reflejada en la Declaración de Helsinki sobre Principios éticos para las investigaciones médicas en seres humanos, adoptada en 1964 por la 18ª Asamblea de la Asociación Médica Mundial. O en la Declaración sobre la utilización del progreso científico y tecnológico en interés de la paz y en beneficio de la humanidad (Resolución nº 3384 de10 de noviembre de 1975), donde se reclama a los Estados que tomen "las medidas apropiadas a fin de impedir que

Estas mejoras tecnológicas ya están aquí y, como recuerda Arellano, su uso es inexorable y conlleva contingencias, a la par que beneficios en muchos aspectos, por lo que no tenemos más que analizar la situación y proponer soluciones y medidas que no desincentiven su utilización[3].

Sin embargo, coincidiendo plenamente con esa afirmación, hay que reconocer que no resulta tan sencillo. Esto es así porque concurre un buen número de circunstancias que pueden condicionar dicho proceso.

Por un lado, la confusión terminológica que acompaña estos novedosos avances. La falta de concreción o el propio desconocimiento de qué queremos decir cuando usamos uno u otro término, alguno de reciente creación, dificulta la discusión sobre el objeto a regular y, por ende, la propia necesidad de crear una norma.

Por otro, los legítimos intereses que defienden los grupos científicos y/o las empresas que sufragan sus estudios y que, en ocasiones, dan lugar a un uso consciente de términos ambiguos o en parte indeterminados,

---

los progresos científicos y tecnológicos sean utilizados, particularmente por órganos estatales, para limitar o dificultar el goce de los derechos humanos y las libertades fundamentales de la persona consagrados en la Declaración Universal de Derechos Humanos, en los Pactos Internacionales de Derechos Humanos y en otros instrumentos internacionales". Este autor también analiza, en el mismo sentido, la Declaración Universal sobre el Genoma Humano de 1997, la Recomendación sobre Innovación Responsable en Neurotecnología, de la Organización para la Cooperación Económica y el Desarrollo, de 2019, y el reporte del Comité Internacional de Bioética de la UNESCO sobre Cuestiones Éticas de la Neurotecnología de 2021, por citar los más relevantes. Vid. Orias, R. (2022). "Los neuroderechos. Una nueva frontera para los derechos humanos". *Agenda Internacional*, (40), 211-227, 214 a 219.

3   Arellano Toledo, W. (2019). "El derecho a la transparencia algorítmica en big data e inteligencia artificial". *Revista General de Derecho Administrativo* (50), 1-34, p.4. Aunque trata los avances tecnológicos en big data, es igualmente aplicable al caso de estudio.

precisamente para soslayar algunas críticas o barreras morales o políticas que podrían demorar o paralizar sus trabajos.

Tampoco ayuda las habituales referencias a la regulación legal existente en otros países, referencias a menudo huérfanas de contexto socio jurídico necesario y del concreto significado y alcance que tal legislación nacional le ha dado a esos conceptos, ya de por sí confusos[4].

Otro factor limitante es el escaso conocimiento de los ciudadanos sobre esta materia, altamente compleja, que les impide tomar parte -en condiciones de igualdad- en el debate que necesariamente ha de darse sobre la regulación de esas mejoras. Es decir, permanecen ajenos a ello cuando resulta trascendental, por los riesgos y por los progresos que plantea la neurología. A su vez, esa falta de comprensión –y en no menor medida- de desinterés sobre materias tan lejanas al quehacer diario, pueden provocar una reacción de temor ante lo desconocido, que podría llegar a provocar el rechazo frontal de estos progresos científicos o la regulación excesivamente restrictiva que impida avances que pueden favorecer –y mucho- a la sociedad en su conjunto. En otras palabras, pueden reclamar o apoyar regulaciones normativas que limiten el progreso científico, sin ser realmente conscientes de ello.

De igual modo, el análisis puede verse alterado por un tratamiento mediático con claro sesgo, marcado por los grupos de cualquier índole (económicos, políticos, religiosos, ...) posicionados a favor o en contra del desarrollo de estas novedosas y prometedoras técnicas y tratamientos. Sesgo que contamina, de igual modo, la cordial relación que debe existir entre la ciencia y el derecho.

Aún podría añadirse alguna más, pero tales circunstancias, como decía, condicionan el posicionamiento y, lo que resulta más preocupante,

---

4   Esto mismo ha ocurrido en la novedosa regulación constitucional hecha en Chile. A pesar de que la propuesta de ley y posterior ley incluía un listado de conceptos, la norma ha sufrido duras críticas respecto de las definiciones usadas.

altera la correcta creación y aplicación de las normas jurídicas que han de regir estas herramientas. Veamos alguno de ellos con más detalle.

1.1. Confusión terminológica

Sin duda, acotar el objeto central del debate es esencial. Más aún si se plantea crear una norma que pueda limitar su uso o desarrollo posterior, como sería el caso de la aplicación médica de técnicas neurológicas. Pero a ello se une otro rasgo de similar relevancia: un acercamiento sobre los conceptos básicos que nos ocupan también nos permite atisbar la complejidad de esta materia y, sobre todo, nos emplaza ante el mayor riesgo que acompaña este indudable progreso médico. Me refiero a la interacción entre nuestro cerebro y un hipotético mecanismo de control o seguimiento externo.

Insistiendo en esa idea, hay que reconocer que la velocidad de vértigo con la que avanza la tecnología se plasma incluso en las palabras. En este campo se habla de la "revolución 4.0" para referirse a "la convergencia de tecnologías digitales, físicas y biológicas.... Son las llamadas *NBIC*: nanotecnologías, biotecnologías, tecnologías de la información y ciencias cognitivas"[5]. Y entre ellas, Ausín et al incluyen la neurotecnología.

En concreto, las neurociencias, según Reguera, son el "conjunto de ciencias y disciplinas científicas y académicas que estudian el sistema nervioso, centrando su atención en la actividad del cerebro y su relación e impacto en el comportamiento", comprendiendo entre otras, "la neurobiología, neurofisiología, neuropsicología, neuroquímica, neuroanatomía, neuromarketing, neuroliderazgo, neuroeconomía, *neuromanagement*, neurogenética, neurociencia computacional"[6].

---

5   Ausín, T., Morte, R. y Monasterio, A. (2020). "Neuroderechos: derechos humanos para las neurotecnologías". *Diario La Ley*, (43), 1.

6   Reguera Andrés, M. C. (2021). "La garantía de los neuroderechos: a propósito de las iniciativas emprendidas para su reconocimiento". *Derecho y Salud* (31), 213-222, 212.

A su vez, la neurotecnología pretende identificar, como explican López-Silva y Madrid, no solo la parte del cerebro que está relacionada con un estado mental sino también saber cuáles son las redes neuronales específicas que generan ese estado mental. Conocer al detalle cada circuito y cada neurona que interviene en esa experiencia mental[7]. Si fuéramos capaces de lograr ese conocimiento específico, la siguiente pregunta que podríamos formular es si otro ser humano podría activar, de forma exógena, ese mismo estado mental. Parece ciencia ficción, pero la existencia de proyectos científicos de reconocido prestigio otorga relevancia a estas preguntas[8].

En esa misma línea, Ausín et al engloban en ese concepto "cualquier herramienta o técnica capaz de manipular, registrar, medir y obtener información del cerebro". Y prosiguen: contamos ya con técnicas concretas capaces de registrar la actividad del cerebro y, a partir de sistemas computerizados, trasladar esta información para controlar prótesis o sistemas robóticos. Por tanto, ya somos capaces de saber qué está viendo un individuo solo con monitorizar su actividad. De ahí que estos

---

7   López-Silva, P. y Madrid, R. (2022). "Acerca de la protección constitucional de los neuroderechos: la innovación chilena". *Prudentia Iuris* (94), 39-68, 57 y ss.

8   Proyecto BAMP, con finalidad médica, que permitirá el registro y manipulación de estos circuitos, redes o eventualmente neuronas con precisión individual. Lopez Silva y Madrid, op.cit, loc cit. Y el proyecto BRAIN (*Brain Research through Advancing Innovative Neurotechnologies*) promovido por Obama desde la presidencia de EE. UU. Esta iniciativa, afirman Cáceres Nieto et al, es el equivalente al Proyecto Genoma Humano y dentro del equipo de investigación se encuentra el español Rafael Yuste, investigador de la universidad de Columbia. Se propone descifrar la estructura cerebral para entender sus funciones y procesos mentales: la percepción, la atención, el aprendizaje, la memoria, el lenguaje, el pensamiento, las emociones" (Cáceres Nieto, E. y López Olvera, C.P. (2022). "El neuroderecho como un nuevo ámbito de protección de los derechos humanos". *Cuestiones Constitucionales. Revista Mexicana de Derecho Constitucional*, (46), 65-92, 68.

autores consideren un posible escenario en el que podamos llegar a introducir información en el cerebro de un individuo en un futuro próximo[9]. En definitiva, la neurotecnología permite la conexión directa entre dispositivos técnicos y el sistema nervioso[10]. De ahí su relevancia, como vengo resaltando.

Conjugando otros avances y de nuevo sorteando los confines de lo que pudiera parecer propuestas futuristas sin fundamento, se habla de inteligencia artificial fuerte y de internet de los cuerpos. La primera, también llamada cuarta generación robótica, comprende "el sistema capaz de emular (en su acepción informática, no reconocida por la RAE) el funcionamiento de la mente humana, incluyendo no solo la capacidad de resolución de tareas sino, también, los sentimientos, la creatividad y la auto-conciencia"[11]. Con el segundo concepto, se hace referencia a "los dispositivos y sensores conectados que se fijan, implantan o ingieren en el cuerpo humano. Esto ha convertido el cuerpo humano, en opinión de Ausín et al en una plataforma tecnológica"[12]. Sin duda, la posibilidad que brinda esta técnica para recopilar ingentes datos sobre nuestra actividad cerebral y biológica es enorme.

---

9   Ausín, T., Morte, R. y Monasterio, A. (2020). "Neuroderechos: derechos humanos para las neurotecnologías", *op. cit.*, 1. De hecho, estos autores también hablan de neuromodulación, entendiendo por tal, la capacidad real de alterar la actividad nerviosa del individuo por medio de la introducción de estímulos.

10   Una descripción más completa de este concepto, con referencia a distintas técnicas de diagnosis, tratamiento y mejora, en Borbón, D. A, Borbón L. F y Laverde, J. (2020). "Análisis crítico de los neuroderechos humanos al libre albedrío y al acceso equitativo a tecnologías de mejora". *Ius et Scientia*, (6), 135-161, en concreto p.137 a 141.

11   García Sánchez, M.D. (2020). "Inteligencia artificial y oportunidad de creación de una personalidad electrónica". *Ius et Scientia*, (2), 83-95, 85. El texto entre paréntesis ha sido extraído de otro párrafo distinto al citado.

12   Ausín, T., Morte, R. y Monasterio, A. (2020). "Neuroderechos: derechos humanos para las neurotecnologías", *op. cit*, 2.

Y en este contexto, cabe compartir la afirmación de Cáceres Nieto et al: "uno de los retos más difíciles y apasionantes que tiene la neurociencia en la actualidad es comprender y explicar la extrema complejidad del cerebro, identificar y mapear las redes neuronales que lo conforman, avanzar en el estudio desde las distintas perspectivas, desde el análisis de moléculas y neurotransmisores, a los circuitos, redes neuronales y conectoma global. El conectoma es el conjunto de conexiones entre las neuronas del sistema nervioso de un organismo". Y, prosiguen, el estudio del conectoma "comprende desde el nivel más micro de análisis, que investiga las conexiones entre las neuronas de un área limitada del cerebro, hasta el estudio a nivel más macro, que comprende la organización del conjunto de neuronas y sus conexiones entre todas las áreas corticales y subcorticales del cerebro, en el intento de obtener la red global de un cerebro dado"[13]. Siendo este, precisamente, el objetivo de los programas de investigación ya citados a pie de página[14].

Y, como consecuencia lógica de todo lo anterior, surge otro nuevo concepto que viene a conformar el centro de atención: los neuroderechos. Me detendré más adelante sobre ellos. De momento, conviene aclarar —como bien hace De la Quadra- que "el término tiene la virtud de expresar de forma sintética el conjunto de problemas que afectan a los derechos y libertades de las personas y en ese sentido parece oportuno y funcional. La única reflexión que suscita es que los derechos son siempre de las personas y no de las neuronas, ni del cerebro como, a primera vista, pudiera dar la falsa impresión que sugiere. (…) Desde luego los derechos son de las personas, de cada persona, y no de las partes (miembros u órganos) que la integran, pero se da la circunstancia de que es en el cerebro donde reside la conciencia de sí de cada uno; la identidad de la persona o de su mismidad. La expresión neuro derechos no pretende declarar derechos de las neuronas, ni del cerebro; pero en

---

13   Cáceres Nieto, E. y López Olvera, C.P. (2022). "El neuroderecho como un nuevo ámbito de protección...", *op. cit*, 48.

14   Ver nota a pie número 7.

la medida en que el cerebro y las neuronas que lo integran es el reducto más profundo de la conciencia y de la identidad, la expresión sinecdocal (sic) –neuro-derechos- parece afortunada y sintetizadora"[15].

Sirva lo dicho para acotar el objeto que estamos intentando analizar y regular.

1.2. La relevancia y necesidad del debate social sobre los riesgos y los progresos que plantea la neurotecnología

De nuevo con este epígrafe trato de llamar la atención sobre la relevancia de este debate entre progreso científico y riesgo asociado. Como ya ha ocurrido en otras ocasiones, la participación ciudadana debería ser imprescindible porque, como ya denunciaba Da Silva, tales prácticas medicas implican cuestiones que "trascienden el campo de la terapia y la ciencia", afectando "al estado de las personas, a las estructuras familiares y a las libertades individuales del ser humano"[16].

Y este mismo compromiso y esfuerzo de comprensión y conocimiento interdisciplinar de esta materia por quienes están llamados a resolver ese difícil equilibrio debería ser igualmente exigible.

Sin embargo, no suele ocurrir así. Es obvio que los avances en neurología son impresionantes. Y aunque podemos decir que contamos ya con ciertas enseñanzas históricas, sociales y culturales relativamente recientes (por ejemplo, ante la manipulación genética de seres humanos), el intercambio pausado y comprometido de ideas y propuestas entre las partes afectadas suele estar ausente en la mayoría de las ocasiones. En ese sentido, la neurología y los riesgos que puede plantear sigue siendo,

---

15 Analiza el término tan difundido de neuroderecho, De la Quadra-Salcedo, T. (2023). "Derechos y libertades y neurotecnologías convergentes aplicadas a la actividad cerebral". *Derecho Digital e Innovación*,(18),1-17, 6.

16 Da Silva, P.M. (1986) *A procriaçao artificial. Aspectos jurídicos.* Ed. Moraes, 106.

como en su día ocurrió con los aludidos avances en genética humana, un "territorio ignoto" para el ciudadano, en expresión de Suzuki y Knudtson[17].

No solo eso. Sabemos que "toda intervención social propicia una resistencia por parte de los intereses y valores afectados. Tras la revolución llega la reacción, y desconsiderar a quienes pierden en las elecciones sociales no es una buena idea. Los efectos iatrogénicos o secundarios de las intervenciones legislativas y las políticas públicas son a menudo obviados, lo que produce tantas veces problemas mucho mayores a los que se propone remediar (...). Todo constructivismo social será contestado por aquellas organizaciones o personas que se ven desplazadas o afectadas en su círculo de pertenencia, así que los responsables de la toma de decisiones harían bien en considerar esta fuerza contraria e incorporarla desde el principio en sus decisiones de transformación de la realidad. Y es que ninguna nueva tecnología ha sido introducida sin debates sobre sus riesgos; ninguna ruptura considerable con el pasado ha dejado de suscitar controversia e incluso graves enfrentamientos dentro de la sociedad"[18].

La relevancia de lo dicho invita a la más cuidadosa reflexión. Algunos autores plantean estas cuestiones como esenciales, por cuanto con ellas "se pone a prueba el confín de la democracia, la intervención del parlamento, la privacidad del ciudadano. En definitiva, en este terreno se mide la nueva dimensión de la democracia"[19].

---

17   Suzuki, D. y Knudtson, P. (1991). *Genética. Conflicto entre la ingeniería genética y los valores humanos*. Traducido por José Sanmartín y Marga Vicedo. Tecnos, 20.

18   Rivero Ortega, R. (2023). *Derecho e inteligencia artificial. Cuatro estudios*. Ediciones Olejnik, 30.

19   Violante, L. (1988). "Biología y Democrazia", *Democrazia e Diritto*, (4/5), 183-212, p. 211. En el mismo sentido, Durant, J. (1996). "La biotecnología y el debate público", *Quark*, (4), 6-10, 10.

Fuera de contexto, afirmaciones como esa pueden resultar exageradas. Solo se trata de crear las condiciones necesarias para conducir la situación de la forma más abierta y objetiva, sin aspavientos ni reacciones desaforadas. Resulta obligado lograr un consenso social que marque la pauta a seguir, al tiempo que aclare los límites que no deben ser traspasados, en tanto se desconozcan con total claridad los efectos y los riesgos que conlleva para el individuo. Una ponderación adecuada permitirá los avances médicos tan deseados, al tiempo que alejará las dudas planteadas por los propios científicos que están desarrollando esta ciencia[20].

1.3. El papel del derecho respecto a estos avances

Otro de los condicionantes mencionados es la relación que deben establecer la ciencia y el derecho. Como ya se dijo, los grupos de interés, las referencias a normativas internacionales ajenas a nuestro entorno cultural, el tratamiento mediático sesgado y la propia complejidad de la materia dificultan un entendimiento entre ambas ramas del conocimiento. Sin embargo, debemos favorecer al máximo esa relación.

En su momento ya advirtió Demmer que la labor que le corresponde al jurista en este dialogo interdisciplinar no es el de controlar o delimitar la libertad de investigación, sino el de prevenir terribles abusos[21].

Pero todo en su justa medida, en un debate entre iguales, abandonando resquemores atávicos por cualquiera de las partes que están abocadas a entenderse. Asumiendo también la dificultad de comprensión

---

20   Cabe recordar que las primeras voces que han solicitado un análisis de riesgos y una regulación de estos progresos médicos han sido los científicos que están liderando las principales investigaciones en este campo, en particular, Yuste, Ienca y Andorno.

21   Demmer, K. (1989). "Tecnología genética y hombre. Implicaciones éticas de un reto contemporáneo", en *La vida humana. Reflexiones bioéticas de científicos y moralistas*, 275 y ss., 289.

que habrá entre ambas, así como el habitual desfase entre la ciencia y el derecho, todavía más acentuado en materias como la que nos ocupa.

Solo desde este prisma cabe considerar las distintas opiniones doctrinales acerca de la conveniencia o inconveniencia de una reglamentación de la investigación; eso sí, teniendo siempre en cuenta que la relación entre el derecho y la ciencia debe estar en todo momento abierta al debate y a la revisión puesto que ambas disciplinas se caracterizan por su constante evolución. De otra forma, defendiendo posturas radicales, confundiendo la renovación de las relaciones ciencia-derecho con el intento de supremacía de este frente a la investigación, nos encontraremos ante la paradoja de que "dos siglos después de la afirmación de la libertad de pensamiento y de expresión por la Declaración de los Derechos del Hombre y del Ciudadano, la autoridad pública reclama un derecho de vigilancia sobre un sector de la investigación científica"[22]. Y no parece lo más adecuado.

Por eso, ante tan importantes avances en neurología, el derecho se ve en la necesidad de pronunciarse, de sentar las nuevas bases del contrato social con la ciencia; pero no puede limitarse a imponer aquellas que unilateralmente crea oportuno. No sólo no debe hacerlo, sino que el Estado no puede imponer una determinada visión mediante la tipificación indiscriminada (y puede que innecesaria) de determinados comportamientos. La vigencia del principio de última ratio impide tal actuación.

Lo dicho hasta ahora sirve para señalar que no debe preocuparnos la ausencia de regulación anticipada sobre aquello que no se conoce, sino la ausencia de criterios o normas universales que reglamenten determinadas actividades de forma que eviten el vacío legal y la posible indefensión de la sociedad. Como vengo sosteniendo, la polémica discusión de la normativización de la ciencia ha de incluir el conjunto de datos disponibles, en particular, las propuestas de determinados organismos

---

22   Robert, J-H. (1991). "Les techniques bio-médicales en face du droit pénal", Archives de Philosophie du Droit, (36), 71-84, 71.

internacionales y la demanda generalizada de los propios equipos científicos que participan en el desarrollo de estas técnicas. Pero sin caer en el otro lado, en una intervención normativa injustificada que pueda ser destructiva o dilatadora de avances médicos. El ordenamiento jurídico no tiene por qué protegerse de los avances científicos ya que la ciencia en sí no es buena ni mala. Aunque tampoco es neutra, de ahí el análisis que se plantea a lo largo de estas páginas[23].

Únicamente así entendida la labor del jurista tiene sentido la regulación o "control" de la ciencia. En definitiva, una vez más, el derecho en general y el derecho penal en particular, deben servir como garante de convivencia pacífica. Para ello, nada mejor que el establecimiento previo de las normas que han de regir cualquier conducta conflictiva y la "formalización" de la manera más nítida de la posible solución (incluida la prohibición penal, en su caso). Tarea que necesariamente ha de realizar el legislador mediante la elaboración y aprobación de textos legales, sin dejar de aplicar –a lo largo de ese proceso legislativo- lo expuesto hasta ahora.

Para Borrillo, si se actúa de tal manera la superioridad del derecho como orden regulador sobre la ciencia no tendrá un carácter negativo ya que la reglamentación jurídica implica, en última instancia, la inserción de tal actividad científica en el entramado socio jurídico en el

---

23   Boura, refiriéndose a la inteligencia artificial, dice que el sistema de regulación está previsto en función de los riesgos asociados, de forma que los riesgos inaceptables o inasumibles darían lugar a normas prohibitivas, mientras que los riegos elevados generarían normas y requisitos técnicos dirigidos a disminuir o controlar tales riesgos. Con todo, prosigue, la inteligencia artificial en sí mismo no genera riesgos prácticos inherentes. Más bien "esos riesgos dependen, funcionalmente, de la forma en que se alimentan los sistemas, lo que es lo mismo que decir que las funcionalidades y usos permitidos por las máquinas serán solo aquellos que definan los creadores o alimentadores (humanos) de estas máquinas". Boura, M. (2023). "Inteligência artificial. Quadro jurídico e reflexôes sobre a Proposta de Regulamento de Inteligência Artificial". *Revista Electrónica de Direito*, (3), 1-25, 116.

que deberá desarrollarse y aplicarse. Una vez inserto en el mundo de los valores sociales, se entiende perfectamente que la función del derecho respecto de la actividad científica es la de mero regulador de los posibles conflictos de ésta con el resto de valores socialmente admitidos. Por eso afirma que "nada deben temer de la regla del derecho los científicos. La libertad de investigación lejos de verse coartada se completa en el orden jurídico. Sólo la norma jurídica puede asegurar de manera fehaciente el principio de libertad de investigación. Solo los mecanismos democráticos de debate y control pueden garantizar el desarrollo sostenido y fundado de la ciencia"[24].

Y en el mismo sentido se pronuncia Rivero, aunque refiriéndose a la inteligencia artificial. En su opinión, "el papel del derecho, en gran medida, es posibilitar ese equilibrio" entre factores de estabilidad y de cambio en las sociedades, siendo conocedores de la dinámica entre acción y reacción, y el enfrentamiento entre progreso y conservadurismo y la necesidad de los principios jurídicos. De ahí que la labor del derecho, prosigue, "en su versión de ciencia jurídica responsable, es buscar y propiciar los equilibrios y aceptaciones de los distintos puntos de vista, facilitando la convivencia"[25].

2. SOBRE LA NECESIDAD DE REGULAR EL PROGRESO CIENTÍFICO DE LA NEUROLOGÍA

Una vez han sido señaladas algunas circunstancias que pueden alterar cualquier planteamiento limitativo del desarrollo científico y, por ende, de la propia neurología, conviene abordar dos cuestiones de gran relevancia. La primera consiste en saber si resulta conveniente (o no)

---

24   Borrillo, D. (1995). "La genética humana en el orden jurídico europeo", *Arbor* (590), 41-82, 49.

25   Rivero Ortega, R. (2023). *Derecho e inteligencia artificial. Cuatro estudios, op. cit*, 42.

fiscalizar estos progresos técnicos. Y, si obtuviéramos una respuesta fuera afirmativa, la segunda tarea consistiría en elegir el modelo normativo más adecuado de entre los posibles.

Sobre la necesidad (o no) de reglamentar, podemos encontrar varias posiciones como es lógico. Por ejemplo, Rivero, aunque hace referencia a la inteligencia artificial, advierte que debe evitarse dos errores opuestos: la pasividad y la sobreactuación. En su opinión, "tan peligrosa puede ser la ausencia de normas como dañino para el desarrollo podría ser un garantismo desconocedor de la realidad práctica de esta tecnología". Y reclama que tal regulación debe partir de fundamentos de hecho, no de prejuicios, de forma que una visión no apocalíptica de esas técnicas o avances nos permita descubrir que "a quienes debemos temer es a las personas irresponsables, no a las tecnologías que pueden ayudarnos a superar muchas de nuestras imperfecciones"[26]. A su vez, se reclama que este proceso se haga conforme a la visión global o universal de la sociedad actual, acudiendo a medidas facilitadoras o habilitadoras, entre las que habría que incluir herramientas ágiles y flexibles que sean capaces de asumir los constantes avances tecnológicos en la materia[27].

---

[26]   Rivero Ortega, R. (2023), *op. cit*, 11, citando a Sunstein.

[27]   En opinión de Llamas el al. Aunque se refiere a la inteligencia artificial, los autores advierten que la ley pronto quedará obsoleta. Por eso, "ante esta realidad, deben surgir mecanismos alternativos a la regulación tradicional, que sin ser catalogados como derecho vinculante o indicativo per se, o emanar de estos, ponen en marcha acciones para armonizar los sistemas jurídicos con la inteligencia artificial". Llamas Covarrubias, J.Z., Mendoza. O.A, y Graff, M. (2022) "Enfoques regulatorios para la inteligencia artificial". *Revista Chilena de Derecho*,(49), 31-62, 42, 48 y 55. Ese mismo carácter flexible de la norma, que permita su ajuste a los permanentes avances científicos lo reclama Mascitti, M. (2022) "El rango constitucional de los neuroderechos como exigencia de justicia". *Revista Cuestiones Constitucionales* (46), 149-176, en p. 163.

También hay quien renuncia a una regulación parcial o, si se quiere, quien propone esperar a contar con un acervo suficiente de normas (al tiempo que una visión global del objeto a acotar) de forma que se eviten consecuencias no deseadas de tal actuar. En ese sentido se advierte del peligro de legislar solo una parte de la materia (por ser la neurología inabarcable o por ser solo la que se realiza en un país concreto, por ejemplo) porque con ello se pueden generar 'derechos adquiridos' o dar por válidos usos e investigación que, posteriormente, se considere legítimo ampliar a la totalidad de esa materia, conforme se desarrolle. Sirva de muestra el consentimiento informado: los términos que se usan actualmente por parte del paciente sometido a una terapia pionera ¿es suficiente para investigar el hipotético envío y recepción de información cerebral avanzada? A ello se suma que una intervención normativa muy acotada podría generar incoherencias jurídicas internas, conforme evolucionen otras técnicas similares, con bastante probabilidad.

Otros defienden la suficiencia de las normas deontológicas por considerar que la auto limitación de los científicos resulta garantía bastante para evitar cualquier abuso. Sin embargo, como es sabido, estos códigos profesionales no ofrecen garantías de cumplimiento ya que carecen de efectos punitivos de calado, en caso de inobservancia. De hecho, como advertía De Oliveira hace ya tiempo, la única manera de impregnar de eficacia los acuerdos adoptados por esos organismos pasa por el establecimiento de "condiciones de vinculación de esas deliberaciones y las sanciones que las acompañan. Y eso solo puede resultar de la ley. Por tanto, la preferencia por una disciplina espontánea nos impone, paradójicamente, la primera forma de intervención legislativa"[28].

Lo anterior no debe causar el efecto pendular contrario. Acudir a la respuesta punitiva de mayor intensidad con la que contamos no suele ser la mejor opción. Es sabido que del derecho penal "invariablemente

---

28 De Oliveira Ascensâo, J. (1991). "Direito e Bioética", en *Direito da Saúde e Bioética*, 9-38, 23.

se espera una contribución decisiva" ya sea mediante la afirmación simbólica de nuevos valores y derechos, ya sea a través de la reafirmación de normas, o en forma de la prevención de manifestaciones de daño o peligrosidad social[29]. Pero criminalizar procesos científicos aún en desarrollo o en fases incipientes de aplicación resultaría contraproducente y contrario al equilibrio antes propuesto entre ciencia y derecho.

La complejidad de la materia sugiere la necesidad de contar con normas que garanticen su desarrollo con respeto a los derechos de todas las partes implicadas. Y la mejor forma de lograrlo, en mi opinión, es perfilando al menos su aplicación terapéutica. Por eso, quizá la solución esté lo que ya se ha dicho supra: la novedad de estas técnicas junto con los indeterminados coeficientes de lesividad que pueden producir apuntan a que los posibles acuerdos sean alcanzados por el conjunto de las personas implicadas y no solo por los juristas o los científicos. Asegurando la participación de la sociedad en los términos que se indicaba líneas atrás.

Por lo demás, no veo acertada la hipotética criminalización de tratamientos o técnicas neurológicas, en ningún caso[30]. Con todo, tal decisión debería partir de una identificación previa de las nuevas formas de agresión que pueden resultar de la aplicación de la neurología para bienes jurídicos ya tutelados, o del señalamiento de nuevos bienes jurídicos amenazados por esas técnicas, de tal manera que solo mediante el recurso al

---

29   Da Costa Andrade, M. (1998). "Direito penal e modernas técnicas biomédicas. As conclusoes do XIV Congreso Internacional de Direito penal", *Revista de Direito e Economia*, (XV), 375-398, 379.

30   La propia criminalización de estas técnicas daría lugar a otras muchas cuestiones por analizar. Entre ellas, el recurso al denominado derecho penal simbólico, el adelanto de la barrera punitiva mediante la creación de delitos de peligro, la conveniencia de regular la materia mediante una ley especial frente a la introducción de nuevos tipos en el código penal, la coherencia interna con figuras afines, etc.

derecho penal se pudiera lograr su defensa. Y siempre aplicando el principio de ultima ratio que caracteriza a esta rama del ordenamiento jurídico.

Una vez afirmada la necesidad de normas, debemos concretar la herramienta legislativa por la que nos decantamos. De nuevo, existen múltiples propuestas que no puedo exponer ahora por exceder el objetivo de estas páginas.

Como es sabido, nos encontramos con varias posibilidades: ausencia de regulación y libre desarrollo científico sin más límite que el que imponga el ordenamiento jurídico en su conjunto; prohibición total de estas técnicas y de sus aplicaciones en seres humanos, con un claro recurso al derecho penal; normas específicas para tales avances médicos; aplicación de los principios, valores y declaraciones de derechos humanos comúnmente aceptados y que rigen para con el resto de investigaciones en desarrollo; y, de forma más novedosa, la creación de un nuevo catálogo de derechos propuesto por los científicos que están desarrollando estas técnicas. Entre otras muchas.

De todas ellas, me permito seguir la propuesta de Llamas et al por su claridad, aunque se refieren a la inteligencia artificial[31]. En su opinión, lo relevante es "conocer las modalidades regulatorias, saber cómo regular y de qué forma, cuyo caso deberá exigir su estudio y desentrañar los catálogos de instrumentos tradicionales normativos y las novísimas alternativas de regulaciones, que permitan el consenso entre beneficios económicos, legalidad, seguridad y despliegue de la tecnología"[32]. Veamos la taxonomía que exponen.

---

31   Llamas et al, revisando la literatura científica, enumeran estos modelos: Mecanismos regulatorios: auto estructuración, reglas autoimpuestas, autorregulación de la empresa, autorregulación regulada, regulación híbrida, regulación dictada por las autoridades y tecno-regulación. Lo desarrollan en Llamas Covarrubias, J.Z., Mendoza. O.A, y Graff, M. (2022) "Enfoques regulatorios para ...", *op. cit.*, 38 a 41.

32   Aunque referido a la inteligencia artificial. Vid. Llamas Covarrubias, J.Z., Mendoza. O.A, y Graff, M. (2022), *op cit*, 33 a 43.

Distinguen entre "*hard law*" y "*soft law*". Las primeras están formadas por las normas vinculantes, la regulación internacional, la jurisprudencia y las sentencias. Las normas vinculantes cuentan, a su vez, con varios niveles de intervención: a) las emite el poder legislativo y supone una regulación directa por ley; b) las crean órganos sin contenido legislativo, pero con contenido normativo-poder ejecutivo, ya sea mediante real decreto o firma de tratados internacionales; c) leyes emanadas por el poder legislativo, con contenido normativo.

Por su parte, hablan de regulación internacional, entendiendo que la misma sirve para crear un marco de referencia y por tanto de seguridad o estándares de seguridad, que puedan ser certificados. Aunque reconocen que esta modalidad está condicionada por lo que decida cada estado a la hora de firmarlo. Otro nivel es la jurisprudencia, en aquellos estados que la tengan como fuente de creación del derecho. O la propia sentencia, como iniciadora de la jurisprudencia.

Estos instrumentos "tienen la fuerza de la autoridad legal y se componen de normas vinculantes, sanciones fijas y preceptos ejecutables a través de litigios y procedimientos judiciales. Las normas vinculantes pueden ser más fáciles de cumplir al ser ley codificada que los Estados deben respetar, pero difíciles de ejercer a corto o medio plazo por su velocidad e inflexibilidad"[33].

En cuanto a las normas indicativas o *soft law*, Llamas et al incluyen la gobernanza (esto es, dejar en manos de organizaciones descentralizadas no estatales la gestión de los riesgos. Incluso en manos de empresas y organizaciones civiles). En su opinión, este modelo tiene la ventaja de facilitar la posterior creación y aplicación de las normas vinculantes o para que los estados regulen la materia. Pero también tiene la desventaja de ser muchas y variadas, y a veces se contradicen entre sí, perdiendo en certeza jurídica.

---

33   Llamas Covarrubias, J.Z., Mendoza. O.A, y Graff, M. (2022), *op cit*, 38.

Estos autores consideran que se deben combinar ambos modelos "puesto que los cambios en cualquiera de estas afectarán la regulación del conjunto". Posición que comparto como la más acertada para regular los avances en neurología aplicables al ser humano. El objetivo, defienden, es evitar contradicciones entre los distintos mecanismos regulatorios, en interpretar y crear normas conforme a principios y reglas internacionales. O, cuando sea viable, respecto a normas nacionales. Todo ello a fin de ayudar a regular la innovación tecnológica, mitiga riesgos y, no menos importante, para ganar y mantener la confianza del usuario[34]. En definitiva, del ciudadano. Hasta aquí, la taxonomía de Llamas et al[35].

Retomando la propuesta ya defendida de combinar todos los instrumentos regulatorios a nuestro alcance para acotar el correcto uso de la neurología y la idea de correlacionar tales normas, en la medida de lo posible, con los principios generalmente admitidos por la

---

34 En parecidos términos se expresa Orias. Tras analizar diversos documentos internacionales propone que la investigación en neurociencia y el uso de la neurotecnología esté presidido por los siguientes principios de actuación: innovación responsable, evaluación de la seguridad, promover la inclusión y la colaboración científica, fomentar la deliberación social, facilitar el trabajo a los organismos de supervisión y control, promover la confianza sobre estas tecnologías, anticipar posibles usos indebidos. Vid. Orias, R. (2022). "Los neuroderechos. Una nueva frontera para ...", *op. cit*, 214. A su vez, en el contexto de la inteligencia artificial, Rivero cita los siguientes: "el principio de proporcionalidad (un clásico del Derecho público), el de progresividad (directriz para la evolución de los servicios públicos) y el de compensación (idea importada de la teoría económica sobre la decisión social, ...)". Este último, continúa diciendo, "invita a satisfacer a quien ve afectadas sus posiciones con medidas correctoras y de garantía de que no sufrirán perjuicios graves o irreparables" (Rivero Ortega, R. (2023). *Derecho e inteligencia artificial. Cuatro estudios, op. cit*, 43.

35 Llamas Covarrubias, J.Z., Mendoza. O.A, y Graff, M. (2022), "Enfoques regulatorios para ...", *op. cit.*, 43, referido siempre a la inteligencia artificial.

comunidad internacional, considero necesario siquiera nombrarlos para que nos sirvan de referencia.

Como ya se dijo páginas atrás, estos principios no son nuevos y ya se han usado en debates similares en décadas anteriores. Por ejemplo, ante los avances de la ingeniería genética aplicables al ser humano. En aquel momento, la Unión Europea emitió diversos documentos[36] en los que se enumeran los siguientes: principio de protección de la vida humana desde sus inicios, principio de respeto a la dignidad del ser humano, principio de prudencia, principio de reducción y evaluación de riesgos, practica restringida por los profesionales correspondientes con suficiente formación para ello y en centros médicos o científicos, máxima cooperación científica internacional, máxima implicación social y transparencia informativa, y necesaria regulación legislativa, incluyendo la conminación penal de determinadas conductas; carácter universal y homogéneo de la normativa.

En el caso concreto de la neurotecnología, destaca el trabajo ya citado que realizó la Organización de Estados Americanos en 2019. En el Informe avance sobre Principios interamericanos en materia de Neurociencias, Neurotecnologías y Derechos Humanos se propone que los adelantos científicos en este campo se rijan por las siguientes reglas de actuación: identidad y autonomía de la voluntad y libre desarrollo de la personalidad; protección de los derecho humanos desde el propio diseño de las neurotecnologías, en su implementación y evaluación; la neuroprivacidad: datos neuronales sensibles bajo medidas de seguridad reforzadas; seguridad y dominio de los datos neuronales que garanticen la libertad de decisión y pleno dominio de los mismos; consentimiento informados; confidencialidad y garantía de no intromisión; igualdad y no discriminación (neurodiscriminación), especialmente en los grupos más vulnerables; acceso equitativo a las neurotecnologías, eliminando

---

36   Puede consultarse el conjunto de documentos de los que se extrajeron estos principios en García González, J. (2001) Límites penales a los últimos avances de la ingeniería genética aplicada al ser humano, Edersa, nota pie n. 239.

las barreras de entrada y contribuyendo a la mayor realización de los derechos de salud y educación de todas las personas; transparencia y responsabilidad proactiva de los Estados, de forma que todos los actores estatales y no estatales garanticen la transparencia y el acceso a la información sobre los avances en neurotecnologías; gobernanza de datos neuronales; control sobre el aumento de las capacidades cognitivas para impedir el eventual surgimiento de una brecha social y educativa entre las personas (neuromejoramiento); garantizar y potenciar el desarrollo de las neurociencias y neurotecnologías; proteger la integridad neurocognitiva mediante mecanismos de prohibición para evitar el uso y comercialización de neurotecnologías maliciosas; supervisión y fiscalización de los Estados a fin de proteger los derechos y libertades de las personas antes estas técnicas, evitando la manipulación ilegítima del sustrato neurocognitivo de emociones, sentimientos y decisiones por parte de quienes obtengan tal información; acceso a la tutela efectiva del sustrato neurocognitivo conforme a estos principios[37].

De igual modo, es conveniente insistir en la idea de que esta regulación sea de carácter internacional puesto que el desarrollo científico tiene ese carácter. Y también la sociedad actual. De manera que el escenario de una ley tradicional, con proyección territorial, quedaría rápidamente desfasado. En ese sentido, es obvio que la internacionalización de este debate y las posibles normas que se puedan consensuar complican aún más la posibilidad de alcanzar un acuerdo. Pero como recordaba la Unión Europea al enfrentar la regulación del uso de embriones y fetos humanos, es sabido que "toda reglamentación exclusivamente nacional tiene el riesgo de ser ineficaz, dado que la actividad en la materia podría desplazarse de un país a otro que no tuviera prevista la misma reglamentación"[38].

---

37   Orias, R. (2022). "Los neuroderechos. Una nueva frontera para los derechos humanos", *op. cit.*, 222 a 226.

38   Este peligro de ineficacia ya lo advertía la Recomendación 1046 (1986) de la Unión Europea, relativa a la utilización de embriones y fetos humanos.

Insistiendo en ese argumento, y una vez admitida que "hasta la ciencia necesita normas"[39], debemos reclamar que dichas normas sean homogéneas en el ámbito internacional. Las razones que sustentan esta afirmación son numerosas: desde los posibles efectos negativos sobre parte de la población que podría derivarse de una incorrecta utilización de estos avances, hasta la facilidad de burlar la legislación nacional acudiendo a un país cercano que ofrezca normas más permisivas, pasando por un "mercado oculto" de estas terapias. A ello cabría añadir otra razón no menos relevante: la regulación internacional perfeccionaría la tutela jurídica hacia los ciudadanos más necesitados de estos avances científicos. Me refiero a la población marginal. Ya no se trataría de evitar el éxodo hacia países de legislación más laxa, sino de unir esfuerzos frente a una intolerable búsqueda de personas con las que perfeccionar o, peor aún, validar, el alcance y aplicación de estas técnicas en el cerebro humano[40].

3. LA INTERVENCIÓN NORMATIVA EN EL CASO CONCRETO DE LA NEUROTECNOLOGÍA

En principio se trata de encontrar el mejor equilibrio entre los avances científicos y los posibles conflictos que generen estas técnicas respecto a derechos o intereses esenciales del ciudadano, como vengo planteando en estas páginas.

---

39   Dulbecco, R. y Chiaberge, R. (1989) Ingenieros de la vida. Medicina y ética en la era del ADN, Ed. Pirámide, 116.

40   Aunque se refiere a la inteligencia artificial, Llamas et al apuntan que el verdadero reto por resolver es la "subrepresentación de áreas geográficas como África, América del Sur y Central y Asia Central en el debate de la inteligencia artificial y regulación, lo cual indica la escasa participación de las regiones en el debate sobre la regulación de inteligencia artificial y revela un desequilibrio de poder en el discurso internacional" (Llamas Covarrubias, J.Z., Mendoza. O.A, y Graff, M. (2022), "Enfoques regulatorios para ...", *op. cit.*, 33). Y otro tanto podría decirse sobre la regulación de la neurotecnología.

Ante los irrenunciables progresos terapéuticos que se nos ofrecen –y que son muy de agradecer– se plantean peligros reales que hay que combatir, llegado el caso. El problema puede estar en saber a qué nos enfrentamos, puesto que muchas de estas técnicas aún se están desarrollando, lo que dificulta conocer el alcance de los hipotéticos riesgos que conlleva su utilización en seres humanos. En ese contexto, resuenan afirmaciones como esta: "las nuevas neurotecnologías abren la puerta a peligros de manipulación e intervención directa sobre nuestro cerebro y nuestro sistema nervioso, amenazando nuestra integridad mental y, con ello, el último reducto de nuestra identidad y nuestra intimidad: la conciencia"[41].

Seguramente estas palabras deban tildarse de exageradas. Pero lo cierto es que aunque todavía no tengamos la certeza de que estas amenazas puedan materializarse, sí parece conveniente avanzar hacia una limitación de esta materia, con las características antes expuestas.

En ese empeño, De Asís plantea cinco preguntas que pueden ayudarnos a conseguir ese objetivo. En su opinión, la primera cuestión a resolver es si los principios esenciales que se identifican como los más vulnerables ante este progreso científico (la dignidad humana, la identidad personal, la singularidad de cada ser humano; el principio relacional, el libre desarrollo de la personalidad; el principio de autonomía y consentimiento informado; el principio de precaución; el principio de beneficencia y no maleficencia; el principio de no discriminación; el principio del acceso justo;... entre otros), deben adaptarse a la realidad de las neurotecnologías o, por el contrario, deben conformar nuevos derechos (denominados por muchos, neuroderechos), independientes de los ya por todos conocidos. Al respecto, añade que "se trata de una discusión que suele estar presente cuando aparecen nuevas demandas de derechos y que siempre está condicionada por el

---

41 Ausín, T., Morte, R. y Monasterio, A. (2020). Neuroderechos: derechos humanos para las neurotecnologías, *op. cit*, 5.

argumento de la inflación (cuanto más se amplía la lista de los derechos existen menos posibilidades de protección especial)"[42].

La segunda pregunta consiste en aclarar cuál es el fundamento de esos derechos, por qué deben crearse y para qué deben crearse. Mantiene que generalmente los derechos se asocian a los principios y valores tales como la dignidad, la libertad, la igualdad o a la solidaridad. "Pues bien, se trata de saber si los neuroderechos se fundamentan en estos valores y si estos poseen un peso similar en su satisfacción"[43].

Y formula De Asís una tercera cuestión: en su caso, qué naturaleza han de tener esos neuroderechos; cómo debemos considerarlos: derechos morales, naturales, humanos, fundamentales...

La cuarta pregunta, prosigue, tiene que ver con su propia configuración y delimitación. "Y es que no solo no existe un acuerdo sobre el catálogo de los neuroderechos; tampoco hay un acuerdo sobre su significado y alcance. En este punto adquiere relevancia abordar su papel en el sistema jurídico; las obligaciones que generan tanto para los poderes públicos como para los particulares y, concretamente para los científicos y las industrias; su relación con otros derechos"[44].

Por último, termina diciendo que "es necesario investigar sobre las formas de protección de estos derechos. No sabemos si lo instrumentos tradicionales de garantía de los derechos humanos son eficaces o si es necesario crear nuevas formas de protección que permitan garantizar los bienes que están en juego"[45].

---

42   De Asís, R. (2022). "Sobre neuroderechos". *Materiales de Filosofía del Derecho* (1), 1-11, 11.

43   *Op. cit.,* loc. cit.

44   *Op. cit.,* loc. cit.

45   *Op.cit.,* loc. cit.

Como queda dicho, resta una ingente tarea por realizar. Son muchas las preguntas y pocas las certezas con las que contamos. Veamos alguna de ellas a continuación.

3.1. Contenido y definición del objeto a proteger

Antes nos preguntábamos si hace falta crear nuevos derechos para proteger los valores y bienes amenazados por la aplicación de la neurotecnología al ser humano. Pero para poder dar cumplida respuesta, primero debemos saber cuál es el objeto que proteger.

En otras palabras, quizá el mayor problema sea identificar qué entendemos por neuroderechos, si es que queremos defender su inserción en el catálogo de derechos ya existentes. Esta cuestión la explican de forma clara López Silva y Madrid. En su opinión, siguiendo a *The Morningside Group*, este concepto "pretende proteger el ámbito de lo mental. Sin embargo, hasta la fecha, este grupo aún no ha incorporado a la discusión un concepto claro de lo que entienden por mental (...). Según lo revisado, (...) creemos que el aspecto fenoménico de la experiencia mental humana es impenetrable desde el punto de vista científico. Pero, a la vez, creemos que la experiencia privada posee una serie de propiedades públicas que posibilitan su emergencia. Por lo tanto, consideramos que el concepto de neuroderecho hace, en realidad, referencia a la protección de las propiedades públicas de la experiencia mental humana"[46].

Por tanto, prosiguen, esta noción se fundamenta en la distinción entre lo mental (o síquico) y lo puramente cerebral. Son dos aspectos de la dimensión humana que reclaman diferenciar de forma nítida, principalmente en función del acceso que tenemos a ellas: "mientras el acceso a las propiedades físicas es público y sujeto-independiente, el acceso a los estados mentales es privado y sujeto-dependiente (Jackson, 1986)[47].

---

46 López-Silva, P. y Madrid, R. (2022). "Acerca de la protección constitucional de los neuroderechos...", *op. cit*, 58.

47 López-Silva, P. y Madrid, R. (2022), *op. cit.*, 54 y 55.

Intentando identificar los valores a proteger, estos autores enumeran (siguiendo a Yuste) las siguientes: la privacidad de lo mental (derecho a mantener la información neuroeléctrica segura y privada; la exigencia de contar con consentimiento informado, en su caso; el derecho a preservar esa información o propiedades mentales, sin sufrir ningún cambio no deseado; el derecho a acceder en igualdad de condiciones a las potenciales mejoras cognitivas y físicas asociadas a estas tecnologías; y el derecho a no sufrir sesgos provocados por las neurotecnologías. Sin embargo, al mismo tiempo, reconocen que no está claro cómo plasmar todo esto en un derecho específico[48].

Por su parte, De la Quadra da mayor amplitud a ese enfoque al considerar que estas técnicas no solo afectan a los derechos personales del individuo, sino que "al acceder a su actividad cerebral –procediendo a su registro, descifrado e interpretación y, eventualmente, provocando o induciendo sensaciones, reacciones, conductas o ideas (o alterándolas o condicionándolas)- se está afectando al ser de cada uno en su yo más íntimo, en su mismidad e identidad o en la conciencia de sí mismo"[49].

De igual interés resulta la recopilación que realiza Orias a partir de varios documentos internacionales. Este autor considera dignos de protección los siguientes: derecho a la libertad cognitiva, derecho a la privacidad mental, derecho a la integridad mental y derecho a la continuidad psicológica; también destaca "el riesgo de ingresar a la intimidad misma de las personas, invadir su privacidad y autonomía y afectar la libertad y el desarrollo de la personalidad"[50].

---

[48] López-Silva, P. y Madrid, R. (2022), *op. cit*, 58.

[49] De la Quadra-Salcedo, T. (2023). Derechos y libertades y neurotecnologías convergentes..., *op. cit*, 3.

[50] Orias, R. (2022). "Los neuroderechos. Una nueva frontera para los ...", *op. cit*, 217 a 219. Los documentos internacionales que maneja están reflejados en nota a pie nº 1 de ese trabajo.

Como se recordará, De Asís planteaba la cuestión de si estos (nuevos) derechos debían ser creados *ex novo* o si todos esos valores y bienes jurídicos quedarían protegidos adaptando los derechos ya existentes. Sin duda, la relevancia de los elementos en riesgo es determinante. Pero, en mi opinión, muchos de ellos tienen cabida en la protección internacional que se otorga a la propia dignidad humana[51] y demás derechos humanos que se derivan de ella.

3.2. La justificación para crear nuevos derechos (neuroderechos)

Si se considera que los derechos existentes no cubren las necesidades antes apuntadas, entonces será necesario contar con nuevos derechos. Pero tal proceder solo sería adecuado siempre que se evidencie la ineficacia de las herramientas jurídicas con las que ya contamos. En ese sentido, aunque refiriéndose solo a la protección de datos, Lopez-Silva y Madrid sostienen que estos neuroderechos tendrían su razón de ser en la insuficiencia de la actual protección normativa del derecho a la privacidad de la información para con la información neuronal (neurodatos). Y recuerdan que se han repetido situaciones similares a lo largo de la historia, en particular, en los dos últimos siglos. En ese contexto de inoperancia de instrumentos legales vigentes, estos autores se preguntan: "¿cuál sería, entonces, la diferencia, o esa condición específica de nuestro tiempo que distinguiría el cambio tecnológico contemporáneo como excepcional respecto de los anteriores? La respuesta parece estar en la capacidad de distribuir y manipular la información, así como en la naturaleza de los datos que

---

51   Autores que apoyan la dignidad humana como objeto formal a proteger: Paredes, F. y Quiroz, C. (2022). "Neuroderechos en Chile: estado del arte y desafíos", en: *Neurodireito, neurotecnologia e direitos humanos* (D'Avila Lopes y otros), 69-80, 71; y D'Avila Lopes, A.M. (2022). "Neurotecnologia: quando a tecnología ameaça a dignidade humana", en: *Neurodireito, neurotecnologia e direitos humanos* (D'Avila Lopes y otros), 17-29, 17.

hoy pueden llegar a convertirse en información pública"[52]. Por tanto, la razón de ser de este nuevo recurso jurídico sería la mayor capacidad de intromisión que tienen estas técnicas.

Silva y Aguilera también apoyan esta iniciativa. En su opinión, la creación de neuroderechos "permiten otorgar una protección más perfecta a las personas porque se hacen cargo de vacíos o insuficiencias de que adolecen las dos primeras generaciones de derechos, los que no siempre pueden solucionarse por vía interpretativa". Por eso afirman que "el objetivo de los neuroderechos es proteger la integridad humana desde el punto de vista neurológico, cuestión que se extiende más allá del ámbito clásico del derecho a la privacidad"[53].

Y en parecidos términos se expresan Llamas et al, aunque se refieren a la inteligencia artificial. Consideran adecuado crear nuevos derechos, y ello a pesar de que muchos de los que ya existen pueden dar protección a buena parte de los bienes o valores a proteger. Precisamente fundamentan su postura diciendo que algunas características específicas de esta tecnología "pueden dificultar la aplicación y el cumplimiento legal" de las regulaciones ya existentes[54]. En suma, parece que le otorgan cierto valor funcional al proceso de creación de esos nuevos derechos, en mi opinión.

3.3. La categoría jurídica que corresponde a los neuroderechos

Otra cuestión no menor es la que se plantea en el epígrafe. Una vez asumida la necesidad de crear nuevos derechos, habría que determinar su naturaleza. Esto es, si se trata de un simple derecho, de un derecho

---

52   López-Silva, P. y Madrid, R. (2022). "Acerca de la protección constitucional de los neuroderechos...", *op. cit*, 45.

53   Silva, N. y Aguilera, J.R. (2023)." Neuroderechos un intento de protección jurídica a las personas frente al uso de neurotecnologías". *Revista de Direito Sanitário.*(23),1-24, 7.

54   Llamas Covarrubias, J.Z., Mendoza. O.A, y Graff, M. (2022), "Enfoques regulatorios para la inteligencia artificial", *op. cit,* 35.

fundamental a incorporar en la constitución de cada estado o, incluso, un derecho humano a añadir en la declaración universal. Será el lector quien deba definir su propia postura. Por mi parte, soy contrario a la creación de estos nuevos derechos y más aún de otorgarle el carácter universal de derechos humanos por las razones que ahora expongo.

Si se plantea crear un nuevo derecho fundamental cabe recordar que este conlleva la necesaria convivencia con el resto de los ya existentes, pues ninguno de ellos tiene carácter absoluto, como es sabido. Y, en caso de conflicto, será preciso ponderar ambos en su justa medida a fin de saber cuál de todos los implicados debe ceder o en qué medida debe hacerlo. En este sentido, el derecho habrá de intervenir de forma imperativa cuando el libre ejercicio del derecho fundamental a la investigación y creación científica sea susceptible de causar, en determinadas ocasiones, un peligro para el resto de los ciudadanos. Lo cual no deja de ser una paradoja, ya que un derecho, "en vez de producir solo beneficios, puede producir peligros o maleficios que nos obliguen a defendernos"[55]. En consecuencia, los científicos podrían desarrollar y aplicar la neurotecnología por estar amparados por el derecho fundamental a la libertad científica. Y, a su vez, los ciudadanos quedarían protegidos igualmente ante el límite que otorga el respeto a la propia dignidad humana y los derechos a la integridad física y psicológica y a la salud que nos asisten a todos. Se trata, en definitiva, de mantener el tantas veces aludido equilibrio entre la ciencia y el derecho.

Aunque no se posiciona de forma contundente en contra de ello, León Vasquez advierte que "un excesivo entusiasmo por la creación de nuevos derechos, pero sin pautas metodológicas claras preestablecidas, puede conducir a un 'aluvión'(Häberle, 1992: 71), 'inflación' (Stern, 2011:66) o, incluso, a una 'hipertrofía' (Bettermann, 1984: 3 y ss) de derechos. Sin una metodología específica, los nuevos derechos

---

55   Peces Barba, G. (1993). "La libertad del hombre y el genoma humano", *Derechos y Libertades* (2), 317-335, 318.

pueden quedar reducidos a fórmulas vacías o a derechos ineficaces e ineficientes en la práctica, ya sea porque el ámbito de protección de un derecho existente ya comprende ese segmento de la realidad vital que el nuevo derecho pretende vanamente aprehender, o bien porque, al estar referidos a una misma realidad, se producen 'interferencias' entre el ámbito de protección del nuevo derecho y los ámbitos normativos de los derechos ya positivizados"[56].

En cuanto a la otra posibilidad, la de apoyar la creación de nuevos derechos humanos, cuenta con dos rasgos propios que le otorgan cierta singularidad. Por un lado, que haya sido propuesto en el seno de los proyectos de investigación más avanzados en esa materia. Y, por otro, que sea una iniciativa muy poco común en lo que a situaciones parecidas se refiere.

Sea como fuere, la discusión está igualmente servida. Son muchos los autores que critican esta propuesta. Pero quienes la apoyan también se esfuerzan en exponer sus argumentos.

Así, Paredes y Quiros tienen dudas sobre la categoría de derecho humano. En su opinión, "a pesar de que este enfoque ha sido recibido alegremente, en términos teóricos este también debería ser sometido a un examen riguroso. Ello no significa que las amenazas a la dignidad humana denunciadas no sean reales. Más bien se trata de poner a disposición de estos dilemas la mejor técnica jurídica disponible". Y también recuerdan que "la creación de nuevos derechos humanos presenta un costo. La lógica explica que esta afirmación se funda en que los derechos

---

56   León Vásquez, J.L. (2022)."¿Redimensionamiento de la libertad de pensamiento o nuevos (neuro)derechos humanos? Desafíos y perspectivas desde la neurotecnología. *Cuestiones Constitucionales. Revista Mexicana de Derecho Constitucional*, (46), 121-147, 133. En parecidos términos, De Asís, R. (2022). "Sobre neuroderechos", *op. cit*, 9, aunque también afirma que el debate social de las neurotecnologías y su impacto en la sociedad es una realidad que es preciso afrontar, y que "no cabe duda de que este es el momento de hacerlo".

humanos son mecanismos privilegiados de protección, por lo que a medida que estos se multiplican, su carácter privilegiado pierde fuerza"[57].

También son contrarios a crear estos derechos humanos Borbón et al. Consideran que "la regulación de un fenómeno no implica la necesaria consagración de una nueva generación de facultades humanas, precisamente porque si lo que se pretende es regular una tecnología, la forma más idónea de hacerlo es mediante normativas que con suficiencia aborden cada uno de los aspectos a reglamentar. Cosa que no es posible mediante la incorporación de una nueva categoría de derechos humanos pues estos se deben redactar de forma general y breve, expresando una facultad del ser humano. Por otra parte, en razón a los argumentos aquí expuestos, esta regulación con vocación universal podría ser inconveniente en su interpretación y no permite abordar el complejo asunto de fondo"[58].

Menos contundente en sus palabras se expresa Orias, desde su cargo de relator del Informe de avance sobre Principios interamericanos en materia de Neurociencias, Neurotecnologías y Derechos Humanos, de la Organización de Estados Americanos. Este autor aclara que el Grupo de Expertos y el propio Comité Jurídico encargado de generar este texto pretendía "hacer explícita la necesidad de cubrir estas situaciones singulares que plantean el uso de las nuevas tecnologías desde los derechos ya existentes. En este sentido, la decisión fue avanzar en su desarrollo progresivo bajo el marco convencional actual, base del sistema interamericano de derechos humanos"[59].

En el otro lado de la ecuación, a favor de crear estos nuevos derechos humanos, nos encontramos con uno de los científicos de referencia en

---

57 Paredes, F. y Quiroz, C. (2022). "Neuroderechos en Chile: estado del...", *op. cit*, , p. 71 y 72.

58 Borbón, D. A, Borbón L.F y Laverde, J. (2020). Análisis crítico de los neuroderechos humanos al libre albedrío, *op. cit*, 156.

59 Orias, R. (2022). "Los neuroderechos. Una nueva frontera...", *op. cit.*, 226.

este campo. Así, el propio Yuste, cuando propone el derecho equitativo a la mejora cerebral explica que la solución no es prohibir el acceso a las neurotecnologías sino regular el acceso equitativo a ellas y no existe mejor forma que incluyendo todo esto como un derecho humano básico en la Declaración Universal de los Derechos Humanos y por ende una connotación de universalidad[60].

Y en similares términos se pronuncian otros autores, destacando la especificidad de la materia, por más que se refieran a alguno de ellos en particular. Es el caso de Adán, quien afirma que "siendo (la libertad cognitiva) el sustrato neurocognitivo de todas las demás libertades no puede ser reducida a los derechos existentes, por lo que es inmune al riesgo de inflación de los derechos". Y continúa: "su integración al marco de los derechos humanos permitiría la protección de características constitutivas de los seres humanos que no están totalmente protegidas por los derechos existentes"[61]. Y mantiene similar posicionamiento respecto de la privacidad mental. Sostiene que "el futuro neurotecnológico al que nos acercamos requerirá que garanticemos la protección no solo de la información que registramos y compartimos, sino también de la fuente de esa información ya que podrían ser inseparables"[62]. Lo que hace que apoye la creación de este nuevo derecho humano.

---

60   Vid. Borbón, D.A, Borbón L.F y Laverde, J. (2020)."Análisis crítico de los neuroderechos humanos ...", *op. cit*, en p. 153 y ss. Hablan de Yuste, pero dicen no compartir su solución porque ya está cubierto por otros derechos de esa misma DUDH, arts. 7 y 18. Por su parte, Arellano tampoco ve posible materializar la eficacia de este derecho (vid. Arellano Toledo, W. (2019). "El derecho a la transparencia algorítmica ...", *op. cit.*, en p. 7.

61   Adán Ríos, A. (2022)."Neuroderechos desde una actualización a la privacidad mental". *Revista Ius Doctrina*, (15), 1-17, 8.

62   Adán Ríos, A. (2022), *op cit*, 4 y 6. Y desarrolla su argumento: el derecho a la privacidad mental "tiene como objetivo proteger cualquier bit o conjunto de información cerebral sobre un individuo registrado por un dispositivo neurológico y compartido a través del ecosistema digital. Este derecho protegería las ondas cerebrales no solo como datos sino también como

Por último, Soto comparte esa misma posición. En su interés en establecer la diferencia entre la integridad mental y la integridad física y psicológica del individuo, sostiene que el (nuevo) derecho a la integridad mental que se propone deriva de la propia dignidad humana, que es la base de cualquier derecho humano. "No obstante, por sus fundamentos concretos y técnicos, se considera útil que se le regule como un derecho distinto a la integridad corporal, inclusive de la integridad personal. Ello para hacer visible la necesidad que surge de la sociedad de regular la situación que el sector científico ha sacado a relucir: la posibilidad que ya está a la mano de que una persona afecte la mente, los procesos cognitivos de otra persona, interfiera en su intimidad de pensamiento, y lo pueda hasta modificar"[63].

3.4. Los nuevos neuroderechos: alcance y contenido

Como ya se ha ido comentando páginas atrás, la iniciativa de creación de nuevos derechos (humanos) que nos protejan ante cualquier abuso de la neurotecnología aplicada a los seres humanos ha sido generada, principalmente, por los propios científicos que lideran las investigaciones en este campo. En este sentido tienen un protagonismo especial la Fundación de Neurotecnologías, *The Morningside Group* y los investigadores Yuste, Ienca y Andorno. A continuación, se enumeran sus propuestas.

---

generadores de datos o fuentes de información. Además, abarcaría no solo los datos del cerebro consciente, sino también los datos que no están (o solo parcialmente) bajo el control voluntario consciente. Por último, garantiza la protección de la información del cerebro en ausencia de un instrumento externo para identificar y filtrar esa información".

63   Soto Prats, B.E (2023). "El derecho humano a la integridad mental". *Revista de Ciencias Jurídicas* (160), 1-34, 15.

Por un lado, Ienca y Andorno plantearon, en 2017, la conveniencia de contar con estos cuatro nuevos neuroderechos[64].

El primero, el derecho a la libertad cognitiva, consagra el derecho de los individuos a tomar decisiones libres y competentes relativas a la utilización de la neurotecnología. En su connotación negativa, garantiza la protección de los individuos frente al uso coercitivo y no consentido de dichas tecnologías. De Asís lo denomina "el derecho a la autodeterminación mental"[65], mientras que para Bublitz, citado por Ausín et al, sería "el principio que garantiza el derecho a alterar los estados mentales de uno con la ayuda de las herramientas neurotecnológicas así como para negarse a hacerlo"[66].

En segundo lugar, el derecho a la privacidad mental busca proteger a los individuos de la intrusión no consentida de terceras partes en sus datos cerebrales, así como de la recopilación no autorizada de dichos datos. Sobre este aspecto, Adán señala que "la particularidad de los datos neuronales es que la información a proteger no es fácilmente distinguible de la fuente misma que produjo los datos: el procesamiento neuronal del individuo. Esto es lo que podemos llamar el 'problema del origen (*the inception problem*), que complica el análisis de las cuestiones que están en juego cuando se utilizan los enfoques tradicionales de la privacidad"[67].

---

64   Ienca, M. (2021). "Neuroderechos: ¿por qué debemos actuar antes de que sea demasiado tarde?". *Anuario Internacional CIDOB*, 41-44p. 43. El texto pertenece a IENCA, aunque se añaden aclaraciones de otros autores, motivo por el que solo se entrecomillan estos otros.

65   De Asís, R. (2022). "Sobre neuroderechos", *op. cit*, 7.

66   Ausín, T., Morte, R. y Monasterio, A. (2020). Neuroderechos: derechos humanos para las neurotecnologías, *op. cit*, 5. En idénticos términos, Adán Ríos, A. (2022). "Neuroderechos desde una actualización ...", *op. cit*, 7.

67   Adán Ríos, A. (2022), *op. cit*, 4.

Tercero, el derecho a la integridad mental, es un derecho ya reconocido por la legislación internacional (art. 3 de la Carta de los derechos fundamentales de la UE) respecto a la promoción de la salud mental, y debe ampliarse para que proteja también de la manipulación ilícita y nociva de la actividad mental de las personas que hacen posible las neurotecnologías. Para Borbón et al, "el acceso no deseado al cerebro de las personas y datos neuronales no solo implica la violación a su privacidad mental, sino que también podría traer consigo un daño directo al usuario. La llegada de nuevas tecnologías podría atraer a agentes maliciosos que pretendan disminuir o eliminar el control voluntario del usuario con su dispositivo o incluso manipular sus estados mentales internos"[68]. Por su parte, Soto intenta diferenciarlo del derecho a la integridad personal, o el derecho a la salud mental, así como de la integridad corporal. En su opinión, es Lavazza la que mejor acota este término: "la integridad mental es el dominio del individuo de sus estados mentales y sus datos cerebrales de modo que, sin su consentimiento, nadie pueda leer, difundir o alterar dichos estados y datos para condicionar al individuo de alguna manera"[69].

Finalmente, el derecho a la continuidad psicológica pretende preservar la identidad de las personas y la continuidad de su vida mental, frente a la alteración externa no consentida de terceros. A diferencia del derecho a la integridad mental, este derecho se aplica también a intervenciones no consentidas que pretenden cambiar la personalidad, aunque no impliquen un daño físico o psicológico directo a la víctima.

---

68   Borbón, D. A, Borbón L. F y Laverde, J. (2020). Análisis crítico de los neuroderechos humanos al libre albedrío, *op. cit.*, 144. A su vez, Adán habla de "proporcionar una protección normativa específica contra posibles intervenciones habilitadas por la neurotecnología que implican la alteración no autorizada de la computación neuronal de una persona" (Adán Ríos, A. (2022). "Neuroderechos desde una actualización ...", *op. cit.*, 11.

69   Soto Prats, B.E (2023). "El derecho humano a ...", *op. cit*, 5 y 9, citando y traduciendo el texto de Andrea Lavazza.

Ausín et al apuntan que la estimulación de las funciones cerebrales podría crear cambios en los estados mentales críticos para la personalidad, de forma que la percepción del individuo sobre su propia identidad podría verse comprometida por el empleo incorrecto de las neurotecnologías[70].

Hasta aquí la propuesta hecha por Ienca y Andorno.

Por otro lado, Yuste (director del proyecto BRAIN) junto a otros científicos del grupo *Morningside*, propuso otros cinco neuroderechos, también en 2017. Se enumeran a continuación.

Derecho a la intimidad mental (mantener nuestros pensamientos ocultos a terceros, ante la posibilidad de que sean extraídos mecánicamente). Mascitti aclara que "la mayor parte de los datos cerebrales generados por el sistema nervioso se crean inconscientemente y están fuera del control de la persona. Por tanto, es plausible que una persona revele datos cerebrales sin intención mientras están bajo vigilancia", como dice el propio Yuste[71].

Derecho a la agencia. O libre albedrío. Según Mascitti, la agencia vendría a ser la capacidad del individuo a actuar de modo independiente. Dado que la neurotecnología puede usarse para estimular el cerebro de una persona, podría hablarse de acciones subrogadas, de modo que sean creadas por una interfaz cerebro-máquina y no por un movimiento corporal voluntario[72]. En suma, las personas deben poder tomar y tener el control sobre sus propias decisiones, sin la manipulación de neurotecnologías externas desconocidas, como expresa la Fundación de Neuroderechos.[73]

---

70   Ausín, T., Morte, R. y Monasterio, A. (2020). Neuroderechos: derechos humanos para las neurotecnologías, *op. cit.*, 11.

71   Mascitti, M. (2022) "El rango constitucional de los neuroderechos como exigencia de justicia". *Revista Cuestiones Constitucionales* (46), 149-176, 156.

72   Mascitti, M. (2022), *op. cit. loc. cit.*

73   Borbón et al están en contra de incluir este derecho en el listado, basándose en la dificultad de definir este concepto. "Definir un concepto tan

Derecho a la identidad (o derecho a la unicidad e irrepetibilidad del ser humano). De Asís considera que consiste en "la capacidad de controlar la integridad física y mental de uno, ante el riesgo de los cambios que se pueden producir en esta por los efectos de la conexión de nuestro cerebro a interfaces inteligentes"[74]. Para Arellano, este derecho "se refiere a que se debe tratar o se debe impedir que las neurotecnologías alteren a la percepción del 'yo' de cada persona"[75].

Derecho al acceso al aumento mental (cualquier mejora o beneficio provocado por la neurotecnología debe estar al alcance de los ciudadanos, en igualdad de condiciones). Según De Asís, consiste en "asegurar que los beneficios de las mejoras en la capacidad sensorial y mental a través de la neurotecnología se distribuyan de manera justa entre la población"[76]. Para Borbón et al, existe el riesgo de que "los altos costos de estas tecnologías de mejora lleven a que sean utilizadas solamente por

---

epistemológicamente complicado como el libre albedrío es un verdadero reto. Existen un sinnúmero de interpretaciones de dicha palabra, concepto que ha sido discutido por más de dos milenios sin que exista un consenso en su definición". Vid Borbón, D. A, Borbón L. F y Laverde, J. (2020). Análisis crítico de los neuroderechos humanos al libre albedrío, *op. cit.*, 146. Arellano apunta esa misma dificultad: "se trata de un término que en sí mismo ya es discutido desde el campo filosófico hasta el psicológico y pasando desde luego por el ético y por el jurídico" (Arellano Toledo, W. (2019). "El derecho a la transparencia algorítmica ...", *op. cit.*, en p.7. Y León Vasquez también habla de "extrema vaguedad" del derecho al libre albedrío, que puede conducir a futuros problemas graves de interpretación (León Vásquez, J.L. (2022). "¿Redimensionamiento de la libertad de pensamiento o nuevos (neuro)derechos humanos? Desafíos...", *op. cit*, 136.

74 De Asís, R. (2022). "Sobre neuroderechos". *Materiales de Filosofía del Derecho* (1), 1-11, p. 6.

75 Arellano Toledo, W. (2019). "El derecho a la transparencia algorítmica ...", *op. cit*, 7.

76 De Asís, R. (2022). "Sobre neuroderechos", *op. cit.*, 6.

unos pocos. En dicho caso, el aumento del rendimiento cognitivo de un selecto grupo podría alterar el orden de la sociedad"[77].

Derecho a la protección sobre el sesgo algorítmico (como también ocurre en otros procesos de inteligencia artificial, los algoritmos pueden generar, por error, discriminaciones o sesgos para con ciertos grupos de población, lo que resulta claramente inaceptable).

Hasta aquí, la propuesta de Yuste.

CONCLUSIONES

En definitiva, se nombran derechos (que personalmente identifico más con retos) que resultan trascendentales desde cualquier prisma. Negar su relevancia resultaría incoherente. Pero, a riesgo de equivocarme, más bien creo que actúan como acicates para lograr una correcta regulación de la neurotecnología. En mi opinión, la práctica totalidad de los derechos enunciados encuentran cabida en los derechos humanos clásicos por todos conocidos como puede ser la libertad, la integridad moral, la igualdad. Bien es cierto que la especificidad que se detalla en esos listados mejora en mucho la identificación del objeto a proteger. Pero esa misma concreción dificultaría su formulación en un derecho fundamental o en un nuevo derecho humano. Si se redactan siguiendo la nomenclatura propuesta su contenido puede quedar muy difuso. Y si fuera preciso una posterior labor de interpretación, considero que se puede hacer esa misma tarea a partir de los derechos humanos contenidos actualmente en las declaraciones internacionales comúnmente admitidas por la mayoría de los países.

Dicho esto, reconozco que hay algunos aspectos más comprometidos. Me refiero a los datos neuronales, donde sí creo que la normativa existente no sería la más adecuada para resolver los conflictos que puedan darse,

---

77   Borbón, D. A, Borbón L. F y Laverde, J. (2020). Análisis crítico de los neuroderechos humanos al libre albedrío, *op. cit.*, 152.

principalmente por la dificultad de diferenciar el proceso de obtención de esos datos de los propios datos, como se dijo supra. Y lo mismo ocurre con la unicidad y singularidad del ser humano. Este último riesgo se denunció profusamente en el contexto de la aplicación de la ingeniería genética a las personas. Y se zanjó no con la creación de nuevos derechos sino con la proclamación de principios universales de actuación. Seguramente fue insuficiente. Pero no creo que la inserción de un nuevo derecho humano hubiera logrado un resultado mejor. Volviendo a la neurotecnología, quizá sea más acertado centrar los esfuerzos en delimitar el concepto de integridad mental a la luz de los avances que se logren.

En todo caso, considero que la solución óptima será la que se alcance en un debate entre ciencia y derecho en los términos que se han venido defendiendo en estas páginas. Las normas así consensuadas deben apoyarse en los principios de actuación y reglas internacionales que se adopten por la mayoría de los países, a fin de lograr la mayor homogeneidad posible.

Por último, me gustaría terminar planteando una cuestión a la que ya adelanto no tener respuesta. Sea cual fuere la decisión tomada respecto a la creación (o no) de esos nuevos derechos, así como su naturaleza jurídica, deberíamos preguntarnos si tal medida cuenta con suficiente soporte jurídico y social suficiente como para asegurar su eficacia.

En otras palabras, siendo evidente que el hecho de que ninguna norma puede evitar que –de forma puntual- sea transgredida por un individuo, y esto no resta validez a su función reguladora, también lo es que una regla que se sepa del todo inútil para preservar la finalidad con la que es generada no hace sino quitar legitimidad al sistema. En el caso concreto del derecho penal suele usarse la expresión "derecho penal simbólico" para referirse a aquellos delitos que carecen de eficacia alguna, bien porque su desaparición sería fácilmente cubierta por algún otro delito ya existente (mostrando con ello que su incorporación al código era innecesaria y/o que estaba motivada por una intención política y no tanto de prevención); o bien porque el mandato que incorpora resulta en sí mismo imposible de perseguir o de realizar (generando falsas expectativas de protección a una población que confía en su legislador).

En este sentido, cabría valorar si la creación de estos neuroderechos o la simple criminalización de la neurotecnología podría provocar los efectos antes descritos, precisamente por no contar con la capacidad real de proteger los valores o derechos que se han ido enumerando.

REFERENCIAS BIBLIOGRÁFICAS

Adán Ríos, A. (2022)."Neuroderechos desde una actualización a la privacidad mental". *Revista Ius Doctrina*, (15), 1-17. http://revistas.ucr.ac.cr/index.php/iusdoctrina

Arellano Toledo, W. (2019). "El derecho a la transparencia algorítmica en big data e inteligencia artificial". *Revista General de Derecho Administrativo* (50), 1-34. https://www.iustel.com/v2/revistas/detalle_revista.asp?id_noticia=421167 Consultado el 12 de agosto de 2024.

Ausín, T., Morte, R. y Monasterio, A. (2020). "Neuroderechos: derechos humanos para las neurotecnologías". *Diario La Ley*,(43).

Borbón, D.A. Borbón L.F y Laverde, J. (2020)." Análisis crítico de los neuroderechos humanos al libre albedrío y al acceso equitativo a tecnologías de mejora". *Ius et Scientia*, (6), 135-161. https://doi.org/10.12795/IETSCIENTIA.2020.i02.10

Borrillo, D. (1995). "La genética humana en el orden jurídico europeo", *Arbor* (590), 41-82

Boura, M. (2023). "Inteligência artificial. Quadro jurídico e reflexôes sobre a Proposta de Regulamento de Inteligência Artificial". *Revista Electrónica de Direito*, (3), 1-25. https://doi.org/10.24840/2182-9845_2023-0003_0005

Cáceres Nieto, E. y López Olvera, C.P. (2022). "El neuroderecho como un nuevo ámbito de protección de los derechos humanos". *Cuestiones Constitucionales. Revista Mexicana de Derecho Constitucional*, (46), 65-92. https://doi.org/10.22201/iij.24484881e.2022.46

Da Costa Andrade, M. (1998). "Direito penal e modernas técnicas biomédicas. As conclusoes do XIV Congreso Internacional de Direito penal", *Revista de Direito e Economia*, (XV), 375-398.

Da Silva, P.M. (1986) *A procriaçao artificial. Aspectos jurídicos*. Ed. Moraes,

D'Avila Lopes, A.M. (2022). "Neurotecnologia: quando a tecnología ameaça a dignidade humana", en: *Neurodireito, neurotecnologia e direitos humanos* (D'Avila Lopes y otros), pp. 17-29.

De Asís, R. (2022). "Sobre neuroderechos". *Materiales de Filosofía del Derecho* (1), 1-11. http://hdl.handle.net/10016/24630

De la Quadra-Salcedo, T. (2023). "Derechos y libertades y neurotecnologías convergentes aplicadas a la actividad cerebral". *Derecho Digital e Innovación*,(18),1-17.

De Oliveira Ascensâo, J. (1991). "Direito e Bioética", en *Direito da Saúde e Bioética*, 9-38.

Demmer, K. (1989). "Tecnología genética y hombre. Implicaciones éticas de un reto contemporáneo", en *La vida humana. Reflexiones bioéticas de científicos y moralistas.*

Dulbecco, R. y Chiaberge, R. (1989) *Ingenieros de la vida. Medicina y ética en la era del ADN*, Ed. Pirámide.

Durant, J. (1996). "La biotecnología y el debate púbico", *Quark*, (4), 6-10.

García Sánchez, M.D. (2020). "Inteligencia artificial y oportunidad de creación de una personalidad electrónica". *Ius et Scientia*, (2), 83-95. https://doi.org/10.12795/IETSCIENTIA.2020.i02.07

García González, J. (2001) *Límites penales a los últimos avances de la ingeniería genética aplicada al ser humano*, Edersa

Ienca, M. (2021). "Neuroderechos: ¿por qué debemos actuar antes de que sea demasiado tarde?". *Anuario Internacional CIDOB*, 41-44.

León Vásquez, J.L. (2022)."¿Redimensionamiento de la libertad de pensamiento o nuevos (neuro)derechos humanos? Desafíos y perspectivas desde la neurotecnología. *Cuestiones Constitucionales. Revista Mexicana de Derecho Constitucional*, (46), 121-147. https://doi.org/10.22201/iij.24484881e.2022.46.17050

López-Silva, P. y Madrid, R. (2022). "Acerca de la protección constitucional de los neuroderechos: la innovación chilena". *Prudentia Iuris* (94), 39-68. DOI:10.46553/prudentia.94.2022.pp.39-68.

Llamas Covarrubias, J.Z., Mendoza. O.A, y Graff, M. (2022) "Enfoques regulatorios para la inteligencia artificial". *Revista Chilena de Derecho*,(49), 31-62. DOI: 10.7764/R.493.2

Mascitti, M. (2022) "El rango constitucional de los neuroderechos como exigencia de justicia". *Revista Cuestiones Constitucionales* (46), 149-176. DOI: https://doi.org/10.22201/iij.24484881e.2022.46.17051

Orias, R. (2022). "Los neuroderechos. Una nueva frontera para los derechos humanos". *Agenda Internacional,* (40), 211-227. https://doi.org/10.18800/agenda.202201.009

Paredes, F. y Quiroz, C. (2022). "Neuroderechos en Chile: estado del arte y desafíos", en: *Neurodireito, neurotecnologia e direitos humanos* (D'Avila Lopes y otros), pp.69-80

Peces Barba, G. (1993). "La libertad del hombre y el genoma humano", *Derechos y Libertades* (2), 317-335

Reguera Andrés, M. C. (2021). "La garantía de los neuroderechos: a propósito de las iniciativas emprendidas para su reconocimiento". *Derecho y Salud* (31), 213-222.

Rivero Ortega, R. (2023). *Derecho e inteligencia artificial. Cuatro estudios.* Ediciones Olejnik.

Robert, J-H. (1991). "Les techniques bio-médicales en face du droit pénal", *Archives de Philosophie du Droit*, (36), 71-84

Soto Prats, B.E (2023). "El derecho humano a la integridad mental". *Revista de Ciencias Jurídicas* (160), 1-34. https://doi.org/10.15517/rcj.2023

Silva, N. y Aguilera, J.R. (2023)." Neuroderechos un intento de protección jurídica a las personas frente al uso de neurotecnologías". *Revista de Direito Sanitário.*(23),1-24. https://doi.org/10.11606/issn.2316-9044.rdisan.2023.194202

Suzuki, D. y Knudtson, P. (1991). *Genética. Conflicto entre la ingeniería genética y los valores humanos.* Traducido por José Sanmartín y Marga Vicedo. Tecnos

Violante, L. (1988). "Biología y Democrazia", *Democrazia e Diritto*, (4/5), 183-212

Capítulo 5
Seguridad, libertad y algoritmos. Reflexiones sobre tecnocracia y derechos humanos en la era digital

Leopoldo García Ruiz[1]

1. EL NOTORIO PREDOMINIO DE LA SEGURIDAD SOBRE LA LIBERTAD EN EL SIGLO XXI: UNA EXPLICACIÓN

Es bien sabido que libertad y seguridad experimentan en cuanto valores sociales una tensión inevitable, ya que no es posible proteger perfectamente uno de ellos si no es en detrimento del otro. No es extraño, por tanto, que dicha tensión haya sido objeto de atención recurrente en la filosofía política y social desde Hobbes a Foucault, pasando por Locke, Rousseau, Stuart Mill o Carl Schmitt. Pues bien, un examen mínimamente atento a la relación entre ambos valores en la praxis política contemporánea parece apuntar hacia un claro y paulatino predominio de la seguridad sobre la libertad, al menos desde 2001 en adelante. La reacción que desencadenó en nuestras sociedades el atentado contra las Torres Gemelas de Nueva York del 11 de septiembre de ese año marcó

---

1   Profesor Titular de Filosofía del Derecho, Departamento de Ciencias Jurídicas, Universidad Cardenal Herrera-CEU, CEU Universities, Calle Assegadors 2, Alfara del Patriarca-Valencia, España. Este trabajo ha sido realizado en el marco de los Proyectos I+D+i PID2021-126765NB-I00 y CIAICO/2021/099, financiados por el Ministerio de Ciencia e Innovación del Gobierno de España y la Dirección General de Ciencia e Investigación de la Generalitat Valenciana respectivamente, y centrados ambos en el estudio de la crisis del Estado de Derecho en la Unión Europea.

sin duda un punto de inflexión en este sentido, a partir del cual hemos ido asistiendo a un discreto pero nítido enaltecimiento de la seguridad en el terreno político y jurídico. Ciertamente, la libertad se sigue proclamando en el discurso público, pero en la práctica se reserva ante todo –y hasta se fomenta– para cuestiones que tienen que ver con la disposición de la propia existencia en clave meramente individual (esto es, con la configuración de la identidad personal, las relaciones afectivo-sexuales, el ocio y el consumo, el final de la propia vida, etc.), y ya no tanto con la protección de los derechos civiles y políticos que sirvieron de base para las primeras revoluciones liberales en Europa y América, y que parecen estar experimentado ahora un retroceso: baste con pensar, por ejemplo, en los recortes que de un tiempo a esta parte vienen experimentando las libertades de expresión, información, circulación y reunión, o el derecho a la privacidad.

Como se acaba de decir, no es que la libertad haya perdido por completo su relevancia cultural y social. Lo que parece ocurrir ahora es que el modelo antropológico moderno, que entendía la libertad como autonomía y la exaltaba a continuación como el rasgo por excelencia del ser humano, ha sido radicalizado y al tiempo desplazado de forma significativa hacia el ámbito de lo económico-mercantil. Con esa radicalización desaparece la nota de inalienabilidad de los derechos humanos, y todo deviene disponible. Entretanto, la globalización neoliberal triunfante tras la caída del Muro exporta esta visión economicista por doquier: la política y el derecho se orientan a su servicio, la propia economía se financieriza, y todos los demás vectores sociales (educación, sanidad, cultura, etc.) avanzan significativamente hacia su mercantilización[2].

---

2   Cfr. Ballesteros, J. (2018). "El futuro del derecho como lucha contra la idolatría tecnológica". *Persona y Derecho*, vol. 79, pp. 40-43. Esa financierización de la economía, apunta también Ballesteros ("Contra la financierización de la economía y la mercantilización de la sociedad". *Anuario da Facultade de Dereito da Universidade da Coruña*, vol. 17 (2013), p. 55), había comenzado en realidad mucho antes, al menos desde la decisión de la Administración Nixon de

En el plano político, sin embargo, la autonomía no deja de perder peso, arrastrada por una sucesión de acontecimientos que ha ido jalonando este comienzo de siglo, y en la que no es difícil detectar una progresiva erosión de los derechos y libertades "clásicos" a los que se hacía referencia antes. Justo después de los ataques del 11-S, la *Patriot Act* otorgó amplios poderes de vigilancia en Estados Unidos a las agencias de seguridad, lo que incluyó la interceptación de comunicaciones, la recopilación masiva de datos y el endurecimiento de las políticas de inmigración. En nombre de la seguridad nacional, la lucha antiterrorista derivó así en una estrategia de vigilancia global y permanente contra el crimen, centrada primero en hacer frente a enemigos exteriores pero pronto redirigida también al entorno doméstico[3]. El resto de los gobiernos occidentales fue también aumentando las medidas de seguridad en sus fronteras para prevenir la infiltración terrorista (por desgracia no siempre con éxito, como es sabido), y tras la crisis de refugiados de 2015 sus políticas de inmigración se han ido volviendo más restrictivas, confirmando una inercia que ya venía de antes.

Otro campo de batalla a este respecto está siendo la lucha contra la desinformación (esto es, la información manipulada o maliciosamente errónea[4]), convertida en objeto de particular atención a partir del Brexit

---

sustituir el patrón oro por el dólar en 1971, lo que supuso una virtualización de la economía internacional anterior incluso a su digitalización.

3   Pérez Luño, A. E. (2011). "Internet y los derechos humanos". *Anuario de Derechos Humanos*. Nueva época, vol. 12, pp. 298-302. Ya en 2013 las revelaciones de Edward Snowden sobre la vigilancia global realizada por la Agencia de Seguridad Nacional (NSA) de los Estados Unidos pusieron de manifiesto la magnitud de esa estrategia.

4   Véase una distinción conceptual ya consolidada entre *disinformation* (desinformación), *misinformation* (información involuntariamente errónea) y *malinformation* (información maliciosa, discursos de odio y acoso) en Wardle, C. y Derakhshan, H. (2017). *Information disorder: Toward an interdisciplinary framework for research and policy making*. Estrasburgo: Consejo de Europa, informe DGI(2017)09, pp. 20 y ss.

y de las elecciones presidenciales estadounidenses de 2016. Ya previamente pero más aún desde entonces nos hemos acostumbrado a ver la desinformación, y su combate en nombre de la seguridad nacional, como un elemento clave de las guerras híbridas de propaganda entre Occidente y sus rivales geoestratégicos (así por ejemplo, en diversos procesos electorales recientes, o en los actuales conflictos bélicos de Ucrania y Oriente Medio). Es interesante observar cómo aquí, de nuevo, una vigilancia que comenzó centrada en combatir al enemigo exterior y a sus intentos de desestabilización ha ido dejando paso a lo largo y ancho del planeta a una voluntad de moderación cada vez más intensa de la opinión pública propia. Y ello no solo en regímenes autoritarios como China, Rusia, Irán, Myanmar, Corea del Norte, Venezuela o Nicaragua (donde es costumbre prohibir los medios de comunicación no alineados, suspender o monitorizar el servicio de internet, y perseguir a los disidentes) sino también en buena parte de las democracias consolidadas, donde se han ido aprobando en los últimos años diversas leyes regulatorias del contenido en línea –y en particular del que se distribuye a través de los medios de comunicación y las redes sociales– que sancionan a quienes publiquen contenido catalogado como ilegal, maliciosamente falso, dañino, odioso, etc. Entre los ejemplos más destacados figuran leyes como la *NetzDG* alemana (2017), la *Online Safety Act* australiana (2021), la *Online Safety and Media Regulation Act* irlandesa (2022), la *Online News Act* canadiense (2023), o la *Online Safety Act* británica (2023)[5]. El problema aquí no sería tanto la lucha

---

5   Cfr. Shellenberger, M., "The Censorship Industrial Complex. U.S. Government Support for Domestic Censorship and Disinformation Campaigns, 2016-2022", Testimony to The House Select Committee on the Weaponization of the Federal Government, 9 March 2023, en especial pp. 4-8, 22, 45-46. Por su parte, la Unión Europea también ha dado una importancia creciente a esta cuestión, y en los últimos años ha adoptado dos medidas importantes en ese sentido: la *Digital Services Act* de 2022 –de la que se hablará más adelante– y el Código de Buenas Prácticas sobre Desinformación de 2022, que sustituye a uno anterior de 2018. Por lo que a España

contra la desinformación o la información maliciosa en sí, pues éstas representan un mal cierto a combatir –que en sus formas más graves siempre han recibido reproche jurídico, por cierto[6]– cuanto que estas leyes persiguen algunos ejercicios de la libertad de expresión amparados hasta ahora en sus respectivos países[7]. En cuanto a EE.UU. no hay una ley federal específica al respecto pero existen ya numerosas evidencias acerca de cómo la lucha contra la desinformación habría ido escorándose de 2016 en adelante hacia una censura más o menos encubierta del discurso público[8].

---

respecta, y mientras se escriben estas líneas (17/09/2024), el Consejo de Ministros acaba de anunciar un paquete de medidas contra la desinformación pendiente aún de concreción legal, dentro del, así denominado, "Plan de Acción por la Democracia": cfr., por ejemplo, https://www.eldebate.com/espana/20240917/veintena-medidas-gobierno-restringir-libertad-informacion_228093.html (este y todos los demás enlaces incorporados al presente trabajo han sido revisados a 19 de septiembre de 2024).

6   Piénsese, p. ej., en delitos como el falso testimonio, la estafa o las calumnias, y en muchas otras formas de incitación al crimen o de obstrucción a la justicia.

7   Valga aquí como referencia la jurisprudencia constante del TEDH desde *Handyside c. Reino Unido* (1976) hasta *Brzezinski c. Polonia* (2019), según la cual el derecho a la libertad de expresión no solo abarca la información y las ideas inofensivas y bien acogidas por sus destinatarios, sino también aquellas que puedan ofender, escandalizar o perturbar. Pues bien, nadie ignora que el listón de lo que puede decirse en nuestras sociedades sin temor a una sanción ha bajado notablemente en los últimos años, y que las autoridades excitan con cierta frecuencia el celo de plataformas y medios de comunicación en este sentido.

8   La actual prohibición de los medios progubernamentales rusos en todo el territorio de la UE sería un buen ejemplo. En su querencia reciente por convertirse en árbitros de la verdad, los gobiernos democráticos parecen olvidar que su misión fundamental a la hora de combatir la desinformación debería ser no tanto la de restringirla frontalmente y a toda costa cuanto la de promover (o mejor aún: la de no poner obstáculos a) la alfabetización

Las medidas desplegadas para hacer frente a la pandemia de CO-VID-19 mientras la Organización Mundial de la Salud la consideró una emergencia de salud pública de alcance internacional (esto es, entre el 30 de enero de 2020 y el 5 de mayo de 2023[9]) representaron un momento cumbre de este predominio de la seguridad sobre la libertad al que estamos haciendo referencia, y a escala planetaria además: primero con los confinamientos masivos de la población, y, posteriormente con el uso de mascarillas, los certificados digitales para acceder a ciertos lugares y servicios, la reducción de aforos en los espacios públicos y privados, el distanciamiento social, las restricciones para viajar a determinados países, etc. Vistas en perspectiva, y a pesar de su excepcionalidad[10], no resulta aventurado afirmar que estas medidas supusieron en su conjunto la consolidación del paradigma de la seguridad como valor prioritario

---

digital y mediática de los ciudadanos, el debate democrático, y el periodismo independiente y de calidad, algo clave para acceder a la información y para poder contrastarla. En esa línea se han pronunciado además numerosos documentos internacionales recientes, como, p. ej., "La desinformación y la libertad de opinión y de expresión". Informe de la Relatora Especial del Consejo de Derechos Humanos de la ONU sobre la promoción y protección del derecho a la libertad de opinión y de expresión (A/HRC/47/25), 13 de abril de 2021, §94; o la *Resolución del Parlamento Europeo de 25 de noviembre de 2020, sobre el refuerzo de la libertad de los medios de comunicación: protección de los periodistas en Europa, discurso del odio, desinformación y papel de las plataformas,* 2020/2009(INI), OJ *C425*, 20.10.2021, §34, 46-49.

9   https://www.who.int/es/news-room/speeches/item/who-director-generals-opening-remarks-at-the-media-briefing—-5-may-2023.

10 A juicio del filósofo italiano Giorgio Agamben, la respuesta institucional a la pandemia de COVID –con su retórica en torno a ese "enemigo invisible" que hemos de derrotar– ha sido un ejercicio supremo de biopolítica que ha permitido normalizar el recurso al estado de excepción en cuanto modo de gobierno, y ha contribuido además a que la separación del ser humano de sus vínculos sociales avance inexorablemente a nivel global. Cfr. Agamben, G. (2020). *¿En qué punto estamos? La epidemia como política* (trad. de R. Molina-Zavalía y M.T. D'Meza Pérez). Buenos Aires: Adriana Hidalgo Editora.

a nivel político, esta vez con la protección de la salud pública de por medio. Traducido a términos más propiamente jurídicos, da la impresión de que en la adopción de políticas públicas el principio de precaución se va imponiendo cada vez con mayor nitidez y frecuencia al principio de proporcionalidad (y al *favor libertatis*), y que la respuesta institucional a la pandemia pudo marcar un antes y un después a este respecto[11].

Pues bien, toda esta deriva en pro de la seguridad y en detrimento de la libertad política y los derechos asociados a ella se ha servido y se sirve de un medio estrictamente indispensable, y ése no es otro que la tecnología digital.

2. LA TECNOLOGÍA DIGITAL, INSTRUMENTO POR EXCELENCIA PARA EL ACTUAL RECORTE DE DERECHOS Y LIBERTADES POLÍTICAS

En efecto, no resulta difícil comprobar cómo en la concreción del escenario recién descrito están teniendo un papel decisivo ciertos desarrollos de la tecnología digital surgidos en este último cuarto de siglo como son la web 2.0, el internet de las cosas (IoT) o la inteligencia artificial, así como la reutilización, orientada a diversos propósitos, de la ingente cantidad de datos que la experiencia digital humana genera a diario (el llamado *Big Data*).

Tales desarrollos han sido empleados para afianzar, de una parte, el paradigma economicista-mercantil al que se hacía referencia más arriba, permitiendo con ello una digitalización de las finanzas, del trabajo, del ocio y del consumo impensable hasta hace pocas décadas. Con todo, lo decisivo aquí es que estamos ante herramientas que resultarían

---

11   Sobre el principio de precaución y su creciente uso entre nosotros véase, p. ej., el estudio de Guardia Hernández, J. J. (2023). "La recepción del principio de precaución por el Tribunal Constitucional español. Una propuesta integradora". *Estudios de Deusto*. Vol. 71/2, pp. 116-117.

particularmente útiles para controlar y predecir la conducta humana, no ya a nivel puramente económico, sino también psicológico, social y político. Estamos, en definitiva, ante una tecnología (la digital) que no solo expande las posibilidades de actuación de sus usuarios sino también, y muy significativamente, las de quienes las diseñan y administran.

La reflexión sobre la tecnología y su impacto en la vida y la cultura humanas no es precisamente algo novedoso. Ya son clásicas a ese respecto, por ejemplo, las observaciones abiertamente críticas de filósofos como Martin Heidegger[12] o Jacques Ellul[13], para quienes la tecnología transforma nuestra relación con el mundo, la cosifica y la vuelve mero cálculo e instrumentalidad. Otros muchos análisis, en cambio, tienden más bien a subrayar la ambivalencia intrínseca de la tecnología, para pasar a continuación a establecer un catálogo de sus ventajas e inconvenientes. Si nos centramos en la revolución tecnológica digital, entre sus innegables ventajas suelen referirse: la mejora en las comunicaciones y en el acceso a la información que ha proporcionado, su eficacia productiva (y en general, para realizar tareas complejas, también en el entorno jurídico), así como la comprobada seguridad que aporta a los procesos y tareas que monitoriza (la IA, p. ej., sirve para detectar y prevenir amenazas en tiempo real, su automatización de procesos minimiza los errores humanos, etc.). Esa misma tecnología suscitaría, al tiempo, notables inconvenientes: una creciente desigualdad social entre quienes carecen de conectividad y/o de habilidades digitales (la famosa *brecha digital*); una reestructuración acelerada y no pocas veces traumática del mercado laboral; problemas relativos a la seguridad y a la privacidad personal; sesgos y falta de transparencia

---

12   Heidegger, M. (1977). *The Question Concerning Technology and Other Essays* (trad. W. Lovitt). New York: Garland.

13   Ellul, J. (1990). *La edad de la técnica* (trad. J. Sirera y J. León). Barcelona: Octaedro.

en la toma de decisiones; problemas mentales asociados al diseño y uso de ciertas aplicaciones y dispositivos tecnológicos, etc.[14].

Hay quien entiende que, como sociedad, deberíamos abrazar los beneficios de la revolución digital mientras abordamos sus inconvenientes de manera ética y equitativa[15]. Pero no faltan tampoco quienes llaman la atención sobre la enorme capacidad represiva asociada a esas tecnologías[16]. Y si bien no parece fácil (ni sensato) ponerle puertas al campo de la digitalización, también es cierto que cuesta bastante menos imaginar formas tecnológicamente mediadas de limitación de los derechos humanos que formas para su protección implementada gracias a esa misma tecnología. Y eso, obviamente, es un problema.

La lucha contra la desinformación en internet, por ejemplo, se viene librando con apoyo en algoritmos que, bien por sesgo previo, bien falta de finura en su diseño, con frecuencia colisionan con la *libertad de expresión* y el *derecho a la información* de los ciudadanos[17]. Resulta del todo lamentable que el impacto de la desinformación se haya multiplicado en la era digital (los bulos a propósito del COVID, p. ej., vienen aquí a cuento) pero ni se trata de un mal novedoso ni ésa puede ser razón suficiente para sacrificar alegremente tales derechos. De una parte, la moderación de contenidos por parte de las empresas tecnológicas, automatizada o no, ha solido hacerse –y aún se hace– sin

14   Torres Albero, C. (2005). "La ambivalencia ante la ciencia y la tecnología". *Revista Internacional de Sociología*, n° 42, pp. 9-38.

15   En esa línea, Hu, X., Neupane, B., *et al.* (2021). *El aporte de la inteligencia artificial y de las TIC avanzadas a las sociedades del conocimiento*. París: Ediciones UNESCO.

16   Cfr. por ejemplo Funk, A., Shahbaz, A. y Vesteinsson, K. (2024). "The Repressive Power of AI". Freedom on the Net 2023. *FreedomHouse.org*, https://freedomhouse.org/report/freedom-net/2023/repressive-power-artificial-intelligence. Fecha de consulta: 12/09/2024.

17   Cobbe, J. (2021). "Algorithmic Censorship by Social Platforms: Power and Resistance". *Philosophy & Technology*, vol. 34, pp. 739–766.

apenas garantías procedimentales, e incluye estrategias que van de la invisibilización encubierta de ciertos contenidos a la suspensión y cierre de cuentas. De otra parte, comenzamos a saber que la presión de los gobiernos para regular contenidos en línea ha resucitado en los últimos años el peligro de la censura (por no añadir que en más de una ocasión son los propios gobernantes los que desinforman). Naturalmente –lo decíamos antes–, los regímenes autocráticos son mucho más represivos a este respecto. Con todo, y siguiendo con el ejemplo del COVID-19, pocos pueden negar a cuatro años vista que los gobiernos democráticos (y las plataformas tecnológicas, siguiendo su dictado) respaldaron una versión oficial de la pandemia y de las medidas más adecuadas para combatirla que no admitió –que censuró, de hecho– cualquier otra explicación o propuesta alternativa, por razonable que fuera en ocasiones[18].

En cuanto a la *libertad de circulación*, los confinamientos pandémicos supusieron un salto cualitativo importante frente a las restricciones de seguridad en aeropuertos y estaciones de tren a las que ya nos acostumbró el post 11-S, en particular si pensamos que con anterioridad a 2020 todos los protocolos en salud pública para epidemias sin excepción recomendaban tan solo el aislamiento de los enfermos y de los llamados "grupos de riesgo" (personas inmunodeprimidas o de edad avanzada, pacientes con comorbilidades de entidad, etc.)[19]. Esos confinamientos

---

18   Cfr. aquí García Ruiz, L. (2023). "Freedom of expression and the fight against mis- and disinformation during the COVID-19 pandemic. A panoramic review with a focus on the European Union", en Sanz Caballero, S. (ed.), *¿La Europa de los valores? El declive del Estado de Derecho en la Unión Europea*. Pamplona: Aranzadi, pp. 174-185. Los ejemplos, además, se multiplican desde entonces: el ya mencionado cierre de RT, Sputnik y otros medios de comunicación rusos por parte de la UE desde la invasión de Ucrania; la reciente prohibición en Brasil de acceso a X/Twitter bajo riesgo de sanción económica; los arrestos policiales en Reino Unido e Irlanda por pronunciarse en términos xenófobos en publicaciones online, etc.

19   Kulldorff, M. (2020). "Lockdown is a terrible experiment". *Spiked* [en línea], 9th October. https://www.spiked-online.com/2020/10/09/lock-

masivos, y las medidas que posteriormente acompañaron en cada país a la "desescalada" (el empleo obligatorio de mascarillas, los certificados para acceder a ciertos lugares y servicios, el distanciamiento social, etc.) fueron por tanto ocasión para limitaciones episódicas pero muy generalizadas –y muy significativas– de la *libertad de reunión*, la *libertad religiosa y de culto*, el *derecho al trabajo*, el *derecho a la educación*, etc.[20].

Continuando con la libertad de circulación y en conexión con la *privacidad*, resulta obligatoria la referencia a ciertas estrategias de vigilancia digitalmente mediada adoptadas por los poderes públicos en los últimos años, como la introducción de cajas negras y cámaras de detección de fatiga en los automóviles (obligatorias en la UE desde julio de 2022[21]) o los sistemas de reconocimiento facial empleados ya en la vía pública en ciertos países (y admitidos bajo ciertas circunstancias en el recién aprobado Reglamento sobre IA de la Unión Europea[22]). Ambas

---

down-is-a-terrible-experiment/. El epidemiólogo y bioestadístico sueco Martin Kulldorff fue uno de los tres firmantes principales de la Declaración de Great Barrington de 4 de octubre de 2020 (cfr. https://gbdeclaration.org/la-declaracion-de-great-barrington-sp/), un texto abiertamente crítico con las medidas de salud pública que adoptaron la OMS y la mayor parte de las naciones del planeta durante aquellas fechas.

20   García Ruiz, L. "Freedom of expression and the fight against mis- and disinformation during the COVID-19 pandemic", cit., pp. 164-165 y sus citas. Incluso, y paradójicamente, el *derecho a la salud* de muchas personas se habría visto afectado por un exceso de atención al COVID-19 en detrimento de otras dolencias acuciantes que necesitaban seguimiento. Ello por no hablar de los daños a la salud –física y mental– generados a raíz de los propios protocolos de salud pública que se desplegaron durante la pandemia.

21   https://elpais.com/tecnologia/2022-07-27/el-gran-hermano-se-sube-al-coche-la-ue-obligara-a-instalar-camaras-para-detectar-la-fatiga-de-los-conductores.html.

22   *Reglamento (UE) 2024/1689 del Parlamento Europeo y del Consejo, de 13 de junio de 2024, por el que se establecen normas armonizadas en materia de inteligencia artificial* (Reglamento de Inteligencia Artificial) (OJ L, 2024/1689, 12.7.2024).

estrategias plantean importantes cuestiones acerca del consentimiento y el destino de esa recopilación masiva de datos, algo que ya se venía discutiendo en el campo de la domótica, la geolocalización, la medicina o en el sistema crediticio y bancario. En este último terreno, por ejemplo, en el que el recorte del dinero físico va cada vez a más, ya han comenzado a surgir algunos casos de "censura financiera digital" en forma de bloqueo de cuentas, restricciones en plataformas de pago, control de criptomonedas, etc. Y ello no solo en regímenes autocráticos como China, Rusia, o Corea del Norte, sino también en Occidente[23].

En el campo de la *libertad ideológica y de pensamiento*, los condicionamientos que nos impone la tecnología digital son sin duda mucho más sutiles, aunque no por ello menos dignos de reflexión. Es sabido a estas alturas, por ejemplo, que, merced a su presencia en multitud de aplicaciones y páginas web, es la inteligencia artificial la que decide lo que terminamos leyendo, escuchando y viendo (y lo que no). La personalización algorítmica de contenidos que realizan plataformas como YouTube, Facebook o Netflix respondería a priori a nuestros intereses y preferencias, pero resulta casi obvio que a la larga esa personalización afecta a nuestra percepción de las cosas y, en última instancia, a nuestra forma de pensar (formando ese *filtro burbuja* del que habla Eli Parisier[24]).

---

23   Cfr. Attenborough, F. (2022). "The Growing Threat of Financial Censorship". *The Critic*, October 29th, https://thecritic.co.uk/the-growing-threat-of-financial-censorship/, o Cachanosky, N. (2024). "CBDC Ban Does Little to Bolster Financial Privacy", June 27, 2024. *American Institute for Economic Research*, disponible en https://www.aier.org/article/cbdc-ban-does-little-to-bolster-financial-privacy/. Un ejemplo sonado de esa censura financiera digital tuvo lugar en Canadá cuando en 2022 el gobierno de Justin Trudeau congeló por decreto las cuentas bancarias de quienes protestaban contra los mandatos de vacunación COVID en Ottawa, al tiempo que ordenó a la plataforma *GoFundMe* la devolución de los donativos emitidos a su favor.

24   Parisier, E. (2017). *El filtro burbuja: cómo la web decide lo que leemos y lo que pensamos*. Barcelona: Taurus.

Si pasamos de las redes sociales a ámbitos institucionalizados tan sensibles como los de la praxis médica, bancaria, administrativa o judicial, el análisis predictivo y la elaboración de perfiles por medio de la inteligencia artificial constituyen prácticas sobre las que poner todas las cautelas posibles. En esos terrenos en particular, la automatización y la falta de transparencia de las decisiones confiadas a la inteligencia artificial puede dificultar tanto la justificación como la misma comprensión de esas decisiones[25]. La transparencia resulta aquí especialmente exigible si se comprende que la discriminación algorítmica es un riesgo real, y que por tanto los errores o sesgos en el diseño de algoritmos deben, como cualquier otra actividad humana, quedar sujetos a responsabilidad jurídica[26].

Por último, conviene prestar atención a las actividades de rastreo y minería masiva de los datos generados por la actividad humana en la red –o *Big Data*–, que han convertido la privacidad en algo costosísimo, prácticamente inaccesible (podría decirse) para el ciudadano medio, cuyo trabajo, consumo y ocio resulta casi siempre tecnológicamente mediado en las sociedades contemporáneas. Por una parte sabemos que, reutilizando esos datos con nuestro consentimiento más o menos tácito para personalizar su publicidad y sus servicios, la economía digital ha ido creciendo vigorosamente desde los inicios de la web 2.0, hasta generar lo que Shoshana Zuboff ha dado en llamar el "capitalismo de la vigilancia"[27].

---

25   Greenstein, S. (2022). "Preserving the rule of law in the era of artificial intelligence". *Artificial Intelligence and Law*, vol. 30, p. 291.

26   Iturmendi Morales, G. (2020). "Responsabilidad civil por el uso de sistemas de Inteligencia Artificial". *La Ley 14075/2020*, Actualidad Civil, nº 11 (sección Persona y derechos).

27   Zuboff, S. (2020). *La era del capitalismo de la vigilancia. La lucha por un futuro humano frente a las nuevas fronteras del poder* (trad. A. Santos). Barcelona: Paidós, especialmente los capítulos 5 y 7 a 9.

El potencial político de todo ese entramado tecnológico era más que obvio, y quedó por fin de manifiesto en 2016, cuando tras el Brexit y la victoria de Donald Trump en las elecciones presidenciales estadounidenses de aquel año se supo que la consultora británica Cambridge Analytica había estado recopilando datos de millones de usuarios en Facebook sin su consentimiento con la intención de influir en el curso de ambos procesos electorales. Ciertamente, las legislaciones nacionales y el Derecho de la Unión Europea han ido estableciendo un sistema riguroso de protección de datos a ese respecto, y la responsabilidad de las empresas y plataformas tecnológicas ha ido también aumentando sensiblemente con el tiempo. Sin embargo, la interacción humana desde un ordenador o un *smartphone* sigue generando un incesante reguero de datos sensibles para los que la cultura política y la protección jurídica actuales siguen resultando del todo insuficientes. Salvo que se termine generando un cambio muy drástico a este respecto[28], cuesta creer que volvamos a disfrutar de niveles de privacidad semejantes a los que tuvimos antes del advenimiento de la web 2.0.

3. EL RIESGO DEL TRÁNSITO DEL ESTADO DE SEGURIDAD HACIA UNA TECNOCRACIA PATERNALISTA

Lo más preocupante de las medidas recién comentadas es el cuadro general que forman, que marca claramente una tendencia: menos libertad política, menos privacidad y más control (un control tecnológicamente mediado, y por tanto más eficaz[29]). ¿Cómo hemos llegado a

---

28   Un estudio moderadamente optimista en este sentido es el de Véliz, C. (2020). *Privacy Is Power: Why and How You Should Take Back Control of Your Data*. London: Bantam Press.

29   De una eficacia particularmente insidiosa además, porque –por su propio diseño– el grado de control de la conducta que ejercen estas nuevas tecnologías pasa inadvertido en la mayor parte de los casos, en especial si lo comparamos con otras formas de control social históricamente

esto? Según explica Zuboff, fue la lucha global antiterrorista posterior al 11-S la que justificó inicialmente el relajamiento en la protección de la privacidad y por extensión de los demás derechos civiles y políticos. Las grandes empresas tecnológicas actuaron al calor de esa circunstancia para desarrollar sus modelos algorítmicos y de *Big Data*, en una discreta relación de simbiosis con las agencias de inteligencia occidentales, a las que han ido surtiendo de información y tecnología. El capitalismo de la vigilancia habría tenido así dos largas décadas para desarrollarse sin apenas supervisión jurídica, y en ese mismo periodo los gobiernos se han ido acostumbrando a ejercer un control creciente sobre la ciudadanía apoyados en esta novedosa tecnología digital[30].

Alguien podría oponer con motivo que la cultura de los derechos fundamentales es fuerte en Occidente, y que el control jurisdiccional en su defensa sirve de contrapeso a las veleidades del poder, pero no es menos cierto que ese control viene y se dice justificado en nombre, nada menos, de la seguridad nacional, la salud pública, la paz y hasta la vida de los ciudadanos. Son riesgos y males acuciantes como la desinformación, la delincuencia en red, el terrorismo, las epidemias o la guerra los que justificarían la invasión de nuestra libertad y nuestra intimidad. ¿Cómo no ceder a semejante planteamiento? A nadie se le escapa que el miedo actúa aquí a nivel subliminal como un potente catalizador[31]. La pandemia (ese momento *hobbesiano*, en palabras de Manuel Atienza) sería un ejemplo paradigmático de todo ello.

A fin de cuentas, se ha ido instalando desde arriba en nuestras sociedades una mentalidad cada vez más profiláctica y paternalista. Profiláctica porque se trata de adelantarse a y prevenir cada vez más

---

ejercidas hasta ahora. Agradezco esta observación a Guillermo Peris, coautor de otro capítulo en este mismo volumen.

30   Zuboff, S. *La era del capitalismo de la vigilancia,* cit., pp. 679 y ss.

31   Un interesante explicación sociológica de ese proceso en Furedi, F., *How Fear Works: Culture of Fear in the Twenty-First Century*, London: Bloomsbury Continuum, 2018.

riesgos, y paternalista porque no somos nosotros los que los evitamos más o menos espontáneamente: es el poder el que se adelanta y actúa por y para nuestro bien, sumiéndonos así en una peculiar minoría de edad respecto de una multitud creciente de cuestiones. Vivimos ya, a fin de cuentas, en Estados *de seguridad*, construidos en tensión con los derechos y libertades de los individuos[32]. Bastaría que esa mentalidad profiláctico-paternalista se impusiera del todo en la conciencia social para que el tránsito de la democracia a la tecnocracia (al gobierno de la razón calculadora, y de los expertos, autoproclamados o no, que la escrutan) quedase completado.

Si los Estados liberales del XIX primaron el *laissez-faire*, consagrando sobre el papel el respeto a la autonomía individual y a los derechos civiles y políticos, los Estados sociales del XX apostaron por una expansión real de esos derechos al conjunto de la ciudadanía y por una igualación material mínima de las condiciones de vida. Esa voluntad prestacional trajo consigo un inevitable intervencionismo del Estado en la vida social y económica, justificado como una corrección al excesivo formalismo de esa propuesta anterior. El triunfo del neoliberalismo en el último cuarto del siglo XX, confirmado tras la caída del Muro como único referente económico global, ha ido desregulando los mercados, precarizando el empleo y desmantelando buena parte del andamiaje de un Estado social que aún mantiene su inercia previa pero que parece resultar cada vez menos viable a medio y largo plazo. Entretanto, el neoliberalismo económico ha empezado a convivir simbióticamente desde hace algún tiempo en nuestros Estados postmodernos del siglo XXI con un acendrado progresismo identitario en lo social que hunde sus raíces

---

32 En realidad, esa tensión entre ley y derechos está ya latente en la formulación misma del Estado moderno, concebido como un instrumento para garantizar la paz y la seguridad. Cfr. Martínez de Pisón, J. (2023). "Las transformaciones del Estado: del Estado protector al Estado de seguridad", en Bernuz, M. J. y Pérez, A. I. (coords.), *La tensión entre seguridad y libertad. Una aproximación socio-jurídica*. Logroño: Universidad de La Rioja, p. 68.

en la revolución cultural de Mayo del 68[33]. Esa peculiar simbiosis solo sería contradictoria en apariencia, porque ambos obedecen en el fondo a la radicalización del modelo antropológico moderno a la que se hacía referencia al principio, que legitima y alienta la protección prioritaria de los derechos orientados al consumo y a las elecciones de vida individual, y que propone esa peculiar fusión como un nuevo sentido común que apenas deja margen para la discrepancia. La paradoja resultante es que los ciudadanos de los Estados contemporáneos cada vez tenemos más derechos de autoexpresión individual pero menos libertades políticas genuinas[34].

La misma tecnología digital que permite hoy al Estado dotar a sus servicios de una mayor eficiencia le permite también acumular o tener a su alcance cada vez más datos sensibles sobre sus administrados. Pero el paternalismo digital no orienta solo la función pública. Hoy los algoritmos de la IA nos alimentan de información, eligen nuestro ocio y hasta nos recomiendan amistades. Esa personalización, en principio benévola, nos va sumergiendo así en cámaras de eco individuales o tribales, y erosionando el tejido social y democrático común. El sueño de convertir Internet en el medio ideal para una nueva democracia deliberativa –un espacio abierto donde compartir información y exponerse a la diversidad razonada de ideas y opiniones– ha quedado bruscamente clausurado a golpe de *trolls* y filtros algorítmicos.

La inteligencia artificial objetiviza los asuntos y los decide mejor, se dice a veces. Pero al decirlo se pasa por alto que los algoritmos no solo arrastran los sesgos de sus creadores, sino que al operar no tienen

---

33   Sobre la *a priori* inopinada coincidencia entre el neoliberalismo y la izquierda foucaultiana, véanse las perspicaces reflexiones de Erriguel, A. (2020). *Pensar lo que más les duele. Ensayos metapolíticos*. Madrid: Homo Legens, pp. 127-138.

34   Agudo González, J. (2024). Más derechos... ¿menos libertad?, *Fundación Hay Derecho*, https://www.hayderecho.com/2024/02/11/mas-derechos-menos-libertad/.

presente el contexto, la sensibilidad cultural y las numerosas complejidades de la comunicación humana[35]. Conforme va calando en la sociedad la falsa idea de que los algoritmos están más capacitados que las personas para discernir lo que es válido y deseable, se promueve un retroceso en el proyecto sociopolítico de la modernidad, que se apoyaba en la convicción opuesta.

La creciente dependencia de la IA puede afectar, además, a nuestra autonomía y capacidad de decisión (cualquiera que use un navegador en su automóvil es consciente de esto). Hay quien entiende, en fin, que el uso intensivo de la tecnología digital nos está robotizando[36], reduciendo nuestra capacidad discursiva y de atención prolongada, y haciéndonos con ello propensos a la manipulación. Todo ello nos situaría a las puertas de la tecnocracia. El problema aquí no sería tanto la tecnología en sí misma cuanto su justificación dataísta, que en última instancia es antiliberal y antihumanista. En oposición a ese planteamiento otros insisten en la imposibilidad de obtener una inteligencia artificial general (pues la abducción sigue siendo una capacidad netamente humana[37]), o en la decisiva relevancia que tiene la dimensión corpórea para el conocimiento humano, dado que nuestra subjetividad surge de una conciencia corporalmente situada[38].

---

35   Cobbe, J. "Algorithmic Censorship by Social Platforms: Power and Resistance", cit., pp. 740-742. De hecho, la moderación algorítmica de contenidos suprime en ocasiones discursos legítimos, y viceversa.

36   Pigem, J. (2021). *Pandemia y posverdad. La vida, la conciencia y la Cuarta Revolución Industrial*, Barcelona: Fragmenta Editorial, pp. 9-12.

37   Larson, E. J., (2022). *El mito de la inteligencia artificial. Por qué las máquinas no pueden pensar como nosotros lo hacemos* (trad. M. J. Krmpotic), Barcelona: Shackleton, pp. 226-227.

38   Viola, F. (1998). *De la naturaleza a los derechos. Los lugares de la ética contemporánea* (trad. V. Bellver). Granada: Comares, p. 109.

No puede ser casualidad, como apunta Byung-Chul Han[39], que esta apología de la racionalidad digital coincida en el tiempo con la actual crisis de la democracia y del Estado de Derecho, y con ella de la racionalidad discursiva. Tampoco parece fortuito, en ese sentido, que los regímenes no democráticos estén recurriendo con entusiasmo a diversas formas de autoritarismo digital, como es el caso de Rusia, Irán o más famosamente China con su sistema de crédito social[40].

4. LUCES Y SOMBRAS DE LA RESPUESTA OFRECIDA A LA DERIVA TECNOCRÁTICA: EL EJEMPLO DE LA UNIÓN EUROPEA

Como bien afirma Pérez Luño[41], no es admisible, al menos para juristas, políticos y tecnólogos, aducir sorpresa o desconocimiento ante los peligros asociados al uso de la tecnología digital. Toca por ello preguntarse entonces: ¿se está produciendo una reacción institucional en nuestras democracias para detener o al menos encauzar la deriva que aquí se ha descrito? Hay que decir que sí: algunas medidas jurídicas y políticas recientes parecen ir en esa dirección, con la Unión Europea a la cabeza. De hecho, en favor de la UE hay que decir que lleva ya un tiempo fijando el estándar para reajustar la relación entre el poder político y las compañías tecnológicas en el resto de Occidente en términos a priori más respetuosos con la privacidad y otros derechos fundamentales[42]. Entre esas medidas cabría destacar aquí el Reglamento General

---

39   Han, B.-C. (2022). *Infocracia. La digitalización y la crisis de la democracia* (trad. J. Chamorro Mielke). Barcelona: Taurus, pp. 57-70.

40   Cfr. Dragu, T. y Lupu, Y. (2021). "Digital Authoritarianism and the Future of Human Rights". *International Organizations*, vol. 75 (4), pp. 991-1017.

41   Pérez Luño, A. E. "Internet y los derechos humanos", cit., p. 293.

42   Es el llamado "efecto Bruselas" del que habla, p. ej., Nunziato, D. C. (2023). "The Digital Services Act and the Brussels Effect on Platform Content Moderation", *Chicago Journal of International Law*, vol. 24 (1), pp. 115-128.

de Protección de Datos (RGPD) de 2016, el Reglamento de Servicios Digitales de la Unión (*Digital Services Act*) de 2022, y el pionero Reglamento de Inteligencia Artificial o *AI Act*, aprobado en junio de 2024.

El Reglamento General de Protección de Datos de la UE[43], adoptado en 2016 y aplicable desde 2018, tiene como objetivo principal proteger los datos personales de las personas físicas y garantizar su libre circulación dentro de la Unión y del Espacio Económico Europeo, y ello con independencia de la ciudadanía o residencia de origen de los interesados. Entre los principios clave de este Reglamento se encuentran los de licitud, lealtad, transparencia, exactitud, confidencialidad, limitación del plazo de conservación de los datos, etc. En consonancia con estos principios, los derechos concretos que el RGPD reconoce (y cuyo ejercicio regula) son los de acceso, rectificación, oposición, supresión, limitación de tratamiento y portabilidad de los datos personales, y junto a ellos, el derecho a no ser objeto de decisiones basadas únicamente en el procesamiento automatizado de esos datos. Establece además el RGPD ciertas medidas para asegurar la anonimización de los datos personales que han resultado particularmente garantistas.

La *Digital Services Act*[44], por su lado, aspira a poner coto a partir de ahora a ciertos abusos de las tecnológicas, obligando a las plataformas a establecer un procedimiento interno transparente para tratar las quejas de sus usuarios acerca de sus decisiones, e imponiéndoles notables obligaciones de trasparencia y diligencia en caso de que no retiren los "contenidos ilegales o dañinos" de sus plataformas. En particular, las

---

43 *Reglamento (UE) 2016/679 del Parlamento Europeo y del Consejo, de 27 de abril de 2016,* relativo a la protección de las personas físicas en lo que respecta al tratamiento de datos personales y a la libre circulación de estos datos (OJ L119/1, 4.5.2016).

44 Su nombre técnico es *Reglamento (UE) 2022/2065 del Parlamento Europeo y del Consejo, de 19 de octubre de 2022* relativo a un mercado único de servicios digitales (OJ L277/1, 27.10.2022). La mayor parte de sus disposiciones entraron en vigor en febrero de 2024.

plataformas de muy gran tamaño (aquellas con más de 45 millones de usuarios) tienen la obligación adicional de realizar evaluaciones anuales de los riesgos sistémicos asociados con sus servicios. Esto incluye riesgos relacionados con la difusión de desinformación y la exposición a productos o contenidos ilícitos. Con todo, hay quienes entienden que la forma concreta de abordar esta cuestión –la interpretación concreta de lo que es ilegal, ilícito o dañino, sin ir más lejos– puede poner en peligro la libertad de expresión de los ciudadanos, dado que la frontera entre desinformación, información errónea, información maliciosa e información fidedigna no es precisamente nítida en ocasiones[45].

Por último, y con sus numerosas medidas, el Reglamento de Inteligencia Artificial (*IA Act*) de la UE aprobado escasos meses[46] busca equilibrar la innovación con la protección de los derechos fundamentales en el ámbito de la inteligencia artificial. Destaca entre los elementos clave de este documento legislativo la estricta regulación que prevé para el uso de la IA en escuelas, hospitales o plataformas de recursos humanos, y sobre todo para los modelos de IA que pueden causar mayores riesgos sistémicos en el futuro (esto es, los modelos fundacionales de la IA creados por Google, OpenAI y Facebook, que hasta ahora eran enormemente opacos). Se establece allí una obligación de advertencia previa para los contendidos producidos por la IA generativa, o para la interacción con chatbots. Hay usos que quedan directamente prohibidos, como la categorización biométrica o el uso de herramientas predictivas por

---

45   P. ej., Thunder, D. (2023). "Europe's Digital Services Act Puts Free Speech at the Mercy of Eurocrats". *Brownstone Institute Journal*, June 8th. https://brownstone.org/articles/digital-services-act-puts-free-speech-at-mercy-of-eurocrats/. Aquí vienen a cuento las polémicas generadas en los últimos tiempos por el tira y afloja entre Elon Musk, dueño de la red social *X* (antes Twitter), y la Unión Europea (personificada en la figura del hasta hace poco Comisario de Mercado Interior de la UE Thierry Breton), así como el proceso judicial abierto en Francia desde finales de agosto de 2024 contra Pavel Durov, CEO de Telegram.

46   Y referenciado ya en la nota 22, supra.

parte de las fuerzas de seguridad. Los países de la Unión Europea no podrán usar reconocimiento facial en tiempo real en espacios públicos más que con la preceptiva autorización judicial y para perseguir ciertos delitos especialmente graves. Con todo, y esto es lo preocupante, su uso sin autorización judicial sí estará permitido "en circunstancias excepcionales relativas a la seguridad pública", lo que deja demasiado espacio a la interpretación *ad casum*. Obviamente, tan decisiva o más que la entrada en vigor de la *AI Act* será su aplicación jurisprudencial por parte del TJUE y el TEDH, que se presenta a priori como determinante a la hora de establecer una ponderación entre sus exigencias y los derechos consagrados en la Carta de Derechos Fundamentales de la UE y en la Convención Europea de Derechos Humanos. Y otro tanto puede decirse de la *Digital Services Act*.

Mientras la clase jurídica europea hace votos porque la aplicación de estos Reglamentos transcurra por cauces respetuosos con los principios y valores que fundamentan la propia Unión[47], en el horizonte cercano queda por último la crucial tarea de establecer, fuera y dentro de la UE, un marco jurídico más adecuado y preciso para los llamados "neuroderechos", cuya reciente proclamación doctrinal[48] representa en sí misma una clara y esperanzadora reacción contra el peligro de la tecnocracia. Más allá de las objeciones razonables que se han realizado a su conceptualización[49], estos derechos (entre los que se encontrarían la identidad personal, la privacidad mental, o la protección contra sesgos

---

47 *Tratado de la Unión Europea* (versión consolidada), artículo 2 (OJ C 83/15, 30.3.2010): "La Unión se fundamenta en los valores de respeto de la dignidad humana, libertad, democracia, igualdad, Estado de Derecho y respeto de los derechos humanos, incluidos los derechos de las personas pertenecientes a minorías...".

48 Yuste, R., Goering, S. *et al.* (2017). "Four ethical priorities for neurotechnologies and AI", *Nature*, vol. 551, pp. 159-163.

49 Cfr. de Asís Roig, R. (2022), "Sobre la propuesta de los neuroderechos". *Derechos y libertades*, vol. 47, pp. 60-67.

algorítmicos) emergen como respuesta a los avances peligros de la neurotecnología y la neurociencia en el mapeo cerebral y la manipulación de la mente humana, y buscan garantizar la privacidad, la autonomía y la integridad de la actividad cerebral en ese terreno.

Concluyo estas reflexiones tentativas con una última observación, de la mano de Jesús Ballesteros: si entre los fines genuinos del Derecho destaca el de promover condiciones de igual libertad para todos los seres humanos, corresponde también entonces al propio Derecho la remoción de los obstáculos que en cada momento histórico vayan entorpeciendo ese propósito. En ese sentido no parece muy aventurado afirmar que la actividad futura del Derecho en su conjunto deberá consistir principalmente en hacer frente a la idolatría de la técnica[50].

REFERENCIAS BIBLIOGRÁFICAS

Agamben, G. (2020). *¿En qué punto estamos? La epidemia como política* (traducción de R. Molina-Zavalía y M.T. D'Meza Pérez). Buenos Aires: Adriana Hidalgo Editora.

Agudo González, J. (2024). "Más derechos... ¿menos libertad?". *Fundación Hay Derecho*. https://www.hayderecho.com/2024/02/11/mas-derechos-menos-libertad/.

Attenborough, F. (2022). "The Growing Threat of Financial Censorship". *The Critic*, October 29th, https://thecritic.co.uk/the-growing-threat-of-financial-censorship/.

Ballesteros, J. (2013). "Contra la financiarización de la economía y la mercantilización de la sociedad". *Anuario da Facultade de Dereito da Universidade da Coruña*, vol. 17, pp. 55-68.

Ballesteros, J. (2018). "El futuro del derecho como lucha contra la idolatría tecnológica". *Persona y Derecho*, vol. 79, pp. 37-50.

---

50 Ballesteros, J. "El futuro del derecho como lucha contra la idolatría tecnológica", cit., p. 37.

Cachanosky, N. (2024). "CBDC Ban Does Little to Bolster Financial Privacy", June 27th. *American Institute for Economic Research*, https://www.aier.org/article/cbdc-ban-does-little-to-bolster-financial-privacy/.

Cobbe, J. (2021). "Algorithmic Censorship by Social Platforms: Power and Resistance". *Philosophy & Technology*, vol. 34, pp. 739–766.

de Asís Roig, R. (2022). "Sobre la propuesta de los neuroderechos". *Derechos y libertades*, vol. 47, pp. 51-70.

Dragu, T. & Lupu, Y. (2021). "Digital Authoritarianism and the Future of Human Rights". *International Organizations*, vol. 75 (4), pp. 991-1017.

Ellul, J. (1990). *La edad de la técnica* (trad. J. Sirera y J. León). Barcelona: Octaedro (reimp. 2003).

Erriguel, A. (2020). *Pensar lo que más les duele. Ensayos metapolíticos*. Madrid: Homo Legens.

Funk, A., Shahbaz, A. y Vesteinsson, K. (2024). "The Repressive Power of AI". Freedom on the Net 2023 (report). *FreedomHouse.org*. Recuperado de: https://freedomhouse.org/report/freedom-net/2023/repressive-power-artificial-intelligence.

Furedi, F., *How Fear Works: Culture of Fear in the Twenty-First Century*, London: Bloomsbury Continuum, 2018.

García Ruiz, L. (2023). "Freedom of expression and the fight against mis- and disinformation during the COVID-19 pandemic. A panoramic review with a focus on the European Union", en Sanz Caballero, S. (ed.), *¿La Europa de los valores? El declive del Estado de Derecho en la Unión Europea*. Pamplona: Aranzadi, pp. 163-193.

Greenstein, S. (2022). "Preserving the rule of law in the era of artificial intelligence". *Artificial Intelligence and Law*, vol. 30, pp. 291–323.

Guardia Hernández, J. J. (2023). "La recepción del principio de precaución por el Tribunal Constitucional español. Una propuesta integradora". *Estudios de Deusto*. Vol. 71/2 (julio-diciembre), pp. 91-119.

Han, B.-C. (2022). *Infocracia. La digitalización y la crisis de la democracia* (trad. J. Chamorro Mielke). Barcelona: Taurus.

Heidegger, M. (1977). *The Question Concerning Technology and Other Essays* (trad. W. Lovitt). New York: Garland.

Hu, X., Neupane, B. *et al.* (2021). *El aporte de la inteligencia artificial y de las TIC avanzadas a las sociedades del conocimiento. Una perspectiva de derechos, apertura, acceso y múltiples actores.* París: Ediciones UNESCO.

Iturmendi Morales, G. (2020). "Responsabilidad civil por el uso de sistemas de Inteligencia Artificial". *La Ley 14075/2020*, Actualidad Civil, n° 11 (sección Persona y derechos).

Kulldorff, M. (2020). "Lockdown is a terrible experiment". *Spiked*, 9th October. https://www.spiked-online.com/2020/10/09/lockdown-is-a-terrible-experiment/.

Larson, E. J., (2022). *El mito de la inteligencia artificial. Por qué las máquinas no pueden pensar como nosotros lo hacemos* (traducción de M. J. Krmpotic), Barcelona: Shackleton.

Martínez de Pisón, J. (2023). "Las transformaciones del Estado: del Estado protector al Estado de seguridad", en Bernuz, M. J. y Pérez, A. I. (coords.), *La tensión entre seguridad y libertad. Una aproximación socio-jurídica.* Logroño: Universidad de La Rioja, pp. 55-70.

Nunziato, D. C. (2023). "The Digital Services Act and the Brussels Effect on Platform Content Moderation", *Chicago Journal of International Law*, vol. 24 (1), pp. 115-128.

Parisier, E. (2017). *El filtro burbuja: cómo la web decide lo que leemos y lo que pensamos.* Barcelona: Taurus.

Pérez Luño, A. E. (2011). "Internet y los derechos humanos". *Anuario de Derechos Humanos.* Nueva época, vol. 12, pp. 287-330.

Pigem, J. (2021). *Pandemia y posverdad. La vida, la conciencia y la Cuarta Revolución Industrial*, Barcelona: Fragmenta Editorial.

Thunder, D. (2023). "Europe's Digital Services Act Puts Free Speech at the Mercy of Eurocrats". *Brownstone Institute*, June 8th. https://brownstone.org/articles/digital-services-act-puts-free-speech-at-mercy-of-eurocrats/.

Torres Albero, C. (2005). "La ambivalencia ante la ciencia y la tecnología". *Revista Internacional de Sociología*, n° 42, pp. 9-38.

Véliz, C. (2020). *Privacy Is Power: Why and How You Should Take Back Control of Your Data.* London: Bantam Press.

Viola, F. (1998). *De la naturaleza a los derechos. Los lugares de la ética contemporánea* (trad. V. Bellver). Granada: Comares.

Wardle, C. y Derakhshan, H. (2017). *Information disorder: Toward an interdisciplinary framework for research and policy making.* Estrasburgo: Consejo de Europa, informe DGI(2017)09. Disponible en https://edoc.coe.int/en/media/7495-information-disorder-toward-an-interdisciplinary-framework-for-research-and-policy-making.html

Yuste, R., Goering, S. *et al.* (2017). "Four ethical priorities for neurotechnologies and AI", *Nature*, vol. 551, pp. 159-163.

Zuboff, S. (2020). *La era del capitalismo de la vigilancia. La lucha por un futuro humano frente a las nuevas fronteras del poder* (trad. A. Santos). Barcelona: Paidós.

Capítulo 6
El poder de control empresarial en la era de la digitalización: una aproximación al tratamiento de datos en las empresas de tendencia[1]

María Rosa García Vilardell[2]

---

1. El presente trabajo es resultado de los proyectos de investigación PID2021-126765NB-I00 del MICINN y AICO/2021/099 de la GVA sobre La crisis del Estado de Derecho en la UE.

2   Profesora Titular de Derecho Eclesiástico del Estado, *Universidad Cardenal Herrera-CEU, CEU Universities*

1. INTRODUCCIÓN

Nadie puede ignorar la velocidad, amplitud y profundidad de la actual revolución tecnológica, que constantemente nos obliga a repensar la manera en que vivimos, trabajamos y nos relacionamos. La transformación que estamos experimentando está provocando cambios sustanciales en nuestro día a día. Nos movemos en un mundo digitalizado, lo que ha ampliado las posibilidades de seguimiento y vigilancia del trabajador, tanto dentro como fuera del ámbito empresarial, prácticamente sin límites. La intimidad y el derecho a la privacidad se han convertido en blancos vulnerables en una sociedad cada vez más digitalizada, donde el "dato" se ha transformado en un recurso de esencial importancia, comercializándose con él.

En este contexto, el caso de las empresas ideológicas resulta especialmente singular, ya que enfrentan desafíos específicos en el ámbito de la protección de datos debido a su orientación y valores particulares. Estas organizaciones tienen la facultad de considerar el perfil religioso o ideológico del empleado como un elemento determinante de su cualificación profesional al constituir, modificar o extinguir su relación laboral.

El empresario está autorizado, como no podría ser de otro modo, a conocer, a través de las diligencias oportunas, la aptitud ideológica del candidato para el desempeño del puesto de trabajo en cuestión. Pero ¿hasta qué punto? ¿Mi "imagen digital" forma parte de mi privacidad? ¿Todo lo que aparece en internet es público? ¿Son contenidos a los que cualquier tercero podría acceder libremente?

Esta nueva "realidad virtual", en la que todo queda en la nube y nada se olvida, nos lleva a cuestionarnos sobre la extensión y los límites de las facultades del empleador ideológico frente a la privacidad del trabajador. Para ello, y después de referirnos brevemente al clásico conflicto entre la libertad de empresa y la libertad ideológica, nos centramos en las empresas de tendencia y en el específico poder de dirección del empresario en ellas; deteniéndonos especialmente en las pautas de solución que ofrece nuestro ordenamiento jurídico para resolver los conflictos que surgen cuando aparece la divergencia entre la ideología del trabajador y la de la organización de tendencia. Finalmente, abordamos el impacto de la digitalización del poder de control empresarial en estas singulares empresas, intentando dar respuesta a algunas de las cuestiones mencionadas anteriormente.

2. EL BINOMIO EMPRESARIO-TRABAJADOR: LIBERTAD DE EMPRESA Y LIBERTAD IDEOLÓGICA

La libertad de empresa, garantizada en el artículo 38[3] del Texto constitucional —según sintetiza PUIG HERNÁNDEZ—, consta de dos facetas esenciales: por un lado, el libre acceso al mercado; y, por otro, el libre ejercicio de actividades empresariales, según decisión del empresario; siendo precisamente este segundo aspecto el que puede entrar en conflicto con la libertad ideológica del trabajador[4].

El mundo de las ideas y de las creencias es inaccesible en sí mismo; pero puede ser limitado, condicionado o coaccionado en su proceso de expresión, en la práctica de actos de culto o en la actuación de acuerdo con las propias convicciones. Precisamente la libertad de ideas y creencias se refiere a este proceso de exteriorización; y se refiere, por tanto, a la inmunidad de coacción de pensar o creer libremente, creando un ámbito de autonomía personal protegido por el derecho, donde el sujeto puede elaborar sus propias ideas y expresarlas libremente, sin cortapisas, o adherirse a ciertas creencias y profesarlas en público o en privado.

Al adentrarnos en el estudio de estas libertades podemos diferenciar dos fueros: uno interno, y otro externo. La libertad ideológica, puede definirse como la libertad de formación de un juicio intelectual, de una o

---

3   En adelante, art.

4   Puig Hernández, M. A. (2020). "La tensión entre la libertad ideológica y la libertad de empresa". *Derechos y libertades*, (42), (303-335), 306-307.

de otra concepción sobre los más variados y plurales aspectos de la vida, y se traduce en el derecho de todas las personas a adoptar una posición intelectual determinada frente a la vida y cuanto le concierte, representando y enjuiciando la realidad según un mundo de valores, creencias y convicciones personales. Y cuando esa ideología se manifiesta en torno a la fe, tomando como objeto a Dios, nos encontramos ante la libertad religiosa, pues cuando la racionalidad y conciencia humana se proyectan sobre la idea de Dios surge una cosmovisión religiosa y una conducta moral religiosa. Por su parte, el fuero externo tutela la libertad de expresión y comunicación a otros de las convicciones y de las creencias que se profesan a través del culto, sin sufrir, por ello, ningún tipo de sanción o demérito, ni experimentar compulsión o injerencia[5].

Dicho esto, según el art. 20 del Estatuto de los Trabajadores[6], es el empresario el sujeto al que le corresponde la facultad de organizar y dirigir la actividad laboral de sus empleados, pudiendo imponer ciertas normas y directrices en el lugar de trabajo. Si bien, es obvio que la libertad de empresa no implica un poder absoluto del empresario dentro de su empresa, si no que encuentra su límite en la misma persona del trabajador, en la consideración debida a su dignidad personal y en el respeto a su intimidad, prohibiendo cualquier tipo de acoso o discriminación directa o indirecta por razón de, por ejemplo, origen étnico o racial, sexo, religión o convicciones, ideología política, edad, discapacidad u orientación sexual[7].

La doctrina de nuestro Tribunal Constitucional[8] sobre el poder de control del empresario frente a los derechos fundamentales del trabajador

---

5   *Vid.*, por ejemplo, STC 120/1990, de 27 de junio, F.J. 10. (TOL119.205)

6   Real Decreto Legislativo 2/2015, de 23 de octubre, por el que se aprueba el texto refundido de la Ley del Estatuto de los Trabajadores. (TOL 512.468). En adelante, ET.

7   *Ibidem*, arts. 4.2, apartados c) y e), y 17.1.

8   En adelante, TC

se centra en encontrar un equilibrio entre el derecho del empresario a dirigir y controlar la actividad laboral y la protección de los derechos fundamentales del trabajador.

La celebración de un contrato de trabajo no implica en modo alguno la privación o limitación, para el trabajador, de los derechos fundamentales y libertades públicas que la Constitución española le reconoce como ciudadano, y que gozan de un valor esencial y nuclear en nuestro sistema jurídico[9]. En esta dirección, y como ha afirmado nuestro TC en reiteradas ocasiones[10], el desempeño de un trabajo no implica la asunción, por parte del trabajador, de la ideología del empleador. O lo que es lo mismo, las obligaciones asumidas por la relación laboral no eliminan los derechos propios de la dignidad e intimidad del trabajador[11], que constituyen un límite a su poder de dirección. La dimensión interna de las libertades tratadas goza de absoluta protección frente a cualquier injerencia externa, generando un ámbito de autonomía personal protegido por el derecho, donde el sujeto puede elaborar sus propias ideas o adherirse a ciertas creencias. Nuestro Texto constitucional es absolutamente claro al declarar en el párrafo 2 del art. 16: "Nadie podrá ser obligado a declarar sobre su ideología, religión o creencias". Ahora bien, esa esfera íntima del individuo lógicamente tiende a manifestarse; carece de sentido afirmar la elaboración de ideas o la adhesión a ciertas creencias, por parte del sujeto, sin que a dicha facultad le acompañe la posibilidad de su manifestación.

La protección desplegada por el art. 16 de la CE garantiza la libertad ideológica, religiosa y de culto de los individuos, sin más limitación, en sus manifestaciones, que las necesarias para el mantenimiento del orden público. Protección que en el marco laboral se traduce en la

---

9   STC 88/1985, de 19 de julio (TOL79.503), F.J. 1.

10   STC 47/1985, de 27 de marzo (TOL79.462)

11   La dignidad humana, raíz y puntal de los derechos y libertades fundamentales del ser humano. (Art. 10 CE)

imposibilidad de cualquier discriminación basada en las convicciones, creencias o ideas del trabajador, sin más restricción, en su manifestación, que el respeto a esa parte de *ius cogens* que rige la relación laboral, por lo que cualquier limitación a la libertad ideológica del trabajador, impuesta por el empleador, debe estar justificada y ser proporcional[12].

Como se ha puesto de manifiesto por la doctrina laboral[13], el derecho a la intimidad y privacidad, y su protección, se erige, en estos casos, como la principal salvaguardia frente a las posibles intromisiones por parte del empleador; impide el control de conductas del trabajador no referidas a su actividad laboral y que, por su naturaleza, excedan de la esfera del compromiso contractual del trabajador y no guarden relación directa con el trabajo.

En suma, el poder de control del empleador queda justificado en el ámbito de la relación laboral, y referido a la actividad y aptitud profesional del trabajador, siendo su ideología e intimidad irrelevantes a tal fin. De esta forma, el TC viene manteniendo desde sus primeras sentencias que, como garantía de la prohibición de discriminación, en estos casos, una vez aportados por el trabajador los indicios que generen una sospecha razonable acerca de la existencia de la discriminación por él padecida, se produce la inversión de la carga de la prueba, correspondiendo al empleador, al autor de la medida, probar que esta no encubre,

---

12   Puig Hernández, M. A. (2020). "La tensión entre la libertad ideológica y la libertad de empresa". *Derechos y libertades*, (42), (303-335), 306-307.

13   Sin ánimo exhaustivo: Rodríguez Copé, M. L. (2001). "El derecho a la intimidad del trabajador como límite al poder de dirección empresarial. SSTSJ de la Comunidad Valenciana de 3 de febrero de 2000 y de Asturias de 17 de noviembre de 2000". *Temas laborales*, (62), (213-228), 218-220; Serrano Olivares, (2001) "El derecho a la intimidad como derecho de autonomía personal en la relación laboral". *Revista Española de Derecho de Trabajo* (103), 99-102; Rodríguez-Piñero y Bravo-Ferrer, M. (2004). "Derecho a la intimidad del trabajador y contrato de trabajo". *Diario La Ley* (6033) 1-12. Y la bibliografía en ellos citada.

en realidad, una conducta atentatoria contra la libertad ideológica del afectado, y que obedece a motivos razonables y ajenos a todo propósito discriminatorio[14]. Doctrina que recientemente fue consagrada a través de la Ley integral para la igualdad de trato y la no discriminación, promulgada en el año 2022[15].

3. EL ESPECÍFICO SUPUESTO DE LAS EMPRESAS DE TENDENCIA

Con carácter general, como se señalaba antes, el ET, en sus arts. 4.2 y 17, prohíbe toda discriminación en las relaciones laborales, y en concreto las que tienen su origen, entre otras causas, en las ideas religiosas y políticas.

Si bien, estos principios de neutralidad de la empresa ante las ideas o la vida privada de sus trabajadores quiebran en las llamadas empresas de tendencia, definidas por su fuerte conexión con el elemento ideológico. Marco de especial importancia y sensibilidad, pues la tensión entre ambas libertades se acentúa. En este ámbito, son varios los interrogantes que caben plantearse, y no solo los referidos a las excepciones aplicadas sobre la prohibición de discriminación que pesa sobre el empleador, por razones sindicales, ideológicas, políticas o religiosas -que es la cuestión normalmente abordada en estos casos-, sino también las consiguientes modulaciones de otros derechos fundamentales como el derecho a la intimidad o el derecho a la protección de datos personales; y todo ello, además, junto con la genérica libertad de expresión como medio para la exteriorización de los citados derechos[16].

---

14   *Vid.*, la bibliografía citada y la jurisprudencia recogida en ella.

15   El art. 30 de Ley 15/2022, de 12 de julio, integral para la igualdad de trato y la no discriminación, regula las reglas relativas a la carga de la prueba. (TOL9.113.969)

16   *Vid.*, Calvo Gallego, F. J. (2019). "Las singularidades del poder de control en las empresas de tendencias". *Temas laborales: Revista andaluza de trabajo y bienestar social*, (150), (273-297), 275.

3.1. La empresa de tendencia o ideológica: su cobertura jurídica en el Derecho español

Independientemente de su naturaleza confesional o secular, de que tengan o no ánimo de lucro, ya se trate de una asociación, fundación, cooperativa, sociedad, etc., las instituciones pueden presentarse como empresas ideológicas o de tendencia. En estos casos, la empresa no es neutral desde la perspectiva ideológica, sino que, muy al contrario, su actividad implica la defensa de determinados postulados y convicciones[17]. Estas organizaciones son plasmación y vehículo de expresión de los derechos fundamentales de su titular —el empresario—, "simétricos" a los de los trabajadores y, por tanto, dotados, del mismo modo, de la máxima protección. La posibilidad del conflicto es notoria, si tenemos en cuenta que el empleador se vale de sus empleados para la difusión de la ideología de la organización, siendo ambos titulares, con la misma consistencia constitucional, de su derecho a la libertad ideológica y religiosa[18].

Cierto es que en nuestro Ordenamiento no existe un marco normativo propio que responda a este tipo de empresas, si bien, como ya se puso de manifiesto por nuestra doctrina[19], sí es posible encontrar su encaje

---

17   Sempere Navarro, A. V. (1990). "El contrato de trabajo en la jurisprudencia del Tribunal Constitucional". *Temas laborales: Revista andaluza de trabajo y bienestar social,* (19-20), (127-152), 146.

18   Calvo Gallego, F. J. (2019). "Las singularidades del poder de control en las empresas de tendencias". *Op. cit.,* 279.

19   Sin ánimo exhaustivo, además de la bibliografía ya citada, sobre la empresa de tendencia en el Ordenamiento español, puede verse: Aparicio Tovar, J. (1980). "Relación de trabajo y libertad de pensamiento en las empresas ideológicas", *Lecciones del derecho del trabajo en homenaje a los profesores Bayón Chacón y del Peso y Calvo.* 269-306; Blat Gimeno, F. (1986). *Relaciones laborales en empresas ideológicas,* Ministerio de Trabajo y Seguridad Social; De Val Tena. A. L. (1994). "Las empresas de tendencia ante el derecho del trabajo: libertad ideológica y contrato de trabajo", *Proyecto social: Revista de*

en la propia Constitución. En primer lugar, y desde un plano más general, las denominadas empresas ideológicas encuentran su acomodo en el citado párrafo 1 del art. 16 CE, al que ya nos hemos referido, y en el que claramente se advierte sobre la dimensión colectiva que pueden revestir las libertades ideológica, religiosa y de culto; y en los arts. 22 y 38 del referido texto, en los que se garantizan, respectivamente, el derecho de asociación y la libertad de empresa en el marco de una economía de mercado. Libertades que, como se desprende del art. 9.2 CE, corresponde a los poderes públicos garantizar su efectividad, mediante la promoción de las condiciones necesarias y la remoción de los obstáculos existentes, así como facilitar la participación de todos los ciudadanos en la vida política, económica, cultural y social.

Y, en segundo lugar, de forma más específica, la propia Carta Magna otorga reconocimiento constitucional a las empresas ideológicas o de tendencia al reconocer expresamente a los partidos políticos (art. 6 CE), a los sindicatos de trabajadores y asociaciones empresariales (art. 7 CE), a las confesiones religiosas (art. 16 CE), los centros docentes fruto de la libertad de creación reconocida tanto a las personas físicas como jurídicas (art. 27.6 CE), y los medios de comunicación (art. 20 CE).

Como señalaba DE VAL TENA, todas esas referencias constitucionales "constituyen la necesaria libertad de acción reconocida a grupos y a individuos que persiguen finalidades políticas, sindicales, religiosas, educativas, de comunicación de informaciones, pensamientos, ideas u

---

relaciones laborales, (2), 177-198; Otaduy J. (1996). "Las empresas ideológicas: aproximación al concepto y supuestos a los que se extiende", en *Anuario de Derecho Eclesiástico del Estado* (2), 311-332; Moreno Botella, G. (2003). *La libertad de conciencia del trabajador en las empresas ideológico-confesionales*, Madrid; Selma Penalva, A. (2008). "La trascendencia práctica de la «vinculación ideológica» en las empresas de tendencia en el ámbito de las relaciones de trabajo". *Anales de Derecho. Universidad de Murcia*, (26), 299-332; Perales Agustí, M. (2014). "Presente y futuro de las empresas ideológicas confesionales", *Estudios Eclesiásticos*, (89) 799-816.

opiniones, etc"[20]. Libertad de acción que, en los años posteriores a la promulgación de la Constitución, fue siendo reconocida, de forma indirecta, por algunas normas dispersas en nuestro Ordenamiento, como la Ley Orgánica de Libertad Religiosa, en la que se consagra expresamente la plena autonomía de las confesiones religiosas y el derecho a establecer cláusulas de salvaguardia de su propia identidad, con el fin de tutelar y proteger su identidad religiosa[21]. La Ley Orgánica reguladora de la cláusula de conciencia de los profesionales de la información, al reconocerles expresamente su derecho a solicitar la rescisión de su relación jurídica con la empresa de comunicación en que trabajen: cuando se hubiera producido un cambio sustancial de orientación en la línea ideológica de aquella; o, cuando hubiera sido trasladado a otro medio del mismo grupo que supusiera una ruptura patente con la orientación profesional del informador[22]. Y también, la Ley Orgánica de Educación, al reconocer el derecho de los titulares de los centros docentes privados a establecer el "carácter propio" de los mismos[23].

En definitiva, en España no contábamos con una regulación expresa y unitaria que diera respuesta a esta problemática, siendo el TC el que se refiere por primera vez al concepto de empresa ideológica en la década

---

20 De Val Tena. A. L. (1994). "Las empresas de tendencia ante el derecho del trabajo: libertad ideológica y contrato de trabajo". *Op. cit.*, 186.

21 Ley Orgánica 7/1980, de 5 de julio, de Libertad Religiosa, art. 6.1. (TOL7.171)

22 Ley Orgánica 2/1997, de 19 de junio, reguladora de la cláusula de conciencia de los profesionales de la información, art. 2.1. (TOL5.906)

23 Ley Orgánica 2/2006, de 3 de mayo, de Educación, art. 115.1. (TOL. 868.103). Facultad de los titulares de los centros educativos privados que venía siendo reconocida por las distintas leyes reguladoras del derecho a la educación que se han ido sucediendo desde la promulgación del Texto constitucional: la Ley Orgánica 5/1980, de 19 de junio, por la que se regulaba el Estatuto de Centros Escolares, en su art. 34; o, posteriormente, la Ley Orgánica 8/1985, de 3 julio, reguladora del Derecho a la Educación, en su art. 22. (TOL5.006).

de los noventa[24]; y seguimos sin contar con ella actualmente[25], como señalábamos desde el principio. La primerísima norma que expresamente se refiere a una "ética de empresa", en nuestro ordenamiento, fue la Directiva 2000/78/CE, con la que se establece un marco general para luchar contra la discriminación por motivos como la religión o convicciones en el marco del empleo y la ocupación[26]. El art. 4.2 de la citada norma reconoce la inexistencia de discriminación, en el caso de las actividades profesionales de iglesias y de otras organizaciones públicas o privadas cuya ética se base en la religión o en determinadas convicciones, cuando se observe una diferencia de trato fundamentada en la religión o convicciones, siempre que por la naturaleza de estas actividades o el contexto en el que se desarrollen, dicha característica ideológica constituya un requisito profesional esencial, legítimo y justificado respecto de la ética de la organización. Reconociendo, además, el derecho de estas organizaciones a exigir, en consecuencia, a las personas que trabajen para ellas una actitud de buena fe y de lealtad hacia la ética de las organizaciones, siempre, lógicamente, de conformidad con las disposiciones constitucionales y legislativas nacionales[27]. Presupuesto que, en el ámbito de la protección de datos personales, será recogido, del mismo

---

24   Expresamente, el TC confirmaba en una de sus sentencias en el año 1996, en relación con esta materia, que además de los centros docentes privados, definidos por su conexión con un determinado ideario, existen otro tipo de empresas "centros, asociaciones u organizaciones que puedan aparecer hacia el exterior como defensoras de una determinada opción ideológica", reconociendo, no obstante, que no existía una delimitación de este tipo de empresas al carecer, precisamente, de una legislación expresa. [STC 106/1996, de 12 de junio (TOL83.040)]

25   A diferencia de otros ordenamientos como Alemania o Japón.

26   Directiva 2000/78/CE del Consejo, de 27 de noviembre de 2000, relativa al establecimiento de un marco general para la igualdad de trato en el empleo y la ocupación. (TOL1.902.321), art. 1

27   *Ídem*, art. 4.2.

modo, por el Reglamento General de Protección de Datos[28], al posibilitar el tratamiento de los datos personales de carácter más sensible como los que revelen las opiniones políticas, las convicciones religiosas o filosóficas, o la afiliación sindical, cuando "el tratamiento es efectuado, en el ámbito de sus actividades legítimas y con las debidas garantías, por una fundación, una asociación o cualquier otro organismo sin ánimo de lucro, cuya finalidad sea política, filosófica, religiosa o sindical, siempre que el tratamiento se refiera exclusivamente a los miembros actuales o antiguos de tales organismos o a personas que mantengan contactos regulares con ellos en relación con sus fines y siempre que los datos personales no se comuniquen fuera de ellos sin el consentimiento de los interesados"[29].

Cierto es, —señalaba CALVO GALLEGO—, que, salvo error u omisión, también por nuestra parte, ninguna de las normas que han transpuesto estas directivas al ordenamiento español recoge expresamente esta excepción para este tipo de entidades u organizaciones[30]. Si bien

---

28   En adelante, RGPD.

29   Reglamento (UE) 2016/679 del Parlamento Europeo y del Consejo, de 27 de abril de 2016, relativo a la protección de las personas físicas en lo que respecta al tratamiento de datos personales y a la libre circulación de estos datos y por el que se deroga la Directiva 95/46/CE (Reglamento general de protección de datos), art. 9.2.d) (TOL5.703.078)

30   Por ejemplo, así ocurrió con la Ley 62/2003, de 30 de diciembre, de medidas fiscales, administrativas y del orden sociales, que incorporaría la excepción genérica que se contemplaba en el párrafo 1 del art. 4 de la Directiva 2000/78/CE, pero sin referirse expresamente a la específica, relativa a las empresas ideológicas, garantizada en el párrafo 2 del citado art. 4. Así, señala el art. 34 de la Ley 62/2003 que las diferencias de trato basadas en una característica relacionada con la religión o convicciones no supondrán discriminación cuando, debido a la naturaleza de la actividad profesional concreta de que se trate o al contexto en que se lleve a cabo, dicha característica constituya un requisito profesional esencial y determinante, siempre que el objetivo sea legítimo y el requisito proporcionado. (TOL313.518) Del mismo

—coincidimos con el autor—, esta omisión solo implica que el legislador español renunció a dotar a estas organizaciones de una regulación común, pero en modo alguno supone el desconocimiento y la negación de las peculiaridades y singularidades de estos empleadores en el ámbito laboral, reconocidas por nuestra Constitución y por la legislación antes mencionada[31].

3.2. Empresas y tareas de tendencia: el equilibrio entre los distintos derechos fundamentales implicados

Desde una concepción amplia, puede definirse empresa de tendencia como "aquella que se encuentra directa y principalmente al servicio de actividades políticas, sindicales, confesionales, caritativas, educativas, científicas y artísticas, o bien tiene una finalidad de información y manifestación del pensamiento"[32]. Concepto amplio que secundamos pues, desde nuestra óptica, la tendencia está tan presente

---

modo, y con similares términos, lo hará la Ley 15/2022, de 12 de julio, integral para la igualdad de trato y la no discriminación, refiriéndose a la excepción genérica en sus arts. 2.2 y 4.2. (TOL9.113.968).

31 Calvo Gallego, F. J. (2019). "Las singularidades del poder de control en las empresas de tendencias". *Op. cit.*, 278-279.

32 Otaduy, J. (1996) "Las empresas ideológicas: aproximación al concepto y supuestos a los que se extiende". *Op. cit.* A nivel doctrinal existen dos perspectivas al abordar el concepto de empresa ideológica o de tendencia: una concepción en sentido estricto que identifica estas empresas con las reconocidas constitucionalmente, esto es, aquellas organizaciones institucionalmente expresivas de una ideología y que, por tanto, la ideología constituye y sostiene a la organización; y, una segunda, más amplia, que engloba, como hemos señalado, aquellas que suministran bienes o servicios de componente ideológico. *Vid.*, por ejemplo, además del trabajo citado: Díez Fernández, J. A. (2022) "¿Tiene cabida en nuestro ordenamiento la objeción institucional para las entidades sanitarias?". *Anuario de Derecho Eclesiástico del Estado*, (38), (321-340), 335; Perales Agustí, M. (2014). "Presente y futuro de las empresas ideológicas confesionales". *Op. cit.*, 811.

en estas empresas secundarias o derivadas como en las organizaciones originarias, resultando, incluso aunque se consideren secundarias, imprescindibles para difundir su ideología y su mensaje[33].

La empresa de tendencia, en definitiva, se caracteriza por una específica afinidad a una determinada ideología, y este criterio que profesa la empresa es lo que hace que el producto o servicio que proporciona sea único e insustituible en el mercado, y su aceptación dependerá, en este caso, de la afinidad del cliente o usuario potencial con el criterio que propugna la institución; es por ello que la empresa debe respetar unas líneas de actuación que sean acordes con ese ideario que manifiesta profesar, pues esa imagen definida por su identidad ideológica es lo que realmente condiciona la respuesta de la demanda y lo que le hace diferente de otras empresas del mismo sector[34]. Y, por ello, "el deber de compromiso ideológico" se exige a cualquiera que entre en relación con ella, independientemente de la naturaleza de la relación que se establezca[35].

---

33   Perales Agustí, M. (2014). "Presente y futuro de las empresas ideológicas confesionales". *Op. cit.*, 811. Un estudio muy completo sobre el tema nos lo ofrece Moreno Botella, G. (2003) *La libertad de conciencia del trabajador. Op.cit.* Interpretación que, a nuestro juicio, fue secundada por el TC desde el origen de sus pronunciamientos confirmando que, si bien, no existía una delimitación a priori de este tipo de empresas, y que, si bien, sólo se había referido hasta el momento al concepto de "ideario del Centro" en relación con los centros docentes privados, de ahí no podía deducirse que no existían otro tipo de empresas, centros, asociaciones u organizaciones que puedan aparecer hacia el exterior como defensoras de una determinada opción ideológica.

34   Selma Penalva, A. (2008). "La trascendencia práctica de la «vinculación ideológica» en las empresas de tendencia en el ámbito de las relaciones de trabajo". *Op. cit.*, 300.

35   *Ibidem.*

Desde este prisma, es obvia la necesaria modulación de los derechos de los terceros, donde especialmente quedan incluidos los trabajadores, para que su identidad quede totalmente garantizada.

Estas organizaciones ostentan la facultad de tener en cuenta el perfil religioso o ideológico del empleado, al ser considerado un elemento profesional determinante de su cualificación profesional a la hora de constituir, modificar o extinguir su relación laboral, pues a ellas les compete la selección y contratación del personal que consideren adecuado para la consecución y el logro de sus fines. Por ello, la autonomía de las confesiones religiosas y de las denominadas empresas de tendencia ostenta, en un principio, un carácter prevalente frente a los derechos de los trabajadores dependientes de aquellas, a quienes se les puede exigir un deber de lealtad que trascienda el propio ámbito laboral, influyendo incluso en su vida privada.

La conflictividad en este terreno se produce, como puede intuirse, por las dificultades a la hora de conciliar la ética e ideología de estas empresas –que les permitiría, como hemos dicho, discriminar a sus trabajadores por razón de religión o convicción, al considerar la condición ideológica del empleado como elemento configurador de la cualificación profesional–, con los derechos de éstos a no ser discriminados y al ejercicio de sus derechos y libertades fundamentales.

En estos supuestos, resulta trascendental, como veremos inmediatamente, la distinción entre lo que podemos denominar tareas neutras y aquellas que tienen una estrecha vinculación con los principios, fines e imagen de la organización, donde sí se puede exigir al trabajador una cierta adhesión a una determinada fe o ideología, conocidas como tareas de tendencia[36]. La autonomía de la entidad dispensará una mayor

---

36 Directiva 2000/78 CE del Consejo, de 27 noviembre de 2000, relativa al establecimiento de un marco general para la igualdad de trato en el empleo y la ocupación, cit. Un ejemplo práctico de esta cuestión puede verse en: García Vilardell, M. R. (2019). "La exigencia de un deber de lealtad al

protección en el caso de aquellos empleados que desarrollen funciones seculares con una estrecha vinculación a los principios y fines de la organización, que sobre aquellos trabajadores que realicen tareas no relacionadas directamente con la transmisión de la doctrina religiosa en cuestión[37].

3.2.1. "En la jurisprudencia europea"

Encontramos en la jurisprudencia del Tribunal Europeo de Derechos Humanos[38] diversos ejemplos que pueden aportar algo de luz a esta cuestión[39]. En el asunto Schüth contra Alemania, el demandante había sido el organista y responsable del coro de una parroquia católica, casado canónicamente y divorciado civilmente. Posteriormente comenzó a vivir con una nueva pareja y fruto de esa segunda relación iba a ser padre por segunda vez; hecho que llegó al conocimiento del Decano de la parroquia y que provocó finalmente su despido por haber cometido adulterio. La Jurisdicción alemana estimó el despido procedente, pero la posición del TEDH fue diferente, entendiendo que el papel que ostentaba el demandante en la difusión de los principios católicos era mucho más débil, al ser una función meramente artística, y que, por tanto, el daño que podía causar a la imagen de su empleador era significativamente menor. La Corte Europea entendió que en este caso sí se había producido una intromisión

---

trabajador como consecuencia de la autonomía confesional". *Dictámenes jurídicos sobre el impacto social de lo religioso: algunas cuestiones de actualidad.* Navarra, 43-58.

37   Cañamares Arribas, S. (2014). "Entidades religiosas y relaciones laborales". *Revista de Derecho de la Universidad de Montevideo.* (25), (pp.191-201), 193.

38   En adelante, TEDH.

39   *Vid.*, en este sentido: Celador Angón, O. (2018). "Régimen jurídico del personal no religioso de las organizaciones con fines religiosos". *Revista General de Derecho Canónico y Eclesiástico del Estado.* (48). 1-45.

en el derecho a la vida privada y familiar, lo que suponía una vulneración del art. 8 del Convenio Europeo de Derechos Humanos[40].

En la misma fecha, el Tribunal conoce de otro caso en principio muy similar, pero del que concluye totalmente lo contrario. Se trata del asunto Obst contra Alemania; en este caso, el demandante, de religión mormona y casado según el rito mormón, había desarrollado toda su actividad laboral en el seno de la Iglesia Mormona, ocupando en aquellos momentos un cargo como director para Europa del Departamento de relaciones públicas de la organización religiosa. Si bien, al confesar que tenía una relación extramatrimonial, fue despedido. La jurisdicción alemana estimó que el despido fue procedente, entendiendo que el contrato laboral obligaba al Sr. Obst, como empleado, a seguir los principios del grupo religioso. El TEDH abordó el asunto desde de la ponderación de los derechos en conflicto: por un lado, el derecho de las confesiones religiosas a la plena autonomía, lo que implica el deber de los Estados de respetarla y no interferir injustificadamente en dicha autonomía; y, por otro, el derecho al respeto a la vida privada y familiar. En este caso, la Corte europea concluye confirmando los argumentos de la jurisdicción alemana entendiendo que el despido no lesionó la vida privada y familiar del demandante. El despido se consideró procedente al entender que su vida personal, dada la posición que éste ocupaba dentro de la confesión religiosa, podía poner en peligro la credibilidad e imagen del grupo religioso ante la sociedad[41].

Igualmente llegará a fallos similares en otros asuntos aplicando el criterio valorativo de la naturaleza de la función a desarrollar por el trabajador. En el asunto Siebenhaar contra Alemania[42], referido al despido extraordinario de una educadora de un jardín de infancia, gestionado por la Iglesia protestante, cuando, a través de una información

---

40   STEDH, Caso Schüth contra Alemania, de 23 septiembre 2010.

41   STEDH, Caso Obst contra Alemania, de 23 septiembre 2010.

42   STEDH, Caso Siebenhaar contra Alemania, de 3 febrero 2011.

anónima, la entidad gestora descubre que la trabajadora era miembro de otra comunidad religiosa y que, además, ofrecía cursos de iniciación a su doctrina. El TEDH confirmó que pertenecer o participar en una organización cuyos principios, objetivos o actividades prácticas estaban en contradicción con la misión de la Iglesia Protestante, atenta directamente con el cumplimiento de la prestación laboral; por lo que su pertenencia a la Iglesia Universal y sus actividades a favor de ésta eran incompatibles con su contrato en la Iglesia Protestante, y suponía un riesgo para la credibilidad de dicha Iglesia ante el público y ante los padres de los niños del jardín de infancia.

En el año 2014 el Tribunal conoce de un asunto de gran repercusión en España: el asunto Fernández Martínez contra España[43]. En este caso, el demandante se ordenó sacerdote en el año 1961 y en 1984 pidió la dispensa al sacerdocio, que le fue concedida en 1997. En 1985 contrajo matrimonio civil, del cual nacieron cinco hijos. Además, era miembro activo del Movimiento pro-celibato opcional, movimiento contrario a la ortodoxia católica. A partir del año 1991 empezó a ejercer como profesor de religión católica y ética en un instituto público de Murcia. Y en el año 1997 la Diócesis de Cartagena informó al Ministerio de Educación sobre la terminación del servicio del demandante como profesor de religión, retirándole la venia, debido al escándalo generado por la publicación en un medio de comunicación de una serie de declaraciones realizadas como miembro del movimiento pro-celibato opcional, en las que reclamaba el celibato opcional, así como una Iglesia democrática y no teocrática, además de manifestar su desacuerdo con la doctrina de la Iglesia en torno al aborto, la sexualidad, el control de natalidad y el divorcio. El Tribunal reconoce que, como consecuencia de su autonomía religiosa, las comunidades pueden solicitar un cierto grado de lealtad a aquellos que trabajan para ellos o les representan. Y, en este contexto, como se ha puesto de manifiesto, la naturaleza del puesto ocupado por estas personas es un importante elemento que considerar al valorar la

---

43   STEDH, Caso Fernández Martínez contra España, de 12 junio 2014.

proporcionalidad de la medida restrictiva del derecho del trabajador. No es irrazonable que la Iglesia o las comunidades religiosas esperen un cierto grado de lealtad de los profesores de religión en la medida en que son vistos como sus representantes. La existencia de discrepancias entre las ideas que deben enseñarse y las creencias personales del profesor provocarán sin lugar a duda una pérdida de credibilidad si este realiza campañas activamente en contra de esas ideas en cuestión.

En el año 2016[44], del mismo modo, considera que no hubo intromisión ilegítima en el derecho a la intimidad y la vida privada del trabajador demandante, profesor de religión, al que se cesó en su actividad a raíz de contraer un segundo matrimonio civil con otra mujer, mientras aún estaba vinculado, a los ojos de la Iglesia, por el matrimonio religioso con su esposa anterior. Pues como viene manteniendo el Tribunal, el estilo de vida puede ser una cuestión particularmente importante cuando la naturaleza de la actividad profesional de un solicitante resulta de un ethos fundado en la doctrina religiosa destinada a regir la vida privada y las creencias personales de sus seguidores, como era el caso de la posición del solicitante como profesor de educación religiosa católica y los preceptos de la religión católica.

Por su parte, el Tribunal de Justicia de la Unión Europea[45], en el marco de su función como intérprete de la normativa europea, de forma más concisa, entra a analizar los criterios exigidos por la Directiva 2000/78/CE en su art. 4.2, y afirma, para justificar una diferencia de trato, la necesidad de un vínculo directo entre las actuaciones profesionales y la ética o ideología de la empresa, bien por la "naturaleza" de las actividades de que se trate o por el "contexto" en que se desarrollen; sólo así se entenderá como requisito profesional, tal y como venimos diciendo. Si bien, profundizando algo más, señala que la adhesión por parte del trabajador a las convicciones de la organización debe ser requisito esencial,

---

44   Caso Travas contra Croacia. Sentencia de 4 de octubre de 2016.

45   En Adelante, TJUE.

legítimo y justificado según su función y actividad, debiendo atenerse, además, al principio de proporcionalidad[46]. Esto es: "esencial", para la afirmación de la ética o ideología de la organización, atendiendo a la actividad profesional; "legítimo", en cuanto que no podrá utilizarse para promover un objetivo ajeno a dicha ética; "justificado", lo que implica que el riesgo de vulneración de la credibilidad ideológica de la entidad es probable y grave; y, por último, todo ello sometido a un "juicio de proporcionalidad" de forma que la exigencia del requisito profesional es apropiada y es absolutamente necesaria, no existiendo otra medida menos gravosa para la consecución del fin perseguido[47].

Particularmente clarificadora, en esta dirección, es la sentencia emitida por este Tribunal en el año 2018[48], ante una cuestión prejudicial que se presentó en el contexto de un litigio seguido entre trabajador y empresario, en relación con la legalidad de su despido, justificado por un presunto incumplimiento de su obligación de buena fe y de lealtad hacia la ética de la empresa en cuestión. Concretamente, el trabajador, de religión católica, era médico de profesión y dirigía el

---

46   Caso Vera Egenberger contra Evangelisches Werk für Diakonie und Entwicklung eV. Sentencia del Tribunal de Justicia de la Unión Europea, 17 abril 2018. La decisión responde a una cuestión prejudicial que fue planteada por el Tribunal Supremo de lo laboral alemán, y que traía su causa en un litigio entre la Sra. Vera Egenberger y la Evangelisches Werk für Diakonie und Entwicklung eV, en relación con una demanda de indemnización presentada por la primera debido a una discriminación por razón de religión que alegaba haber sufrido durante un procedimiento de selección de personal.

47   Calvo Gallego, F. J. (2019). "Las singularidades del poder de control en las empresas de tendencias". *Op. cit.*, 287.

48   Sentencia TJUE, en el asunto C68/17, de 11 de septiembre de 2018.*Vid.* en este sentido: Cañamares Arribas, S. (2018). "Obligaciones de lealtad y discriminación religiosa de los trabajadores de las confesiones religiosas y empresas de tendencia. Sentencia del Tribunal de Justicia de la Unión Europea de 11 de septiembre de 2018, asunto C–68/17: IR v. JQ". *LA LEY Unión Europea*, (64), 1-18.

servicio de Medicina Interna del Hospital St. Vinzenz de Düsseldorf, dependiente del Arzobispado Alemán de Colonia. Cuando llevaba cinco años al frente de esa división, se separó de su mujer y, al cabo de un año, rehízo su vida sentimental. Hechos frente a los que la dirección del Hospital nada alegó. Posteriormente, decidió contraer matrimonio con su nueva compañera. Momento en el que la sociedad que gestionaba el Hospital lo despidió alegando "causas sociales". Estas tenían que ver con el reglamento de relaciones laborales que se aplicaba dentro de la Iglesia Católica alemana, de 1993, que fija que "todos los trabajadores católicos deben reconocer y respetar los principios de la doctrina religiosa y moral católica en materia de fe y buenas costumbres" y recuerda que "la vida personal" de la plantilla debe dar "testimonio" de ello. Ese precepto debían respetarlo, sobre todo, sacerdotes, catequistas, docentes y trabajadores con funciones directivas y, en este caso, justificaron el despido al considerar que había infringido de forma grave los deberes que tenía con su empresa al haber celebrado un matrimonio civil sin que el anterior hubiera sido anulado. El médico consideró que el despido vulneraba "el principio de igualdad de trato", puesto que un jefe de servicio no creyente o que profesara otra religión no habría sido despedido, y de hecho compañeros suyos que no profesaban la religión católica ostentaban también cargos de gestión en el citado Hospital.

Ante tales hechos, afirma la Corte, es claro que la actividad ética del Hospital se basa en la religión, teniendo en cuenta los postulados de la Iglesia Católica, pero en el ámbito de la salud y, por tanto, en relación con las cuestiones relativas al aborto, la eutanasia, la contracepción y las medidas de control de la procreación, por ejemplo. Desde esta perspectiva, sí podría discriminarse a los trabajadores sanitarios por razón religiosa o ideológica en la medida en que fueran a desempeñar actividades estrechamente vinculadas con el ideario del centro hospitalario, pudiendo resultar justificado que un centro hospitalario de ideario católico contratara médicos católicos o médicos pro-vida para garantizar que esas prácticas profesionales, a las que antes nos referíamos, tan íntimamente relacionadas con su ideario se ajustaran completamente a su doctrina. Si bien, la adhesión a la concepción del matrimonio que defiende la Iglesia Católica no parece necesaria para preservar la imagen y ética del Hospital de St. Vinzenz, teniendo en cuenta que las actividades profesionales del trabajador consistían en la prestación de asesoramiento y cuidados de carácter médico y la gestión del servicio de Medicina Interna, en el citado Hospital. Y, por ello, la adherencia a dichos postulados no puede considerarse una condición esencial de la actividad profesional, teniendo en cuenta, además, el hecho de que otros trabajadores con su mismo cargo no profesaban la religión católica.

En suma, la adhesión del trabajador a una convicción de la Iglesia Católica relativa al matrimonio no constituye, en este caso, un requisito profesional, y todavía menos esencial y justificado para su actividad, que es la de prestar servicios sanitarios y de cuidados a enfermos, teniendo en cuenta, además, que cualquier otra interpretación ante tales hechos supondría una desigualdad de trato, al exigirse a un empleado católico un deber de lealtad mayor que a otros empleados pertenecientes a otra iglesia o a ninguna, como había quedado constatado.

3.2.2. "En la jurisprudencia constitucional española"

La naturaleza o trascendencia de la actividad y del puesto de trabajo, es decir, la conexión directa entre la función a desarrollar y la ideología o ética de la organización es, del mismo modo, el criterio central acogido por nuestra jurisprudencia constitucional.

Su primer pronunciamiento en relación con este tema tuvo lugar en el marco de los centros privados educativos dotados de ideario. Concretamente, los problemas se planteaban en relación con la vida extralaboral del trabajador y el ideario del centro en cuestión. Aquí nuestro Tribunal Constitucional, ante la ausencia de normativa legal, entendió que habría que estar a cada caso en concreto, pero no sin apuntar unas pistas de solución.

Así, afirma que, en las empresas ideológicas docentes o centros docentes privados de carácter confesional definidos por su ideario, que fija el titular del centro al fundarlo, han de conjugarse los derechos del fundador, los derechos de los docentes y los derechos de los padres, que son las tres manifestaciones de la libertad de enseñanza. Es obvio que el profesor, conocedor del ideario al incorporarse libremente al centro, viene obligado a respetarlo, lo que no significa que tenga que convertirse en apologista de ese ideario, ni que deba transformar su enseñanza en propaganda o adoctrinamiento, ni subordinar el rigor científico de su docencia a ese ideario. El profesor es libre como profesor en el ejercicio de su actividad específica; si bien, su libertad se desarrolla en el determinado puesto docente que ocupa, es decir, en un determinado centro, y por tanto ha de ser compatible con la libertad del centro. Esa libertad no le faculta para dirigir ataques abiertos o solapados contra ese ideario, sino sólo para desarrollar su actividad en los términos que juzgue más adecuados y que, con arreglo a un criterio serio y objetivo no resulten contrarios a aquél. Y, en este sentido —continúa afirmando el Tribunal—, "la virtualidad limitante del ideario será sin duda mayor en lo que se refiere a los aspectos propiamente educativos o formativos de la enseñanza, y menor en lo que toca a la simple transmisión de conocimientos, terreno en el que las propias exigencias de la enseñanza dejan muy estrecho margen a las diferencias de idearios"[49].

En consonancia con esta interpretación, otorga el amparo a una trabajadora que prestaba sus servicios como profesora titular de EGB en la Empresa dedicada a la enseñanza no estatal "Col. Legi. Lestonnac", en Mollet del Vallés, y que fue despedida por desarrollar su actividad profesional en forma que no se ajustaba al ideario del Centro, a juicio de la dirección de éste[50]. Como señala textualmente: "una actividad docente hostil o contraria al ideario de un Centro docente privado puede ser causa legítima de despido del Profesor al que se le impute tal conducta o tal hecho singular, con tal de que los hechos o el hecho constitutivos de «ataque abierto o solapado» al ideario del Centro resulten probados por

---

49   STC núm. 5/1981 de 13 febrero, F. J. 10 (TOL109.400)

50   STC núm. 47/1985 de 27 marzo, Antecedente primero. (TOL79.462)

quien los alega como causa de despido, esto es, por el empresario. Pero el respeto, entre otros, a los derechos constitucionalizados en el artículo 16 implica, asimismo, que la simple disconformidad de un Profesor respecto al ideario del Centro no puede ser causa de despido, si no se ha exteriorizado o puesto de manifiesto en alguna de las actividades del Centro"[51]; justamente lo que ocurrió en el caso que nos ocupa, considerándose el despido, causalmente ideológico, nulo por discriminatorio, al no ser probado por la empresa que hubo no sólo una disconformidad, sino verdaderas fricciones consistentes en actividades concretas, contrarias, o al menos no ajustadas, al ideario[52].

En suma, si la actividad laboral supone un ataque al ideario del centro, aquél podrá ser despedido al no cumplir la debida prestación laboral tan matizada por el ideario. Pero, además, junto a ello, como deja entrever nuestro Tribunal, la conducta extralaboral del trabajador, sí es un factor que podrá tenerse en cuenta por el empresario si en cada caso, por su naturaleza, su intencionalidad o su notoriedad, suponen un grave ataque al elemento ideológico, poniendo en cuestión su imagen pública y su credibilidad.

Efectivamente, se afirma por nuestra jurisprudencia como determinadas actitudes o comportamientos externos pueden impedir el desempeño correcto de una tarea. Este es el claro caso, por ejemplo, de los profesores de religión —prestación laboral que supone el desempeño de tareas de tendencia—, en donde la valoración de su idoneidad puede no limitarse a la estricta consideración de los conocimientos dogmáticos o de las aptitudes pedagógicas, siendo también posible que se extienda a los extremos de la propia conducta en la medida en que el testimonio personal constituye un componente definitorio del credo, hasta el punto de ser determinante de la aptitud o cualificación para la docencia, entendida en último término, sobre todo, como vía e instrumento para la

---

51   *Idem*, F.J. 3
52   *Idem*, F.J. 41

transmisión de determinados valores[53]. Así, el Tribunal Constitucional secundó el cese como profesor de religión y moral católicas de un trabajador sacerdote, que había solicitado la secularización, por su estado civil de casado y por ser miembro de un movimiento pro-celibato opcional, al haberse hecho pública de forma notoria la situación descrita, afectando a la credibilidad del credo católico[54].

Si bien, en el mismo año, nuevamente se pronuncia sobre un recurso de amparo, en este caso de una profesora de religión a la que se le retiró la *venia docenti* y se extinguió su contrato de trabajo, tras haber contraído matrimonio civil con un hombre divorciado. Supuesto, como puede verse, bastante similar al anterior pero que el Tribunal, sin embargo, resuelve de forma totalmente contraria, otorgando el amparo a la profesora de religión. La diferencia radicaba en la diferente actitud que el trabajador mantuvo respecto a su vida privada, pues la repercusión que el matrimonio civil tendrá sobre la consistencia de la relación laboral del profesor depende directamente de la actitud pública que mantenga al respecto[55]. Efectivamente, el TC advierte como en ningún caso pudo afirmarse que la demandante hubiera cuestionado la doctrina de la Iglesia católica en relación con el matrimonio, ni realizado apología del matrimonio civil, ni mucho menos que hubiere hecho exhibición pública de su condición de casada con una persona divorciada; muy al contrario, lo que sí se constató fue su voluntad de acomodar su situación conyugal a la ortodoxia católica, dado que su marido pretendía solicitar

---

53   STC. 38/2007 de 15 febrero, F. J. 5 (TOL. En el mismo sentido, pueden verse las SSTC. 80/2007 de 19 abril (TOL1.038.222); 81/2007 de 19 abril (TOL1.050332); 90/2007 de 19 de abril (TOL1.050.341).

54   STC núm. 128/2007 de 4 junio (TOL1.082.607). Se trata del asunto que posteriormente fue conocido por el TEDH, en su sentencia de 12 junio 2014, a la que ya nos hemos referido.

55   Maldonado Montoya, J. P. (2012). "Matrimonio civil e idoneidad del profesor de religión". *Revista española de Derecho del Trabajo* (153). Aranzadi Instituciones. BIB 2012\156

la nulidad de su anterior matrimonio. Y concluye que la circunstancia de que la demandante hubiese contraído matrimonio civil aparece por completo desvinculada de su actividad docente, quedando en su estricta esfera de privacidad[56].

En suma, las empresas de tendencia pueden exigir un específico deber de lealtad a sus empleados y de respeto a sus principios religiosos o ideológicos para salvaguardar su autonomía, si bien, dicho deber debe ponderarse con la naturaleza del puesto que desarrolla el trabajador, por lo que su despido no puede fundarse única y exclusivamente sobre la base del derecho del empleador a su autonomía. Es necesario analizar la vinculación de las funciones con los principios, fines e imagen de la organización, y que, en definitiva, el seguimiento de los dogmas pueda ser considerado un requisito esencial, legítimo y justificado para ejercer su actividad. Unido a la existencia de una conducta activa por parte del trabajador, lo que significa que la discrepancia de éste con la línea ideológica de su empresa ha trascendido al exterior, siendo además una conducta grave, que puede observarse como un ataque abierto o solapado al ideario, capaz de causar un importante daño a la imagen de la organización.

4. LA DIGITALIZACIÓN DEL CONTROL EMPRESARIAL Y SU ¿IMPACTO? EN LAS EMPRESAS DE TENDENCIA

4.1. El tratamiento de datos en el marco de las relaciones laborales

El fundador y presidente ejecutivo del Foro Económico Mundial, describía, en su libro *La cuarta revolución industrial,* el cambio de paradigma que vive nuestra sociedad actual, dados los numerosos desafíos a los que se enfrenta el mundo, hoy en día. Siendo uno de los retos

---

56   STC núm. 51/2011 de 14 abril, F. J. 12 (TOL2.103.620)

más importantes, comprender la nueva revolución tecnológica, que claramente supone la transformación de la humanidad, con la aparición de cuestiones como: la nanotecnología, los drones, la impresión 3D, la realidad virtual, y la inteligencia artificial[57]. Sin embargo, sólo tres años después, otros autores empezaron a hablar de una Industria 5.0, publicándose a finales de 2019, en un lapso de menos de un mes, dos libros referidos a este tema: *La era de la humanidad: Hacia la quinta revolución industrial*[58]; y *La quinta revolución industrial*[59].

Es clara la velocidad, amplitud y profundidad de esta revolución tecnológica que, constantemente, nos está obligando a repensar la manera en la que vivimos, trabajamos y nos relacionamos los unos con los otros. Como afirman los autores citados, el alcance de la quinta revolución industrial será mucho mayor, y se caracterizará, sobre todo, por la expansión de la inteligencia automatizada, lo que provocará perturbaciones en los modelos sociales mucho mayores y cambiará por completo el modo en el que las empresas se relacionan con los consumidores[60].

La transformación en la que nos encontramos está provocando cambios sustanciales en nuestro día a día. Nos movemos en el mundo de la digitalización, lo que ha supuesto la ampliación de las posibilidades de seguimiento y vigilancia del trabajador, no solo en el marco de la empresa, sino también fuera de ella, y prácticamente sin límite alguno[61].

---

57 Schwab, K. (2016). *La cuarta revolución industrial*. Debate. 13 y ss.

58 Vidal, M. (2019), *La era de la humanidad: Hacia la quinta revolución industrial*. Deusto.

59 Martínez, I. (2019), *La quinta revolución industrial. Cómo la comercialización del espacio se convertirá en la mayor expansión industrial del siglo XXI*. Deusto.

60 Vidal, M. (2019), *La era de la humanidad. Op cit.*

61 Goñi Sein, J. L. (2021). "El impacto de las nuevas tecnologías disruptivas sobre los derechos de privacidad (intimidad y "extimidad") del trabajador". *Revista de Derecho Social*, (83) (25-56), 27. Además, sin ánimo exhaustivo, para el desarrollo de este extremo: Baz Tejedor, J. A. (2020). "Inteligencia artificial y privacidad del trabajador predictible". *Trabajo y Derecho* (11), 1-35;

La intimidad y el derecho a la privacidad se convierten en un blanco vulnerable en una sociedad prácticamente, cada vez más, digitalizada y datificada, donde, ciertamente, el "dato" se ha convertido en materia prima de capital importancia[62].

Junto a ello, y retomando el tema objeto de nuestro estudio, en el marco de la empresa de tendencia, teniendo en cuenta lo dicho hasta el momento, la exigencia de adhesión a una determinada ideología por parte del trabajador resulta necesaria debido a la importancia de la prestación profesional que desarrolla, y dado el grado de conexión de ésta con el elemento ideológico, para evitar que la imagen y credibilidad de la confesión religiosa o de la organización en cuestión quede puesta en entredicho. Ello supone que las actuaciones llevadas a cabo fuera del marco laboral pueden, cumpliendo los requisitos de notoriedad e intensidad, entrar dentro del poder de control del empresario, dada la necesaria compatibilidad entre los intereses, ética o ideología del trabajador y de la empresa.

Estas dos realidades plantean, desde nuestra óptica, ciertas cuestiones en las que es preciso indagar, especialmente en el marco de las empresas a las que nos referimos, donde ya, por su propia idiosincrasia, el poder de control del empleador se extiende mucho más para la salvaguarda de la ideología institucional.

Goñi Sein, J. L. (2017). "Nuevas tecnologías digitales, poderes empresariales y derechos de los trabajadores: análisis desde la perspectiva del Reglamento Europeo de Protección de Datos de 2016". Revista de Derecho Social. (78), 15-42; Villalba Sánchez, A. (2016). "Los derechos fundamentales del trabajador frente a los nuevos instrumentos de control empresarial", en *Revista Derecho Social y Empresa* (6), 86-105; Toscani Giménez, D. (2015). "La vulneración del derecho a la intimidad por delatores, detectives privados y medios tecnológicos". *Revista de Derecho Social*, (71), 55-78.

62   Baz Tejedor, J. A. (2020). "Inteligencia artificial y privacidad del trabajador predictible". *Op cit.*, 2.

Como cualquier avance, la revolución tecnológica en la que nos encontramos es ciertamente algo positivo; la sociedad digital se concibe como la gran apuesta del futuro y proporciona enormes posibilidades de progreso, de transformación económica y de importantes beneficios sociales[63]. Pero es, al mismo tiempo, como todo lo desconocido, un entorno que suscita cierto recelo, especialmente por la cesión constante de nuestros datos y el consecuente riesgo que conlleva para la privacidad.

Como es sabido, las nuevas tecnologías están dotadas de capacidades realmente desconocidas. Los dispositivos móviles inteligentes, como *smartphones* y tabletas, el GPS, las diversas aplicaciones informáticas, la inteligencia artificial, las redes sociales, las tarjetas de crédito, internet de las cosas, el *machine learning* o aprendizaje autónomo, junto con el *deep learning* o aprendizaje profundo, o el *cloud computing* o computación en la nube, el 5G, etc., permiten recopilar y acumular una ingente cantidad de datos.

Nuestros dispositivos móviles inteligentes permiten a los proveedores de servicios tener una imagen muy certera de los hábitos y de las preferencias del propietario. No podemos olvidar la enorme cantidad de datos que manejan los motores de búsqueda[64]: las direcciones IP; la información que registran las famosas *cookies,* esto es, esos ficheros que se almacenan en el ordenador del usuario, cuando navega por internet, y que permiten conocer con detalle toda su actividad como el lugar y dispositivo desde el que accede, el tiempo de conexión, el navegador utilizado, las páginas más visitadas, y multitud de datos relativos

---

63   *Vid.* CEOE. (2022). *Plan Digital 2025: la digitalización de la sociedad española.* https://www.ceoe.es/es/publicaciones/tecnologia/plan-digital-2025-la-digitalizacion-de-la-sociedad-espanola-marzo-2021 (Recuperado el 3 de octubre de 2024).

64   *Vid.* Pazos Castro, R. (2015). "El funcionamiento de los motores de búsqueda en Internet y la política de protección de datos personales, ¿una relación imposible?". *InDret* (1), 1-50.

al comportamiento y preferencias del sujeto[65]; y, por supuesto, la información proporcionada por el propio individuo.

Si bien, lo relevante no es la capacidad ilimitada de acumulación de todo tipo de datos, sino que lo verdaderamente esencial se encuentra en la posibilidad de poder combinarlos de forma cruzada extrayendo, de esta forma, todo tipo de información. La digitalización ha supuesto un cambio en el manejo y tratamiento de la información de forma sustancial e inimaginable, permitiendo hacer predicciones. Las técnicas antes referidas, como el aprendizaje autónomo y automático, permiten analizar y predecir comportamientos futuros de las personas, con posibilidad de tomar decisiones que influirán, lógicamente, en su vida.

4.2. Poder empresarial e intimidad del trabajador en este nuevo entorno

La revolución digital ha irrumpido también en el marco laboral, produciéndose toda una innovación en los procesos de producción, en los servicios y, en general, en todos los sectores, modificando totalmente la forma de trabajar. Las nuevas tecnologías han supuesto numerosas ventajas, en las actividades de gestión de personal y de organización del trabajo, al quedar reforzada la capacidad del empresario de control y vigilancia y producirse un cambio sustancial en el tratamiento de la información laboral, lo que lógicamente y en contrapartida, implica una amenaza potencial para el trabajador.

El poder de vigilancia del empleador se ha convertido en algo continuo; esta es, precisamente, una de las ventajas que ha traído la revolución digital desde el punto de vista de la empresa, al permitir conocer aspectos

---

[65] AEPD. (2024). *Guía sobre el uso de las cookies.* https://www.aepd.es/guias/guia-cookies.pdf (Recuperado el 3 de octubre de 2024).

o hechos que de otra forma no sería posible. Esta capacidad de control es ahora mucho más fácil, más económica y cada vez más poderosa[66].

La frontera entre vida privada y vida profesional ha quedado prácticamente diluida a raíz de las nuevas tecnologías[67], lo que implica una enorme cantidad de información que es proporcionada por el trabajador a diario. Todo queda almacenado en la nube y en los dispositivos utilizados por los trabajadores. Toda una serie de datos referidos no solo a su comportamiento en el espacio laboral —actividad, tiempo de descanso, pausas, rendimiento, evaluaciones, trayectoria—, sino también personales, relativos, por tanto, a lo que podemos denominar su vida privada, como amistades, relaciones afectivas, salud, ideología política, religión o creencias, aficiones, etc. Y lo realmente relevante es, como señalábamos más arriba, la posibilidad de cruzar todos esos datos para inferir más información, e incluso para predecir escenarios futuros y anticiparse a ellos.

Con las nuevas tecnologías podremos saber cuál será el comportamiento de un empleado, qué conseguirá, esto es, cuál será su rendimiento,

---

66 Mayer-Schönberger, V., Cukier, K., Iriarte Jurado, A. J. (2016). *Big data: La revolución de los datos masivos*. Turner, 194.

67 La digitalización ha supuesto, sin lugar a duda, la prolongación ilimitada de la jornada laboral; ahora parece una práctica habitual estar disponible permanentemente y contestar inmediatamente a los mensajes que podamos recibir de nuestros superiores. Las nuevas tecnologías han permitido que podamos estar conectados a todas horas, sin distinción de tiempo y espacio. (Goñi Sein, J. L. ()). "Nuevas tecnologías digitales, poderes empresariales y derechos de los trabajadores: análisis desde la perspectiva del Reglamento Europeo de Protección de Datos de 2016". *Op. cit.*,19); *Vid.* en este sentido, también: Vallecillo Gámez, M. R. (2017). El derecho a la desconexión: ¿«Novedad digital» o esnobismo del «viejo» derecho al descanso? *Revista De Trabajo Y Seguridad Social. CEF*, (408), 167–178.

y cómo se encontrará o cuál será su grado de satisfacción[68]. El traba-jador deja de ser un "trabajador transparente" para convertirse en un trabajador "predictible"[69], con el consiguiente riesgo que implica para la dignidad y los derechos fundamentales del sujeto[70] y, en particular, para la privacidad.

Como señala GOÑI SEIN[71], toda esta revolución ha provocado un cambio en la concepción de intimidad que hasta ahora manejábamos, adquiriendo la privacidad un valor especial. La categoría de "privacidad" integraría, actualmente, todos los aspectos conformadores de ella y que se ven amenazados por la vigilancia tecnológica: por un lado, el ámbito de la intimidad personalísima; y, por otro, la vertiente externa de la inti-midad, esto es, aquello que uno exhibe al exterior.

---

68   Taburet, L., *La capacidad de predecir y comprender comportamientos huma-nos con Big Data*. https://www.linkedin.com/pulse/la-capacidad-de-pre-decir-y-comprender-comportamientos-laura-taburet/ (Recuperado el 3 de octubre de 2024)

69   Baz Tejedor, J. A. (2020). "Inteligencia artificial y privacidad del trabajador predictible". *Op cit.,* 2.

70   Piénsese, por ejemplo, en la utilización de la información inferida con fines discriminatorios, rechazando a determinados sujetos por razones genéticas, por su propensión a la enfermedad, por los resultados que previsiblemente obtendrá, etc.

71   Goñi Sein, J. L. (2021). "El impacto de las nuevas tecnologías disruptivas so-bre los derechos de privacidad (intimidad y "extimidad") del trabajador". *Op. cit.,* 34-39; Goñi Sein, J. L, (2017). "Nuevas tecnologías digitales, poderes empresariales y derechos de los trabajadores: análisis desde la perspectiva del Reglamento Europeo de Protección de Datos de 2016". *Op. cit,* 21-22. Vi-llalba Sánchez, A. (2016). "Los derechos fundamentales del trabajador frente a los nuevos instrumentos de control empresarial", en *Revista Derecho Social y Empresa* (6), 86-90; Toscani Giménez, D. (2015). "La vulneración del dere-cho a la intimidad por delatores, detectives privados y medios tecnológicos". Op cit., 63-68.

El art.18.1 CE garantiza el derecho a la intimidad personal, definida por nuestro TC como aquel "ámbito propio y reservado frente a la acción y conocimiento de los demás, necesario -según las pautas de nuestra cultura- para mantener una calidad mínima de la vida humana"[72]. Se trata, por tanto, del derecho del sujeto a excluir del conocimiento ajeno un ámbito de su vida personal y familiar, y tiene por objeto garantizar al individuo un ámbito reservado de su vida frente a la acción y al conocimiento de terceros, así como a la divulgación ilegítima de esos datos[73]. Si bien, junto a él, podemos identificar una nueva dimensión a la que llamamos privacidad —o según el citado autor "extimidad"—, referida a aquella parte de la intimidad que ha sido exteriorizada, pues el individuo es un ser social y como tal se muestra hacia el exterior, compartiendo su interioridad, pero no por ello, por dar proyección pública a su intimidad, pierde el derecho a su titularidad[74]. Nos referimos al derecho de protección de los datos personales; derecho que encuentra su anclaje en el art. 18.4 CE, en el que se consagra el principio de que "la Ley limitará el uso de la informática para garantizar el honor y la intimidad personal y familiar de los ciudadanos y el pleno ejercicio de sus derechos", y que garantiza "un poder de control sobre sus datos personales, sobre su uso y destino, con el propósito de impedir su tráfico ilícito y lesivo para la

---

72 STC 231/1988, de 2 diciembre, F. J. 3. (TOL338.837). Igualmente, sin ánimo exhaustivo, las SSTC 142/1993, de 22 abril (TOL82.165); 144/1999, de 22 julio (TOL81.195); 202/1999, de 8 noviembre (TOL2.107); 241/2012, 17 diciembre (TOL2.727.060).

73 STC 144/1999, de 22 julio, F. J. 8.

74 Especialmente interesante es, en este tema, la sentencia de la Gran Sala del TEDH de 5 de septiembre de 2017, en el caso Barbulescu II, en relación con la posibilidad de revisar los correos electrónicos de un trabajador. En ella, el Tribunal defiende un concepto amplio de vida privada, acuñando la expresión "derecho a la vida privada social", que abarcaría la tutela de la privacidad del trabajador también en el marco de las relaciones digitales de empresa, esto es, en el caso del uso personal, por parte del trabajador, de los dispositivos electrónicos facilitados por el empleador.

dignidad y derecho del afectado"[75]. Teniendo en cuenta, además, que la efectividad del citado derecho implica que el sujeto tiene derecho a conocer qué datos son los que se poseen por terceros, quiénes los poseen, y con qué finalidad[76].

En este sentido, el derecho a la privacidad puede entenderse como "un ámbito donde imperan el deseo de exclusión y el de control y disposición de los datos recopilados y desmaterializados, condiciones necesarias ambas para la protección de la dignidad de la personal"[77]. Derecho que pasa a ocupar una especial posición, ya que independientemente de su consideración como derecho autónomo, su vulneración puede implicar, a su vez, la lesión de otras libertades y derechos fundamentales como, entre otros, el derecho a la igualdad y su correlato de la prohibición de discriminación, la libertad ideológica y religiosa, la libertad de expresión, la libertad sindical, o el secreto de las comunicaciones[78].

Con todo, dado el nuevo escenario digital, la dimensión verdaderamente amenazada no es tanto la estricta intimidad del trabajador, tal y como ha sido definida, sino especialmente su derecho a controlar la utilización de los datos obtenidos por el empleador a través de las distintas formas de supervisión y control; su derecho a seguir siendo dueño de su propia identidad, a controlar sus datos personales, su recogida y tratamiento de acuerdo con la finalidad prevista.

---

75   STC 292/2000, de 22 julio, F. J. 6. (TOL2.772)

76   STC 196/2004, de 15 noviembre (TOL

77   Goñi Sein, J. L. (2021). "El impacto de las nuevas tecnologías disruptivas sobre los derechos de privacidad (intimidad y "extimidad") del trabajador". *Op. cit.*, 35.

78   Baz Tejedor, J. A. (2020). "Inteligencia artificial y privacidad del trabajador predictible". *Op cit.*, 3.

4.3. La tímida respuesta del Ordenamiento jurídico español

En el ámbito laboral a nadie se le escapa que el interés empresarial no puede prescindir de cierta información sobre sus trabajadores, incluyendo no sólo aquella de carácter objetivo, sino también la referida a valoraciones más subjetivas[79], lógicamente para la adopción de las medidas más eficientes en la organización de la producción[80]. El seguimiento del empresario encuentra su fundamento en el poder de organización, e inherente a ello es la injerencia en algún aspecto de la vida privada del empleado[81].

El art. 20 del ET ha sido tradicionalmente el precepto legitimador del poder de vigilancia y control por parte del empresario; concretamente, leemos en su párrafo 3 que: "el empresario podrá adoptar las medidas que estime más oportunas de vigilancia y control para verificar el cumplimiento por el trabajador de sus obligaciones y deberes laborales, guardando en su adopción y aplicación la consideración debida a su dignidad". Formulación que, como se señaló por la doctrina laboralista, dejaba totalmente abierta la entrada de una interpretación totalmente laxa sobre el uso de las tecnologías para el control del trabajador[82].

---

79 El TJUE en contestación a una cuestión prejudicial en torno a la interpretación de lo que debe entenderse por datos personales señala claramente que el objetivo del legislador de la Unión era, sin lugar a duda, "atribuir a este concepto un significado muy amplio, que no se ciñe a los datos confidenciales o relacionados con la intimidad, sino que puede abarcar todo género de información, tanto objetiva como subjetiva, en forma de opiniones o apreciaciones, siempre que sean «sobre» la persona en cuestión". (STJUE de 20 diciembre 2017. Caso Peter Nowak contra Data Protection Commissioner, pár. 34).

80 Baz Tejedor, J. A. (2020). "Inteligencia artificial y privacidad del trabajador predictible". *Op cit.*, 10.

81 Goñi Sein, J. L. (2021). "El impacto de las nuevas tecnologías disruptivas sobre los derechos de privacidad (intimidad y "extimidad") del trabajador". *Op. cit.*, 28-29.

82 *Ibidem*, 40-41; Cruz Villalón, J. (2019). "Las facultades de control del empleador ante los cambios organizativos y tecnológicos". *Temas Laborales. Revista*

El poder de vigilancia del empresario sigue encontrando legitimación en el mismo precepto y en los mismos términos, pero es cierto que, en consonancia con la línea marcada por la jurisprudencia[83] y la normativa europea[84], el Ordenamiento jurídico español ha introducido

---

andaluza de trabajo y bienestar social, (150), (13-44), 17. Junto a ello, y pese al límite de respeto a la dignidad del trabajador, hay que señalar que la propia jurisprudencia ha favorecido y defendido la libertad del empresario para configurar el control de sus trabajadores. Así, por ejemplo, el TS en su sentencia de 6 de octubre de 2011, confirmó la inexistencia de una lesión al derecho a la intimidad del trabajador por el control empresarial del ordenador utilizado por el trabajador, al entender que existía una prohibición, absoluta y válida, sobre el uso de medios de la empresa (ordenadores, móviles, internet, etc.) para fines propios, tanto dentro como fuera del horario de trabajo, con independencia de la información que la empresa hubiera podido proporcionar sobre la posible instalación de sistemas de control del uso del ordenador.

83   La citada sentencia del TEDH sobre el caso Barbulescu II es claro punto de inflexión al confirmar que: "las instrucciones de una empresa no pueden anular el ejercicio de la privacidad social en el puesto de trabajo. El respeto a la privacidad y confidencialidad de las comunicaciones sigue siendo necesario, aunque pueden limitarse dentro de las medidas de necesidad". STEDH Caso Barbulescu contra Rumania. Cit., pár. 80.

84   Aunque no se prestó especial atención al ámbito laboral es interesante destacar en este aspecto el art. 88 del Reglamento General de Protección de Datos (UE) 2016/679 en el que se hace un llamamiento a los estados miembros para acometer una regulación específica sobre el tratamiento de los datos de los trabajadores: "Los Estados miembros podrán, a través de disposiciones legislativas o de convenios colectivos, establecer normas más específicas para garantizar la protección de los derechos y libertades en relación con el tratamiento de datos personales de los trabajadores en el ámbito laboral, en particular a efectos de contratación de personal, ejecución del contrato laboral, incluido el cumplimiento de las obligaciones establecidas por la ley o por el convenio colectivo, gestión, planificación y organización del trabajo, igualdad y diversidad en el lugar de trabajo, salud y seguridad en el trabajo, protección de los bienes de empleadores o clientes, así como a efectos del

algunos criterios para modular el ejercicio del poder de control empresarial a través del reconocimiento de ciertos derechos digitales de los trabajadores. Concretamente, es la Ley Orgánica de Protección de Datos Personales y Garantía de Derechos Digitales[85], la que va a regular en su Título X toda una serie de derechos digitales reconocidos en el marco de las relaciones laborales; legislación que supuso, a la vez, la introducción por el legislador del art. 20 bis, en el ET, incorporando en la normativa laboral los referidos derechos digitales.

Hemos de señalar que, en este caso, el legislador procedió a dar cobertura legal, a través de la LOPDGDD, a aquellas situaciones que en la fecha venían planteando una mayor conflictividad reconociendo los siguientes derechos: el derecho a la intimidad en el uso de dispositivos digitales en el ámbito laboral, en el art. 87; el derecho a la desconexión digital, en el art. 88; y, el derecho a la intimidad frente al uso de dispositivos de videovigilancia y grabación, y ante los sistemas de geolocalización en el ámbito laboral, en los arts. 89 y 90 respectivamente.

Como puede observarse, la LOPDGDD no es un marco regulador íntegro, ni suficientemente garantista, pues se limita prácticamente a tutelar la intimidad del trabajador en el marco exclusivo de la supervisión electrónica y tecnológica en el ámbito laboral, pero, como se ha señalado, está muy lejos de cubrir todos los escenarios y situaciones que puede provocar el tratamiento de datos personales de los trabajadores[86].

---

ejercicio y disfrute, individual o colectivo, de los derechos y prestaciones relacionados con el empleo y a efectos de la extinción de la relación laboral".

85 Ley Orgánica 3/2018, de 5 de diciembre, de Protección de los Datos Personales y Garantía de los Derechos Digitales (en adelante, LOPDPGDD). (TOL6.933.570).

86 Goñi Sein, J. L. (2021). "El impacto de las nuevas tecnologías disruptivas sobre los derechos de privacidad (intimidad y "extimidad") del trabajador". *Op. cit.*, 44 y ss; también, en su trabajo, Goñi Sein, J. L (2017). "Nuevas tecnologías digitales, poderes empresariales y derechos de los trabajadores: análisis desde la perspectiva del Reglamento Europeo de Protección de Datos de 2016". Op. cit, 22 y ss.

Efectivamente, las posibilidades de vigilancia que ofrece la tecnología son infinitas, y, como se ha subrayado anteriormente, no podemos perder de vista los potenciales riesgos que conlleva esa injerencia al convertirse en pórtico de entrada a la posible inferencia de toda una serie de información sensible. Peligro advertido por el propio TC ya en el año 2000, cuando textualmente afirma la relevancia que pueden tener los datos, aunque no sean relativos a la vida privada o íntima de la persona, ya que pueden servir "para la confección de su perfil ideológico, racial, sexual, económico o de cualquier otra índole", o "para cualquier otra utilidad que en determinadas circunstancias constituya una amenaza para el individuo"[87].

4.4. El perfilado de trabajadores por el empleador ideológico

4.4.1. "En el proceso de selección"

Queda claro que el avance de la tecnología ha supuesto la introducción de nuevos mecanismos de control del empresario sobre la actividad de los trabajadores, pero también es cierto que las facultades empresariales de vigilancia y control sobre ellos deben desarrollarse de forma correcta y ajustarse a las específicas previsiones que las justifican, según la legislación vigente, como desarrollaremos a continuación.

Por otro lado, y como también hemos adelantado, el supuesto de las empresas ideológicas resulta especialmente singular, y así lo hemos visto, por lo que al ser organizaciones o entidades cuya finalidad se centra en la difusión de una determinada ideología o religión, el empresario está facultado, como no puede ser de otro modo, para conocer, a través de las diligencias oportunas en el proceso de selección, la aptitud ideológica del candidato para el desempeño del puesto de trabajo en cuestión. Siempre y cuando, lógicamente, la ideología constituya un elemento que ayude a encontrar al candidato idóneo, teniendo en cuenta la tarea a realizar y su vinculación con la concreta ideología difundida

---

87   STC 292/2000, de 30 noviembre, F. J. 6

por la empresa; en este sentido, las cualidades personales del trabajador o su estilo de vida no son solo importantes, sino equiparables a las cualidades profesionales de éste[88].

Llevadas estas afirmaciones al marco de las nuevas tecnologías de control, la cuestión que nos planteamos al respecto es la posible utilización de estas técnicas digitales que favorecen el manejo y tratamiento de datos por parte del empleador ideológico, debido especialmente a su orientación y valores particulares.

Cada vez es más común la gestión perfilada y digitalizada de los *curriculum vitae* por los departamentos de personas. De hecho, desde hace algunos años, podemos leer en la prensa noticias sobre selección de personal a través del uso de Inteligencia artificial, que es utilizada por las empresas para detectar, por ejemplo, la mentira en la información proporcionada en el currículo[89], o incluso para analizar la personalidad de los candidatos en las entrevistas de trabajo[90].

En esta dirección, el tratamiento de datos debe encontrar, según la regulación actual, un título de legitimidad. El art. 6 del RGPD. recoge los supuestos en los que se considera lícito el tratamiento de datos personales, y en su apartado f) considera válido —recordemos—, el tratamiento,

---

88   *Vid.* García Salas, A. I. (2016). *Necesidades empresariales y derechos fundamentales de los trabajadores,* Lex Nova. https://insignis-aranzadidigital-es.eu1. proxy.openathens.net/maf/app/document?srguid=ioa89c302000001922d-bf6c2c8f5ffbfd&marginal=BIB\2016\4608&docguid=I62ce10f06a6211e6aa-dc010000000000&ds=ARZ_LEGIS_CS&infotype=arz_biblos;&spos=1&e-pos=1&td=0&predefinedRelationshipsType=documentRetrieval&global-re-sult-list=global&fromTemplate=&suggestScreen=&&selectedNodeName-=&selec_mod=false&displayName= (Recuperado el 3 de octubre de 2024).

89   https://elpais.com/tecnologia/2018/10/30/actualidad/1540923996_431254. html (Recuperado el 3 de octubre de 2024).

90   https://www.eldiario.es/tecnologia/varias-multinacionales-inteligen-cia-psicologicamente-entrevistas_1_1159455.html (Recuperado el 3 de octubre de 2024).

cuando "es necesario para la satisfacción de intereses legítimos perseguidos por el responsable del tratamiento o por un tercero, siempre que sobre dichos intereses no prevalezcan los intereses o los derechos y libertades fundamentales del interesado que requieran la protección de datos personales, en particular cuando el interesado sea un niño".

Como puede verse, el precepto utiliza una fórmula completamente abierta, con el consiguiente riesgo de considerarlo una vía abierta en defecto de otro título legítimo[91]; si bien, como se puso de manifiesto por el Grupo de trabajo sobre protección de datos del art. 29, no puede interpretarse como un último recurso o como una última posibilidad para el legítimo tratamiento de los datos, en caso de no poder utilizarse otros fundamentos previstos legalmente[92].

Es más, como se establece en el propio texto, se exige, para dar legitimidad a este supuesto, que los intereses del trabajador interesado, o sus derechos y libertades fundamentales, no prevalezcan sobre los del responsable del tratamiento de la información, lo que se traduce en la realización de un juicio de ponderación o prueba de sopesamiento entre los intereses de ambas partes[93]. Y en esa ponderación son varios los factores clave que han de intervenir: en primer lugar, el interés de este debe ser un interés legítimo, esto es, lícito, y articulado con total claridad y concreción, y que sea real y actual, no vago e inespecífico; además, deberá tenerse en cuenta el impacto sobre los intereses que afecten al

---

91   Baz Tejedor, J. A. (2020). "Inteligencia artificial y privacidad del trabajador predictible". *Op cit.,* 14. Trabajo especialmente interesante para el desarrollo de este aspecto.

92   Grupo de Trabajo sobre protección de datos del art. 29 (en adelante, GT29). Dictamen 06/2014 sobre el concepto de interés legítimo del responsable de tratamiento de los datos en virtud del art. 7 de la Directiva 95/46/CE, 11. https://efaidnbmnnnibpcajpcglclefindmkaj/https://www.aepd.es/documento/wp217_es_interes_legitimo.pdf (Recuperado el 3 de octubre de 2024)

93   *Ibidem,* 28 y ss. Dictamen en el que nos apoyamos para el desarrollo de este extremo.

trabajador, atendiendo a la necesidad del tratamiento en función de los fines perseguidos, y a la no existencia de medidas menos invasivas; en tercer lugar, se requiere obtener un equilibrio provisional con el que determinar que el interés legítimo empresarial resulte prioritario; y, por último, la implementación de garantías para evitar cualquier impacto indebido sobre los interesados[94].

Teniendo en cuenta lo dicho, el Considerando 47 del RGPD[95] entiende que la relación laboral se erige en marco apropiado para justificar la presencia de un interés legítimo, por lo que el perfilado de los trabajadores tendría perfecta cabida, máxime, añadiríamos nosotros, en el caso de las empresas de tendencia, por su propia idiosincrasia.

Dicho esto, las operaciones de tratamiento de datos durante el proceso de selección nos llevan necesariamente a preguntarnos por las redes sociales y por su impacto laboral[96]. Efectivamente, es relativamente común que los perfiles del usuario sean visibles públicamente, por lo que los empresarios podrían entender perfectamente que la inspección de los perfiles sociales de los candidatos está perfectamente legitimada.

Naturalmente el acceso a esta información depende en buena medida de la configuración, por parte del sujeto, de la privacidad de sus

---

94   Ofrece un resumen de las exigencias indicadas por el GT29, Baz Tejedor, J. A. (2020). "Inteligencia artificial y privacidad del trabajador predictible". *Op cit.*, 14.

95   https://gdpr-text.com/es/read/recital-47/ (Recuperado el 3 de octubre de 2024).

96   GT29. *Dictamen 2/2017 sobre el tratamiento de datos en el trabajo.* https://efaidnbmnnnibpcajpcglclefindmkaj/https://www.aepd.es/documento/wp249es.pdf; Pérez Rey, J. (2018). "Trabajadores transparentes: acerca del impacto de las redes sociales en las relaciones laborales". *Trabajo y Derecho* (7). https://legalteca.aranzadilaley.es/my-reader/SMT2015106_00000000_2018060100000070010?-fileName=content%2FDT0000267987_20180531.HTML&location=pi-4147&anchor=I4&publicationDetailsItem=SystematicIndex (Recuperado el 3 de octubre de 2024)

redes, pero incluso cuando se ha optado por un perfil con limitaciones y no público, es casi imposible evitar el acceso a cierta información, que puede ser muy delicada en el proceso de selección, como las convicciones de los candidatos o sus intereses, y que puede ser instrumentalizada en las decisiones de colocación. Así piénsese, por ejemplo, en la selección o preterición de candidatos derivada de que sus perfiles reflejan afinidad con organizaciones sindicales o políticas o por determinadas creencias; algo que, en principio, no tendría justificación al tratarse de decisiones de contratación discriminatorias.

En este punto, e independientemente del tipo de empresa ante el que nos encontremos, debe subrayarse que se trataría de información no proporcionada directamente por el candidato, y que, además, debido a la capacidad de los algoritmos para transformar esos datos en predicciones sobre su desempeño futuro, tal y como señalábamos más arriba, el impacto sobre los derechos e intereses de los candidatos es verdaderamente alto, por lo que se requerirá mayor diligencia a la hora de realizar el correspondiente juicio de proporcionalidad. Lo que significa que, aun cuando el perfil del candidato sea público, no por ello el empresario está facultado para su inspección, ni puede utilizar esos datos para sus propios fines, siendo necesario un fundamento jurídico como el interés legítimo, al que antes aludíamos[97]; interés que deberá ser específico y claro y, por tanto, referido a un concreto puesto de trabajo. Además, sólo se podrán recoger y tratar los datos personales relativos a los postulantes en la medida en que su recogida sea necesaria y pertinente para el desarrollo y desempeño del trabajo solicitado, siempre que el candidato haya sido informado previamente sobre el procesamiento de sus datos, asegurando un tratamiento proporcionado y transparente, y suprimiendo la información en caso de que la contratación del candidato no evolucione[98].

---

97   GT29. *Dictamen 2/2017 sobre el tratamiento de datos en el trabajo. Op. cit. 12.*

98   *Ibidem.*

Solo si es pertinente para el puesto de trabajo revisar los datos sobre un candidato en las redes sociales, y los candidatos están correctamente informados, el empresario puede contar con una base jurídica para revisar la información de acceso público referente a los solicitantes, sin que en ningún momento exista título legítimo para que el empresario solicite "amistad" a los trabajadores potenciales, o para que éstos le proporcionen acceso a sus perfiles sociales. Teniendo en cuenta, además, que el empresario debe, antes de inspeccionar la red social, tener en cuenta si el perfil del solicitante está relacionado con fines profesionales o privados, ya que este aspecto se convierte en indicio importante sobre la admisibilidad jurídica de la inspección de los datos[99].

Consideraciones que coinciden con los postulados del principio de neutralidad ante la vida privada del trabajador que impera en las relaciones laborales; según el cual, la privacidad del trabajador no puede formar parte de la valoración de su aptitud profesional. Si bien, este principio quiebra, como sabemos, en aquellos supuestos donde es necesaria la compatibilidad entre los intereses, ética o ideología del trabajador y de la empresa. Y, en este sentido, cumplidos los factores exigidos para la legitimidad de la inspección de los perfiles sociales del candidato, entendemos que en el caso de las empresas de tendencia sí podrían evaluarse, respecto de una función específica, sus cualidades personales o su estilo de vida, ya que, en estos casos, adquieren la categoría de aptitud profesional. Dados, además, los principios de intervención humana y transparencia algorítmica, como base y fundamento de garantía de privacidad[100].

---

99   *Ibidem.*

100   GT29. *Directrices sobre decisiones individuales automatizadas y elaboración de perfiles a los efectos del Reglamento 2016/679*. https://efaidnbmnnnibpca-jpcglclefindmkaj/https://www.aepd.es/documento/wp251rev01-es.pdf. (Recuperado el 3 de octubre de 2024). Un resumen de este aspecto: Baz Tejedor, J. A. (2020). "Inteligencia artificial y privacidad del trabajador predictible". *Op cit.*, 6-8.

4.4.2. "En la relación laboral"

Cuestión distinta es el perfilado de los trabajadores vigente la relación laboral. En este punto, y para contestar, es necesario distinguir entre la información procedente de fuentes endógenas y la obtenida de fuentes exógenas.

En el supuesto de información obtenida de fuentes endógenas a la empresa, como dispositivos digitales, cámaras de videovigilancia, grabación de sonidos, o sistemas de geolocalización en vehículos o teléfonos propiedad de la entidad y puestos al servicio del trabajador, hay que tener en cuenta la regulación vigente relativa a la protección de datos[101], que limita la lícita recogida y tratamiento de los datos, en términos generales, a los efectos de controlar el cumplimiento de las obligaciones laborales, respetando siempre, además, los principios relativos a su tratamiento, garantizados por la normativa europea; especialmente, los referidos a la limitación de su recogida, de acuerdo al fin perseguido, y a la prohibición de su reutilización posterior para finalidades diversas[102].

Aplicadas tales premisas, el perfilado de los trabajadores tendrá muy poco recorrido por parte del empleador[103], y del mismo modo en el caso de las empresas ideológicas, de las que nos ocupamos especialmente. En este sentido, el empresario no podrá utilizar las técnicas citadas, ni los datos obtenidos a través de ellas, para conocer aspectos que pertenecen a la esfera privada del trabajador y, por tanto, sin acceso público a los mismos, incluso cuando de ser públicos estos hechos, sí pudieran legitimar un

---

101   LOPDGDD, arts. 87, 89 y 90. En relación con estos aspectos puede verse: Baz Rodríguez, J. (2020). "Geolocalización, dispositivos móviles y trabajo ubicuo". *Trabajo y Derecho* (11), 1-40.

102   RGPD, art. 5.

103   Baz Tejedor, J. A. (2020). "Inteligencia artificial y privacidad del trabajador predictible". *Op cit.*, 15.

despido procedente, al poner en entredicho la identidad de la organización, dada la entidad del matiz ideológico de la función a desarrollar[104].

De otra parte, respecto al perfilado de trabajadores a través de la información extraída de fuentes exógenas, principalmente de los *social media*[105], no se permite, en términos generales según las vigentes normas sobre protección de datos, el seguimiento, por parte del empleador, de las redes sociales personales de sus empleados[106]. En este caso, son opiniones vertidas por el sujeto en el marco de su vida privada, sean de contenido laboral o no, y ello con independencia de la configuración de la cuenta en relación con la privacidad.

---

104   Calvo Gallego, F. J. (2019). "Las singularidades del poder de control en las empresas de tendencia". *Op. cit.*, 291-292.

105   Además de la bibliografía citada, *vid.*: Molina Navarrete, C. (2018). "Redes sociales, códigos de conducta y ciudadanía digital responsable del trabajador: "cara B" del consentimiento y libertad de expresión crítica. Comentario a la Sentencia del Tribunal Superior de Justicia de Andalucía/Sevilla 1736/2017, de 8 de junio". *Revista Trabajo y Seguridad Social* (en adelante, *RTSS*). *CEF*, (419), 158-168; el mismo. (2020). "Redes sociales en línea y Derecho del trabajo: los retos de un "Estatuto de ciudadanía digital responsable" para las personas trabajadoras: «cara B» del consentimiento y libertad de expresión crítica. Comentario a la Sentencia del Tribunal Superior de Justicia de Andalucía/Sevilla 1736/2017, de 8 de junio". *Trabajo y Derecho*, (11), 1-23; López Balaguer, M. (2019). "Libertad de expresión y redes sociales: ¿es posible sancionar al trabajador por publicaciones de contenido privado ajenas al trabajo". *Temas laborales* (146), 95-120; Pérez Rey, J., (2017). "Facebook como causa de despido o las difusas fronteras entre lo virtual y lo laboral. Comentario a la Sentencia del Tribunal Superior de Justicia de Cataluña de 30 de enero de 2017, rec. Núm. 6712/2016". *RTSS*. CEF, (415), 182-187; el mismo. (2018). "Trabajadores transparentes: acerca del impacto de las redes sociales en las relaciones laborales". *Trabajo y Derecho*, (7), 1-15.

106   Sobre este punto: GT29. *Dictamen 2/2017 sobre el tratamiento de datos en el trabajo. Op. cit.*

Sin embargo, los tribunales vienen juzgando de forma muy laxa el ejercicio del poder de control empresarial online, entendiendo que la red social es un espacio más cercano a lo público que a lo privado. Y confirman que el empresario puede sancionar toda conducta inapropiada de sus empleados, llevada a cabo fuera del ámbito laboral, siempre que: primero, tenga alguna vinculación con la actividad laboral; y, segundo, se haya causado algún perjuicio relevante a la empresa, como una pérdida económica o una pérdida de la confianza depositada por el empresario en la persona del trabajador[107].

A este respecto, entendemos, coincidiendo con PÉREZ REY[108], que no se puede dar por hecho que los contenidos subidos a las redes sociales, con cierta trascendencia laboral, son siempre públicos, incluidos aquellos supuestos en los que el trabajador hubiera actuado con toda la diligencia que estuviera a su alcance para limitar los posibles destinatarios del comentario. Efectivamente, no se puede concluir que todo lo subido a la red es público, del mismo modo que tampoco debe ser irrelevante la configuración de las cuentas por parte del trabajador, dada la multitud de formas por las que puede terminar trascendiendo dicha información.

El Tribunal Constitucional, en una de sus sentencias del año 2020, siguiendo la línea de la doctrina *Barbulescu* del TEDH, recoge toda una serie de premisas correctoras de la visión de la jurisdicción social. Así, en primer lugar, señala, aceptando que la aparición de las redes sociales ha cambiado el modo en el que las personas se socializan, que los usuarios continúan siendo titulares de derechos fundamentales y que su contenido continúa siendo el mismo que en la era analógica, aunque parezca una obviedad. De modo que, salvo excepciones tasadas, por

---

107   *Vid.* el trabajo, y la jurisprudencia allí citada, de Molina Navarrete, C. (2020). "Redes sociales en línea y Derecho del trabajo: los retos de un "Estatuto de ciudadanía digital responsable" para las personas trabajadoras. *Op. cit.* 2 y ss.

108   Pérez Rey, J. (2018). "Trabajadores transparentes: acerca del impacto de las redes sociales en las relaciones laborales". *Op. cit.*

más que los ciudadanos compartan voluntariamente en la red datos de carácter personal, continúan poseyendo su esfera privada, o en términos del TEDH su "vida social privada", que debe permanecer al margen de los millones de usuarios de las redes sociales en Internet, siempre que no hayan prestado su consentimiento de una manera inequívoca para ser observados o para que se utilice y publique su imagen. Pero el hecho de que circulen datos privados por las redes sociales en Internet no significa que lo privado se haya tornado público de forma automática, puesto que el entorno digital no es equiparable al concepto de "lugar público", ni puede afirmarse que los ciudadanos de la sociedad digital hayan perdido o renunciado a los derechos protegidos en el art. 18 CE[109].

En esta dirección, solo se admitirían monitorizaciones del comportamiento de los trabajadores en las redes sociales cuando exista un título legítimo para el tratamiento de esos datos personales, en línea con lo previsto en el art. 6.1 f) RGPD, al que nos referíamos antes, y habiendo realizado el correspondiente juicio de proporcionalidad sobre la idoneidad y razonabilidad de la restricción. Una intervención investigadora en red y disciplinaria, únicamente es posible cuando esa actividad de vigilancia sea estrictamente necesaria para proteger los intereses legítimos del empleador, no existiendo, además, otros medios menos invasivos para la satisfacción del citado interés. Se trata de una medida totalmente excepcional[110].

Afirma MOLINA NAVARRETE: "Ni las redes sociales dejan de ser espacios bajo control de la persona trabajadora, ni la 'lealtad a la marca' y a sus compromisos de 'ética socialmente responsable' pueden ser una vía de silenciamiento de las libertades comunicativas"[111].

---

109   STC 27/2020 de 24 febrero, F. J. 3 (TOL7.868.050)
110   Molina Navarrete, C. (2020). "Redes sociales en línea y Derecho del trabajo: los retos de un "Estatuto de ciudadanía digital responsable" para las personas trabajadoras. *Op. cit.* 11.
111   *Ibidem*, 19.

Premisa, esta última, que nos lleva a perfilar algunas cuestiones. Efectivamente, según lo dicho, sí puede considerarse legítima la recogida empresarial de los datos personales del trabajador en el supuesto en que estuviéramos ante un posible incumplimiento laboral; sin embargo, no por ello puede afirmarse que la imagen o reputación empresarial constituya, por sí mismo, un interés legítimo para llevar a cabo controles empresariales de las redes sociales privadas de sus trabajadores. Cada vez más las empresas y organizaciones buscan establecer y definir su propia imagen, con la que quieren presentarse ante la sociedad. Asumen, en sus códigos definitorios, toda una serie de valores que conforman la base de su cultura empresarial. Ahora bien, aunque es cierto que determinadas actuaciones de los trabajadores pueden suponer un cierto riesgo reputacional para la empresa, en la medida en que reflejen actitudes públicas opuestas a esos valores asumidos, de ello no puede concluirse que los empleados están obligados a asumir en su vida privada esos valores[112]. Lo contrario, supondría la recuperación de un "deber de lealtad" del trabajador, desterrado desde hace años del marco de las relaciones laborales[113].

Distinto es el caso de las empresas de tendencia[114], donde sigue vigente un específico deber de lealtad al trabajador pues, como ya se señaló, el correcto cumplimiento de la prestación laboral se encuentra absolutamente modulado por la línea ideológica, y la exigencia de su cumplimiento puede extenderse a la esfera privada del profesional contratado. En estos casos, recordando lo expuesto en este trabajo[115], es obvio que la

---

112   Calvo Gallego, F. J. (2019). "Las singularidades del poder de control en las empresas de tendencias". *Op. cit.*, 295.

113   Molina Navarrete, C. (2020). "Redes sociales en línea y Derecho del trabajo: los retos de un "Estatuto de ciudadanía digital responsable" para las personas trabajadoras. *Op. cit.* 20.

114   En el mismo sentido, Calvo Gallego, F. J. (2019). "Las singularidades del poder de control en las empresas de tendencias". *Op. cit.*, 295.

115   *Vid.* epígrafe III.

actuación de la empresa de tendencia debe ser acorde con la ideología que declara, pues solo esa congruencia es lo que permitirá su credibilidad y su supervivencia en el mercado. La imagen de estas empresas es mucho más sensible que la de otras, de ahí que cuando el trabajador presta sus servicios en una empresa de tendencia, participando en una de las fases esenciales de creación del "producto", el deber de buena fe contractual se intensifica de tal forma que el daño a la buena imagen de la empresa es por sí solo un incumplimiento contractual, y justifica la aplicación de un despido ideológico como medida para la protección de la ideología empresarial[116].

La cuestión preocupante vendría referida a aquellos contenidos o declaraciones que incumplen el ideario de la organización, y que han sido publicados por el trabajador en sus perfiles sociales personales, cuando éste ocupa una posición no neutral en la empresa.

El tribunal laboral belga, el Tribunal de Lieja[117], declaró válido el despido de un trabajador de una ONG por darle "*like*" a una serie de publicaciones antisemitas de un conocido cómico francés. La empresa era una organización sin ánimo de lucro cuya finalidad se centraba en impulsar y mejorar el centro de la ciudad y trabajar por la integración social. Por su parte, el trabajador ocupaba una posición jerárquica influyente para el resto del personal y, además, en este caso se daba la circunstancia de que ya había sido apercibido por la empresa al haber publicado —previamente a ese "me gusta"—, en su muro de *Facebook*, varios enlaces a artículos relacionados con el controvertido cómico, que además ya había sido condenado en Francia por antisemitismo. Y, precisamente, a raíz de ello, se comprometió por escrito a no volver a ese tipo de prácticas.

---

116   Sentencia del Tribunal Superior de Justicia (en adelante, STSJ) de Madrid 690/2014, de 8 julio, F. J. 3 (TOL4.525.753)

117   Sentencia de la *Cour du travail de Liège* de 24 de marzo de 2017, citada y comentada por López Balaguer, M. (2019). "Libertad de expresión y redes sociales..." *Op. cit.*, 101-103.

El tribunal, recurriendo a la propia naturaleza de las empresas ideológicas, reconoce en su argumentación que el derecho a la libertad de expresión no justifica, y menos en este caso, un posible daño a la imagen de la empresa; empresa que perseguía como objetivo la integración social, por lo que es obvio el perjuicio que implica que un directivo muestre posiciones intolerantes frente a determinados extranjeros. Añadiendo, además, lógicamente, que el trabajador ya había sido advertido, y que había incumplido el compromiso que había suscrito por escrito, lo que viene a explicar por qué un simple "me gusta" supuso la aplicación de la sanción más grave, el despido.

En el ámbito nacional podemos destacar otros dos ejemplos en el seno de los partidos políticos, en los que los tribunales acuden a las pautas de solución consignadas por el TC en torno a la modulación entre la libertad ideológica y de expresión, tanto del trabajador y de la empresa, cuando estamos ante un empleador ideológico.

En ambos casos nos encontramos ante dos trabajadores de partidos políticos, que prestaban sus servicios en el departamento de comunicación respectivo. En el primero de ellos[118], el profesional, miembro del Gabinete de prensa del PP, estuvo en situación de excedencia forzosa, para ocupar el puesto de consejero a la Presidencia del Gobierno de Asturias, y estando en esta situación realizó unas declaraciones que tuvieron repercusión social y fueron recogidas por los medios de comunicación y también por las redes sociales. Se trataba de declaraciones independientes que versaban sobre distintas materias manifestando su disonancia con la ideología de partido, y de una publicidad evidente, por lo que era fácil concluir que la empresa tuvo conocimiento de ellas desde el mismo momento en que se produjeron. En el segundo caso, el trabajador prestaba sus servicios en Esquerra Unida i Alternativa, y era el responsable máximo de comunicación del partido, y realizó una serie de declaraciones descalificadoras en internet en relación con el

---

118   STSJ de Madrid 690/2014, *cit.*, Antecedentes de hecho y F. J. 3

proceso de primarias, con el fin de desprestigiar a la dirección del partido, a sus responsables y perjudicar su imagen y honor[119].

Los tribunales, en su argumentación[120], confirmaron la existencia de un despido disciplinario al cumplirse los presupuestos exigidos para que esa divergencia ideológica con la empresa de tendencia pueda ser merecedora del mayor reproche en el marco laboral.

Así, además de tratarse de una auténtica empresa de tendencia, la conducta del trabajador debe incidir en una fase esencial o nuclear —tarea de tendencia—, y no meramente accesoria del ideario que define a la organización, de forma que pueda afirmarse la vulneración de la libertad de expresión e ideológica de la empresa. En este sentido, es obvio que los trabajadores a los que nos referimos, que prestan servicios en tareas de información, prensa y comunicación con proyección exterior inciden en un aspecto nuclear del proceso de producción y del producto que se ofrece, influyendo claramente en la imagen de su empresa. La conducta debe ser activa además, en el sentido de trascender al exterior la discrepancia del trabajador con la línea o actuación ideológica de su empresa, lo que también queda evidenciado en los casos objeto de análisis, ya que todo se hizo públicamente y en medios de comunicación social. Finalmente, como en todo despido disciplinario, la conducta debe ser grave, lo que en casos como los presentes se traduce en una actitud hostil y de ataque, aunque sea encubierto. Gravedad que existe en los casos enjuiciados desde el momento en que la conducta, por el contexto en que se realiza y por las funciones que tiene encomendadas el trabajador, son capaces de influir de forma negativa en la empresa y en su imagen.

En los casos analizados, a nuestro juicio, la decisión judicial es acertada, quedando clara la posición relevante de los trabajadores en el seno

---

119 STSJ de Cataluña 4463/2017, de 6 de julio, Antecedentes de hecho. (TOL6.396.268)

120 SSTSJ 690/2014, y 4463/2017, *cit.*

de la empresa y la repercusión exterior de sus acciones. Ahora bien, revisados estos supuestos, y parafraseando a PÉREZ REY[121], podemos afirmar que nos encontramos ante conflictos "clásicos", tal y como hemos podido comprobar en el desarrollo de este estudio, que revisten un toque de modernidad exclusivamente porque quedan desvelados a través de los *social media*.

La solución ante el conflicto "libertad ideológica del trabajador *versus* libertad ideológica de la organización" es la misma que cuando se han planteado de "forma analógica", si se nos permite la expresión. Y, además, entendemos que no podría ser de otro modo, pues los presupuestos a aplicar para determinar la existencia de un despido disciplinario o, por el contrario, nulo, por vulneración del derecho de libertad ideológica y de expresión del trabajador, siguen siendo los mismos. No obstante, entendemos que en aras de una mayor seguridad jurídica, a la hora de resolver estos conflictos, deben tenerse en cuenta las incertidumbres que estas nuevas tecnologías plantean: como la delimitación del concepto de "público"; la cuestión de la culpabilidad del sujeto teniendo en cuenta la complejidad en la configuración de los perfiles y, por tanto, el posible desconocimiento por parte del trabajador de la difusión masiva de ese contenido; la cuestión de la veracidad de los contenidos; o de la verdadera autoría, descartando una posible suplantación del perfil, por ejemplo, etc.

5. REFLEXIONES CONCLUSIVAS

La inteligencia artificial terminará por impregnar todos los aspectos de nuestra vida, y el temor a la deshumanización y cosificación de las personas se hace palpable, por ello.

---

121   Pérez Rey, J., (2018). "Trabajadores transparentes: acerca del impacto de las redes sociales en las relaciones laborales". *Op. cit.*, 6.

No obstante, nuestro ordenamiento jurídico se presenta como un sistema sólido y completo, cuyos principios nos permiten abordar los diversos problemas que el presente y futuro de esta realidad virtual pueden plantear. En lo sustancial, nos enfrentamos a los mismos conflictos, para los cuales nuestro sistema, como ha demostrado, tiene respuestas suficientes. La única diferencia, es que estas discordancias ahora presentan ciertos matices de novedad. Y este es el aspecto, a nuestro juicio, que debe tenerse en cuenta para evitar automatismos y posibles injusticias en la resolución de los problemas que puedan surgir en este nuevo escenario.

Centrándonos en nuestro objeto de estudio, ha quedado evidenciado a través de las cuestiones tratadas en estas páginas, que las soluciones planteadas por nuestros tribunales se alinean con los fundamentos establecidos desde el origen de la doctrina sobre las empresas de tendencia en nuestro sistema. Ante el conflicto de derechos simétricos —el derecho a la libertad ideológica del trabajador y el derecho a la libertad ideológica del empleador—, sigue siendo necesario recurrir al juicio de proporcionalidad para determinar la solución más adecuada. Y, en la ponderación de los derechos implicados en el marco de las empresas de tendencia, el dato fundamental para su resolución sigue siendo la publicidad y notoriedad de la vida privada del trabajador. Este dato sigue siendo clave, independientemente del medio utilizado.

Desde nuestra perspectiva, solo se requiere una actualización para responder a las nuevas exigencias que nos rodean. Para nosotros, la cuestión clave es la definición y adaptación de los conceptos al nuevo entorno que nos rodea. La realidad virtual y la digitalización han entrado a formar parte de nuestras vidas y así seguirá siendo, por lo que los conceptos de "vida privada" y "lo público" deben necesariamente redefinirse en función de este nuevo escenario. Así, el entorno digital no se convierte en un lugar público de forma automática. Es más, en el marco virtual, dada la inseguridad subyacente, creemos que habrá que analizar cada caso concreto y considerar, para determinar el grado de notoriedad y publicidad, la intencionalidad del sujeto, a través, por ejemplo, de la configuración de la privacidad de su cuenta, de los destinatarios a los que quería llegar según el modo y forma de publicación de ese contenido, si se ha difundido ese contenido a través de otros medios públicos, o si se hizo de tal forma que el empresario tuvo conocimiento de tal información desde el principio, etc.

La aparición de las redes sociales ha cambiado la forma en que las personas se socializan, pero los usuarios continúan siendo titulares de sus derechos fundamentales, cuyo contenido permanece inalterado. Así, salvo excepciones específicas, aunque los ciudadanos compartan voluntariamente datos personales en la red, siguen poseyendo su esfera privada, de la que son titulares, y ese contenido permanece fuera del alcance de los usuarios de Internet —siempre que, lógicamente, no se haya prestado un consentimiento inequívoco y se haya informado de todos los aspectos implicados al sujeto que consiente el tratamiento de sus datos, garantizando la transparencia—. Y, si bien es cierto que en las empresas ideológicas el daño a su imagen es, por sí solo, un incumplimiento contractual que justifica un despido ideológico, no lo es menos que no puede automatizarse la aplicación del mayor reproche en el marco laboral —el despido—, porque cualquier interactuación en la vida virtual sea considerada pública.

6. REFERENCIAS BIBLIOGRÁFICAS

AEPD. (2024). *Guía sobre el uso de las cookies.* https://www.aepd.es/guias/guia-cookies.pdf

Aparicio Tovar, J. (1980). "Relación de trabajo y libertad de pensamiento en las empresas ideológicas", *Lecciones del derecho del trabajo en homenaje a los profesores Bayón Chacón y del Peso y Calvo.* 269-306.

Baz Tejedor, J. A. (2020). "Inteligencia artificial y privacidad del trabajador predictible". *Trabajo y Derecho* (11), 1-35.

Blat Gimeno, F. (1986). *Relaciones laborales en empresas ideológicas*, Ministerio de Trabajo y Seguridad Social.

Calvo Gallego, F. J. (2019). "Las singularidades del poder de control en las empresas de tendencias". *Temas laborales: Revista andaluza de trabajo y bienestar social*, (150), 273-297.

Cañamares Arribas, S. (2014). "Entidades religiosas y relaciones laborales". *Revista de Derecho de la Universidad de Montevideo*. (25), pp.191-201.

Cañamares Arribas, S. (2018). "Obligaciones de lealtad y discriminación religiosa de los trabajadores de las confesiones religiosas y empresas de tendencia. Sentencia del Tribunal de Justicia de la Unión Europea de 11 de septiembre de 2018, asunto C–68/17: IR v. JQ". *LA LEY Unión Europea*, (64), 1-18.

Celador Angón, O. (2018). "Régimen jurídico del personal no religioso de las organizaciones con fines religiosos". Revista General de Derecho Canónico y Eclesiástico del Estado, 1-45.

CEOE. (2022). *Plan Digital 2025: la digitalización de la sociedad española*. https://www.ceoe.es/es/publicaciones/tecnologia/plan-digital-2025-la-digitalizacion-de-la-sociedad-espanola-marzo-2021

Cruz Villalón, J. (2019). "Las facultades de control del empleador ante los cambios organizativos y tecnológicos". *Temas Laborales. Revista andaluza de trabajo y bienestar social*, (150), 13-44.

De Val Tena. A. L. (1994). "Las empresas de tendencia ante el derecho del trabajo: libertad ideológica y contrato de trabajo", *Proyecto social: Revista de relaciones laborales*, (2), 177-198.

Díez Fernández, J. A. (2022) "¿Tiene cabida en nuestro ordenamiento la objeción institucional para las entidades sanitarias?". *Anuario de Derecho Eclesiástico del Estado*, (38), 321-340.

García Salas, A. I. (2016). *Necesidades empresariales y derechos fundamentales de los trabajadores*, Lex Nova.

García Vilardell, M. R. (2019). "La exigencia de un deber de lealtad al trabajador como consecuencia de la autonomía confesional". *Dictámenes jurídicos sobre el impacto social de lo religioso: algunas cuestiones de actualidad*. Navarra, 43-58.

Goñi Sein, J. L. (2021). "El impacto de las nuevas tecnologías disruptivas sobre los derechos de privacidad (intimidad y "extimidad") del trabajador". *Revista de Derecho Social*, (83), 25-56.

Goñi Sein, J. L. (2017). "Nuevas tecnologías digitales, poderes empresariales y derechos de los trabajadores: análisis desde la perspectiva del Reglamento Europeo de Protección de Datos de 2016". Revista de Derecho Social. (78), 15-42.

Grupo de Trabajo sobre protección de datos del art. 29 (en adelante, GT29). Dictamen 06/2014 sobre el concepto de interés legítimo del responsable de tratamiento de los datos en virtud del art. 7 de la Directiva 95/46/CE

GT29, Dictamen 2/2017 sobre el tratamiento de datos en el trabajo.

GT29. *Directrices sobre decisiones individuales automatizadas y elaboración de perfiles a los efectos del Reglamento 2016/679*. https://efaidnbmnnnibpcajpc-glclefindmkaj/https://www.aepd.es/documento/wp251rev01-es.pdf

López Balaguer, M. (2019). "Libertad de expresión y redes sociales: ¿es posible sancionar al trabajador por publicaciones de contenido privado ajenas al trabajo". *Temas laborales* (146), 95-120.

Maldonado Montoya, J. P. (2012). "Matrimonio civil e idoneidad del profesor de religión". *Revista española de Derecho del Trabajo* (153). Aranzadi Instituciones BIB 2012\156

Martínez, I. (2019), *La quinta revolución industrial. Cómo la comercialización del espacio se convertirá en la mayor expansión industrial del siglo XXI.* Deusto.

Mayer-Schönberger, V., Cukier, K., Iriarte Jurado, A. J. (2016). *Big data: La revolución de los datos masivos.* Turner.

Molina Navarrete, C. (2018). "Redes sociales, códigos de conducta y ciudadanía digital responsable del trabajador: "cara B" del consentimiento y libertad de expresión crítica. Comentario a la Sentencia del Tribunal Superior de Justicia de Andalucía/Sevilla 1736/2017, de 8 de junio". *Revista Trabajo y Seguridad Social. CEF*, (419), 158-168.

Molina Navarrete, C. (2020). "Redes sociales en línea y Derecho del trabajo: los retos de un "Estatuto de ciudadanía digital responsable" para las personas trabajadoras: «cara B» del consentimiento y libertad de expresión crítica. Comentario a la Sentencia del Tribunal Superior de Justicia de Andalucía/Sevilla 1736/2017, de 8 de junio". *Trabajo y Derecho*, (11), 1-23.

Moreno Botella, G. (2003). *La libertad de conciencia del trabajador en las empresas ideológico-confesionales*, Madrid.

Otaduy J. (1996). "Las empresas ideológicas: aproximación al concepto y supuestos a los que se extiende", en *Anuario de Derecho Eclesiástico del Estado* (2), 311-332.

Pazos Castro, R. (2015). "El funcionamiento de los motores de búsqueda en Internet y la política de protección de datos personales, ¿una relación imposible?". *InDret* (1), 1-50.

Perales Agustí, M. (2014). "Presente y futuro de las empresas ideológicas confesionales", *Estudios Eclesiásticos,* (89) 799-816.

Pérez Rey, J., (2017). "Facebook como causa de despido o las difusas fronteras entre lo virtual y lo laboral. Comentario a la Sentencia del Tribunal Superior de Justicia de Cataluña de 30 de enero de 2017, rec. Núm. 6712/2016". *RTSS.* CEF, (415), 182-187.

Pérez Rey, J. (2018). "Trabajadores transparentes: acerca del impacto de las redes sociales en las relaciones laborales". *Trabajo y Derecho* (7).

Pérez Rey. (2018). "Trabajadores transparentes: acerca del impacto de las redes sociales en las relaciones laborales". *Trabajo y Derecho,* (7), 1-15.

Puig Hernández, M. A. (2020). "La tensión entre la libertad ideológica y la libertad de empresa". *Derechos y libertades,* (42), 303-335.

Rodríguez Copé, M. L. (2001). "El derecho a la intimidad del trabajador como límite al poder de dirección empresarial. SSTSJ de la Comunidad Valenciana de 3 de febrero de 2000 y de Asturias de 17 de noviembre de 2000". *Temas laborales,* (62), 213-228.

Rodríguez-Piñero y Bravo-Ferrer, M. (2004). "Derecho a la intimidad del trabajador y contrato de trabajo". *Diario La Ley* (6033) 1-12.

Schwab, K. (2016), *La cuarta revolución industrial.*

Selma Penalva, A. (2008). "La trascendencia práctica de la «vinculación ideológica» en las empresas de tendencia en el ámbito de las relaciones de trabajo". *Anales de Derecho. Universidad de Murcia,* (26), 299-332.

Sempere Navarro, A. V. (1990). "El contrato de trabajo en la jurisprudencia del Tribunal Constitucional". *Temas laborales: Revista andaluza de trabajo y bienestar social,* (19-20), 127-152.

Serrano Olivares, (2001) "El derecho a la intimidad como derecho de autonomía personal en la relación laboral". *Revista Española de Derecho de Trabajo* (103), 99-102.

Taburet, L., *La capacidad de predecir y comprender comportamientos humanos con Big Data*. https://www.linkedin.com/pulse/la-capacidad-de-predecir-y-comprender-comportamientos-laura-taburet/

Toscani Giménez, D. (2015). "La vulneración del derecho a la intimidad por delatores, detectives privados y medios tecnológicos". Revista de Derecho Social, (71), 55-78.

Vallecillo Gámez, M. R. (2017). El derecho a la desconexión: ¿«Novedad digital» o esnobismo del «viejo» derecho al descanso? *Revista De Trabajo Y Seguridad Social. CEF*, (408), 167–178.

Vidal, M. (2019), *La era de la humanidad: Hacia la quinta revolución industrial.* Deusto S. A.

Villalba Sánchez, A. (2016). "Los derechos fundamentales del trabajador frente a los nuevos instrumentos de control empresarial". *Revista Derecho Social y Empresa* (6), 86-105.

Capítulo 7
Evolución de los conceptos de persona y personalidad. Especial atención al dilema acerca de la personalidad jurídica de los robots

Beatriz Hermida Bellot[1]
Universidad Cardenal Herrera-CEU, CEU Universities

1. INTRODUCCIÓN

La concepción tradicional del hombre como centro del Universo, predominante en los últimos siglos a través de las corrientes humanistas de pensamiento, se están viendo superadas en la actualidad por movimientos transhumanistas que promueven transformar la condición humana y sus capacidades físicas y cognitivas a través de la tecnología, así como por tendencias eco-centristas que sostienen la necesidad de atribuir derechos prevalentes al ecosistema y espacios naturales en la medida en que el ser humano forma parte de esta naturaleza.

En este contexto surgen nuevas normas que rompen con el concepto tradicional de persona y de personalidad atribuyendo derechos a entidades que anteriormente tenían la condición jurídica de objetos o cosas, como los animales o los espacios naturales, o abriendo el debate sobre si los robots e inteligencias artificiales deberían tener personalidad jurídica con el fin último de que los daños causados por la pretendida actuación autónoma de estas puedan ser resarcidos.

---

1   Profesora adjunta de Derecho Civil, Universidad Cardenal Herrera-CEU, CEU Universities.

Este es el objetivo principal de nuestro trabajo: dilucidar si para abordar los problemas de daños que puedan causar las nuevas tecnologías es necesario reconocerles personalidad jurídica, o si, por el contrario, sería posible abordar el problema sin necesidad de personificar a meros objetos. Para ello, con carácter previo, haremos una breve referencia a otros supuestos en los que el concepto de personalidad se ha separado del de persona en sentido estricto, como por ejemplo ocurrió en el caso de los esclavos en Roma, la condición de la mujer a lo largo de la historia o, más recientemente, la modificación del tratamiento jurídico de los animales en nuestro Derecho o el reconocimiento de personalidad jurídica a espacios naturales.

Así, a lo largo de este trabajo trataremos de manera sucinta la evolución del concepto de persona y personalidad desde la antigua Roma -donde estos conceptos eran independientes entre sí y se reconocía la existencia de seres humanos considerados cosas, como los esclavos-, hasta la época moderna, con la aparición de realidades personificadas: las personas jurídicas, y cómo el concepto de personalidad se ha desvirtuado a merced de las nuevas corrientes de pensamiento antes mencionadas volviendo de nuevo a separar la una de la otra.

Haremos referencia a la condición y tratamiento jurídico actual de los animales y de los espacios naturales, en concreto, del Mar Menor, al habérsele atribuido recientemente personalidad jurídica por norma con rango de Ley. Sobre esta base estudiaremos si tomando por base el fundamento de estas últimas modificaciones legislativas, que afectan al concepto de cosa y de persona y personalidad, estaría justificada la atribución de personalidad jurídica a los robots.

Para analizar esta última, nos detendremos en el concepto, clases y naturaleza jurídica de los robots y, finalmente, por comparación con las personas físicas, las personas jurídicas, el tratamiento jurídico dado a los animales y a los espacios naturales, trataremos de responder a las siguientes preguntas: ¿se puede atribuir personalidad jurídica a los robots? ¿se debe atribuir esta personalidad en caso de que jurídicamente sea posible atribuirla? ¿cómo solucionar el problema de la responsabilidad civil por daños que puedan causar los robots y las inteligencias artificiales existentes?

2. TEORÍA DE LA PERSONA Y DE LA PERSONALIDAD

2.1. Persona y personalidad

El Derecho gira en torno a la persona. Es la persona la razón del Derecho, siendo la función principal del Derecho la organización justa de la convivencia entre personas[2].

Conviene, así, delimitar el concepto de persona en cuanto protagonista de lo jurídico y destinataria de las normas.

En la actualidad, partimos de la base de que todas las personas son iguales ante la ley y así lo predica el artículo 14 de la Constitución. Se entiende por persona, desde el punto de vista jurídico, todo ser capaz de ser titular de derechos y obligaciones. Este concepto enlaza con el de personalidad, al que se refiere el artículo 29 del Código Civil al indicar que "El nacimiento determina la personalidad", la personalidad es la aptitud para ser titular de derechos y obligaciones, así, se es persona y se tiene personalidad.

Esta cualidad la adquiere el sujeto desde el momento del nacimiento con vida, tal y como señala el artículo 30 del Código Civil, se entiende que el nacimiento tiene lugar cuando se produce el entero desprendimiento del seno materno.

Desde que nace, el sujeto es capaz de derechos y de obligaciones. La Constitución reconoce, además, que la persona es merecedora de

---

2   Cfr. Diez-Picazo, L. y Gullón, A. (2016). *Sistema de Derecho Civil. Parte general del Derecho Civil y personas jurídicas*. Tecnos, 185.

dignidad plena, como resulta de su artículo 10, elevando este aspecto al rango de fundamento del orden político y la paz social.

Estos dos conceptos, el de persona y el de personalidad, entroncan directamente con el de capacidad.

Tradicionalmente se ha distinguido entre capacidad jurídica y capacidad de obrar:

Capacidad jurídica, como sinónimo de personalidad, concepto estático y permanente, en el sentido de que toda persona tiene personalidad o capacidad jurídica plena, siempre y en cualquier circunstancia. Esta no se puede modificar ni graduar, se tiene -si se nace con vida- o no se tiene -en caso contrario-.

Por su parte, la capacidad de obrar ha sufrido algún cambio en su concepto, sobre todo a raíz de la Ley 8/2021 por la que se reforma la legislación civil y procesal para el apoyo a las personas con discapacidad en el ejercicio de la capacidad jurídica[3]. Tradicionalmente se entendía que la capacidad de obrar consistía en la posibilidad de ejercitar derechos y obligaciones, esta era graduable, según se tuviera mayor o menor capacidad de discernimiento, de manera que las personas que fueran incapacitadas a la vista del antiguo artículo 200 del Código Civil y concordantes de la Ley de Enjuiciamiento Civil podían tener su capacidad limitada, graduándose por sentencia judicial.

En la actualidad, la Ley 8/2021, suprime la incapacitación y, por tanto, la posibilidad de graduar la capacidad de obrar. Así, todas las personas, por el hecho de serlo, tienen capacidad jurídica y también plena capacidad de obrar, distinguiéndose entre capacidad jurídica y ejercicio de la capacidad jurídica. No obstante, esto solo aplica las a personas con discapacidad, así, los menores de edad todavía tienen su capacidad de obrar limitada.

---

3   Ley 8/2021 por la que se reforma la legislación civil y procesal para el apoyo a las personas con discapacidad en el ejercicio de su capacidad jurídica (BOE 3 junio 2021, núm. 132, página 67789).

En el estado actual, por tanto, se puede distinguir entre capacidad jurídica y capacidad de obrar de los menores, que la tendrán limitada y será sustituida por la voluntad de sus representantes legales -padres o tutores-, salvo para aquellos actos que puedan realizar por sí mismos, a la vista del actual artículo 1263 del Código Civil; y, en lo concerniente a las personas mayores de edad, distinguiremos entre capacidad jurídica y ejercicio de la capacidad jurídica, que es plena. Para aquellas personas con discapacidad, se arbitrarán medidas de apoyo para el ejercicio de la capacidad jurídica que en casos excepcionales pueden ser de carácter representativo, solo en aquellos casos en los que no sea posible determinar la voluntad, deseos y preferencias de la persona (*ex.* art. 249 del Código Civil).

2.2. Evolución del concepto de persona

Como hemos señalado en la introducción, antes de concluir si conviene o no atribuir personalidad jurídica a los robots e inteligencias artificiales ante la pretendida autonomía que son capaces de alcanzar -según los nuevos avances tecnológicos-, conviene hacer referencia a cómo han evolucionado los conceptos de persona y personalidad a lo largo de la historia, para darnos cuenta de que no son conceptos estáticos, sino que el legislador, en cada momento de la historia, les ha dado un sentido diferente según el contexto histórico concreto.

A pesar de lo señalado en el epígrafe anterior, no siempre se ha reconocido personalidad jurídica a toda persona por el hecho de serlo.

En el Derecho Romano, la persona era el hombre considerado según su *status*, el *status* se traducía en *libertatis, civitatis y familiae;* es decir, para ser persona era necesario ser hombre y tener *status,* estos *status* eran graduables y la gradación se establecía según la condición de la persona entre el *pater* y el esclavo[4].

---

4   Cfr. Volodsky Iturburu, S.M. (2022). "El esclavo en el Tratamiento Jurídico Romano: ¿Persona?". *Revista de Derecho Romano "Pervivencia",* (Ed. Especial), en

Así, el esclavo, aun siendo considerado ser humano, no tenía personalidad y sus acciones tenían efectos jurídicos, pero no para sí mismo sino para su dueño[5].

En Roma, persona y personalidad eran términos distintos, la palabra "persona" se refería a "hombre"[6], sin que este término hiciera alusión a "personalidad" o posibilidad de ser titular de derechos y obligaciones. Por tanto, el esclavo, era considerado persona -*persona servi*-, pero no era considerado sujeto de derechos, solo tenía esta consideración el *paterfamilias*[7]. Esta concepción de *persona servi* era sinónimo de cosa o *res*[8].

Los esclavos, podían realizar actos jurídicos, pero estaban sometidos al poder de sus propietarios, formaban parte de su patrimonio -*peculio*-, eran seres incapaces, además, como consecuencia de sus actuaciones, podían causar daños, de los que respondían sus dueños[9].

Además, el sujeto libre y poseedor de los *status* antes mencionados debía nacer con vida y tener figura humana, para ser considerado como tal. Esta tradición se arrastra hasta nuestros tiempos, habiéndose suprimido el requisito de la figura humana en nuestro Código Civil por Ley 20/2011, de 21 de julio[10].

línea: https://ar.ijeditores.com/pop.php?option=articulo&Hash=296a0e6bef-39de7d5c7d0e8f8880a8a6 Recuperado el 20 de junio de 2024.

5   Cfr. Lacruz Mantecón, M.L. (2023). "Yo, Robot: ¿Puede un robot tener personalidad jurídica? *Revista General de Legislación y Jurisprudencia*, (4), 651.

6   De hecho, se refería al hombre y no a la mujer, como veremos a continuación.

7   Cfr. Iglesias, J. (1997). *Derecho Romano. Historia e instituciones*. Ariel Derecho, 109.

8   Cfr. Rojo Gallego-Burín, M. (2020). "Los fundamentos históricos del sistema jurídico *versus* la personalidad electrónica de los robots. *Revista jurídica de Castilla y León*, (52), 14 y 15.

9   *Íbid*.

10 Ley 20/2011, de 21 de julio del Registro Civil (BOE 22 julio 2011, núm. 175, página 81468).

No fue hasta la Edad Media y la tradición cristiana, con su visión antropocentrista, y el Siglo XIX, con la corriente voluntarista, cuando apareció la distinción entre sujeto del derecho y objeto del derecho. Hasta este momento, las personas no tenían derechos, sino que tenían acciones y no existía la concepción que conocemos actualmente de sujeto de derechos alineado con la persona[11].

A partir de este momento, el Derecho se constituye como una facultad de las personas[12].

Otro colectivo para el que el concepto de persona ha evolucionado a lo largo de los tiempos es el de la mujer. Así, en Roma, la mujer carecía de personalidad jurídica y también de capacidad de obrar, estando sometida desde su nacimiento al poder del padre, marido o hermanos[13]. La mujer, en esta época histórica, era equiparada a una menor psíquica. Su condición cambió atendiendo a las distintas etapas de dominación romana, así, su condición mejoró en la etapa clásica. Posteriormente, el Estado Romano, intervino en la relajación de las costumbres que mejoraron la situación de la mujer resultando esta, de nuevo, desfavorecida. En la etapa postclásica y en la justinianea, debido a la influencia cristiana y durante la época de Constantino, se vuelve a mejorar la situación de la mujer, a pesar de continuar sometida a la autoridad del marido. La época de Bizancio supuso de nuevo un retroceso en cuanto a los derechos de la mujer.[14]

---

11   Cfr. Volodsky Iturburu, S.M. *op.cit.*

12   Cfr. Rojo Gallego-Burín, M. *op.cit.*

13   Cfr. De Prada, M. y Muesmann, M. (2015). "Una visión de la capacidad jurídica de la mujer desde el Derecho Romano". *Anuario Jurídico Villanueva*, (9), 208.

14   Cfr. Otálora Cortés, R. y Poveda Peña, R. (2009). "Incidencia del sexo en la construcción de la construcción de la condición jurídica de la persona". *Revista Diálogos de Saberes*, (30), 154, 155.

También fue inexistente la capacidad de la mujer en el pueblo hebreo, esta estaba siempre representada por el padre o el marido, a excepción de la viuda que podía quedar obligada por su solo juramento[15].

Solo en el antiguo Egipto se reconoció amplia capacidad jurídica y de obrar a las mujeres.

En Grecia, la situación de la mujer fue cambiando, atendiendo a las distintas etapas de la historia[16].

El Derecho Germánico, también incluyó limitaciones sobre los derechos de las mujeres, posteriormente relajados de nuevo por la influencia del cristianismo. Estas limitaciones, se mantuvieron durante la Edad Media[17] y hasta nuestros días.

En la época moderna, la mujer ha tenido reconocida su personalidad jurídica, no tanto la capacidad de obrar. Fue durante la Constitución Republicana de la II República cuando se reconoció la igualdad de sexos y el sufragio activo de la mujer[18]. Sin embargo, el franquismo supuso un retroceso en materia de capacidad de obrar de la mujer, sobre todo, de la mujer casada. Se instaura durante esta época la licencia marital, por la cual la mujer casada no podía administrar ni disponer de sus bienes, era el marido quien ostentaba estos derechos sobre el patrimonio de la mujer, así mismo, tenía deber de obediencia, deber de fijar su residencia donde la tuviere el marido, deber de asumir la nacionalidad del marido y era preferible la patria potestad del padre sobre la de la madre. No obstante, la mujer soltera, gozaba de plena capacidad, no se la consideraba incapacitada[19].

---

15   *Íbid.* 152.

16   *Ìbid.* 153.

17   *Ìbid.* 156.

18   Cfr. Sánchez-Cabezudo Rina,T.M. (2021). "Derechos de la mujer: de la República a la Dictadura, pasando por la Guerra Civil". *Cuadernos de investigación histórica,* (38), 135.

19   Cfr. Pestaña Ruiz, C. (2016). "Evolución jurídica de la mujer casada en el sistema matrimonial español de la época preconstitucional", (16), en línea:

Fueron tres las leyes que introdujeron el cambio hacia la igualdad de la mujer casada: Ley de 24 de abril de 1958[20], Ley de 22 de julio de 1972[21] y, sin duda, la que mayor carácter reformista tuvo, Ley de 2 de mayo de 1975[22], que suprimió la licencia marital. Posteriormente, la Constitución Española reconoció la igualdad de todos ante la ley en su artículo 14, como apuntábamos al comienzo de este capítulo.

Vemos, por tanto, como a lo largo de la historia, y prácticamente, hasta nuestros días, los conceptos de persona, personalidad y capacidad de obrar han ido evolucionando de manera que no siempre la condición humana ha supuesto un pleno reconocimiento de derechos, ni de capacidad de ejercicio, en relación a los mismos.

2.3. Realidades personificadas

2.3.1. La persona jurídica

Anteriormente hemos tratado el concepto de persona y de personalidad asociado al ser humano. En el Derecho moderno, para poder ser titular de derechos y obligaciones y para poder participar de las relaciones jurídicas se necesita un sustrato humano. Sin embargo, el hombre es finito, limitado. Así, la necesidad de prolongar la limitación temporal

---

https://revistaselectronicas.ujaen.es/index.php/rej/article/view/3210 Recuperado el 24 de junio de 2024.

20 Ley de 24 de abril de 1958, por la que se modifican determinados artículos del Código Civil (BOE 25 abril 1958, núm. 99, página 730).

21 Ley 31/1972, de 22 de julio, sobre la modificación de los artículos 320 y 321 del Código Civil y derogación del número 3 del artículo 1880 y de los artículos 1901 a 1909, inclusive, de la Ley de Enjuiciamiento Civil (BOE 24 julio 1972, núm. 176, página 13292).

22 Ley 14/1975, de 2 de mayo, sobre reforma de determinados artículos del Código Civil y del Código de Comercio sobre la situación jurídica de la mujer casada y los derechos y deberes de los cónyuges (BOE 5 mayo 1975, núm. 107, página 9413).

y espacial del hombre hace que surjan las llamadas personas jurídicas, de manera que este pueda extender su ámbito de influencia y llevar a cabo empresas y proyectos que se prolonguen más allá de la existencia humana y de lo que resulta posible al esfuerzo individual[23].

Señalan Díez-Picazo y Gullón que "son personas jurídicas las realidades sociales a las que el ordenamiento jurídico atribuye o reconoce una individualidad propia, distinta de sus miembros componentes, y a las que trata como sujeto de derechos y deberes, con capacidad de obrar en el tráfico jurídico por medio de sus órganos y representantes"[24].

Surgen, por tanto, las personas jurídicas por un criterio de utilidad, en la medida en que el hombre, por sí solo, no pueda alcanzar sus propios fines y necesite asociarse con otros hombres que ostenten la misma finalidad[25].

· Originariamente las personas jurídicas nacen en el ámbito de lo público como entidades sociales que perseguían fines o intereses de carácter general, tienen su origen en la doctrina política de los filósofos griegos, en la jurisprudencia romana y en la teología del cristianismo, para reconocer derechos y deberes a la *Polis*, el Estado o la Iglesia[26].

Más adelante, a finales del siglo XVIII y principios del siglo XIX, la aparición de las nuevas necesidades del tráfico jurídico y de la economía, motivadas por el comercio, hizo que el concepto de persona jurídica se extendiera a las compañías de comercio y posteriormente al resto de sociedades mercantiles[27].

---

23 Cfr. Rivera Fernández, M. y Hornero Méndez, C. (Coords.) (2022). *Fundamentos de Derecho Privado*. Tecnos, 165.

24 Díez-Picazo, L. y Gullón, A. *op.cit.*, 417.

25 *Íbid.*

26 Cfr. Cossío, A. (1954). "Hacia un nuevo concepto de la persona jurídica". *Anuario de Derecho Civil*, (3), 629-633.

27 Cfr. Díez-Picazo, L. y Gullón, A. *op.cit.*, 419.

Aproximándonos brevemente a la cuestión, son numerosas las teorías que han formulado los autores acerca de la naturaleza de las personas jurídicas. La primera y más arraigada es la teoría de la ficción, elaborada por Fieschi y el Papa Inocencio IV y reformulada por Savigny, en virtud de la cual, las personas jurídicas son entidades que por una ficción del Derecho este les reconoce personalidad para actuar en el tráfico jurídico[28]. Gierke consideró, en la teoría orgánica o antropomórfica, que las personas jurídicas son organismos naturales similares al hombre, no son una mera creación ideal, sino que tienen un sustrato real[29]. Para Ferrara, las personas jurídicas surgen por un acto de reconocimiento del Derecho objetivo[30].

En cualquier caso, son entidades, creadas y reconocidas por el Derecho, que permiten a personas físicas unirse para cumplir fines comunes y constituir entidades superiores a ellas y diferentes de las mismas para actuar en el tráfico jurídico, atribuyéndoles un patrimonio, distinto del de los sujetos que lo componen y una responsabilidad propia. Estas entidades, han de tener un sustrato, personal o patrimonial (*universitas personarum* o *universitas rerum*) y un acto de reconocimiento por parte del Estado. Estas entidades, con personalidad jurídica, pueden autorregularse a través de sus normas o estatutos y se gestionan a través de sus órganos, representados por personas físicas.

Es por tanto necesario, que detrás de la persona jurídica, existan siempre personas físicas. Así, siempre que exista personalidad, tiene que existir la actuación representativa de personas físicas dotadas de voluntad, pues la voluntad es el elemento esencial de las relaciones jurídicas[31]. Estas entidades, dotadas de personalidad jurídica, no tienen

---

28   *Íbid.* 418.

29   *Íbid.* y Rivera Fernández, M. y Hornero Méndez, C. (Coordis.), *op.cit.*, 167.

30   Cfr. Díez-Picazo, L. y Gullón, A. *op.cit.*, 418.

31   Cfr. Macanás, G. (2023). "Bases para la personalidad jurídica de los entes no humanos". *Derecho Privado y Constitución,* (43), 29.

autonomía propia, sino representación orgánica y sus actos son imputables a la entidad colectiva que actúa mediante esta representación[32].

2.3.2. Consideración jurídica de los animales

Al igual que las personas jurídicas, los animales han sufrido cierta personificación, mediante el reconocimiento de derechos propios y sin llegar a reconocérseles personalidad jurídica.

Tradicionalmente los animales han sido considerados como cosas, así el artículo 333 del Código Civil, en su redacción anterior a la Ley 17/2021, que regula el régimen jurídico de los animales[33], entendía que todas las cosas que pudieran ser susceptibles de apropiación, y los animales lo son, debían de ser consideradas como bienes muebles o inmuebles, en concreto a los animales se les ha atribuido la consideración de bienes muebles semovientes[34] en la medida en que son seres vivos, pero en cualquier caso, cosas.

La mencionada Ley supone un cambio de paradigma en relación con la consideración jurídica de los animales en la medida en que deja de considerarlos cosas, para considerarlos seres vivos dotados de sensibilidad, así se recoge en su preámbulo y en la redacción del nuevo artículo 333 bis del Código Civil, que además de reconocer esta condición de los animales señala que "Solo les será aplicable el régimen jurídico de los bienes y de las cosas en la medida en que sea compatible con su naturaleza o con las disposiciones destinadas a su protección".

---

32   Cfr. Cossío, A. *op.cit.*, 653.

33   Ley 17/2021, de 15 de diciembre, de modificación del Código Civil, la Ley Hipotecaria y la Ley de Enjuiciamiento Civil, sobre el régimen jurídico de los animales (BOE 16 diciembre 2021, núm. 300, página 154134).

34   Cfr. Bercovitz Rodríguez-Cano, R. (2022). "Cosas, bienes y animales". *Cuadernos de Derecho Privado*, (2), 2.

Se crea así, por tanto, una suerte de *tertium genus*[35], distinto de la cosa en sentido estricto y no asimilable a la persona, a pesar de tener la consideración de seres vivos, pero al que se le puede aplicar el régimen jurídico de las cosas siempre que este tratamiento sea compatible con su naturaleza.

El origen de esta reforma viene dado por la voluntad del legislador de adaptar nuestra normativa al artículo 13 del Tratado de Funcionamiento de la Unión Europea[36] que califica a los animales como bienes sintientes y señala la necesidad de que los Estados respeten las exigencias de bienestar animal, así como por la decisión del legislador de seguir la estela de las numerosas normas de Derecho comparado que ya se habían dictado sobre esta materia en países como Austria, Alemania, Suiza, Bélgica, Francia y Portugal. Nuestro Derecho, sigue el modelo francés y portugués de formular en positivo la naturaleza de los animales como seres dotados de sensibilidad y no el modelo de otros países en los que simplemente se señala en sentido negativo que no serán considerados como cosas.

Otras normas que han precedido la reforma son la Directiva sobre aturdimiento de los animales antes de su sacrificio[37], el Convenio Europeo de protección de animales de compañía[38], la Resolución del

---

35   Rogel Vide, C. (2017). "Personas, animales y androides". *Revista General de Legislación y Jurisprudencia,* (4), 690.

36   Tratado de la Unión Europea y Tratado de Funcionamiento de la Unión Europea. Versiones Consolidadas. Protocolos. Anexos. Declaraciones anejas al Acta Final de la Conferencia Intergubernamental que ha adoptado el Tratado de Lisboa (DOUE 30 marzo 2010, núm. 83 páginas 1 a 388. En línea: https://www.boe. es/buscar/doc.php?id=DOUE-Z-2010-70002 Recuperado el 29 de junio de 2024.

37   Directiva 93/119//CE del Consejo, de 22 de diciembre de 1993, relativa a la protección de los animales en el momento de su sacrificio o matanza (DOUE 31 diciembre 1993, núm. 340, páginas 21 a 34).

38   Instrumento de ratificación del Convenio Europeo de protección de animales de compañía, hecho en Estrasburgo el 13 de noviembre de 1987 (BOE 11 octubre de 2017, núm. 245, página 98971).

Parlamento Europeo sobre el Bienestar y Estatuto de los Animales en la Comunidad[3940].

Con esta reforma se dota de derechos a los animales, en especial, a los animales de compañía, sin necesidad de atribuirles personalidad jurídica, y por el hecho de tener la condición de seres vivos, de tener conciencia de sí mismos, de vivir en comunidad y de tener cierta inteligencia[41]. No obstante, como decimos, no es necesario que para materializar esta atribución de derechos a los animales se les dote de personalidad jurídica ya que no son equiparables ni a las personas físicas, aunque sean seres vivos, ni a las personas jurídicas.

Por otro lado, la atribución de personalidad jurídica podría conllevar otorgar a los animales no solo derechos, sino también obligaciones, que estos no pueden soportar al no poder ser conscientes de ellas[42].

2.3.3. Atribución de personalidad jurídica a espacios naturales, especial consideración del Mar Menor

Tras el estudio de la situación de los animales, analizaremos la peculiar situación de los espacios naturales a los que, en aras a la protección de sus derechos, se les ha llegado a reconocer personalidad jurídica. Tratamos esta cuestión para cuestionarnos si el reconocimiento de personalidad jurídica a un espacio natural -una cosa- podría abrir la puerta al reconocimiento de personalidad jurídica a los robots, que, adelantándonos a su tratamiento en profundidad en el siguiente epígrafe, también son cosas.

---

39   Resolución del Parlamento Europeo sobre el Bienestar y Estatuto de los Animales en la Comunidad, en línea: chrome-extension://efaidnbmnnnibpca-jpcglclefindmkaj/https://forumadvocacia.cat/wp-content/uploads/2018/11/resolucic3b3n-parlament-europeu-21-1-1994.pdf Recuperado el 29 de junio de 2024.

40   Cfr. Rogel Vide, C. *op.cit.*, 685.

41   *Íbid.* 688.

42   *Íbid.* 689.

Es evidente el deterioro que ha sufrido el Mar Menor, situado en la Región de Murcia, debido a su eutrofización – "Incremento de sustancias nutritivas en aguas dulces de lagos y embalses, que provoca un exceso de fitoplancton", según definición de la RAE[43]–motivada por el exceso de nitratos y fosfatos fruto de la agricultura intensiva en los territorios aledaños y otras actividades humanas[44], como el turismo intensivo que soporta esta zona. Esto ha producido la ruptura del ecosistema del mar Menor y una elevada mortandad de la fauna propia de esta laguna.

Esta situación requiere la adopción de medidas urgentes de protección del ecosistema. Fruto de esta necesidad, se produjo en el año 2020 una Iniciativa Legislativa Popular que culminó con la publicación de la Ley 19/2022, de 30 de septiembre, para el reconocimiento de personalidad jurídica a la laguna del Mar Menor y su cuenca[45].

El fundamento de esta ley radica, tal y como señala su preámbulo, en la crisis ambiental, ecológica y humanitaria que soportan el Mar Menor y los habitantes de los municipios ribereños y en la insuficiencia del sistema jurídico de protección actual. Su objetivo consiste en dotar a esta laguna de personalidad jurídica propia, considerándolo como sujeto de derechos para garantizar así su protección.

La cuestión radica en si es necesario y, en su caso, posible atribuir personalidad jurídica a un objeto, una cosa, para proteger su integridad.

---

43   RAE, en línea https://dle.rae.es/eutrofizaci%C3%B3n Recuperado el 6 de julio de 2024.

44   *Vid. https://www.miteco.gob.es/es/ministerio/planes-estrategias/mar-menor/ problematica-actual.html#:~:text=El%20Mar%20Menor%20viene%20sufriendo,vertientes%20del%20Campo%20de%20Cartagena.* Recuperado el 6 de julio de 2024.

45   Ley 19/2022, de 30 de septiembre, para el reconocimiento de personalidad jurídica a la laguna del Mar Menor y de su cuenca (BOE 3 octubre 2022, núm. 237, página 135131).

En el Derecho comparado existen algunos ejemplos en los que sí que ha tenido lugar este reconocimiento con los mismos fines, a saber, el Lago Sukhna, en India, o el Río Ethiope, en Nigeria[46]. El origen de estas novedades legislativas radica en el llamado "giro eco-céntrico" o "giro ecológico", corriente de pensamiento por la cual hemos de pasar del antropocentrismo existente a una nueva cosmovisión eco-céntrica que reconozca los derechos de la naturaleza y la vida en su conjunto como valor primordial y que se base en una ética por la que el ser humano se integra en un medio natural en el que no solo está él, sino que comparte con otras especies y con la naturaleza misma, que hace posible la vida[47].

Nuestra Constitución reconoce en el artículo 45 el derecho de "todos" -personas físicas- a disfrutar de un medio ambiente adecuado para el desarrollo de la persona, también reconoce el deber de conservar este medio ambiente. Además, señala en el párrafo segundo, que los poderes públicos deben velar por la utilización racional de los recursos naturales, para proteger y mejorar la calidad de vida y defender y restaurar el medio ambiente. También se reconoce la necesidad de establecer sanciones penales o administrativas para quienes violen estos deberes, con tal de reparar el daño causado.

Podemos deducir de dicho artículo, que la Constitución no reconoce derechos a la naturaleza en sí, sino al ser humano que convive con la naturaleza y forma parte de ella y ello porque la razón de ser del ordenamiento jurídico, basado en la Constitución, es la persona humana y su

---

46   Cfr. Rogel Vide, C. (2022). "¿Lagunas como sujetos de derechos? – El Mar Menor y la Ley 19/2022-". *Revista General de Legislación y Jurisprudencia*, (4), 720. Para el estudio en profundidad de la cuestión en materia de Derecho comparado, nos remitimos al estudio realizado por Martínez Dalmau en: Martínez Dalmau, R. (2023). "Una laguna con derecho a existir. La naturaleza como sujeto de derechos y el reconocimiento de la personalidad jurídica del Mar Menor". *UNED. Teoría y Realidad Constitucional*, (52), 357-375.

47   Cfr. Martínez Dalmau, R. *op.cit.*, 359.

propia dignidad. La Constitución reconoce la dignidad de las personas, en su artículo 10, en ningún caso la dignidad de las cosas, por más que haya que protegerlas para mantener y proteger la calidad de vida del ser humano[48].

Sin embargo, del artículo 45 de la Constitución se deduce el deber de protección de los espacios naturales, sin necesidad de dotarlos de personalidad jurídica, es más, existen normas *ad hoc* para la protección del Mar Menor que de haberse aplicado correctamente por los poderes públicos hubieran podido evitar el deterioro constante de este espacio natural, a saber: la Ley 1/2018 de medidas urgentes para garantizar la sostenibilidad ambiental en el entorno del Mar Menor[49], que impone medidas como la implantación de estructuras vegetales de barrera y conservación, la prohibición del cultivo y laboreo en zonas de pendiente, la prohibición de creación de nuevas zonas de cultivo o ampliación de las ya existentes, la limitación de la actividad agrícola en terrenos próximos al dominio público marítimo terrestre, la prohibición del apilamiento temporal de estiércol, entre otras. También la Ley 3/2020, de recuperación y protección del Mar Menor[50], que al amparo del citado artículo 45 de la Constitución, establece medidas acerca de la gobernanza del Mar Menor, medidas de ordenación y gestión territorial, ambiental, agrícola, ganadera y pesquera, de infraestructuras portuarias y navegación, turística, cultural y de ocio y minera, con un amplio régimen sancionador y de control.

En este contexto ¿era necesario crear una ley que reconociera personalidad jurídica al Mar Menor bajo pretexto de protegerlo y dotarlo de derechos? La realidad es que no. Se trata de una ley más bien populista

---

48 Cfr. Rogel Vide, C. (2022). "¿Lagunas como...", *op.cit.,* 721.

49 Ley 1/2018, de 7 de febrero, de medidas urgentes para garantizar la sostenibilidad ambiental en el entorno del Mar Menor (BOE 19 junio 2018, núm. 148, página 61723).

50 Ley 3/2020, de 27 de julio, de recuperación y protección del Mar Menor (BOE 17 agosto 2020, núm. 221, página 70878).

y de carácter meramente declarativo[51], que nada suma a las medidas ya establecidas por las normas anteriormente existentes. Hubiera bastado con el ejercicio del derecho subjetivo a un medio ambiente adecuado, basado en el artículo 45 de la Constitución, sin necesidad de invocar derechos de un espacio natural[52]. También existen otros mecanismos como la creación de fundaciones o asociaciones cuyo objeto sea la protección de espacios naturales y que velen por el cumplimiento de las normas creadas para la conservación de estos espacios.

Por otro lado, y como apuntábamos anteriormente ¿puede atribuirse personalidad jurídica a un objeto, en este caso a un espacio natural? No en el marco de la Constitución, que reconoce la dignidad de los sujetos, pero no de las cosas y, por tanto, a estas no se les debería atribuir derechos.

A pesar de ello, el reconocimiento hecho está y por norma con rango de ley. Como reflexión final, quizás el Ejecutivo debiera plantearse modificar el Título II del Libro Primero del Código Civil "Del nacimiento y extinción de la personalidad civil" añadiendo un Capítulo III: "De las personas naturales".

Se plantea, además, la cuestión de si el Mar Menor, como sujeto con personalidad jurídica, además de derechos puede adquirir obligaciones, como toda persona jurídica, y en su caso, quién las asumiría, porque un objeto, por sí solo, no puede cumplir obligaciones.

Las cuestiones estudiadas en estos epígrafes nos sirven de fundamento para comprender la cuestión nuclear de este trabajo acerca de si debe atribuirse personalidad jurídica a los robots, que trataremos en el epígrafe siguiente.

---

51   Cfr. Rogel Vide, C. (2022). "¿Lagunas como…", *op.cit.*, 725.

52   Cfr. Álvarez Carreño, S.M. (2022). "Derecho y Políticas Ambientales de la Región de Murcia (Primer semestre 2022)". *Revista catalana de Dret ambiental*, (1.Vol XIII), 16.

3. EL DILEMA ACERCA DE LA PERSONALIDAD JURÍDICA DE LOS ROBOTS

3.1. Cuestiones preliminares

3.1.1. Concepto de robot

La RAE define robot como "Máquina o ingenio electrónico programable que es capaz de manipular objetos y realizar diversas operaciones"[53]. Sin embargo, el concepto de robot ha evolucionado a lo largo de la historia, quedando obsoleta esta definición del lenguaje común[54].

El origen del concepto data del año 1923 cuando el escritor Karel Capek lo utilizó en su obra Rossum`s Universal Robots empleando la palabra checa *robotnik* que significa siervo, refiriéndose al trabajo realizado de manera forzada en sentido similar al trabajo de los esclavos[55].

Barrio Andrés hace hincapié en la dificultad que comporta atribuir un concepto preciso de robot debido a las numerosas formas de implementación robótica existentes en la actualidad y que puedan aparecer en el futuro[56].Sin embargo, se aventura a definirlo como "objeto mecánico que capta el exterior, procesa lo que percibe y, a su vez, actúa positivamente sobre el mundo"[57], reconoce, por tanto, como capacidades de los robots la capacidad de recoger datos mediante sensores, procesar datos y planificar y cumplir acciones; es decir, los robots, según el autor

---

53   RAE en línea https://dle.rae.es/robot recuperado el 6 de julio de 2024.

54   Cfr. Mugas Acosta, P.E. (2022). "El robot inteligente y su categorización jurídica". *Revista Blockchain de inteligencia artificial*, (4), 34.

55   Cfr. Gómez Salado, M.A. (2018). "Robótica, empleo y seguridad social. La cotización de los robots para salvar el actual estado del bienestar". *Revista internacional y comparada de relaciones laborales y derecho del empleo*, (3), 145.

56   Cfr. Barrio Andrés, M. (2018). "Hacia una personalidad electrónica de los robots". *Revista de Derecho Privado*, (2), 94.

57   *Íbid.* 95.

pueden: sentir, pensar y actuar[58]. En el mismo sentido, señala Anguita Ríos que sería "aquel sistema que es capaz de percibir el entorno o contexto en el que se encuentra, que puede procesar la información para planificar una determinada actuación y ejecutarla"[59].

Dentro del concepto de robot, los autores incluyen el de inteligencia artificial como robots que aprenden, piensan y toman decisiones de forma autónoma e independiente a la voluntad de sus creadores, son máquinas que reproducen procesos cognitivos parecidos a los humanos[60]; también se han definido como "máquinas que no solamente son capaces de realizar tareas durante largos períodos de tiempo sin control humano, sino que son capaces de operar y tomar decisiones, adaptándose al entorno y desenvolviéndose en situaciones altamente impredecibles"[61]. La cuestión acerca de la pretendida autonomía de los robots la trataremos más adelante.

El Informe europeo sobre inteligencia artificial en la era digital de 5 de abril de 2022[62] define la inteligencia artificial como "sistemas automatizados que a menudo apenas tienen nada más en común que estar guiados por un conjunto dado de objetivos definidos por el ser humano, con distintos grados de autonomía en sus acciones, e intervenir en predicciones, recomendaciones o tomas de decisiones basadas en los datos disponibles".

---

58   *Íbid.*

59   Cfr. Anguita Ríos, R.M. (2020). "Inteligencia artificial y Derecho civil: líneas de pensamiento en materia de daños". *Revista Crítica de Derecho Inmobiliario,* (781), 2556.

60   Cfr. Díaz Calvarro, J.M. (2021). "El robot como contribuyente. Reflexión sobre la personalidad jurídica digital". *Anuario de la Facultad de Derecho. Universidad de Extremadura,* (37), 55-56.

61   Gómez Salado, M.A. *op.cit.,* 147.

62   Informe europeo sobre inteligencia artificial en la era digital, en línea https://www.europarl.europa.eu/doceo/document/A-9-2022-0088_ES.html Recuperado el 6 de julio de 2024.

La inteligencia artificial se basa en algoritmos, instrucciones creadas por programadores para dar órdenes orientadas a la solución de problemas. Inicialmente estas instrucciones eran estáticas en el sentido de que los programadores diseñaban en los algoritmos los criterios para la toma de decisiones, con posterioridad estos algoritmos han evolucionado hasta el punto de tener aprendizaje automático; es decir, son capaces de aprender con el tiempo de los datos y experiencias para tomar decisiones por sí mismos[63].

3.1.2. Tipos de robots

Existen dos clases de robots, corpóreos e incorpóreos, los primeros son aquellos que pueden desplazarse físicamente y manipular el entorno, son máquinas que pueden interactuar en el espacio físico e influir en él; los segundos, son aquellos que no tienen una estructura física, sino meramente digital que actúan en la red a través de un *software*[64].

En el primer grupo podríamos incluir todas aquellas máquinas con forma humanoide o con aspecto de electrodoméstico, que ayudan en las tareas domésticas, que se utilizan en líneas mecanizadas de producción o incluso en medicina, cirugía o asistencia a personas.

En el segundo grupo incluiríamos los sistemas de inteligencia artificial, esta puede dar soporte al mecanismo físico que soporta el robot corpóreo.

En materia de inteligencia artificial, a su vez, podemos distinguir distintos grados de la misma:

· Inteligencia artificial estrecha o débil, sería aquella que puede realizar tareas replicando la inteligencia humana en determinado

---

63   Cfr. Anguíta Ríos, R.M. *op.cit.* 2554.

64   Chávez Valdivia, A.K. (2020). "Rediseñando la titularidad de las obras: inteligencia artificial y robótica". *Revista Chilena de Derecho y Tecnología*, (vol.9, 2), 161.

acto, se incluirían los denominados autómatas que realizan tareas específicas. También se incluye dentro de esta aquellas máquinas que guardan transitoriamente información para poder actuar en el futuro, pero no aprende del pasado. La inteligencia artificial estrecha o débil obvia los elementos circundantes y no tienen conciencia propia de la realidad en la que actúan.

- Inteligencia artificial fuerte o general, aquella que posee sensores con los que intercambia datos de su entorno, los puede analizar y en base a ello tomar decisiones autónomas para realizar tareas predefinidas, examinando posteriormente estos datos, aprendiendo de ellos y proyectando métodos más inteligentes para efectuar estas tareas.

- Super inteligencia artificial, todavía en vías de evolución, que podría tomar conciencia de sí misma como entidad diferenciada y generar sus propias decisiones[65].

Los robots inteligentes se caracterizan, por tanto, por su autonomía, capacidad de autoaprendizaje y posibilidad de adaptarse a las nuevas realidades y el entorno, esto supone una pérdida de control por parte de los usuarios y la sociedad en general lo que pone en jaque la seguridad jurídica al no existir una regulación clara sobre su utilización y consecuencias.

En apariencia, se podría pensar que, según los casos, la inteligencia artificial posee la misma capacidad de actuar que los humanos, sin

---

65   Ercilla. J. (2018). "Aproximación a una personalidad jurídica específica para los robots". *Revista Aranzadi de Derecho y Nuevas Tecnologías,* (47). https://proview-thomsonreuters-com.eu1.proxy.openathens.net/title.html?redirect=true&titleKey=aranz%2Fperiodical%2F106943754%2Fv20180047.7&titleStage=F&titleAcct=i0ace3e3400000149d249b47d7cd542cb#sl=p&eid=09076ba30eb8b98663c126e407661168&eat=1_index&pg=RR-6.1&psl=&nvgS=true&tmp=748 Recuperado el 9 de julio de 2024.

embargo, como apunta Calo, la inteligencia artificial actúa como una persona, pero carece de discreción[66].

3.1.3. Naturaleza jurídica de los robots

Existen teorías que asimilan los robots a los esclavos en Roma a modo de siervo que se pueda utilizar como instrumento de la actividad jurídica de su dueño, en nombre del cual podría actuar, llevando a cabo negocios jurídicos no para sí, sino para su dueño -persona física o jurídica- teniendo, asimismo, naturaleza de cosa, en el mismo sentido que tenían los esclavos[67].

Mugas Acosta resume los argumentos de quienes sostienen esta teoría, a saber: la esclavitud tenía por base la autonomía de lo que se consideraba objeto, el esclavo; el esclavo se consideraba una cosa incorporada al patrimonio del dueño, igual que en el caso de los robots; el esclavo, también estaba privado de capacidad jurídica siendo un instrumento sometido a la voluntad de su dueño y las consecuencias de los actos del esclavo, se imputaban a su dueño. No obstante, el autor señala las diferencias entre el robot y el esclavo, fundamentalmente, la situación de hecho de los robots es distinta de los esclavos, son distintas las realidades en las que existen ambos[68], añadimos que, fundamentalmente, los esclavos eran humanos y los robots no lo son.

Tampoco podemos asimilarlos a los animales -a pesar de que los animales también tienen capacidad de aprendizaje y cierta autonomía e impredecibilidad[69]-, en la medida en que los robots carecen de

---

66　Calo, R. (2016). "Robots as Legal Metaphors". *Harvard Journal of Law and Technology*, (30), 210.

67　Cfr. Ercilla, J. *op.cit.*

68　Cfr. Mugas Acosta, P.E. *op.cit.* 40.

69　Cfr. Díaz Alabart, S. (2018). "Robots y responsabilidad civil". *Los robots y el Derecho*. Reus. 110.

sentimientos ni sustrato biológico[70], mientras que los animales son seres vivos y tienen sistema nervioso del que carecen los robots, así, la
voluntad de los robots está siempre a disposición de las personas[71].

Tomando por base la regulación del Código Civil, en su artículo
35, tampoco encajarían en el concepto de personas jurídicas, pues no
tienen sustrato personal, un grupo humano que los conforme para alcanzar una finalidad común, ni patrimonial; tampoco tienen reconocimiento como tal por el Estado a modo de corporaciones, asociaciones o
fundaciones; además, las personas jurídicas no pueden interactuar con
el entorno, porque carecen de entidad física, determinados robots sí[72],
como los robots asistenciales.

No podemos considerarlos personas físicas, a pesar de las teorías
que defienden la autonomía e inteligencia propia de los robots de última generación.

Por un lado, actualmente para ser persona se deben cumplir los requisitos del artículo 30 del Código Civil. Los robots no nacen y no tienen
vida por lo que no se les puede considerar personas.

También carecen de dignidad[73] pues la dignidad, solo está reconocida constitucionalmente a las personas físicas en el artículo 10 de la
Carta Magna. En la medida en que carecen de dignidad, tampoco se les
puede atribuir derechos humanos derivados de la misma[74].

---

70 Cfr. Checa Prieto, S. (2022). "¿Estamos caminando hacia el reconocimien-
    to de la personalidad jurídica a los robots en la Unión Europea?". *Revista
    Universitaria Europea*, (37), 29. En el mismo sentido: García Sánchez, M.L.
    (2020). "Inteligencia artificial y oportunidad de creación de una personali-
    dad electrónica". *Ius et Sciencia*, (2), 86.

71 Cfr. Lacruz Mantecón, M.L. *op.cit.*, 654.

72 Cfr. García Sánchez, M.L. *op.cit.* 86, y Cfr. Rojo Gallego-Burín, M. *op.cit.* 21.

73 Cfr. Mugas Acosta, P.E. *op.cit.* 39. Rojo Gallego-Burín, M. *op.cit.* 39. Díaz Cal-
    varro, J.M. *op.cit.* 61.

74 Cfr. Checa Prieto, S. *op.cit.* 30.

No tienen verdadera inteligencia, solamente emulan mediante algoritmos proporcionados por sus creadores la inteligencia humana, pero carecen de ella. Como su propio nombre indica, esta es "artificial", no son conscientes de su propia existencia y no tienen un proyecto vital, no tienen verdadera autonomía, sino que, de nuevo, emulan la autonomía humana, pero esta les viene dada por la programación de la que le dotan los humanos[75] a quienes están sometidos, siempre van a pertenecer en propiedad a una persona física o jurídica[76].

Consideramos que los robots son jurídicamente cosas, objetos de derecho. El artículo 333 del Código Civil señala que "Todas las cosas que son o pueden ser objeto de apropiación se consideran como bienes muebles o inmuebles (...)", así, en la medida en que los robots son susceptibles de apropiación por las personas debemos de considerarlos cosas, en relación con el artículo 335 del mismo cuerpo legal, que dispone "Se reputan bienes muebles los susceptibles de apropiación no comprendidos en el artículo anterior (...)", por tanto, podemos decir que los robots, incluidas las inteligencias artificiales, son cosas y son muebles por el criterio residual que aplica el artículo 335 del Código Civil en el sentido de que son cosas muebles las que no tengan la consideración de inmuebles, en la medida en que estos objetos no están reconocidos como tales en el artículo 334 del Código Civil. Además, cuando estemos ante meros *software*, entenderemos que son bienes incorporales.

Decimos que son cosas y, por tanto, no se pueden adscribir a ninguna otra categoría, pues son susceptibles de apropiabilidad y de someterse al señorío y voluntad de las personas, son aptos para producir alguna utilidad para las personas y, además, tienen un valor económico y están dentro

---

75   Cfr. Cerdeira Bravo de Mansilla, G. (2024) "¿Humanizar o personificar? Inteligencia artificial y fundaciones robóticas". *Actualidad Civil*, (3). https://legalteca. aranzadilaley.es/my-reader/SMTA5500_00000000_20240301000000030000?-fileName=content%2FCOVER.HTML&location=pi-1&searchHighlight=%-C2%BFhumanizar%200%20personificar%3F Recuperado 6 de mayo 2024.

76   Cfr. Anguita Ríos, R.M. *op.cit.* 2563.

del patrimonio de las personas[77], reúnen, por tanto, todas las características de lo que jurídicamente se considera cosa u objeto de derecho.

Podría pensarse, a la vista de estas características, que los robots comparten estas mismas con los animales, a los que se les ha apartado de la categoría de cosas recientemente -tal y como hemos visto *supra*- y que, por la misma razón, se podría dotar de otra configuración jurídica a los robots, distinta de la de cosa; sin embargo, no podemos asimilar a los robots como animales, puesto que carecen de sensibilidad, de sistema nervioso, tal y como hemos visto anteriormente.

Algún autor los considera cosas especiales o singulares, o pretenden crear una especie de *tertium genus* a medio camino entre las personas y las cosas, lo que justificaría la atribución de una personalidad jurídica o personalidad electrónica de los robots dada su capacidad de aprender[78]. Por el mismo motivo, otros autores señalan la posibilidad de, sin dejar de ser jurídicamente cosas, considerarlos cosas personificadas, incluso fundaciones con un patrimonio adscrito a un fin[79], sin embargo, ya hemos visto anteriormente las diferencias entre los robots y las personas jurídicas. Otros autores consideran que las cosas son inanimadas y esta característica no se ajusta a la posibilidad de acción que tienen los robots, por lo que no podrían considerarse cosas en sentido estricto[80].

Nos sumamos a la teoría que señala que, a pesar de la singularidad de los robots, estos siguen siendo cosas, máquinas, objetos -y no sujetos- de derechos, que a pesar de que puedan realizar ciertas tareas como las personas, son diferentes a ellas en la medida en que funcionan con energía y pueden ser desconectados, no tienen sentido común, ni valores, están programados para realizar determinadas tareas, pero esto

---

77   Cfr. Díez-Picazo, L. y Gullón, A. *op.cit.*, 324.

78   Cfr. Díaz Alabart, S. *op.cit.*, 110, Díaz Calvarro, J.M., *op.cit.*, 60 y García Sánchez, M.L. *op.cit.* 87.

79   Cfr. Cerdeira Bravo de Mansilla, G.

80   Cfr. Anguita Ríos, R.M. *op.cit.* 2559.

no les habilita para realizar otras, no son versátiles, la información que poseen se almacena y se puede reproducir, no puede decirse lo mismo del cerebro humano, que es único[81].

3.2. Implicaciones de la atribución de personalidad jurídica a los robots

3.2.1. Teorías

El concepto de persona en la actualidad está ligado al nacimiento con vida y se reduce a los seres humanos. El concepto de personalidad, pese a estar íntimamente unido al de persona, pues no existe persona sin personalidad, sin embargo, es un atributo normativo que se puede reconocer a entidades que no tienen la consideración de personas naturales con el fin de satisfacer fines concretos[82]. Es por ello que, jurídicamente, puede plantearse la posibilidad de atribuir personalidad jurídica a entidades naturales como hemos analizado *supra* y también a los robots. Si bien es cierto que, tal y como señalábamos anteriormente, entendemos que no es necesario para atribuir derechos a espacios naturales como el Mar Menor que se le tuviera que atribuir personalidad jurídica, pues existen mecanismos para proteger el medio ambiente a través de otras fórmulas. Ocurre lo mismo con los robots.

El origen de la duda sobre si atribuir o no personalidad a los robots surge cuando la Resolución del Parlamento Europeo, de 16 de febrero de 2017, con recomendaciones destinadas a la Comisión sobre normas de Derecho civil sobre robótica[83] recoge en el apartado 59.f) la recomendación

---

81   Cfr. Rogel Vide, C. (2018). "Robots y personas". *Revista General de Legislación y Jurisprudencia*, (1), 87.

82   Cfr. Mugas Acosta, P.E. *op.cit.* 32.

83   Se puede consultar en línea en: https://eur-lex.europa.eu/legal-content/ES/TXT/?uri=CELEX%3A52017IP0051&qid=1721147390520 Recuperado el 16 de julio de 2024.

de crear una personalidad jurídica específica para los robots de manera que puedan ser considerados personas electrónicas responsables para poder reparar los daños que puedan causar, sobre todo en aquellos casos en que los robots tomen decisiones autónomas inteligentes o interactúen con terceros de forma independiente. Sin embargo, el reciente Reglamento de Inteligencia Artificial[84] no recoge esta recomendación de la que tanto se ha escrito por los autores y que supuso el punto de partida para comenzar a teorizar acerca de una personalidad jurídica de los robots.

Las teorías en contra de conferir personalidad jurídica a los robots se basan en los siguientes argumentos:

- La personalidad debe limitarse a aquellos entes que pueden desplegar conducta humana -persona física individual o colectiva-, por este motivo, no se debe conferir personalidad a entes pasivos incapaces de desplegar conductas humanas, aunque puedan actuar cambiando el estado de las cosas[85], aunque sean capaces de emular estas conductas.

- Los robots son cosas[86], como hemos señalado en el epígrafe anterior, y, por ende, no deberían ser sujetos de derechos ni de obligaciones, se les debe aplicar el estatuto jurídico de las cosas y por lo tanto tener la consideración de objetos de derecho, no de sujetos de derecho.

---

84 Reglamento (UE) 2024/1689 del Parlamento Europeo y del Consejo, de 13 de junio de 2024 por el que se establecen normas armonizadoras en materia de inteligencia artificial y por el que se modifican los Reglamentos (CE) nº300/2008, (UE) nº 168/2013, (UE) nº 2018/858, (UE) 2018/1139 y (UE) 2019/2144 y las Directivas 2014/90/UE, (UE) 2016/797 y (UE) 2020/1828 (Reglamento de Inteligencia Artificial), que se puede consultar en chrome-extension://efaidnbmnnnibpcajpcglclefindmkaj/https://eur-lex.europa.eu/legal-content/ES/TXT/PDF/?uri=OJ:L_202401689 Recuperado el 16 de julio de 2024.

85 Cfr. Mugas Acosta, P.E. *op.cit.* 42.

86 Cfr. Lacruz Mantecón, M.L. *op.cit.*, 644.

- La inteligencia predicable de los robots no lo es tal, puesto que viene dada por su creador y depende de los datos y parámetros que haya empleado para su creación y lo que hace es emular la inteligencia humana, pero no puede asimilarse a ella[87]. Por la misma razón, carecen de voluntad propia, individual, y la voluntad es el elemento esencial de las relaciones jurídicas, tal y como señalábamos anteriormente.

- Carecen de verdadera autonomía, pues tal y como señala el Informe Europeo de inteligencia artificial en la era digital de 5 de abril de 2022, ya citado, son sistemas que poseen objetivos siempre definidos por el ser humano y basados en los datos disponibles. Las tareas que realizan están predefinidas. A pesar de que las inteligencias artificiales más avanzadas pueden aprender del entorno y ser creativas, siempre se basan en datos y algoritmos de los que les nutren sus creadores, carecen de discreción. De hecho, el artículo 14 del Reglamento de Inteligencia Artificial[88] recoge que los sistemas de alto riesgo deben diseñarse y desarrollarse de manera que puedan ser vigilados de manera efectiva por personas físicas mientras estén en uso, por lo que no deben, según la normativa europea, escapar nunca al control de las personas que las han creado, incluso debe existir la posibilidad de desconectar el sistema mediante un botón de parada o procedimiento similar que permita que el sistema se detenga de manera segura.

---

87 Cfr. Cerdeira Bravo de Mansilla, G. *op.cit.*

88 Reglamento (UE) 2024/1689 del Parlamento Europeo y del Consejo, de 13 de junio de 2024 por el que se establecen normas armonizadoras en materia de inteligencia artificial y por el que se modifican los Reglamentos (CE) n°300/2008, (UE) n° 168/2013, (UE) n° 2018/858, (UE) 2018/1139 y (UE) 2019/2144 y las Directivas 2014/90/UE, (UE) 2016/797 y (UE) 2020/1828 (Reglamento de Inteligencia Artificial), que se puede consultar en chrome-extension://efaidnbmnnnibpcajpcglclefindmkaj/https://eur-lex.europa.eu/legal-content/ES/TXT/PDF/?uri=OJ:L_202401689 Recuperado el 16 de julio de 2024.

- No puede justificarse la atribución de personalidad a los robots por su pretendida autonomía, puesto que esta autonomía no es innata del robot, sino que es introducida por sus creadores, así, tampoco se confiere personalidad a los animales por más autonomía que posean[89].

- Carecen, asimismo, de dignidad, por lo que no se les puede atribuir derechos, estaríamos ante personas singulares a las que solo se les podría atribuir obligaciones[90]. Sin embargo, tampoco pueden soportar obligaciones porque no son conscientes de ellas, al igual que los animales, como señalábamos *supra*, los espacios naturales o los niños. En el caso de los niños, estos pueden ser titulares de derechos y obligaciones, sin embargo, no son responsables de las mismas porque carecen de capacidad de obrar suficiente para soportarlas y ello porque no poseen capacidad de entender y de querer, del mismo modo que tampoco poseen esta capacidad los robots.

Las teorías que sostienen la posibilidad de atribuir personalidad jurídica a los robots se basan en razones de utilidad, la misma razón por la que en su día se crearon las personas jurídicas como una ficción para cumplir los fines colectivos de las personas físicas[91].

Barrio defiende que debería reconocerse personalidad jurídica electrónica a los robots para que estos pudieran ser titulares de derechos y obligaciones, siempre basados en el Derecho patrimonial, no en los derechos humanos, de los que carecerían, al carecer de dignidad[92]. La utilidad que reportaría el reconocer esta especie de ficción sería la de

---

89   Cfr. Mugas Acosta, P.E. *op.cit.* 43.

90   Cfr. Rojo Gallego-Burín, M. *op.cit.* 23.

91   Cfr. García Sánchez, M.L. *op.cit.* 90.

92   Cfr. Barrio Andrés, M. *op.cit.* 107.

proteger a las personas frente a los daños causados por los robots[93], tener un sujeto responsable de los daños que puedan surgir de esa actividad pretendidamente autónoma que poseen los robots.

Ercilla justifica la necesidad de otorgar personalidad jurídica a los robots en el hecho de que el avance de los robots hace que estos puedan interactuar con el mundo real y con las personas físicas, así como en la posibilidad de adoptar decisiones autónomas[94], que, en el mismo sentido que señala Barrio, podría generar daños a las personas. La necesidad de atribuir personalidad a los robots radica, por tanto, en la seguridad jurídica que genera el hecho de que este ente pueda responder de los daños causados cuando se independiza de su creador o programador, dotándosele de capacidad jurídica y procesal para que pudiera cumplir con esa función indemnizatoria[95].

Sin embargo, como ya hemos señalado anteriormente, un robot no puede soportar obligaciones porque no es consciente de las mismas, no tiene capacidad de entender y de querer, por lo tanto, no puede ser sujeto pasivo de relaciones jurídicas.

Para que el robot pudiera responder en estos casos, sería necesario dotarle de un patrimonio o de un seguro de responsabilidad civil. Sin embargo, consideramos innecesaria la atribución de personalidad jurídica pues se puede alcanzar el mismo fin estableciendo la obligación del dueño del robot en cada momento de contratar un seguro de responsabilidad civil tal y como ocurre con los automóviles. Esta responsabilidad sería objetiva[96], el fundamento sería el mismo por el que el empresario responde objetivamente de los daños causados por su empresa: el beneficio económico que esta le reporta. Estas ventajas

---

93   Cfr. Barrio Andrés, M. (2019). "Los principios generales del derecho de los robots". *Derecho de los Robots*. La Ley (2ª Ed.). 122.

94   Cfr. Ercilla, J. *op.cit.*

95   Cfr. Macanás, G. *op.cit.* 45.

96   Cfr. Lacruz Mantecón, M.L. *op.cit.* 650.

competitivas vienen reconocidas en el Considerando cuarto del Reglamento de Inteligencia Artificial, al que posteriormente nos referiremos.

Por último, algunos autores[97]sostienen la idea de generar una figura intermedia de nueva creación que ampliara el estatuto de cosa de los robots, pero diferenciado de la persona, siguiendo sometidos al control de las personas. Estas teorías han sido criticadas en la medida que no resuelven el problema que plantean las teorías a favor de la creación de una personalidad jurídica o una personalidad electrónica y poco aportan a la cuestión[98].

3.2.2. Consecuencias jurídicas del reconocimiento de la personalidad jurídica de los robots y tratamiento en el marco de la Unión Europea

Como hemos señalado *supra la* Resolución del Parlamento Europeo, de 16 de febrero de 2017, con recomendaciones destinadas a la Comisión sobre normas de Derecho civil sobre robótica recoge en el apartado 59.f) la recomendación de crear una personalidad jurídica específica para los robots a efectos de responsabilidad civil.

Como consecuencia de ello, un grupo de expertos procedentes de distintos ámbitos (la tecnología, la robótica, la inteligencia artificial, el Derecho, la medicina y la ética) redactaron una carta abierta al presidente de la Comisión, advirtiendo de los peligros de este reconocimiento de personalidad jurídica a los robots e inteligencias artificiales[99]: en primer lugar, el riesgo de considerar que los robots ostentan derechos similares a los de las personas, lo que iría en contra de la Carta de Derechos Fundamentales de la Unión Europea; el estatus del robot tampoco puede derivar del modelo de personalidad jurídica ya que detrás de esta tiene que existir una persona física que la represente y dirija; tampoco puede

---

97   Cfr. Anguita Ríos, R.M. *op.cit.* 2563 o Díaz Calvarro, J.M. *op.cit.* 62.

98   Cfr. Cerdeira Bravo de Mansilla, G. *op.cit.*

99   Se puede consultar en https://robotics-openletter.eu/ Recuperado el 17 de julio de 2024.

aplicarse el modelo *trust* anglosajón, que es extremadamente complejo y no resolvería la cuestión y seguiría necesitando de la existencia de un humano responsable, en última instancia.

Además, entendemos que reconocer personalidad jurídica a los robots entraña el riesgo de tenerles que reconocer derechos, no solo obligaciones y la colisión que esto puede generar con los derechos de las personas.

Estos expertos muestran, sin duda, una visión humanista de la cuestión. Según señala Castán Tobeñas "Por humanismo hay que entender (...) aquella ideología que toma al hombre como fin; que afirma y exalta el valor del hombre y sus posibilidades en la esfera del pensamiento y de la acción, de la vida espiritual y de la convivencia social; que está basada en la apreciación de la supremacía del hombre considerado como persona, frente a las dimensiones colectivas de la existencia y la vida."[100] Reconocer personalidad jurídica a los robots o a las inteligencias artificiales supondría traspasar los principios del humanismo, personificando a simples máquinas, dotando a entes no biológicos de características propiamente humanas[101].

Finalmente, se aprueba el Reglamento de Inteligencia Artificial[102], que tiene como objetivo establecer un marco regulatorio para el desarrollo

---

100   Castán Tobeñas, J. (1961). "Humanismo y Derecho". *Revista General de Legislación y Jurisprudencia,* (211), 427.

101   Cfr. Ercilla, J. *op.cit.*

102   Reglamento (UE) 2024/1689 del Parlamento Europeo y del Consejo, de 13 de junio de 2024 por el que se establecen normas armonizadoras en materia de inteligencia artificial y por el que se modifican los Reglamentos (CE) n°300/2008, (UE) n° 168/2013, (UE) n° 2018/858, (UE) 2018/1139 y (UE) 2019/2144 y las Directivas 2014/90/UE, (UE) 2016/797 y (UE) 2020/1828 (Reglamento de Inteligencia Artificial), que se puede consultar en chrome-extension://efaidnbmnnnibpcajpcglclefindmkaj/https://eur-lex.europa.eu/legal-content/ES/TXT/PDF/?uri=OJ:L_202401689 Recuperado el 16 de julio de 2024.

y uso de la inteligencia artificial en el marco de la Unión Europea, tal y como venían reclamando los expertos.

El propósito del Reglamento se centra en garantizar que los sistemas de inteligencia artificial desarrollados y utilizados en la Unión Europea sean seguros y respeten los derechos fundamentales y valores de la Unión.

Establece una clasificación de sistemas de inteligencia artificial basada en el riesgo que presentan.

Y, lo más relevante a los efectos del estudio que presentamos, el Reglamento no otorga finalmente personalidad jurídica a los sistemas de inteligencia artificial o a los robots, no se les reconoce como titulares de derechos y obligaciones.

El Reglamento no hace una referencia directa a los responsables en caso de que la inteligencia artificial cause daños a terceros, sí que impone una serie de obligaciones y cautelas a los diferentes proveedores de sistemas de inteligencia artificial (*vid.* Art. 16 y siguientes) y les considera responsables en caso de no seguir las directrices marcadas por el Reglamento. También realiza en el Considerando número 9 una remisión a las normas sobre responsabilidad por daños causados por productos defectuosos, sin desarrollo posterior de esta idea en el articulado.

Además, propone la creación de un Comité Europeo de Inteligencia Artificial y de autoridades nacionales que supervisen y garanticen el cumplimiento del Reglamento.

Vemos, por tanto, que queda abierta la cuestión acerca de quienes deben responder de los daños causados por los robots.

En nuestra opinión, es posible garantizar la cobertura de este riesgo sin necesidad de atribuir personalidad jurídica a los robots. El propietario del robot en cada caso debería tener la obligación de contratar un seguro de responsabilidad civil, responsabilidad que sería objetiva, similar a la del empresario.

Así el Considerando 4º del Reglamento Sobre Inteligencia Artificial señala que "El uso de la IA puede proporcionar ventajas competitivas esenciales a las empresas (...)", y también señala "La IA es un conjunto de tecnologías en rápida evolución que contribuye a generar beneficios económicos, medioambientales y sociales muy diversos en todos los sectores económicos y las actividades sociales." Por tanto, si la Inteligencia Artificial puede generar beneficios económicos a sus titulares estos deben asumir el riesgo objetivo de su puesta en marcha y de los daños que la misma pueda causar, del mismo modo que el empresario debe responder por los daños que cause el ejercicio de su empresa debido al beneficio que esta le puede reportar.

Esta tesis, parece avalada por la normativa definitiva de la Unión Europea, que en el Reglamento sobre Inteligencia Artificial no ha reconocido, finalmente, personalidad jurídica a los robots, a pesar de la recomendación que en 2017 realizó el Parlamento Europeo a la Comisión.

Esta teoría también se sustenta en el hecho de que los robots son cosas y a las cosas no se les debe atribuir personalidad en el sentido de que son objetos de derecho y no sujetos de derecho.

4. CONCLUSIONES

Con todo lo expuesto tenemos:

Personas físicas que en el pasado no tenían la condición de personas ni la atribución de personalidad: los esclavos.

Animales a los que se les ha modificado por ley su régimen jurídico, de manera que han dejado de ser cosas para pasar a ser seres dotados de sensibilidad y a los que se les ha atribuido derechos sin necesidad de reconocerles personalidad jurídica.

Un espacio natural, el Mar Menor, y por tanto cosa, al que, por ley, se le ha atribuido personalidad jurídica con la finalidad de reconocerle derechos de protección.

Los robots e inteligencias artificiales, cosas, respecto de las cuales surge la duda acerca de si se les debería atribuir personalidad jurídica propia con el fin de atribuirles, no derechos, sino obligaciones de responsabilidad civil.

Respecto de los animales, es acertada la norma al reconocerles el carácter de seres dotados de personalidad y ciertos derechos de protección sin atribuirles personalidad jurídica. De habérsele reconocido tal condición, no solo tendrían derechos, sino la posibilidad de tener obligaciones, lo que sería incoherente ya que los animales no podrían asumirlas al no poder ser conscientes de ellas.

En relación con los espacios naturales, concluimos que no es necesario dotarles de personalidad para asegurar su protección, esto supone reconocerles derechos y no se deben reconocer derechos a meros objetos, existen otras fórmulas de protección más adecuadas como la creación de asociaciones o fundaciones cuyo objeto sea la protección de estos espacios, que aporten recursos para su conservación y aboguen por el cumplimiento de las normas dictadas precisamente para el cuidado de estos espacios.

Además, el hecho de reconocer personalidad jurídica a los espacios naturales abre la posibilidad no solo de que puedan ser receptores de derechos, sino también sujetos de obligaciones, de las que por sí mismos no podrían responder, de la misma manera que no pueden hacerlo los animales, ya que carecen de voluntad propia y la voluntad es el elemento esencial de las relaciones jurídicas.

En cuanto a los robots: ¿es posible reconocer personalidad jurídica a un objeto, a un robot? Definitivamente, sí, de hecho, lo demuestra la Ley que atribuye personalidad jurídica a un espacio natural, a pesar de su posible inconstitucionalidad, pues reconoce personalidad jurídica a un objeto.

La atribución de personalidad jurídica a los robots obedecería a una cuestión de utilidad: que la máquina pudiera responder por los daños que en su caso pueda causar.

Sin embargo, ¿es necesario atribuir personalidad jurídica a los robots?

Los robots son cosas en la medida en que no pueden compararse con las personas físicas pues carecen de un sustrato biológico, no tienen inteligencia real, sino simulada, no tienen autonomía propia, sino que su pretendida autonomía viene dada por su creador, que en última instancia podría desconectarlos, y carecen de dignidad, que solo está reconocida en el artículo 10 de la Constitución a las personas.

Tampoco son asimilables a las personas jurídicas pues no tienen un sustrato personal ni patrimonial y carecen de reconocimiento por parte del Estado.

Además, carecen de voluntad propia innata por lo que no pueden ser parte en relaciones jurídicas.

Por todos estos motivos entendemos que, pese a que el legislador podría reconocer personalidad jurídica a los robots, no debería hacerlo, pues la utilidad que reportaría este hecho puede salvarse por otros medios, a saber: que sea el propietario del robot el que responda de manera objetiva y esté obligado a contratar un seguro de responsabilidad civil. Además, reconocerles personalidad podría implicar reconocerles también derechos y reiteramos que no se debe reconocer derechos a las cosas.

5. BIBLIOGRAFÍA

Álvarez Carreño, S.M. (2022). "Derecho y Políticas Ambientales de la Región de Murcia (Primer semestre 2022)". *Revista catalana de Dret ambiental*, (1.Vol XIII), 1-29.

Anguita Ríos, R.M. (2020). "Inteligencia artificial y Derecho civil: líneas de pensamiento en materia de daños". *Revista Crítica de Derecho Inmobiliario*, (781), 2541-2581.

Barrio Andrés, M. (2018). "Hacia una personalidad electrónica de los robots". *Revista de Derecho Privado*, (2), 89-107.

Barrio Andrés, M. (2019). "Los principios generales del derecho de los robots". *Derecho de los Robots*. La Ley (2ª Ed.). 117-144.

Bercovitz Rodríguez-Cano, R. (2022). "Cosas, bienes y animales". *Cuadernos de Derecho Privado,* (2), 2-7.

Calo, R. (2016). "Robots as Legal Metaphors". *Harvard Journal of Law and Technology,* (30), 2019-237.

Castán Tobeñas, J. (1961). "Humanismo y Derecho". *Revista General de Legislación y Jurisprudencia,* (211), 419-470.

Cerdeira Bravo de Mansilla, G. (2024). "¿Humanizar o personificar? Inteligencia artificial y fundaciones robóticas". *Actualidad Civil,* (3). https://legalteca.aranzadilaley.es/my-reader/SMTA5500_00000000_20240301000000030000?fileName=content%2FCOVER.HTML&location=pi-1&searchHighlight=%C2%BFhumanizar%20o%20personificar%3F Recuperado 6 de mayo de 2024.

Chávez Valdivia, A.K. (2020). "Rediseñando la titularidad de las obras: inteligencia artificial y robótica". *Revista Chilena de Derecho y Tecnología,* (vol.9, 2), 153-185.

Checa Prieto, S. (2022). "¿Estamos caminando hacia el reconocimiento de la personalidad jurídica a los robots en la Unión Europea?". *Revista Universitaria Europea,* (37), 17-72.

Cossío, A. (1954). "Hacia un nuevo concepto de la persona jurídica". *Anuario de Derecho Civil,* (3), 623-654.

De Prada, M. y Muesmann, M. (2015). "Una visión de la capacidad jurídica de la mujer desde el Derecho Romano". *Anuario Jurídico Villanueva,* (9), 203-228.

Díaz Alabart, S. (2018). "Robots y responsabilidad civil". *Los robots y el Derecho.* Reus. 99-114.

Díaz Calvarro, J.M. (2021). "El robot como contribuyente. Reflexión sobre la personalidad jurídica digital". *Anuario de la Facultad de Derecho. Universidad de Extremadura,* (37), 51-73.

Diez-Picazo, L. y Gullón, A. (2016). *Sistema de Derecho Civil. Parte general del Derecho Civil y personas jurídicas.* Tecnos.

Ercilla, J. (2018). "Aproximación a una personalidad jurídica específica para los robots". *Revista Aranzadi de Derecho y Nuevas Tecnologías,* (47). https://proview-thomsonreuters-com.eu1.proxy.openathens.net/title.html?redirect=true&titleKey=aranz%2Fperiodical%2F106943754%2Fv20180047.7&titleStage=F&titleAcct=i0ace3e3400000149d249b47d7cd542cb#sl=p&eid=09076ba30eb8b98663c126e407661168&eat=1_index&pg=RR-6.1&psl=&nvgS=true&tmp=748 Recuperado el 9 de julio de 2024.

García Sánchez, M.L. (2020). "Inteligencia artificial y oportunidad de creación de una personalidad electrónica". *Ius et Sciencia*, (2), 83-95.

Gómez Salado, M.A. (2018). "Robótica, empleo y seguridad social. La cotización de los robots para salvar el actual estado del bienestar". *Revista internacional y comparada de relaciones laborales y derecho del empleo*, (3), 139-171.

Iglesias, J. (1997). *Derecho Romano. Historia e instituciones*. Ariel Derecho.

Lacruz Mantecón, M.L. (2023). "Yo, Robot: ¿Puede un robot tener personalidad jurídica? *Revista General de Legislación y Jurisprudencia*, (4), 629-658.

Macanás, G. (2023). "Bases para la personalidad jurídica de los entes no humanos". *Derecho Privado y Constitución*, (43), 11-52.

Martínez Dalmau, R. (2023). "Una laguna con derecho a existir. La naturaleza como sujeto de derechos y el reconocimiento de la personalidad jurídica del Mar Menor". *UNED. Teoría y Realidad Constitucional*, (52), 357-375.

Mugas Acosta, P.E. (2022). "El robot inteligente y su categorización jurídica". *Revista Blockchain de inteligencia artificial*, (4), 29-46.

Otálora Cortés, R. y Poveda Peña, R. (2009). "Incidencia del sexo en la construcción de la construcción de la condición jurídica de la persona". *Revista Diálogos de Saberes*, (30), 149-164.

Pestaña Ruiz, C. (2016). "Evolución jurídica de la mujer casada en el sistema matrimonial español de la época preconstitucional", (16), en línea: https://revistaselectronicas.ujaen.es/index.php/rej/article/view/3210 Recuperado el 24 de junio de 2024.

Rivera Fernández, M. y Hornero Méndez, C. (Coords.) (2022). *Fundamentos de Derecho Privado*. Tecnos.

Rogel Vide, C. (2017). "Personas, animales y androides". *Revista General de Legislación y Jurisprudencia*, (4), 681-693.

Rogel Vide, C. (2018). "Robots y personas". *Revista General de Legislación y Jurisprudencia*, (1), 79-90.

Rogel Vide, C. (2022). "¿Lagunas como sujetos de derechos? – El Mar Menor y la Ley 19/2022-". *Revista General de Legislación y Jurisprudencia*, (4), 713-728.

Rojo Gallego-Burín, M. (2020). "Los fundamentos históricos del sistema jurídico *versus* la personalidad electrónica de los robots. *Revista jurídica de Castilla y León*, (52), 7-30.

Sánchez-Cabezudo Rina,T.M. (2021). "Derechos de la mujer: de la República a la Dictadura, pasando por la Guerra Civil". *Cuadernos de investigación histórica*, (38), 133-150.

Volodsky Iturburu, S.M. (2022). "El esclavo en el Tratamiento Jurídico Romano: ¿Persona?". *Revista de Derecho Romano "Pervivencia"*, (Ed. Especial), en línea: https://ar.ijeditores.com/pop.php?option=articulo&Hash=296a0e-6bef39de7d5c7d0e8f8880a8a6 Recuperado el 20 de junio de 2024.

Capítulo 8

Hacia la humanización de la administración pública digital: especial referencia a la obligación de relacionarse electrónicamente con la administración y la cita previa obligatoria electrónica[1]

Elena Juaristi -Besalduch[2]
Universidad Cardenal Herrera-CEU, CEU Universities

SUMARIO: 1. Introducción. La digitalización del sector público español: efectos positivos y negativos 2. La extensión de la obligación de relacionarse electrónicamente con las Administraciones Públicas 2.1 Fundamentación jurídica de la obligación de relacionarse electrónicamente con las Administraciones Públicas 2.2 Problemas derivados de la obligación de relacionarse electrónicamente con las Administraciones Públicas y reciente jurisprudencia al respecto 3. La imposición de la cita previa obligatoria electrónica 4. Conclusiones y propuestas de mejora 5. Referencias bibliográficas. Jurisprudencia y normativa.

---

1   Esta contribución se encuadra en el proyecto I+D+i Referencia 2021-124969NB-100, financiado por el MCIN/AEI/10.13039/501100011033/ y "FEDER Una manera de hacer Europa".

2   Profesora Adjunta, Departamento de Ciencias Jurídicas, Facultad de Derecho, Empresa y Ciencias Políticas, Universidad Cardenal Herrera-CEU, CEU Universities, Calle Luis Vives 1, 46115 Alfara del Patriarca, Valencia, España.

Resumen: Nos encontramos ante un proceso imparable de digitalización de las Administraciones Públicas en el que, en muchas ocasiones, en aras de alcanzar una mayor eficiencia, eficacia, agilidad, simplificación y economía en su funcionamiento, los principios de legalidad y seguridad jurídica, así como los derechos y garantías de los ciudadanos frente a la Administración quedan supeditados a los primeros. En este proceso, las Administraciones Públicas pierden de vista su razón de ser, su vocación fundamental de servicio al interés general y a los ciudadanos, se deshumanizan.

Ello genera situaciones de vulnerabilidad e indefensión de los ciudadanos ante las administraciones, especialmente en el caso de aquellos colectivos que no cuentan con las aptitudes y medios suficientes para poder relacionare electrónicamente con la Administración. El presente capítulo expone y analiza algunas de las circunstancias en las que se producen estas situaciones como la extensión de la obligación de relacionarse electrónicamente con la Administración; y la obligación de solicitar cita previa electrónica para la presentación de solicitudes o la realización de ciertos trámites presenciales. El carácter garantista y protector con los derechos de los ciudadanos de la jurisprudencia más reciente nos permite vaticinar el inicio de una nueva etapa hacia la humanización de la Administración.

Palabras clave: Administración electrónica, digitalización, indefensión administrativa, cita previa obligatoria.

1. INTRODUCCIÓN. LA DIGITALIZACIÓN DEL SECTOR PÚBLICO ESPAÑOL: EFECTOS POSITIVOS Y NEGATIVOS

A lo largo de las dos últimas décadas la sociedad se ha visto sumida en un proceso de transformación hacia la digitalización global que poco a poco ha ido impregnado prácticamente cada uno de los ámbitos en los que el ciudadano se desenvuelve. Ello le ha obligado al empleo de la tecnología, con independencia de sus condiciones y circunstancias (económicas, sociales, culturales o formativas), tanto para cumplir obligaciones como para acceder a servicios (y derechos) de carácter público como privado. Así se impone, en muchas ocasiones, en el ámbito sanitario (fuimos testigos de la dificultad de recibir la comunicación relativa a la cita de vacunación COVID por aquellas personas que no poseían un teléfono inteligente), educativo (seleccionar el centro educativo para nuestros hijos), asistencial (solicitar ayudas diversas), bancario, así como para cumplir con ciertas obligaciones tributarias o con la Seguridad Social.

Esta digitalización de la sociedad, en aras de una mayor eficacia, eficiencia y economía de los procesos, de los recursos y del tiempo, presenta como una de sus principales desventajas el acrecentamiento de la brecha digital y el aislamiento progresivo de aquellos colectivos más vulnerables (por razón de su edad, nivel cultural o económico). Estas personas pueden ver limitado su acceso a servicios fundamentales o derechos básicos.

Hace varias décadas que el sector público español inició su proceso de transformación tecnológica con el objetivo de simplificar y agilizar los trámites con el fin de caminar en la dirección fijada por los principios de eficacia, eficiencia, celeridad de las Administraciones Públicas. La Ley 30/1992, de 26 de noviembre, de Régimen Jurídico de las Administraciones Públicas y del Procedimiento Administrativo Común (en adelante LRJPAC)[3] ya fue consciente del impacto de las nuevas tecnologías en las relaciones administrativas, sin embargo, fue la Ley 11/2007, de 22 de junio, de acceso electrónico de los ciudadanos a los Servicios Públicos (en adelante LAECSP)[4], la que impulsó fuertemente este proceso de digitalización. Esta norma justificó este proceso en el principio

---

3   Ley 30/1992, de 26 de noviembre, de Régimen Jurídico de las Administraciones Públicas y del Procedimiento Administrativo Común. BOE núm. 285 de 27 de noviembre de 1992.

4   Ley 11/2007, de 22 de junio, de acceso electrónico de los ciudadanos a los Servicios Públicos. BOE núm. 150 de 23 de junio de 2007.

de eficacia proclamado en el artículo 103 de nuestra Constitución y argumentó que las Administraciones debían comprometerse con su época y ofrecer a sus ciudadanos las ventajas y posibilidades que la sociedad de la información tiene, asumiendo su responsabilidad de contribuir a hacer realidad la sociedad de la información. Esta ley dio carta de naturaleza legal a las nuevas tecnologías en las relaciones administrativas al establecer el derecho de los ciudadanos a relacionarse electrónicamente con las Administraciones Públicas, así como la obligación de éstas de dotarse de los medios y sistemas necesarios para que ese derecho pudiera ejercerse.

El siguiente y fundamental hito lo encontramos en la Ley 39/2015, de 1 de octubre, de Procedimiento Administrativo Común de las Administraciones Públicas[5] que trató de dar respuesta a la dispersión normativa existente al respecto y sistematizar toda la regulación relativa al procedimiento administrativo, clarificando e integrando el contenido de la LRJPAC y la LAECSP y profundizando en la agilización de los procedimientos con un pleno funcionamiento electrónico. En ella se explicaba que este modo de proceder debía constituir la actuación habitual de las Administraciones, en aras no solo de servir mejor a los principios de eficacia y eficiencia sino de reforzar las garantías de los interesados. La duda que se nos plantea es si ello se ha logrado, si esta transformación ha supuesto un verdadero refuerzo de estas garantías del administrado o si, por el contrario, ha supuesto una merma de éstas. En definitiva, si la digitalización de los procesos está conllevando una deshumanización de la Administración en la que ni se asiste, ni se asesora ni se auxilia al ciudadano.

La digitalización de la Administración presenta innumerables ventajas como la simplificación de trámites, la agilización de los procedimientos administrativos, el aumento de la accesibilidad a información y documentación, la posibilidad de presentación de solicitudes y documentos en cualquier momento, las respuestas automatizadas

---

5   Ley 39/2015, de 1 de octubre, de Procedimiento Administrativo Común de las Administraciones Públicas. BOE núm. 236 de 2 de octubre de 2015.

o el ahorro económico y de tiempo[6]. En última instancia, de acuerdo con Cerrillo este proceso permite *"la mejora del bienestar, la igualdad y el desarrollo y la seguridad de las personas y permite fortalecer la calidad, la eficacia y la sostenibilidad de los servicios públicos"*[7]. Este cambio contribuye a la aproximación del ciudadano y la Administración a través de la creación de nuevos canales de comunicación y, en consecuencia, una mayor garantía del derecho de acceso a la información pública, un incremento de la participación ciudadana y la calidad y legitimidad democrática de las administraciones públicas.

Sin embargo, la Administración digital también conlleva importantes efectos adversos como, en primer lugar, el aislamiento de aquellos colectivos que no disponen de los recursos o conocimientos para poder acceder a ésta, con la consecuente limitación en el acceso a los servicios que ofrece y a los derechos que a través de esta vía garantiza. En el diseño e implantación de este proceso no siempre se ha tenido en cuenta al ciudadano, los medios y recursos de que dispone, su nivel de alfabetización digital, sus derechos y garantías. No se ha tenido en cuenta la situación específica de los colectivos más vulnerables, ni se han adoptado medidas correctoras para paliar esta situación desigual[8].

En segundo lugar, la Administración digital también adolece de problemas de seguridad, protección de datos y mal funcionamiento de las plataformas, lo que puede provocar situaciones que den lugar a inseguridad jurídica e indefensión de los interesados, como ocurre con las notificaciones electrónicas defectuosas o con los fallos informáticos que afectan a un sistema al formalizar una solicitud que inicia un procedimiento. En tercer lugar, esta nueva Administración colisiona, en muchas

---

6   Antúnez Sánchez, A. (2024). Comunicación presentada en el XVIII Congreso de la Asociación Española de Profesores de Derecho Administrativo, p.3.

7   Cerrillo i Martínez, A. (2022). "Presentación". En Cerrillo i Martínez, A. *La Administración Digital.* Dykinson.

8   Antúnez Sánchez, A. (2024). *op. cit.* p.2

ocasiones, con la falta de medios y recursos, así como de capacidades de su personal para el manejo de las herramientas que la implementan.

Este proceso resulta esencial para satisfacer el principio de buena Administración que proclama el art. 41 de la Carta de Derechos Fundamentales de la Unión Europea. Sin embargo, en muchas ocasiones la implementación de la Administración digital entra en colisión con los derechos y garantías que el ordenamiento jurídico reconoce a los ciudadanos en sus relaciones con la Administración (art.13 LPAC) y especialmente cuando en ellos concurre la condición de interesados (art.53 LPAC). En consecuencia, es necesario conciliar este proceso de digitalización con el respeto a las garantías y derechos de los ciudadanos a los que las Administraciones Públicas sirven. Es necesaria una reflexión al respecto puesto que en ningún caso el principio de legalidad y la vocación de servir al interés general (art. 103CE), propia de las Administraciones Públicas, manifestados en los derechos y garantías de los ciudadanos pueden quedar supeditados a los principios de eficacia y eficiencia materializados a través del proceso de digitalización.

A continuación, nos centraremos especialmente en el análisis de la problemática que plantea la extensión de la imposición de la obligación de relacionarse electrónicamente con la Administración y la imposición de la cita previa obligatoria electrónica.

2. LA EXTENSIÓN DE LA OBLIGACIÓN DE RELACIONARSE ELECTRÓNICAMENTE CON LAS ADMINISTRACIONES PÚBLICAS

2.1. Fundamentación jurídica de la obligación de relacionarse electrónicamente con las Administraciones Públicas

Últimamente podemos observar cómo cada vez son más las gestiones y trámites en los que el ciudadano, como persona física, se ve obligado a cursarlos electrónicamente sin alternativa posible. Ello puede suponer un obstáculo considerable para muchas personas, que con esfuerzo pueden superar, pero insalvable para muchas otras dejándolas en una situación de abandono e indefensión frente a la Administración. En consecuencia, cabe preguntarse si esta práctica respeta los derechos de los ciudadanos con todas sus garantías[9].

A priori, la Ley 39/2015, de 1 de octubre, de Procedimiento Administrativo Común de las Administraciones Públicas no pretendía imponer de manera extensiva la obligación de relacionarse electrónicamente con la Administración[10]. El artículo 14.1 prevé que "[l]as *personas físicas podrán elegir en todo momento si se comunican con las Administraciones Públicas para el ejercicio de sus derechos y obligaciones a través de medios electrónicos o no, salvo que estén obligadas a relacionarse a través de medios electrónicos con las Administraciones Públicas*". De este modo, la ley establece el derecho general de las personas físicas a relacionarse presencialmente con las Administraciones, sin embargo, en la práctica se observa cómo en muchas ocasiones tal posibilidad de elección no queda garantizada ya que la norma permite que este derecho pueda verse exceptuado por dos motivos[11].

---

9   Sánchez Lamelas, A. (2023). La reciente jurisprudencia sobre la obligación de utilizar medios electrónicos en las relaciones administrativas". *Revista de Administración Pública*, (220), pp. 183-217.

10   Antúnez Sánchez, A. (2024). *op.cit.*, p.3.

11   Fondevila Antolín, J. (2021). "La obligación de utilización de medios electrónicos en los procesos selectivos: ciudadanos o súbditos". *Revista Vasca de Gestión de Personas y Organizaciones Públicas*, (8), p.90-91. Véase también: Martín Delgado, I. (2017). "Una panorámica general del impacto de la nueva Ley de procedimiento administrativo común en las relaciones de los ciudadanos con la administración pública". En Martin Delgado (Dir.). *La Reforma de la administración electrónica: una oportunidad para la innovación desde el derecho*. INAP; Uríos Aparisi, X. (2017). "Consideraciones Generales sobre la reforma de la administración electrónica". En Martin Delgado (Dir.). *La Reforma de la administración electrónica: una oportunidad para la innovación desde el derecho*. INAP.

En primer lugar, este derecho se ve exceptuado en los supuestos que contempla el apartado 2 de este precepto donde se enumeran una serie de sujetos obligados a relacionarse electrónicamente con la Administración en todo caso[12]. En segundo lugar, por la aplicación del apartado 3 en el que se contempla la posibilidad de exceptuar este derecho mediante una disposición reglamentaria para determinados procedimientos y para determinados colectivos que, por razón de su capacidad económica, técnica, dedicación profesional u otros motivos quede acreditado que tienen acceso y disponibilidad de los medios electrónicos necesarios.

Esta última excepción plantea dos problemas, uno de justificación y otro de acreditación. Por una parte, la Administración fundamenta esta imposición en el hecho de que el artículo 12 le obliga a asistir en el uso de medios electrónicos a los interesados. Sin embargo, debemos saber que esta obligación no aplica cuando se trata de aquellos sujetos obligados a relacionarse electrónicamente con la Administración, por lo que dicha justificación dejaría de tener sentido. De hecho, estos sujetos serían los que mayor asistencia requerirían debido al carácter impuesto

---

12 El apartado 2 del artículo 14 recoge el listado de aquellos sujetos que únicamente estarán, en todo caso, obligados a hacerlo Artículo 14.2.: *En todo caso, están obligados a relacionarse a través de medios electrónicos con las administraciones públicas para efectuar cualquier trámite de un procedimiento administrativo, al menos, los sujetos siguientes: a) Las personas jurídicas; b) Las entidades sin personalidad jurídica; c) Los que ejerzan una actividad profesional para la cual se requiera la colegiación obligatoria, para los trámites y actuaciones que lleven a cabo con las administraciones públicas en ejercicio de la actividad profesional mencionada. En todo caso, dentro de este colectivo se entienden incluidos los notarios y registradores de la propiedad y mercantiles; d) Los que representen a un interesado que esté obligado a relacionarse electrónicamente con la Administración; e) Los empleados de las administraciones públicas para los trámites y actuaciones que efectúen con ellas en razón de su condición de empleado público, tal como determine reglamentariamente cada Administración.*

de esta vía. Por otra parte, en muchas ocasiones, las disposiciones reglamentarias a través de las que se impone esta obligación no justifican o acreditan que los colectivos afectados cuentan con las capacidades y medios mencionados en el precepto.

En relación con este último supuesto, cabe hacer referencia a la sensibilidad mostrada por la jurisprudencia en la sentencia del TSJ del País Vasco 66/2024[13] en la que se declaró la nulidad del inciso del artículo 5.10.i) de la Orden Foral de Sostenibilidad y Medio Natural de la Diputación Foral de Bizkaia, 4315/2022, de 5 de julio[14], en el que se establecía como único medio de comunicación de los cazadores con la Administración foral una aplicación informática. La Sala consideró, en relación con este colectivo, que *"no se determina un colectivo hábil como tal, y, sin que sea preciso indagar ahora sobre el perfil sociológico de los participantes en esa modalidad tradicional de caza, con alta probabilidad, incluye a personas del medio rural y de cierta edad"* y que no quedaba acreditado que dicho colectivo contara con acceso y disponibilidad de los medios electrónicos por los que, en consecuencia, declaró la nulidad del citado inciso. Vemos aquí cómo la falta de acreditación suficiente puede dar lugar a la nulidad de la exigencia reglamentaria.

También debemos referirnos a la sentencia STS 953/2023, de 11 de febrero[15] en la que éste establece que.

> *"[N]o es ajustada a Derecho la imposición a los obligados tributarios de relacionarse electrónicamente con la Administración, recogida en la Orden HAC/277/2019, de 4 de marzo, pues se establece de manera general para todos los obligados tributarios sin determinar los supuestos y condiciones que*

---

13   STSJ País Vasco 66/2024 de 16 de febrero (TOL10.065.765).

14   Orden Foral 4315/2022, de 5 de julio, de la diputada foral de Sostenibilidad y Medio Natural, por la que se fija la normativa que regula la caza de la paloma y zorzales migratorios en las líneas de pase ordenadas en el Territorio Histórico de Bizkaia en la temporada cinegética 2022/2023. BOB núm. 134, de 14 de julio de 2022.

15   STS 953/2023 de 11 de febrero (TOL9.657.738).

justifiquen, en atención a razones de capacidad económica, técnica, dedicación profesional u otros motivos, que se imponga tal obligación, que constituye una excepción al derecho de los ciudadanos a ejercer sus derechos y cumplir con sus obligaciones a través de técnicas y medios electrónicos, informáticos o telemáticos con las garantías y requisitos previstos en cada procedimiento, reconocido en el art. 96.2 LGT".

La posibilidad prevista en el artículo 14.3, en virtud de la cual puede extenderse ampliamente la obligación de relacionarse electrónicamente con la Administración, puede actuar como una importante barrera en la relación de los administrados con las Administraciones Públicas, en su acceso a la solicitud de ayudas, prestaciones y derechos, por lo que requiere de una aplicación e interpretación restrictiva con el fin de proteger los derechos y garantías de los ciudadanos.

2. PROBLEMAS DERIVADOS DE LA OBLIGACIÓN DE RELACIONARSE ELECTRÓNICAMENTE CON LAS ADMINISTRACIONES PÚBLICAS Y RECIENTE JURISPRUDENCIA AL RESPECTO

Son numerosos y diversos los problemas que pueden surgir al relacionarse electrónicamente con la Administración por lo que ni aquellos sujetos que cuenten con todos los medios y competencias digitales tendrían asegurada la finalización correcta de su trámite. En muchas ocasiones nos encontramos con limitaciones de tamaño de archivos, limitaciones en cuanto al formato exigido, fallos en el sistema que provocan la imposibilidad de comenzar o continuar con la tramitación, errores en la notificación...[16]. Todas estas situaciones, que requieren de mejora, dejan al ciudadano en una situación de abandono e indefensión a la que desde el ordenamiento jurídico se debería dar respuesta.

---

16   Antúnez Sánchez, A. (2024). *op.cit.*, p.4.

Una de las situaciones que genera gran indefensión es la provocada por las notificaciones electrónicas[17], especialmente entre los administrados obligados a recibirlas. Cabe referirnos a los fallos en los accesos a las mismas, la obligación exorbitada de acceso al buzón electrónico diaria que generan en el ciudadano o la problemática derivada de la regulación de los avisos complementarios que la Ley 39/2015 prevé en su artículo 41.

Gamero identifica tres circunstancias que contribuyen a la disminución de las garantías de los derechos de aquellos obligados a relacionarse por medios electrónicos en relación con la notificaciones: por una parte, la generación de oficio de direcciones electrónicas en las que se depositan notificaciones que se entienden rechazas sin no se accede a las mismas en el plazo de 10 días; la existencia de múltiples direcciones electrónicas y sistemas de notificación lo que genera una gran complejidad e inseguridad; así como la imposibilidad de designar un dispositivo o medio convencional en el que recibir los avisos[18]. El acceso a una notificación puede que resulte algo sencillo para quien lo realizan diariamente como gestión habitual propia de su trabajo, pero no lo resulta, en absoluto, para quien ha de realizarlo eventualmente por verse obligado a ello al tratarse de un trámite que únicamente puede efectuarse electrónicamente.

---

17   Fondevila Antolín, J. (2016). "Una aproximación al nuevo régimen jurídico de las Notificaciones Administrativas en la Ley 39/2015 LPACAP". *Actualidad Administrativa*, (2).

18   Gamero Casado, E. (2020). "La Administración Electrónica en la Carta". En Cerrillo, A., Gamero, E. et al. *Carta de Derechos digitales y sector público: propuestas de mejora*. Ministerio de Asuntos Económicos y Transformación Digital, p.14. https://www.crisisycontratacionpublica.org/archives/14803 Recuperado el 15 de septiembre de 2024

Algunos de estos aspectos podían haber sido paliados a través del Real Decreto 203/2021[19], sin embargo, sus mejoras se caracterizaron por su carácter limitado[20]. Cabe hacer referencia al impulso que realizó hacia la unificación de la Dirección Electrónica Habilitada con el fin de corregir la dispersión de lugares en los que se puede ser notificado, así como una mejora importante en la regulación del derecho de subsanación en su artículo 14.1.

Tal y como señala Cotino, el derecho a la relación electrónica debe respetar los principios de seguridad jurídica y confianza legítima del ciudadano, debe garantizarle poder desarrollar su tramitación electrónica de manera completa, supone una configuración adecuada del servicio, así como un deber de asistencia a la ciudadanía ante errores de diseño o técnicos que dificulten o impidan la gestión o relación con la Administración [21].

Si nos aproximamos a la jurisprudencia más reciente en este ámbito, podemos observar en ella un atisbo de humanidad al abordar algunos supuestos en los que el ciudadano se ha visto desprotegido frente a la Administración en procedimientos en los que la única opción que tenía era la tramitación electrónica. En este sentido, podemos mencionar la sentencia del Tribunal Supremo 39/2024, de 15 de enero de 2024[22] en la que se aborda el caso relativo a la exclusión de un interesado de un

---

19   Real Decreto 203/2021, de 30 de marzo, por el que se aprueba el Reglamento de actuación y funcionamiento del sector público por medios electrónicos. BOE núm. 77, de 31 de marzo de 2021.

20   Cotino Hueso, L. (2021). "El nuevo reglamento de Administración electrónica, que no innova en tiempos de transformación digital". *Revista Catalana de Dret Públic*, (63), p. 123.

21   Cotino Hueso, L. (2021). "La preocupante falta de garantías constitucionales y administrativas en las notificaciones electrónicas". *Revista General de Derecho Administrativo*, (57), p.2.

22   STS 39/2024 de 15 de enero (TOL9.845.794). Esta sentencia sigue la línea de la STS 762/2021 de 31 de mayo de 2021 (TOL8.454.669).

procedimiento competitivo por no constar el registro y firma de su solicitud por vía telemática, pese a haber abonado la tasa. En ella el tribunal reconoce el derecho a la subsanación y mejora de la solicitud (art.68 Ley 39/2015) pese a que la Administración en cuestión argumenta que dicho derecho no puede aplicarse por entender que en dicho caso no existe presentación de solicitud. La Sala establece que *"la Administración no puede fundar sus actos desfavorables para los particulares en la mera falta de pericia de estos para el manejo de medios telemáticos. Debe, por el contrario, demostrar que ha hecho lo razonablemente posible para facilitarles el correcto uso de los mismos, así como la subsanación de errores y omisiones"*. El tribunal exige a las Administraciones Públicas no sólo la asistencia y apoyo al ciudadano con el fin de garantizar el éxito del trámite electrónico, sino que le atribuye la carga de la prueba al tener que demostrar que ello ha sido así.

Esta misma línea viene siendo observada en Tribunales Superiores de Justicia, como el de Asturias en la STSJ Asturias 841/2023, 25 de Julio de 2023[23] en la que se señala la *"necesidad de evitar la indefensión de los interesados en este tipo de procedimientos masivos en los que, siendo innegable la necesidad de automatizar los trámites, ha de hacerse con escrupuloso respeto a los derechos que a los ciudadanos les reconoce la Ley 39/2015"*. Vemos cómo la Sala subordina la eficacia y la agilidad de la tramitación a los derechos de los ciudadanos en el procedimiento, evitando que estos se deterioren como consecuencia del referido proceso de automatización.

También la sentencia del TSJ de Castilla y León 126/2019[24] en la que la Sala se erige garante de los derechos de la ciudadanía y concluye, en relación que el proceso de digitalización de las Administraciones Públicas, que *"el ciudadano no puede, sin razón bastante, salir perjudicado por el cambio, sino, en todo caso, favorecido por ello; el sentido de la reforma*

---

23   STSJ Asturias 841/2023, de 25 de julio (TOL9.685.424). Esta sentencia la interpretación mantenida en la STSJ Asturias 937/2022, 23 de noviembre (TOL9.317.449).

24   STSJ Castilla y León 126/2019 de 6 de febrero de 2019 (TOL7.143.094)

de la administración no puede ser favorecer a la misma a costa de imponer un rigor formalista excesivo a los ciudadanos".

Podemos observar en las anteriores sentencias cómo se establece que la regulación existente en esta materia debe ser interpretada de acuerdo con el principio de buena Administración y bajo el principio de interpretación favorable al administrado electrónicamente con el fin de paliar la situación de inseguridad, incertidumbre e indefensión en la que queda éste en algunas circunstancias[25]. Estas referidas situaciones pueden suponer la vulneración de aquellos derechos, como el derecho a la libre elección de centro, el derecho a una vivienda digna, el derecho recibir una subvención, a los que el procedimiento electrónico sirve de manera instrumental. Si el instrumento adolece de fallos impide alcanzar el derecho ulterior y principal.

3. LA IMPOSICIÓN DE LA CITA PREVIA OBLIGATORIA ELECTRÓNICA

La obligación de contar con una cita previa electrónica para poder acceder a la tramitación presencial de muchas gestiones, pese a no tratarse de ciudadanos obligados a relacionarse electrónicamente con la Administración, consiste en una práctica muy extendida a partir de la pandemia de Covid[26]. El problema radica en que en muchas ocasiones los ciudadanos no cuentan con aptitudes o recursos suficientes para acceder a los medios electrónicos que facilitan la cita y, en otras, las plataformas informáticas fallan y dificultan su obtención. Todo ello deja al ciudadano medio en una posición de abandono e indefensión[27].

---

25   Cotino Hueso, L. (2021). *op. cit.* p.4.

26   Antúnez Sánchez, A. (2024). Comunicación presentada en el XVIII Congreso de la Asociación Española de Profesores de Derecho Administrativo.

27   Lavilla Rubira, J.J. (2023). "Régimen de relación de los ciudadanos en una administración digital: notificaciones electrónicas y cita previa". En Castillo,

Esta imposición obliga indirectamente a relacionarse electrónicamente con la Administración a personas a quienes la ley no obliga a ello, por lo que nos encontraríamos también ante una exigencia que carece de fundamentación legal y una vulneración del principio de legalidad por parte de las Administraciones Públicas.

En favor de esta medida encontramos el Informe sobre el funcionamiento del sistema de cita previa en la Agencia Estatal de Administración Tributaria y propuestas para su mejora[28] elaborado por el Consejo para la Defensa del Contribuyente en el que se justifica el empleo y legalidad de esta medida, se argumenta su imprescindibilidad, aunque se manifiesta que goza de margen de mejora. En él se menciona la necesidad de una asignación más eficiente de citas con el fin de reducir los plazos de espera; la realización de un estudio dirigido a detectar nuevos trámites que, debido a su urgencia, deban ser excluidos del sistema de cita previa; y la realización de una campaña de difusión de la atención disponible para las personas excluidas del sistema de cita previa, como son los mayores de 65 años.

El Defensor del Pueblo, sin embargo, en su informe de 2022 disponía que el sistema de atención ciudadana mediante cita previa responde a criterios de racionalidad y eficacia, sin embargo, *"la brecha digital genera personas vulnerables digitalmente"* por lo que los medios electrónicos en el funcionamiento administrativo deben ser concebidos únicamente como un *"canal alternativo, no excluyente ni obligatorio, de las relaciones con las Administraciones Públicas"*. Este informe recuerda el principio de

---

S., Castillo, F y otros (Coords.). *Nuevas fórmulas de prestación de servicios en la era digital*. Dykinson, p.524.

28   Consejo para la Defensa del Contribuyente (2023). *Informe sobre el funcionamiento del sistema de cita previa en la Agencia Estatal de Administración Tributaria y propuestas para su mejora*, p. 3. https://www.fiscal-impuestos. com/sites/fiscal-impuestos.com/files/informe-cita-previa.pdf Recuperado el 20 de septiembre de 2024.

accesibilidad consagrado en el artículo 2 del Real Decreto 203/2021[29] en virtud del cual *"se ha de garantizar que el diseño de los servicios electrónicos respete la igualdad y no discriminación en el acceso de los usuarios, en particular, de las personas con discapacidad y de las personas mayores"*. El Defensor del Pueblo concreta que *"[s]i el ciudadano que necesita dirigirse a la Administración no encuentra accesible el servicio electrónico, por sus concretas condiciones personales, debe estar garantizado que reciba una atención presencial si así lo demanda, en la correspondiente oficina administrativa"*.

En este sentido, también es reseñable la resolución del Síndic de Greuges de Catalunya del expediente AO-00164/2022, relativa a la cita previa como requisito para ser atendido en las administraciones catalanas, donde este afirma que:

> *"Si la cita previa es obligatoria y, además, debe concertarse por vía electrónica –como único canal, porque así está previsto o porque el resto de opciones están saturadas o requieren más tiempo–, en la práctica se está impidiendo, o dificultando, el acceso a la atención presencial a buena parte de la población".* [...]
> *"Pedir cita por teléfono suele ser complicado, por saturación de la línea, por lo que la vía electrónica suele ser el único canal operativo. Sin embargo, para concertar cita por vía electrónica hay que disponer de un dispositivo electrónico, de conexión a Internet y de ciertas habilidades tecnológicas. Esto incrementa la desigualdad entre las personas vulnerables desde el punto de vista social y tecnológico, y el resto de la sociedad. Además, también cabe tener en cuenta que, en los sistemas ofrecidos para pedir cita previa, a menudo no hay día y hora cercanos para los trámites presenciales, lo que puede comportar pérdidas de los derechos o prestaciones que deban solicitarse dentro de un plazo concreto"* [30].

---

29   Real Decreto 203/2021, de 30 de marzo, por el que se aprueba el Reglamento de actuación y funcionamiento del sector público por medios electrónicos. BOE núm. 77, de 31 de marzo de 2021.

30   Síndic de Greuges de Catalunya, Resolución del expediente AO-00164/2022 relativo a la cita previa como requisito para ser atendido en las administraciones catalanas, p. 4.

Vemos cómo se presenta esta imposición como limitadora de derechos y prestaciones, en concreto de aquellos que deben ejercerse en un plazo determinado. En este sentido es necesario prever medidas correctoras al respecto, tal y como se establece en la sentencia TSJ de Asturias 169/2023, de 17 de febrero[31]. En ella la Sala resuelve en defensa del administrado al que la Administración le facilitó una cita posterior a la finalización del plazo de que disponía para interponer una reclamación. En esta sentencia se observa cómo el Tribunal realiza una interpretación flexible de la norma, evitando así la indefensión efectiva del interesado. La Sala sostiene que:

"[...] a la *Administración le competía adoptar las medidas que evitasen situaciones de indefensión, bien advirtiendo del fatal efecto de la cita previa, en el supuesto de señalarse una fecha posterior al límite temporal; bien adoptando un acuerdo de interrupción del plazo entre la fecha que en la que se solicita la cita previa, y el de la cita fijada; o bien, interpretando como fecha a considerar la primera (la de la solicitud de la cita). Lo que no cabe acoger es que utilizándose una vía principal de acceso a un registro público, como es el del registro general, los interesados vean cercenados sus derechos, o se les obligue a utilizar otros medios alternativos, por la decisión unilateral de la Administración de fijar un sistema que limita el acceso presencial en las oficinas destinadas a la recepción de documentación"*.

Como respuesta a la situación descrita en la resolución del Síndic de Greuges catalán, la Administración de la Generalitat de Catalunya ha adoptado algunas medidas correctoras para paliar la brecha digital en el acceso a los servicios públicos. De esta manera, en el Modelo de atención ciudadana de la Administración de la Generalitat de Cataluña se prevé que *"la cita previa para acceder a los servicios y trámites de la Administración de la Generalitat y su sector público únicamente puede establecerse para mejorar la atención a la ciudadanía y en ningún caso puede tener un*

---

31   STSJ Asturias 169/2023 17 de febrero (TOL9.437.243).

carácter obligatorio". A ello añade que *"la ciudadanía debe poder concertar la cita previa por varios canales y, en todo caso, de forma presencial"*[32].

Sin embargo, debemos mencionar también como el TSJ de Aragón ha tenido la oportunidad de pronunciarse al respecto recientemente y, sin adentrase mucho en la cuestión, ha sostenido de manera contundente que *"[n]o vulnera de este modo el principio de buena administración la utilización de un sistema de cita previa on line, esté o no contemplado por norma alguna como obligatorio"*[33].

En consecuencia, consideramos que conviene regular el carácter no obligatorio de la cita previa electrónica, la posibilidad de su obtención a través de otros canales entre los que se contemple la obtención presencial, así como la previsión de medios y recursos para que dicha atención pueda ser real.

4. CONCLUSIONES Y PROPUESTAS DE MEJORA

En el presente capítulo se pone de manifiesto cómo parece vislumbrarse un giro tanto en el actuar de las Administraciones Públicas como de los tribunales hacia un comportamiento más sensible con el administrado y protector con sus derechos. Se observa cómo, en muchas ocasiones, los derechos y garantías de éstos (manifestación de los principios de legalidad, seguridad jurídica, confianza legítima o tutela judicial efectiva) ya no quedan supeditados a los principios de eficacia, eficiencia y celeridad.

---

32 Acuerdo del Govern GOV/146/2023, de 11 de julio, por el que se establece el Modelo de atención ciudadana de la Administración de la Generalitat de Cataluña y de su sector público y se adoptan varias medidas para luchar contra la brecha digital en el acceso a los servicios públicos. Diario Oficial de Cataluña núm. 8957, de 13 de julio de 2023.

33 STSJ Aragón 202/2024, 22 de mayo (TOL10.139.325).

Esta afirmación se corrobora tanto en aquellas situaciones en las que el ciudadano se ve obligado a relacionarse electrónicamente con las Administraciones Públicas, como en aquellos supuestos en los que se le obliga a solicitar electrónicamente cita previa para poder llevar a cabo alguna gestión de carácter presencial. En relación con las situaciones en las que los ciudadanos se ven obligados a relacionarse electrónicamente con la Administración, observamos cómo el TS en su sentencia 39/2024, de 15 de enero, realiza una interpretación extensiva del derecho a la subsanación y mejora de la solicitud; cómo el TSJ de Asturias en su sentencia 841/2023, de 25 de julio, dispone la subordinación de la eficacia a y la agilidad de los tramitación a los derechos de los ciudadanos en el procedimiento, evitando que estos disminuyan como consecuencia delos procesos de automatización; y cómo el TSJ de Castilla y León en su sentencia 126/2019, de 6 de febrero, establece que la transformación digital de las Administraciones Públicas se justifica siempre que persiga ofrecer un mejor servicio a la ciudadanía por lo que, en ningún caso, le debe perjudicar.

En relación con la extensión de la obligación de obtener cita previa obligatoria de manera electrónica, cabe referir sentencias como la del TSJ de Asturias 169/2023, de 17 de febrero en la que el tribunal realiza una interpretación flexible de la norma, evitando así la indefensión efectiva del interesado provocada por la obligación de solicitar cita previa. En esta línea se ha pronunciado también el Defensor del Pueblo quien argumenta que la solicitud obligatoria de cita previa puede resultar contraria al principio de accesibilidad.

A continuación, proponemos algunas mejoras a realizar en relación con aquellas situaciones de indefensión que se pueden dar como consecuencia de la imposición de una relación electrónica con la Administración con las derivadas situaciones en las se impone la solicitud electrónica de cita previa.

- La previsión legal de una ampliación de plazo obligatoria en aquellos procedimientos en los que se produzcan fallos de los sistemas electrónicos no imputables a los ciudadanos.

- La previsión en cada convocatoria de que en el caso de incidencia técnica que imposibilite el funcionamiento del sistema se concederá una ampliación de los plazos no vencidos.

- La garantía del derecho general de asistencia a cualquier ciudadano que se relacione electrónicamente con la Administración, con independencia de si lo hace obligatoria o voluntariamente. Desarrollo del contenido del derecho de asistencia previsto en los 12 y 13 b) de la Ley 39/2015 así como la previsión de recursos para que su prestación pueda ser real.

- Regulación del carácter no obligatorio de la cita previa electrónica posibilitando la obtención de atención presencial a través de otros canales alternativos, incluido el presencial. La regulación de que la cita previa pueda ser solicitada a través de diversos canales, también presencialmente.

- La previsión de medidas correctoras para paliar les efectos negativos que se puedan derivar de la excepcional obligación de solicitud de cita previa electrónica.

- La previsión de medios y recursos suficientes para que la atención presencial se pueda garantizar.

5. REFERENCIAS BIBLIOGRÁFICAS

Antúnez Sánchez, A. (2024). Comunicación presentada en el XVIII Congreso de la Asociación Española de Profesores de Derecho Administrativo.

Cerrillo i Martínez, A. (2022). "Presentación". En Cerrillo i Martínez. *La Administración Digital*. Dykinson.

Cotino Hueso, L. (2021). "El nuevo reglamento de Administración electrónica, que no innova en tiempos de transformación digital", *Revista Catalana de Dret Públic*, (63), pp. 118-136.

Cotino Hueso, L. (2021). "La preocupante falta de garantías constitucionales y administrativas en las notificaciones electrónicas". *Revista General de Derecho Administrativo*, (57).

Fondevila Antolín, J. (2016). "Una aproximación al nuevo régimen jurídico de las Notificaciones Administrativas en la Ley 39/2015 LPACAP". *Actualidad Administrativa*, (2).

Fondevila Antolín, J. (2021). "La obligación de utilización de medios electrónicos en los procesos selectivos: ciudadanos o súbditos". *Revista Vasca de Gestión de Personas y Organizaciones Públicas*, (8), pp.88-111.

Gamero Casado, E. (2020). "La Administración Electrónica en la Carta". En Cerrillo, A., Gamero, E. et al. *Carta de Derechos digitales y sector público: propuestas de mejora*. Ministerio de Asuntos Económicos y Transformación Digital. https://www.crisisycontratacionpublica.org/archives/14803 Recuperado el 15 de septiembre 2024.

LAVILLA RUBIRA, J.J. (2023). "Régimen de relación de los ciudadanos en una administración digital: notificaciones electrónicas y cita previa". En Castillo, S., Castillo, F y otros (Coords.). *Nuevas fórmulas de prestación de servicios en la era digital*. Dykinson, pp. 501-528.

Martín Delgado, I. (2017). "Una panorámica general del impacto de la nueva Ley de procedimiento administrativo común en las relaciones de los ciudadanos con la administración pública". En Martin Delgado (Dir.). *La Reforma de la administración electrónica: una oportunidad para la innovación desde el derecho*. INAP.

Sánchez Lamelas, A. (2023). LA reciente jurisprudencia sobre la obligación de utilizar medios electrónicos en las relaciones administrativas". *Revista de Administración Pública*, (220), pp. 183-217.

Uríos Aparisi, X. (2017). "Consideraciones Generales sobre la reforma de la administración electrónica". En Martin Delgado (Dir.). *La Reforma de la administración electrónica: una oportunidad para la innovación desde el derecho*. INAP.

Jurisprudencia y legislación

STS 762/2021 de 31 de mayo de 2021 (TOL8.454.669)

STS 953/2023 de 11 de febrero (TOL9.657.738).

STS 39/2024 de 15 de enero (TOL9.845.794)

STSJ Asturias 937/2022, 23 de noviembre (TOL9.317.449).

STSJ Asturias 169/2023 17 de febrero (TOL9.437.243).

STSJ Asturias 841/2023, de 25 de julio (TOL9.685.424).

STSJ Castilla y León 126/2019 de 6 de febrero (TOL7.143.094)

STSJ País Vasco 66/2024 de 16 de febrero (TOL10.065.765)

STSJ Aragón 202/2024 22 de mayo (TOL10.139.325).

Acuerdo del Govern GOV/146/2023, de 11 de julio, por el que se establece el Modelo de atención ciudadana de la Administración de la Generalitat de Cataluña y de su sector público y se adoptan varias medidas para luchar contra la brecha digital en el acceso a los servicios públicos. Diario Oficial de Cataluña núm. 8957, de 13 de julio de 2023.

Consejo para la Defensa del Contribuyente (2023). *Informe sobre el funcionamiento del sistema de cita previa en la Agencia Estatal de Administración Tributaria y propuestas para su mejora*. https://www.fiscal-impuestos.com/sites/fiscal-impuestos.com/files/informe-cita-previa.pdf Recuperado el 15 de septiembre de 2024.

Informe del Abogado del Estado Adjunto en Ministerio de Justicia-Gabinete del Abogado General del Estado, de 7 de mayo de 2019.

Ley 30/1992, de 26 de noviembre, de Régimen Jurídico de las Administraciones Públicas y del Procedimiento Administrativo Común. BOE núm. 285 de 27 de noviembre de 1992.

Ley 11/2007, de 22 de junio, de acceso electrónico de los ciudadanos a los Servicios Públicos. BOE núm. 150 de 23 de junio de 2007.

Ley 39/2015, de 1 de octubre, de Procedimiento Administrativo Común de las Administraciones Públicas. BOE núm. 236 de 2 de octubre de 2015.

Orden Foral 4315/2022, de 5 de julio, de la diputada foral de Sostenibilidad y Medio Natural, por la que se fija la normativa que regula la caza de la paloma y zorzales migratorios en las líneas de pase ordenadas en el Territorio Histórico de Bizkaia en la temporada cinegética 2022/2023. BOB núm. 134, de 14 de julio de 2022.

Real Decreto 203/2021, de 30 de marzo, por el que se aprueba el Reglamento de actuación y funcionamiento del sector público por medios electrónicos. BOE núm. 77, de 31 de marzo de 2021.

Síndic de Greuges de Catalunya. Resolución del expediente AO-00164/2022 relativo a la cita previa como requisito para ser atendido en las administraciones catalanas. https://www.sindic.cat/site/unitFiles/8945/DT_839457_cor_es.pdf Recuperado el 15 de septiembre de 2024.

Capítulo 9

La inteligencia artificial en las enseñanzas del Papa Francisco y en la acción de la Santa Sede: concepto, juicios, retos, peligros y propuestas de acción

Alfonso Martínez-Carbonell López[1]

1. INTRODUCCIÓN

"Queridos amigos es en el campo de la innovación tecnológica donde se jugará el futuro de la economía, de la civilización, de la misma humanidad" (Francisco, 2024d). Con estas significativas palabras el papa se dirigía a los miembros de la Fundación Centessimus Annus Pro Pontifice reunidos en Roma del 20 al 22 de junio del 2024 en un Convenio Internacional sobre la Inteligencia Artificial Generativa y el paradigma tecnocrático. Palabras que evidencian la especial relevancia de la Inteligencia Artificial (en adelante IA) entre las cuestiones sociales del momento.

En la actualidad la IA es la cuestión social más relevante para la Iglesia Católica. Lo acreditan dos hechos. En primer lugar, la IA ha sido el contenido central de tres mensajes fundamentales del Santo Padre en 2024: el mensaje para la Jornada Mundial de la Paz de 1 de enero, el mensaje para la Jornada Mundial de las Comunicaciones sociales de 24 de enero, y el Discurso del papa en la sesión del G7 en Apulia (Italia) el 14

---

1   Profesor titular de Filosofía moral, Universidad Cardenal Herrera – CEU, CEU Universities.

de junio de 2024 ante los gobernantes de los siete países más industrializados del planeta. Por primera vez un papa ha intervenido en este selecto foro de líderes mundiales; y entre las varias cuestiones que podrían ser tratadas (guerras de grave influencia geoestratégica, el hambre, la pobreza, el cambio climático o la crisis energética) el papa ha escogido reflexionar sobre los efectos de la Inteligencia Artificial en el futuro de la Humanidad. En segundo lugar, lo acredita el hecho de que la IA ha constituido un tema recurrente de estudio y análisis en múltiples jornadas, congresos, convenios y encuentros organizados por diversos dicasterios de la Santa Sede en los último años. Son de especial relevancia los encuentros *Rome Call For AI ethics*, organizados por la Academia Pontificia para la Vida desde 2020 y los *Minerva Dialoghes* organizados por el dicasterio de Educación y Cultura. Estos encuentros liderados por la Santa Sede además de constituir un momento de estudio y análisis multidisciplinar han fomentado el diálogo y el compromiso ético entre todos los agentes implicados. Teólogos, representantes de diversas religiones (católicos, anglicanos, musulmanes, judíos, budistas y sintoístas), filósofos antropólogos y moralistas, humanistas, tecnólogos, universidades, representantes de importantes empresas tecnológicas, políticos y juristas se unen para ofrecer su diversa perspectiva en un diálogo focalizado en orientar la IA para el bien de la humanidad y con pleno respeto a la dignidad humana y al medio ambiente.

Todos estos mensajes pontificios e informes generados por los organismos de la Santa Sede forman un interesante *corpus* doctrinal que recoge el pensamiento y proyección de la Iglesia Católica sobre la cuestión de la IA y cuyo análisis y presentación sistemática constituye el objetivo central de este estudio y su fuente primaria.

El análisis y estudio de esta documentación nos ha permitido estructurar el trabajo en torno a cinco objetivos específicos. En primer lugar, presentar la concepción de IA de la que parte la Santa Sede coincidente con el concepto comúnmente admitido por la comunidad científica y analizar sus implicaciones teológicas y antropológicas. A continuación, planteamos por qué la IA implica un problema cuando la tecnología se convierte en tecnocracia, se aparta de la ética y se desorienta de su finalidad original que debe ser el bien de la persona y de la humanidad. Por eso, es importante, en tercer lugar, conocer los criterios que según la Santa Sede, nos ayudan a identificar un buen uso y un mal uso de la IA y que se reducen a tres: el respeto por la dignidad humana, la inclusión y el respeto por el medio ambiente. Cuando estos criterios no se dan, planteamos en cuarto lugar, los peligros y desafíos de la IA pues tiene el potencial de afectar al modo en el que el hombre se concibe a sí mismo, el modo en que conocemos, en cómo nos relacionamos, en cómo nos organizamos social, económica y políticamente y el modo en que vivimos. Por último, ante estos desafíos, el papa y la Santa Sede proponen una serie de actuaciones y orientaciones para encauzar la IA hacia el bien de la persona y de la humanidad y que afectan a múltiples ámbitos: diálogo interdisciplinar, educación integral, compromiso ético y una respuesta adecuada desde la sana política y el Derecho que protejan los derechos humanos y la dignidad de cada persona. Tras esta presentación, expondremos unas conclusiones.

2. PUNTO DE PARTIDA. UNA DEFINICIÓN DE INTELIGENCIA ARTIFICIAL

Antes de analizar el pensamiento de Francisco y la acción de la Santa Sede en relación con la Inteligencia Artificial debemos entender bien qué es y por qué supone un reto antropológico, ético, jurídico y científico en nuestros días.

El matemático inglés Alan Turing (1912-1954), considerado por la comunidad científica como el padre de la IA, no ofreció propiamente una definición, pero sus aportaciones sirvieron para fijar el término por McCarthy y el grupo de Darmouth en 1956 (Esparza, G, p.50). Turing hablaba de computadoras pensantes y se preguntaba si la máquina puede pensar (Turing, A.M., 1950, p.433). Con esta atribución de la facultad de pensar a las máquinas Turing aportó tres cuestiones fundamentales para la ulterior definición del concepto de IA: En primer lugar, extendió el término inteligencia a las máquinas más allá de la capacidad humana (Esparza, G., p. 71). En segundo lugar, redujo el concepto de inteligencia a dos capacidades: la primera es la capacidad para resolver problemas a partir de un sistema de principios definidos inicialmente que determinarán acciones posteriores y la segunda es la capacidad de procesamiento de datos por la que la máquina imita el funcionamiento del cerebro, considerado como un modelo de procesamiento de información en el que a partir de una serie de estímulos recibidos del entorno (inputs), es capaz de producir respuestas conductuales específicas (outputs) (Esparza, G., p. 61). Y, en tercer lugar, a partir de estas dos funciones básicas de la máquina: resolver problemas y procesar información, será capaz de *"simplificar procesos cuyas aplicaciones podrían favorecer a distintos campos de saberes"* (Esparza, G., p.72) y sustituir a los seres humanos en múltiples tareas. En resumen, es posible construir máquinas que piensen (reduciendo el pensar únicamente a procesar datos y resolver problemas) para que actúen en lugar del ser humano y le sustituyan en muchas tareas.

Es a John McCarthy y a un grupo de investigadores reunidos en Darmouth en 1956 a los que se les debe haber acuñado el término de "Inteligencia Artificial". En un artículo de 2007, cuatro años antes de su muerte, McCarthy la definía como la ciencia y la ingeniería de crear máquinas y programas informáticos inteligentes entendiendo por inteligencia la capacidad para alcanzar metas en el mundo y extiende esta capacidad, al igual que hacía Turing, no sólo a los seres humanos sino también a las máquinas (McCarthy, J., 2007, p.2).

Otros autores, definen la IA, en sentido amplio, como equiparado a los algoritmos. Sin embargo, estos no son específicos de la IA y son usados en otros campos como el de las calculadoras sencillas. Los algoritmos son las instrucciones específicas que se proporcionan para resolver un problema o un cálculo. En sentido más estricto, se entiende por IA *"la imitación por las computadoras de la inteligencia inherente a los humanos"* o como aquella tecnología que capacita a las máquinas a imitar varias habilidades humanas complejas (Sheikh, H., Prins, C., Schrijvers, E., 2021, p.15).

Por su parte, el grupo de expertos de la Comisión Europea la define como *"sistemas que muestran un comportamiento inteligente al analizar su entorno y tomar acciones (con cierto grado de autonomía) para lograr objetivos específicos"* (High-Level Experts Group on Artificial Intelligence, 2019).

José Antúnez Cid (2023), resalta que es una herramienta altamente sofisticada y muy potente, basada en algoritmos de cálculo y combinación de datos e información que se afina con el uso y con muchos campos de aplicación en un mundo globalizado y conectado.

Basten estas pocas definiciones para señalar los aspectos característicos de la IA comunes a todos ellos. En primer lugar, atribuye a la máquina las facultades propias de la inteligencia humana como aprender, analizar, comprender, juzgar y tomar decisiones. El pensar ya no es una facultad exclusiva del ser humano. En segundo lugar, este pensar queda reducido a la razón práctica y es de carácter técnico. La máquina simula el funcionamiento del cerebro por el cual se procesa información y a partir de este procesamiento se toman decisiones, se resuelven problemas y se simplifican procesos. Pero no sólo simula la función del pensar humano, sino que se extiende a otras habilidades y es capaz de hacer tareas que, hasta ahora, sólo desempeñaban personas humanas. En tercer lugar, esta imitación de las capacidades cognitivas e intelectuales del ser humano se expresa a partir de combinaciones de algoritmos y de sistemas informáticos. Y, por último, las máquinas aprenden por sí mismas (machine learning) a partir de los propios datos que consume, evolucionan y se adaptan al entorno y pueden tener un aprendizaje profundo (diseñados como redes neuronales que simulan el cerebro humano).

En su intervención ante el G7, Francisco ofreció una definición de IA, coincidente con la ofrecida por la comunidad científica pues la considera una *"herramienta diseñada para resolver un problema mediante un encadenamiento lógico de operaciones algebraicas, realizado en base a datos que se comparan para descubrir correlaciones y mejorar su valor mediante un proceso de autoaprendizaje basado en la búsqueda de datos adicionales y la automodificación de sus procedimientos de cálculos*" (Francisco, 2024c). En esta definición, Francisco resalta su aspecto instrumental: "es una herramienta", por tanto creada por el hombre para ponerla a su servicio con el fin de ayudarle a resolver problemas. Como cualquier instrumento, los beneficios o daños que conlleva dependen de su uso. Sin embargo, continúa Francisco, la IA es un instrumento *sui generis* pues presenta aspectos propios y especiales. Los demás instrumentos eran simples y siempre estaban bajo el control del ser humano. Lo específico de la IA es su carácter complejo. Puede adaptarse de forma autónoma a la tarea que se le asigne y podría tomar decisiones independientemente del ser humano para alcanzar un objetivo prefijado. El ser humano puede no tener control sobre ella. Se trata de un instrumento altamente poderoso, multifacético (dado que se emplea en diversos ámbitos: medicina, trabajo, cultura, comunicación, educación, política) y sumamente complejo (Francisco, 2024 c).

3. PLANTEAMIENTO DEL PROBLEMA

Según el magisterio de la Iglesia expresado en la doctrina de los últimos sumos pontífices el inmenso poder tecnológico logrado por la humanidad en las últimas décadas es uno de los signos de los tiempos más sobresalientes (Gaudium et Spes, 1965, nn. 4-5). De la tecnología se derivan incuestionables ventajas para el bien de las personas y de las comunidades como el progreso científico, social y económico, los adelantos en infraestructuras, transportes y telecomunicaciones, los avances en la medicina y en la biotecnología y las facilidades en el ámbito laboral y profesional, entre otros. En el magisterio actual del papa Francisco sobre la IA también se ponderan sus evidentes oportunidades: aumenta la capacidad de almacenar datos y correlacionarlos entre sí, contribuye a liberarnos de la ignorancia, facilita la comunicación entre nosotros, y entre generaciones y culturas, favorece la transmisión de conocimientos y, en definitiva, ofrece grandes posibilidades para hacer el bien (Francisco, 2024b).

La capacidad tecnológica del ser humano es a la vez, don y vocación. Un don de Dios, en cuanto que es Él quien ha puesto en el hombre los dones de una inteligencia creativa que responde a su capacidad trascendente de apertura a los demás, revela su dignidad y lo que significa ser hombre. Pero, a la vez, es una vocación en cuanto que esa capacidad está dirigida a ayudar al hombre a cumplir el designio de Dios sobre él y el mandato de cuidar y cultivar el planeta (Francisco, 2024c). La tecnología es una prueba de la creatividad del ser humano y de la nobleza de su vocación a participar responsablemente en la acción creadora de Dios (Francisco, 2015, n.102). Hay, por tanto, una valoración positiva de la tecnología y de la IA cuando se centran en el bien de la persona. Son obra del talento humano, responde a la vocación del hombre al trabajo, permite que el hombre se reconozca a sí mismo y realiza su propia humanidad (Benedicto XVI, 2009, n. 69).

Pero, si todo son ventajas, ¿cuál es el problema de la tecnología y de la IA? A la vez que el magisterio de la Iglesia valora favorablemente sus indudables beneficios considera también los peligros que se derivan de ella cuando la tecnología se convierte en tecnocracia y se desconecta de su fin principal que es el bien de las personas y de las comunidades. El problema no es la técnica o la IA en sí, entendidas como herramientas del hombre y medios a su servicio para ayudarle en su misión de transformar y mejorar el mundo. El problema es el inmenso poder alcanzado por la tecnología que la historia, además de sus ventajas, ha evidenciado sus peligros como la pérdida del control en muchas ocasiones sin que el ser humano haya sido capaz de orientarla y encauzarla hacia el bien. Su poder es tal que ha afectado a cuestiones fundamentales de la existencia como son el concepto que el hombre tiene de sí mismo, la forma en que conocemos la verdad y la realidad, el modo de relacionarnos entre nosotros, nuestra cultura y principios éticos, nuestros modos de organización social, económica y política e incluso las cosmovisiones sobre el mundo, el hombre y la naturaleza y nuestro modo de percibir el tiempo y la historia.

Todo ello, nos permite afirmar que la tecnología no es neutra, sino dotada de un poder tal que requiere del hombre, un ejercicio esforzado de dominio para poder orientarla debidamente y una respuesta adecuada tanto a nivel personal como social a través de instrumentos jurídicos que garanticen que su uso se hace con respeto a los derechos humanos y al bien común. Todo esto se ha multiplicado recientemente con la aparición de la IA. En su intervención en el G7, Francisco afirmaba que la IA no es neutral porque obedece a los planteamientos de fondo sobre el mundo y la persona de los que crean sus programas. Para que éstos estén al servicio de todo ser humano y del bien común deben tener una clara inspiración ética (Francisco, 2024c).

La IA afecta a la concepción y a la percepción que el hombre tiene de sí mismo. Que el ser humano haya sido capaz de producir vida humana de modo artificial y ahora haya sido capaz de generar por analogía, inteligencia artificial que, además, aprende por sí misma de modo autónomo, revela el inmenso poder de la tecnología y las maravillas de los efectos logrados. Como afirma Francisco, la IA aparece como un instrumento fascinante y tremendo (Francisco, 2024c), es decir, atrayente y seductora por un lado, temida y misteriosa por otro. "Tremendo" y "fascinante", atributos que Rudolf Otto aplicó para definir la experiencia religiosa del ser humano (Quinzá, 2012) y que ahora Francisco aplica a la IA, como si fuera una nueva deidad para los tecnófilos.

Ante el aumento de las posibilidades de la tecnología, el hombre se engrandece a sí mismo, se cree capaz de todo, imagina que no hay límites para su dominio y que nada se le resiste. Esta es la promesa de la técnica, un superhombre, capaz de todo: de traspasar las fronteras y leyes físicas. Pero, esta visión prometeica del hombre contrasta con la cosificación del hombre mismo debido a un uso inadecuado de la técnica en general y de la IA en particular. Ha pasado en el campo de la biotecnología aplicada a la generación de seres humanos donde el ser humano, capaz de producir otros seres humanos, en la realidad, los ha cosificado pues puede elegir a discreción sus características predilectas (color de los ojos, sexo, condiciones genéticas y físicas) y descartar y eliminar a los que no se ajusta a ese patrón elegido. Igualmente, la IA, genera grandes expectativas de poder para al ser humano, que sólo podemos vislumbrar por ahora, de modo incipiente, pero también puede suponer un peligro de volverse contra el propio ser humano si no se pone a éste en el centro. El uso inadecuado de la técnica genera una brecha enorme entre las grandes expectativas que crea en el ser humano y el desencanto que produce en la realidad.

El planteamiento de este problema tecnológico se podría resumir en palabras de Francisco en que el desarrollo de la IA tiene el potencial de aportar y contribuir de forma beneficiosa al futuro de la humanidad, pero este potencial sólo se hará realidad si existe una voluntad coherente por parte de quienes desarrollan esta tecnología para actuar de forma ética y responsable (centrada en el ser humano, diseñada con bases éticas y que tenga por finalidad el bien) (Francisco, 2003c) pues la historia nos enseña que el inmenso crecimiento tecnológico no estuvo acompañado siempre de un correlativo desarrollo en responsabilidad, valores y conciencia (Francisco, 2015, n.105).

El problema se agrava ante el contexto en el que vivimos pues la época de innovación tecnológica que estamos viviendo se acompaña de una coyuntura social inédita, caracterizada, por un lado, por la dificultad de encontrar puntos de encuentro, por la pluralidad de planteamientos sobre los grandes temas de la vida social y por la existencia de fuertes movimientos de crispación y de extremismos. Y, por otro lado, marcada por la pérdida del sentido de lo humano, la insignificancia del concepto de dignidad humana y de la categoría de persona (Francisco, 2024c).

4. LOS CRITERIOS DE DISCERNIMIENTO SOBRE LA IA

Para el papa, la dignidad de todo hombre y mujer es el criterio clave para evaluar las tecnologías emergentes. Junto a este criterio esencial propone dos criterios que lo complementan: la igualdad, la inclusión, la solidaridad por un lado (la IA debe llegar a todos y acercarnos los unos a los otros) y, por otro lado, el respeto medioambiental y la sostenibilidad. Por tanto, para lograr que la IA contribuya al progreso de todos son necesarias tres cosas: que sea inclusiva, que sea buena para el hombre y que proteja el planeta.

En primer lugar, explicamos el criterio de la dignidad humana. Para que la tecnología tenga un efecto positivo debe centrarse en el ser humano, tener bases éticas y tener por finalidad el bien. Es decir, debe tener una base antropológica y una base ética. Ante la pluralidad existente en la sociedad, donde coexisten diferentes culturas, cosmovisiones e intereses, el valor fundamental a reconocer, común a todas ellas, es la dignidad humana que implica que el valor de una persona no se reduce a datos (Francisco, 2023c). El punto de convergencia en el diálogo entre estas cosmovisiones es el respeto por los derechos humanos. Parece necesario una reflexión sobre los derechos y deberes en juego en este ámbito. Promover una antropología digital con tres coordenadas: ética, educación y derecho (Renaissance Foundation, 2023).

La dignidad de la persona y la fraternidad deben estar a la base del desarrollo de las nuevas tecnologías. Si estas no aportan a la paz y a la concordia deben considerarse un riesgo pues la IA debe estar al servicio del hombre y de sus aspiraciones (Francisco, 2024a).

La visión del informe *Rome Call for AI Ethics* (2020) es la de una tecnología al servicio del ser humano, respetuosa con la dignidad de la persona y promotora del bien común. Debe afectar al bien de la Humanidad y al medio ambiente. El criterio por excelencia para discernir el uso ético de la IA es la dignidad de la persona. Se debe garantizar la dignidad de la persona y evitar que un uso distorsionado de los algoritmos viole los derechos humanos. El impacto social y ético debe estar en el corazón del diseño de la IA (Renaissance Foundation, 2020).

Junto a este criterio esencial, el respeto por la dignidad de cada persona y por los derechos humanos, se incluye de modo complementario un segundo criterio: la inclusión. Es necesario que los desarrollos tecnológicos lleguen a todos y velar por que esto sea así (Francisco,

2023b). Para Francisco hay que rechazar un uso discriminatorio de la IA que arraigue a costa de los más frágiles y excluidos. La forma en la que tratamos a los últimos revela el valor que reconocemos al ser humano (Francisco, 2023a).

El objetivo que propone Francisco es que el crecimiento tecnológico que supone la IA vaya acompañado de una mayor igualdad e inclusión social y para ello es necesario cambiar el criterio meramente eficientista de la meritocracia que se ha considerado hasta ahora como el determinante para el ascenso social y económico. La dignidad humana es el criterio de discernimiento de la IA pues *"el valor fundamental de una persona no puede medirse con un conjunto de datos"*, ni las decisiones sociales y económicas pueden confiarse a *"algoritmos que procesan datos recogidos, a menudo subrepticiamente, sobre las personas y sus características y comportamientos pasados"* (Francisco, 2023c). Los algoritmos no pueden sustituir a la dignidad humana como criterio ni excluir la compasión, la misericordia y el perdón (Francisco, 2023c). Aboga a que la IA no se use para dominio de unos frente a otros, sino que se use para conseguir la paz y el bien común, el desarrollo de la persona y de la sociedad (Francisco, 2024a).

Estos tres criterios: dignidad humana, inclusión y respeto medioambiental constituyen la base ética en el uso de la IA que da lugar a un término nuevo denominado *"algorética"* entendiendo por esta, los principios éticos que deben regir el uso, diseño y regulación de la IA. En el encuentro de Rome Call For AI Ethics los representantes religiosos, tecnológicos y políticos proclamaron seis principios éticos para tener en cuenta. En primer lugar, la transparencia. Todo algoritmo debe ser comprensible para los usuarios y debe ser de conocimiento público. En segundo lugar, la inclusión: los beneficios de la IA deben llegar a todos. En tercer lugar, la responsabilidad: no podemos delegar nuestra responsabilidad a la máquina. Las decisiones deben ser asumidas por personas y todos debemos ser responsables de las consecuencias de estas. En cuarto lugar, la imparcialidad. No actuar según prejuicios salvaguardando así la equidad y la dignidad humana. En quinto lugar, fiabilidad: Los sistemas de la IA deben funcionar de forma fiable de la que no cabe esperar consecuencias negativas. Y, por último, respeto por la seguridad y la privacidad de las personas de modo que los sistemas de IA respeten la intimidad de las personas (Renaissance Foundation, 2020).

5. LOS PELIGROS DE UN USO DISTORSIONADO DE LA IA

El papa Francisco expone los peligros derivados de un uso distorsionado de la IA que se ha desviado de su centro y finalidad y que puede afectar a varios campos: económico, social, político, militar y comunicativo.

Desde el punto de vista económico, la IA puede ensanchar las brechas económicas entre ricos y pobres. La brecha digital agranda la brecha social. Vivimos en un mundo en el que la riqueza se considera como un mérito y la pobreza como una culpa. Según esta mentalidad, el pobre es culpable de ser pobre y debe cargar con su culpa de la que están exentos los demás (Francisco, 2023c). En este contexto, aplicar la IA de forma distorsionada sólo beneficiará a los ricos, que seguirán siendo más ricos y no se orientará para favorecer a los más pobres. Se considera que la ventaja económica es un mérito y la pobreza una culpa y este enfoque subestima las desigualdades de partida. *"Si la pobreza es culpa de los pobres, los ricos están exentos de hacer algo al respecto"* (Francisco, 2023c). La IA nos hace más eficientes, más eficaces y, en definitiva, más productivos (Francisco, 2023c). Pero este eficientismo causará, igualmente, un aumento mayor de las diferencias si no se orienta a la atención de los más pobres y vulnerables.

Igualmente, las consecuencias económicas se dejarán ver en el día a día. A partir de datos y algoritmos se determinará la concesión de préstamos. Los datos, a veces, conseguidos de forma subrepticia y los algoritmos utilizados para resolver el problema de las concesiones de préstamo son diseñados por terceros en base a criterios no transparentes y ocultos. Un uso desenfocado de la IA en el mundo laboral permite determinar la idoneidad de un trabajador para un determinado puesto en base a datos obtenidos sin consentimiento que beneficiará a los más privilegiados y descartará a los más desfavorecidos (Francisco, 2024a).

En el ámbito sociológico, la IA tiene el potencial de desestabilizar las sociedades (Francisco, 2024a). Puede aumentar el influjo social de unos pocos en detrimento de los demás (Francisco, 2023c), favorecer el control social de los más poderosos a costa de la violación de la intimidad de los más desfavorecidos, potenciar todavía más el individualismo que aísla a las personas y rompe los vínculos comunicativos, promover la exclusión digital de los más vulnerables y limitar el ejercicio de su libertad. La IA puede aumentar el control y la manipulación social. A partir de datos y algoritmos se pretende conocer y prever las derivas sociales lo que produce una visión meramente estadística de la realidad alejada de la experiencia humana (Francisco, 2024a). En base a algoritmos hechos con criterios desconocidos o al menos, poco transparentes, se toman decisiones sobre posibilidades de residencia o sobre la recepción o no de asistencia social. Puede ser utilizada para persuadir, manipular y controlar socialmente o para hacer surgir formas de clasificación de los seres humanos. El papa afirma, *"no debemos permitir que los algoritmos determinen el modo en el que entendemos los derechos humanos"* y se dejen a un lado valores como la misericordia o el perdón. (Francisco 2024a).

Igualmente, un uso distorsionado de la IA aumenta el influjo político de unos pocos en perjuicio de los demás lo que facilitaría la manipulación política. Se puede interferir en los procesos electorales con el consiguiente desequilibrio de las democracias (Francisco 2023c). En el ámbito internacional, una IA distorsionada puede alimentar conflictos bélicos y ser un obstáculo para la paz. El uso bélico de la IA favorece la presencia de sistemas autónomos de defensa que actuarán según sus datos y algoritmos, pero no podrán ser moralmente responsables (Francisco, 2024a). Igualmente, la distorsión de la IA puede favorecer la crispación y contribuir a la polarización de la opinión pública (Francisco, 2024b).

En el mensaje de la Jornada Mundial de las comunicaciones sociales de 2024, Francisco señala otros peligros de la IA referidos al ámbito de la comunicación con efectos sociales y políticos. Favorece la contaminación cognitiva, la multiplicación de informaciones falsas, la simulación de palabras o imágenes, la expansión de fake news, con la consiguiente desinformación y alteración de la realidad. Se reduce así el pluralismo y se facilita la construcción de un pensamiento único (Francisco, 2024b).

6. LOS DESAFÍOS DE LA INTELIGENCIA ARTIFICIAL SEGÚN EL PAPA FRANCISCO Y LOS DOCUMENTOS DE LA SANTA SEDE

Una vez definida la IA, planteado el problema que suscita y descrita la realidad de su uso distorsionado, analizamos los desafíos que, según el papa Francisco y los documentos de la Santa Sede, concretamente la Pontificia Academia para la Vida, suscitan en la actualidad.

El punto de partida de la toma de posición de la Santa Sede sobre la cuestión de la IA fue el encuentro *Rome Call for AI Ethics* tenido en Roma el 28 de febrero de 2020 y convocado por la Academia Pontificia para la Vida, dicasterio presidido por Monseñor Vincenzo Paglia. El informe final de dicho encuentro fue firmado por el propio presidente de la Academia Pontificia de la Vida, representantes de empresas tecnológicas como IBM y Microsoft y representantes políticos como el Director General de la FAO y la ministra de innovación del gobierno italiano.

En el informe final de dicho encuentro, se manifiesta que la IA cambia profundamente nuestro modo de vida, afecta a la concepción que tenemos de nosotros mismos y modifica nuestro modo de relacionarnos. Si bien tiene efectos positivos en nuestro modo de organizarnos y nos hace más eficaces también implica riesgos y desafíos que requiere, y esta es la razón del encuentro, la unidad de todos los agentes implicados en la IA: producción, diseño, gobiernos y usuarios, para que se comprometan en la construcción de un marco ético y legal que sea una referencia para que la IA se desarrolle para el bien de la humanidad y del medio ambiente y que la persona y la naturaleza estén en el corazón de su planteamiento en un futuro que se divisa netamente tecnológico (Renaissance Foundation, 2020).

Para Francisco, la IA, como todo lo que está en manos del hombre, puede convertirse en una oportunidad o en un peligro, ser un instrumento de servicio o de dominio. Ya hemos visto anteriormente las ventajas, es hora de analizar los desafíos.

El primer desafío, según Francisco, es que la IA modifica las condiciones de vida del hombre en un mundo ya de por sí, dominado por la técnica. En su discurso a los miembros de la Fundación Renaissance en enero de 2023, Francisco afirmaba que la IA está cada vez más presente en la vida cotidiana tanto a nivel individual como social y es decisiva en las actividades y decisiones humanas (Francisco, 2023b). Igualmente, en el mensaje de la Jornada mundial de la paz de 2024, Francisco afirmaba cómo la IA produce transformaciones sociales afectando a nuestro modo de vida (Francisco 2024a). Actuando tecnológicamente el hombre ha transformado el mundo, el ambiente y mejorado las condiciones de vida. Pero esta acción tecnológica del ser humano, cada vez más intensa, produce efectos cada vez más profundos y cada vez de modo más acelerado. Estos efectos son impredecibles y a veces negativos como lo demuestran las cuatro crisis que llevamos en el siglo XXI: la pandémica, la energética, la climática y la migratoria. Para que el desarrollo tecnológico sea sano debe tener en cuenta estas complejas relaciones entre tecnología y medio ambiente (Francisco, 2023b).

El segundo desafío descrito por Francisco es el impacto de la IA sobre la definición del hombre y la concepción de la naturaleza humana. La predominante experiencia tecnológica del ser humano hace cada vez más difícil discernir lo propio del ser humano y lo propio de la técnica; lo "natural" de lo "artificial" y lo "biológico" de lo "tecnológico". En este contexto, urge una reflexión sobre el valor mismo del hombre (Francisco, 2023b). La IA incide en la forma en que nos percibimos a nosotros mismos (Renaissance Foundation, 2023). Igualmente considera que el valor fundamental que debemos reconocer ante este desafío es el de la dignidad de toda persona humana que debe ser el criterio clave para evaluar la IA (Francisco, 2023c).

El tercer desafío que se desprende del anterior es que la IA como actuación tecnológica modifica también el modo de relacionarnos entre nosotros. Francisco considera necesario enfatizar la consciencia personal en las experiencias relacionales que no pueden prescindir ni de la corporeidad ni de la cultura. La tecnología no puede suplantar al contacto humano en las relaciones intersubjetivas y comunitarias ni podemos ceder a la tentación de hacer prevalecer lo virtual sobre lo real (Francisco, 2023b).

En cuarto lugar, el desafío de la inclusión y la solidaridad. La IA supone una oportunidad para cuidar a las personas más vulnerables y frágiles, acabar con las desigualdades y lograr así un equilibrio global. Este equilibrio, no puede significar homogeneización cultural imponiendo un lenguaje y una cultura común, sino que tiene que hacerse desde los valores de la propia cultura. Con la IA se abren muchas posibilidades para el bien de la sociedad y de los individuos en el campo sanitario, educativo y comunicativo, pero es necesario que este acceso a los recursos y a la atención beneficie a todos para que se reduzcan las desigualdades y se garantice el apoyo necesario especialmente a los más vulnerables (Francisco, 2023b). Rechaza un uso discriminatorio de la IA que arraigue a costa de los más frágiles y excluidos. Para Francisco, la forma en el que tratamos al último y menos considerado revela el valor que reconocemos al ser humano (Francisco, 2023a). Afirma el papa: *"me preocupa que los datos disponibles hasta ahora parezcan sugerir que las tecnologías digitales han servido para aumentar las desigualdades en el mundo. No sólo las diferencias de riqueza material, que son importantes, sino también las diferencias de acceso a la influencia política y social"* (Francisco, 2023c).

Otro desafío consiste en que la IA modifica nuestro modo de conocer. El conocimiento se ha vuelto reductivo. No se miran los fenómenos de modo integral, observando la multiplicidad de relaciones que los tejen, sino que se analizan las características de los elementos individuales que los componen. Esta visión termina por "comprimir al ser humano". Francisco considera que el "todo es superior a la parte" (Francisco, 2023b). En el fondo, la IA es una vuelta de tuerca más del "paradigma tecnocrático" que Francisco analiza en la *Laudato Si'* y considera como *"un modo de entender la vida y la acción humana que se ha desviado y que contradice la realidad hasta dañarla"* y que consiste en pensar *"que todo incremento del poder constituye sin más un progreso, un aumento de seguridad, de utilidad, de bienestar, de energía vital, de plenitud de los valores"* (Francisco, 2015, n. 101). Como afirmaba Heidegger (1997), la tecnología es, ante todo, una cuestión sobre la verdad, un desvelar de la cosa que se ve como material disponible para su explotación. La IA reduce la razón a racionalidad científica y descarta la sabiduría del corazón. El criterio por antonomasia no es la verdad sino la eficacia y la eficiencia. En aras de la resolución de problemas de manera rápida y cómoda se pueden tomar decisiones que no analicen todos los pormenores emocionales y humanísticos. Ante este fenómeno, el papa reivindica, igualmente, la aportación de las cosmovisiones religiosas en general y de la teología católica en particular a la que anima a no quedarse sólo en posiciones apologéticas sino a salir al encuentro de las realidades sociales a partir de una visión humanista (Francisco, 2023b). La IA provoca varios reduccionismos en nuestro modo de conocer y percibir la realidad. La persona puede ser reducida a dato. El pensamiento a un esquema. La experiencia a un caso. El bien se confunde con el beneficio y la realidad se concreta en base a estadísticas (Francisco, 2024b).

Por último, el desafío de la paz. El progreso de la ciencia y de la tecnología, puede ser un camino hacia la paz, pero también un riesgo cuando pone en manos del hombre grandes posibilidades que ponen en peligro la supervivencia humana y el medio ambiente. Al fin, y al cabo, el problema de la tecnología, como afirmaba Guardini, es un problema de poder y de cómo manejar ese inmenso poder (Guardini,

1981). La IA puede ser un peligro para la libertad individual cuando los algoritmos son utilizados de forma sesgada.

7. ORIENTACIONES PRÁCTICAS PROPUESTAS

Del tratamiento que la Santa Sede ha hecho de la IA se deducen principalmente cuatro orientaciones prácticas.

La primera es el diálogo y trabajo conjunto. Los desafíos de la IA y su impacto en la sociedad requieren un tratamiento interdisciplinar. No pueden acometerse acciones aisladas y unipersonales sino que requieren ser tratados desde múltiples puntos de vista con la participación de todos los agentes implicados: diseñadores informáticos, empresas tecnológicas, usuarios, gobiernos, filósofos, humanistas y representantes de las diversas religiones. Es necesario organizar encuentros multidisciplinares en los que intervengan todas estas partes y de los que la Santa Sede ha sido ejemplo de promoción y organización. Los mismos encuentros *Rome Call For AI Ethics* (organizados por la Academia Pontificia por la Vida) y los *Minerva Dialogues* (organizados por el Dicasterio por la Educación y la cultura) son modélicos. Los primeros convocaron en su primera edición además de los representantes de la entidad organizadora al director general de la FAO, la ministra italiana de innovación y representantes de distintas empresas tecnológicas como Microsoft e IBM. A estos iniciadores se han adherido en estos pocos años transcurridos, representantes de otras religiones como judíos (Eliezer Simba Weiz) y musulmanes (jeque Abdallah bin Bayah), otras empresas tecnológicas, decenas de universidades e instituciones de la sociedad civil. Es necesario trabajar juntos pues el reto de la IA no puede ser sólo acometido por unos pocos, con actuaciones asimétricas y descoordinadas. Requiere una labor conjunta (Renaissance Foundation, 2020).

El fin de estos encuentros es promover una ética compartida y común ante los graves desafíos de la IA y pueden suponer una oportunidad para abrir el debate público y buscar aliados en esta dirección. Es necesario que en este debate público se trate la cuestión de la algorética entendida como principios por un uso ético de algoritmos y datos (Francisco, 2023a). Igualmente, es necesario la presencia en este debate de las cosmovisiones religiosas y el diálogo entre fe y tecnología (Francisco, 2023b).

Francisco defiende que haya un debate mundial serio e integrador sobre el uso de la IA abierto a los valores religiosos. Para que este debate sea eficaz en un mundo diversificado en el que coexisten pluralidad de cosmovisiones culturales, filosóficas y religiosas, es necesario encontrar valores comunes, aquellos que nos unen. Esta pluralidad puede contribuir a un diálogo integrador buscando todos la verdad y propiciando un auténtico consenso o puede corromper la convivencia desembocando en discusiones polarizadas carentes de una visión compartida sobre aspectos fundamentales que hace que los debates públicos sean polémicos e ineficaces. Esto puede pasar con la IA, que cada agente afectado por ella, diseñadores, informáticos, empresas tecnológicas, científicos, gobiernos, juristas, usuarios, educadores y también religiones, den su punto de vista sin llegar a un acuerdo. Tiene que ser un diálogo integrador buscando el consenso en el valor comúnmente compartido de la dignidad de toda persona humana. Sólo estas formas de diálogo inclusivas permiten discernir cómo poner la IA al servicio de la persona y de la humanidad. Es necesario superar las tensiones polarizadas que buscan intereses contrapuestos, en un plano superior (Francisco 2023c).

El papa fundó el 12 de abril de 2021 la RenAIssance Foundation, con el propósito de promover la reflexión antropológica ante el reto de la IA. Se trata de un espacio de encuentro de todos los agentes implicados para promover una visión ética. En una de las actividades se creó un centro de estudios para producir un pensamiento original sobre los temas más innovadores (RenAIssance Foundation, 2023).

La segunda orientación práctica está relacionada con la promoción de un compromiso ético por parte de todos y un cambio de paradigma que deje una racionalidad tecnocrática y se abra a una nueva sabiduría del corazón. Es necesario dejar a un lado lecturas cortoplacistas que paralizan la acción. No se trata de negar lo tecnológico sino de ser conscientes que la sociedad actual y futura será eminentemente tecnológica. Nuestro puesto está en el porvenir. Es necesario suscitar una nueva humanidad, una profunda espiritualidad, una libertad y una vida interior nuevas. Partir del corazón humano. Sólo dotándonos de una mirada espiritual y recuperando la sabiduría del corazón podemos leer e interpretar la realidad de nuestro tiempo. La sabiduría del corazón permite conectar el todo con las partes, el pasado con el futuro y las decisiones con sus efectos. Debemos comprender qué pasa si la IA llega a manos equivocadas y asumir el compromiso ético que conlleva (Francisco, 2024b).

En tercer lugar, la educación. La transformación del mundo es una aspiración propia de los más jóvenes. Si la IA tiene ese poder de transformación social tan inmenso, los jóvenes tienen un poderoso recurso para lograr esa anhelada aspiración. Por eso, es tan importante educar sobre la IA de modo que se enseñe a los jóvenes a orientar ese poder tan inmenso hacia el bien y la inclusión. Para ello, es necesario una educación no sólo técnica, sino que, además, incluya contenidos curriculares que compaginen las humanidades y la filosofía con la ciencia y la tecnología (Renaissance Foundation, 2020).

Es necesario distinguir entre educación sobre la IA y educación con la IA. En relación con la primera, su principal fin debe ser tomar conciencia que la IA puede ser, a la vez, una oportunidad y un riesgo y ofrecer los principios éticos adecuados para su uso: el respeto por la dignidad humana, la inclusión y el respeto por el medio ambiente. En relación con la segunda, educación con la IA, hay que reconocer el amplio horizonte que se abre con una adecuada utilización de la IA como herramienta educativa que puede ser una aliada para atender y paliar las discapacidades y superar las dificultades de aprendizaje, a la vez que un remedio para paliar la ignorancia (Renaissance Foundation, 2020).

Esta educación sobre la IA y con la IA debe tener tres características fundamentales. En primer lugar, debe ser integral, que abarque aspectos tecnológicos y principios éticos. En segundo lugar, debe ser inclusiva. Si queremos que la IA llegue a todos, es necesario también, que este tipo de educación llegue a todos y ser así una educación tecnológica inclusiva. En tercer lugar, debe ser permanente. Los avances tecnológicos son cada vez más rápidos, acelerados y profundos y para acometerlos convenientemente es necesario que los aprendizajes y la educación tecnológica sea a lo largo de toda la vida, más allá de la escuela, a lo largo de todo el proceso formativo y en la formación continua de cada individuo (Renaissance Foundation, 2020).

En el mensaje de la Jornada Mundial de la paz de 2024, Francisco afirmaba que esta formación debe ser eminentemente moral que enseñe a ejercer la responsabilidad en el uso de la IA y enumera una serie de desafíos para este tipo de educación. En primer lugar, debe enseñar a acometer las posibilidades de la IA, de crear nuevas formas de encuentro y multiplicar las posibilidades de comunicación y de acceso a la información. En segundo lugar, este tipo de educación debe hacer reflexionar sobre el tipo de relaciones que tenemos y cómo hacerlas más humanas y entrañables. En tercer lugar, es necesario formar en el juicio crítico hacia la IA y los recursos tecnológicos que ayuden al correcto discernimiento sobre su uso. En cuarto lugar, propone que las escuelas y las universidades ayuden a analizar y a orientar los aspectos sociales y éticos del desarrollo tecnológico. Y, por último, la educación sobre la IA debe prevenir los peligros y riesgos de su mal uso como son la desinformación y la posibilidad de levantar muros entre los ciudadanos (Francisco, 2024a).

Y, por último, las orientaciones prácticas en el ámbito del Derecho. No se puede dejar todo al ámbito ético individual. El compromiso ético es necesario por parte de todos los agentes, pero no es suficiente. Si la IA tiene efectos sociales profundos es necesaria la intervención del Derecho y de una regulación que exija, permita y prohíba determinadas acciones. Además, si la IA afecta a la propia concepción del ser humano, es necesario que el Derecho proteja el bien jurídico afectado que es la dignidad humana y los derechos correlativos. Del mismo modo que se hace necesaria la intervención del Derecho para defender el medio ambiente a través de regulaciones que lo protejan (Renaissance Foundation, 2020).

La IA requiere supervisión y velar para que se desarrolle buscando el bien de la humanidad y de la naturaleza. La forma de controlarla y ejercer poder sobre ella es a través de su regulación. Es necesario proteger los derechos humanos afectados de forma diversa en esta era digital. Por ejemplo, la transparencia, de modo que los contenidos de los algoritmos sean comprensibles por todos, o el derecho a la privacidad y a la intimidad, ante intromisiones como pueden ser el reconocimiento facial (Renaissance Foundation, 2020).

Francisco aboga para que el punto de convergencia entre las diferentes posturas, intereses y puntos de vista sobre la IA sea el respeto por los derechos humanos que requieren ser protegidos. Se hace necesario una reflexión sobre cómo afecta la IA a estos derechos humanos y sobre cuáles son los deberes correlativos (Francisco, 2023a).

Igualmente, se pregunta si las instituciones nacionales e internacionales son capaces de exigir responsabilidades a las empresas tecnológicas por el impacto social y cultural de sus productos. Igualmente, si a través del Derecho se puede lograr una mayor inclusión en relación con la IA (Francisco, 2023c).

Es necesario instituir organismos para examinar las cuestiones éticas emergentes y tutelar los derechos de los que usan la IA y reciben sus influencias. No podemos permitir que los algoritmos determinen una nueva concepción de los derechos humanos que se conviertan en privilegios de unos pocos y pierdan su nota específica de universalidad. Por eso, afirma Francisco, son necesarios acuerdos internacionales para garantizar un trabajo conjunto en la defensa de estos derechos. La legislación internacional y las legislaciones nacionales deberían prevenir las malas prácticas, alentar y promover las buenas y defender especialmente a los más débiles y vulnerables evitando así nuevas discriminaciones (Francisco, 2024a).

Aboga por un trabajo conjunto de todas las naciones para adoptar un tratado internacional que regule el desarrollo y uso de la IA en todas sus vertientes (Francisco, 2024b).

Para evitar que la IA imponga una visión del mundo reducida a realidades que puedan expresarse en números y encerrarse en categorías preestablecidas, es necesaria la política entendida como la "grande política", la de los grandes principios, la que piensa en el bien común a largo plazo y no en la "pequeña política", entendida como búsqueda del poder por el poder y cortoplacista. Es necesaria una sana política, para mirar con esperanza al futuro. Deben replantearse de fondo muchas cosas y hacer transformaciones importantes. Sólo una sana política puede liderar el actual contexto tecnológico. Es necesario una economía integrada en un proyecto político, social y cultural que busque el bien común y abra caminos y oportunidades diferentes, reorientando esas ansias de progreso por cauces nuevos. Corresponde a la política crear las condiciones para el buen uso de la IA (Francisco, 2024c).

8. CONCLUSIONES

La Inteligencia artificial es la cuestión social por excelencia en la actualidad. No sólo porque es un signo de los tiempos que define y explica nuestra época sino por el decisivo impacto que tiene para el futuro de la humanidad. Cuestión que ha sido tratada por el magisterio de la Iglesia en los últimos años y de cuyo análisis extraemos las siguientes conclusiones.

Primero, sobre el concepto de inteligencia artificial, Francisco considera que transferir el término "inteligencia" a la máquina es inadecuado pues la capacidad intelectiva es propia y genuinamente humana y, además, hacerlo supone una cesión al paradigma tecnocrático (Francisco, 2024d). La IA reduce la inteligencia a calcular, a procesar datos y a la capacidad científico – técnica pero la inteligencia, como la entendemos en el ser humano, es mucho más que eso. Howard Gardner (2011) habla de ocho inteligencias múltiples y Daniel Goleman (1995) habla de inteligencia emocional. El atribuir el término a la máquina supone una vuelta de tuerca más del paradigma tecnocrático, esa visión mesiánica de la tecnología como la panacea que logra el paraíso en la tierra. Frente a esa reducción del conocimiento sólo a partir de datos, estadísticas y algoritmos, Francisco propone una sabiduría más honda, una sabiduría del corazón *"sapientia cordis"*, una visión más sencilla de la realidad, abierta a lo imprevisible, intuitiva, que capta la esencia y no el accidente del dato. Una sabiduría que no reduce al hombre a un dato, que no lo determina, ni lo encasilla sino que está abierto al perdón, a la comprensión de las faltas y al cambio. Por eso considera que es imprescindible el papel de las religiones y de la teología en el actual debate tencológico.

Segundo, la IA proporciona beneficios indudables pero supone un problema. El problema se plantea en clave de ambivalencia. Es un instrumento y, como tal, puede ser utilizada para el bien o para el mal. Pero es un instrumento, como afirma Francisco, "sui generis", específico, propio, pues lo que le hace diferente respecto a los demás instrumentos son tres notas características: su especial complejidad, su grandísimo poder y su capacidad de autonomía. Tiene una enorme potencialidad para transformar la vida social para bien o para mal, trabaja con datos obtenidos a partir de personas, afecta a la intimidad de la persona, la comprensión de su funcionamiento y estructura no es accesible para todos y tiene la capacidad de aprender por sí misma y de obtener más datos y más conocimiento. De ahí que el papa Francisco le atribuya los términos de "Tremendo y fascinante" (Francisco, 2024c). Pero, además, el problema de la IA se acrecienta con lo que Torralba (2022) denomina la "disrupción tecnológica" ese contexto de aceleración tecnológica exponencial que contrasta con la lentitud de la reflexión ética y jurídica que van por detrás.

Tercero, es necesario un juico ético sobre la IA. Los criterios éticos para determinar un uso correcto o incorrecto de la IA son la dignidad humana, la inclusión y el respeto por el medio ambiente. Será ético un uso de la IA que desde su diseño, comercialización, recopilación de datos y uso, respete estos tres criterios. El informe *Rome Call For AI*

Ethics (2020), propone seis criterios más específicos: transparencia (tiene que ser comprensible para el usuario), inclusivo (que los beneficios alcancen a todos), responsable (detrás de la máquina hay una persona que decide y es responsable de sus actos), imparcialidad (evitar sesgos y prejuicios), fiabilidad (que sea respetuosa con la persona y busque el bien) y respetuosos con la seguridad y la privacidad de las personas. El problema es que la magnitud del desarrollo tecnológico no va a la par con la conciencia ética de la humanidad. Tenemos muchas posibilidades pero no sabemos qué hacer con ellas. Lo que agrava el problema de la IA es el contexto actual caracterizado por la falta del sentido de lo humano, por la cultura del descarte, por un pluralismo ético incapaz de llegar a acuerdos, por la crispación y el crecimiento de los extremismos y por una evidente crisis energética y climática. Este contexto agrava los potenciales peligros de un uso distorsionado de la IA que vemos a continuación.

Cuarto, estos peligros son: en primer lugar, modificar el concepto que el ser humano tiene de sí mismo. Y esto puede ser de dos maneras. Bien por exceso, confiado en la magnitud de su poder el hombre cae en el orgullo de la *hybiris,* se considera igual a Dios. Bien por defecto, el hombre se reduce a mero dato, acrecentando la cultura del descarte. El criterio que propone Francisco es el de la consideración que tenemos hacia los últimos. Esto es lo que marca el sentido de lo que es el hombre: o es alguien, lleno de dignidad y con unos derechos inalienables. O es "algo", lo convertimos en cosa, objeto de manipulación y descartable. El reto que nos pone delante la IA es revalorizar lo genuinamente humano, allí donde la máquina no puede llegar ni puede imitar, su espiritualidad, su experiencia, su capacidad relacional, su responsabilidad. El segundo peligro, del que ya hemos hablado en el párrafo anterior es la reducción del conocimiento a lo meramente científico y técnico. El tercer peligro que enuncia Francisco es el aumento de la brecha entre ricos y pobres. La IA hará más ricos a los ricos y más pobres a los pobres si no se orienta en clave inclusiva. El criterio que prima es la eficiencia y la eficacia y no la solidaridad o la inclusión. Frente a esto el reto está en el uso inclusivo de la IA que llegue a todos. El cuarto peligro es el entender la IA en clave de dominio y de manipulación en todos los ámbitos social (favoreciendo la manipulación social), política (interviniendo en los procesos electorales o en las relaciones internacionales) y económico (acentuando la brecha económica). Por último, la IA modificará nuestro modo de relacionarlos suplantando al ser humano incluso en tareas que son genuinamente humanas como las referidas al cuidado. El reto, es entender la IA en clave de servicio y no de poder. Poner la IA al servicio del hombre y no para dominar los unos sobre los otros.

Quinto, Francisco y la Santa Sede proponen también orientaciones prácticas para canalizar adecuadamente la IA en estos momentos en los que está comenzando. Podría reducirse a los siguientes puntos: promover lo genuinamente humano, la espiritualidad, la sapiencia del corazón, como forma de entender la realidad. Difundir la algorética como conjunto de principios éticos a aplicar en el actual desarrollo de la IA: transparencia, inclusión, responsabilidad, imparcialidad, fiabilidad y seguridad. Promover el diálogo interdisciplinar (teología, filosofía, ciencia, derecho, tecnología) y entre todas las cosmovisiones para acordar unos principios éticos que regulen el uso adecuado de la IA. Educar a los jóvenes en el uso correcto de la IA. Tanto de carácter técnico como humanista y una educación que sea inclusiva, que llegue a todos y se oriente hacia los más vulnerables y desfavorecidos. Crear una base jurídica que proteja la dignidad y los derechos humanos. Que la sana política se ponga al servicio de los más desfavorecidos para evitar el aumento de la brecha digital y la brecha social.

Como afirma Francisco, "*no podemos perder la ocasión de pensar y actuar de un modo nuevo, con la mente, con el corazón y con las manos, para dirigir la innovación hacia una configuración centrada sobre el primado de la dignidad humana.... que favorezca el desarrollo, el bienestar y la convivencia pacífica y que proteja a los más desfavorecidos. Y ello requiere un ambiente normativo, económico y financiero que limite el poder monopolístico de unos pocos y permita al desarrollo de avanzar en beneficio de toda la humanidad*" (Francisco, 2024d).

REFERENCIAS BIBLIOGRÁFICAS

Antúnez Cid, J.(2023). "IA: Persona y Ética". *Revista Ecclesia* (4120), 6-7.

Benedicto XVI. (2009). *Cart.enc. Caritas in Veritate. https://www.vatican.va/content/benedict-xvi/es/encyclicals/documents/hf_ben-xvi_enc_20090629_caritas-in-veritate.html#69* Recuperado el 14 de mayo de 2024.

Esparza, G. (2021). "Alan Turing: Bases, forma y críticas a la inteligencia artificial". *Cuadernos salmantinos de filosofía*, (48), 49-74.

Francisco (2015). Carta Encíclica *Laudato Si'*.

Francisco (2023a). Discurso a los participantes en el encuentro "Rome Call" organizado por la Fundación Renaissance. https://www.vatican.va/content/francesco/es/speeches/2023/january/documents/20230110-incontro-romecall.html Recuperado el 14 de mayo de 2024.

Francisco (2023b). Discurso a los miembros de la Pontificia Academia para la Vida. 20 de febrero de 2023. https://www.vatican.va/content/francesco/es/speeches/2023/february/documents/20230220-pav.html Recuperado el 14 de mayo de 2024.

Francisco (2023c). Discurso a los participantes en los "Minerva Dialogues" organizado por el Dicasterio para la Cultura y la Educación. 27 de marzo de 2023. https://www.vatican.va/content/francesco/es/speeches/2023/march/documents/20230327-minerva-dialogues.html Recuperado el 14 de mayo de 2024.

Francisco (2024a). Mensaje en la 57ª Jornada Mundial de la Paz. Inteligencia artificial y Paz. 1 de enero de 2024. https://www.vatican.va/content/francesco/es/messages/peace/documents/20231208-messaggio-57giornatamondiale-pace2024.html Recuperado el 13 de mayo de 2024.

Francisco (2024b) Mensaje de la 58ª Jornada mundial de las comunicaciones sociales: Inteligencia artificial y sabiduría del corazón para una comunicación plenamente humana. https://www.vatican.va/content/francesco/es/messages/communications/documents/20240124-messaggio-comunicazioni-sociali.html Recuperado el 13 de mayo de 2024.

Francisco (2024c). Discurso en la sesión del G7 sobre Inteligencia Artificial 13-15 de junio de 2024. https://www.vatican.va/content/francesco/es/speeches/2024/june/documents/20240614-g7-intelligenza-artificiale.html Recuperado el 24 de junio de 2024.

Francisco (2024d). Discorso del Santo Padre Francesco ai partecipanti al Convegno Internazionale promosso dalla Fondazione Centesimus Annus pro Pontifice. 22 de junio de 2024. https://www.vatican.va/content/francesco/it/speeches/2024/june/documents/20240622-centesimus-annus-propontifice.html Recuperado el 4 de julio de 2024.

Gardner, H. (2011). Inteligencias múltiples: La teoría en la práctica. Ediciones Paidós.

Goleman, D. (1995). Inteligencia emocional. Kairós.

Guardini, R. (1981). El poder una interpretación teológica. En R. Guardini, Obras de Romano Guardini I. Ediciones Cristiandad. (165-260).

Heidegger, M. (1997). *Filosofía, Ciancia y Técnica*. Editorial Universitaria.

High-Level Expert Group on Artificial Intelligence. (2019). *A definition of AI: Main capabilities and scientific disciplines. European Commission. https://ec.europa.eu/futurium/en/system/files/ged/ai_hleg_definition_of_ai_18_december_1.pdf*. Recuperado el 13 de mayo de 2024.

McCarthy, J. (2007). *What is artificial intelligence?* [Archivo PDF]. https://www-formal.stanford.edu/jmc/whatisai.pdf . Recuperado el 13 de mayo de 2024.

Quinzá, X. (2012). "Mysterium Tremendum et Fascinans. Miedo y experiencia religiosa". *Revista Crítica* (977), 38-41.

Renaissance Foundation. (2020). *Rome Call For AI ethics,* https://www.romecall.org/wp-content/uploads/2022/03/RomeCall_Paper_web.pdf Recuperado el 14 de mayo de 2024.

Renaissance Foundation. (2023). *Mission Report October 2022-October 2023,* https://www.romecall.org/wp-content/uploads/2024/02/RomeCall_report-web.pdf Recuperado el 14 de mayo de 2024.

Sheikh, H., Prins, C., Schrijvers, E. (2021). *Mission AI. The new system thecnology.* Springer.

Torralba, F. (2022). *L'Ètica Algorítmica.* Ediciones 62.

Turing, A.M. (1950), "Computer Machinery and Intelligence". *Mind a querterly Review of Psychology and Philosophy,* (236), 433-460.

Capítulo 10
Desde los autómatas clásicos a la inteligencia artificial: la evolución de la tecnología y su impacto en el Derecho contractual

Maria Luisa Mena-Durán[1]

1. INTRODUCCIÓN

Desde tiempos antiguos, la humanidad ha mostrado una fascinación constante por la tecnología y su capacidad para replicar atributos humanos. Este interés tiene sus raíces en la Grecia clásica, donde las epopeyas de Homero, como la *Ilíada* y la *Odisea*, mencionan 'autómatas' —dispositivos que parecen moverse de forma autónoma, casi como si tuvieran una vitalidad intrínseca.[2] Estos autómatas, creados por el dios Hefesto, constituyen una de las primeras referencias literarias a máquinas autónomas, aunque probablemente sean más fruto de la imaginación poética del autor que de la ingeniería real. En ese contexto,

---

1   Profesora Adjunta, Facultad de Derecho, Empresa y Ciencias Políticas, Universidad Cardenal Herrera CEU, CEU Universities. Associate of King's College London. Este trabajo se enmarca en las actividades del Grupo de Investigación "IA, Humanidad, Derecho y Justicia: tópicos y realidades para un mañana que ya ha llegado" (IAJ), registro G24/1-10, Universidad San Pablo CEU.

2   Cfr. Kalligeropoulus, D., Vasileiadou, S. (2008). "The Homeric Automata and their Implementation", en S.A. Paipetis (Ed.), *Science and Technology in Homeric Epics. History of Mechanism and Machine Science*, vol 6. Springer, 77-84.

emergió rápidamente un vínculo entre las máquinas y la servidumbre, que prefigura temas que resurgen en la relación contemporánea entre la inteligencia artificial (IA) y sus operadores humanos.[3]

Más tarde, Herón de Alejandría contribuyó al campo de los autómatas con diseños que incluían mecanismos mecánicos y neumáticos, como el dispensador de agua bendita, que podría considerarse un precursor de las máquinas expendedoras. Su obra *Peri automatopoietikes* especuló sobre la posibilidad de crear máquinas con apariencia humana que realizaran tareas sin intervención humana.[4]

Ya en el siglo IX, los hermanos Banu Musa crearon un 'flautista automático' que, mediante el uso del vapor, permitía la personalización de melodías.[5] Durante el Renacimiento, Aristóteles inspiró la reinterpretación de las máquinas como extensiones de la voluntad humana,[6] y En el siglo XVIII, el autómata ajedrecista de Kempelen y la muñeca parlante reflejaron el creciente interés por la voz y la autenticidad en la tecnología, al buscar replicar de manera convincente

---

3   Cfr. Lagrandeur, K. (2020). "Artificial Slaves in the Reinassance and the Dangers of Independent Innovation", en Cave, S., Dihal, K., y Dillon, S., (Eds.), *AI Narratives: A History of Imaginative Thinking about Intelligent Machines,* Oxford University Press, 98; Katz, A., y Macdonald, M., (2020) "Autonomous Intelligent Agents and the Roman Law of Slavery", en Edwards, L., Burkhard, S., y Harbinja, E. (Eds.) *Future Law. Emerging Technology, Regulation and Ethics,* Cambridge University Press, 295-312; Chopra, S., y White, L.F., (2009) "Artificial Agents and the Contracting Problem: A Solution Via an Agency Analysis", *University of Illinois Journal of Law, Technology & Policy,* n. 2, 377.

4   Cfr. Murphy, S. (1996). "Heron of Alexandria's on Automation-Making", en Hollister-Short, G. y James, F., (Eds.), *History of Technology,* Bloomsbury Academic, 1-44.

5   Cfr. Shakerin, S. (2001). "Engineering Art". *Mechanical Engineering,* n. 123 vol. 7, 66-9.

6   Cfr. Legrandeur, K., *op. cit.,* 95-118.

características humanas y desdibujar la línea entre lo artificial y lo real, lo mecánico y lo viviente.[7]

Más reciente es la aparición del término 'Robot',[8] y la percepción que de la inteligencia robótica se ha tenido por parte de los seres humanos.[9] Estas ideas sobre máquinas inteligentes y autónomas han evolucionado a lo largo del tiempo, hasta llegar al presente, donde la inteligencia artificial continúa desafiando nuestras concepciones sobre la tecnología y lo que significa ser humano.

Históricamente, la práctica contractual ha evolucionado en respuesta a los cambios tecnológicos y económicos. Desde la Revolución Industrial, que provocó una transformación radical en la manufactura y el comercio, hasta la era de la informática y el internet, que ha facilitado la automatización y digitalización de las transacciones, cada avance ha dejado una profunda huella en el derecho contractual. En este contexto, surgen los smart contracts o contratos inteligentes,[10] una manifestación avanzada de la automatización contractual que

---

7   Cfr. Park, J. (2020). "Making the Automation Speak: Hearing Artificial Voices in the Eighteenth Century" en Cave, S. Dihal, K., y Dillon, S. (Eds.) *AI Narratives: A History of Imaginative Thinking about Intelligent Machines*, Oxford University Press, 119-43.

8   El término "robot" fue introducido en 1920 en la novela de ciencia ficción de Karel Čapek *R.U.R. (Rossum's Universal Robots)*. Su origen etimológico proviene del checo *robota*, que significa "trabajo forzado" o "trabajo servil", reflejando así una connotación de explotación laboral similar a la esclavitud. Cfr. March-Russell, P. (2020). "Machines Like Us? Modernism and the Question of the Robots" en Cave, S. Dihal, K., y Dillon, S. (Eds.) *AI Narratives: A History of Imaginative Thinking about Intelligent Machines*. Oxford University Press, 165-86.

9   Asimov, I. (1950) *I, Robot*. Gnome Press.

10   Los términos smart contracts y contratos inteligentes se usan de forma indistinta en este trabajo y otros al ser el segundo traducción literal del primero, y ser bastante común el empleo del término anglosajón.

promete mayor eficiencia y seguridad en la ejecución de acuerdos, eliminando la necesidad de intermediarios humanos.

En la actual Cuarta Revolución Industrial, la convergencia de tecnologías disruptivas como el blockchain y la inteligencia artificial está transformando significativamente el ámbito del derecho contractual. Estas innovaciones no solo afectan la forma en que se inician, negocian y ejecutan los contratos, sino que también desafían las estructuras y principios legales tradicionales, creando un nuevo paradigma en la contratación.

El desarrollo de estas tecnologías plantea importantes cuestiones teóricas y prácticas. Por ejemplo, el concepto de contratos computables de Harry Surden sugiere una transición hacia contratos que no solo son ejecutables automáticamente, sino también interpretables por máquinas, lo que representa un cambio significativo respecto a los contratos tradicionales.[11] Esta evolución ha llevado a un paso más allá con la aparición de los contratos *self-driving*, en los cuales herramientas de inteligencia artificial determinan el mejor resultado esperado por las partes, realizando una especie de concreción ex post de los términos del contrato.[12]

Además, es esencial distinguir entre la automatización y la autonomía en el contexto de los contratos. Mientras que la automatización se refiere a la ejecución de tareas específicas mediante tecnología, la autonomía implica la capacidad de los sistemas para tomar decisiones y adaptarse a nuevas circunstancias sin intervención humana.[13] Esta distinción es crítica

---

11   Cfr. Surden, H. (2012) "Computable Contracts", *U.C. Davis Law Review* 46, 629-641.

12   Cfr. Casey A.J. y Niblett, A. (2017). "The Death of Rules and Standards", *Indiana Law Journal* n. 4 vol. 92, 1401-1447.

13   Cfr. Frattone, C. (2024). "Algorithmic mistakes in machine-made contracts: the legal consequences of errors in automated contract formation". *Uniform Law Review,* volumen 28 n. 3-4, 407-425.

para comprender los niveles de sofisticación y los desafíos asociados con los contratos inteligentes y la IA en el derecho contractual.[14]

En definitiva, el impacto de la Cuarta Revolución Industrial en el derecho contractual no puede subestimarse. Al explorar tanto las raíces históricas como las implicaciones contemporáneas de la automatización y la autonomía en los contratos, este capítulo busca ofrecer una visión integral de cómo las tecnologías emergentes están redefiniendo las bases fundamentales de la contratación comercial.

2. LA EVOLUCIÓN DEL DERECHO CONTRACTUAL A TRAVÉS DE LAS REVOLUCIONES INDUSTRIALES

A lo largo de la historia, el derecho ha experimentado transformaciones significativas, adaptándose continuamente a los avances tecnológicos que han caracterizado cada época. Desde la Revolución Industrial hasta la era digital actual, los cambios tecnológicos han influido de manera profunda en la creación, negociación y ejecución de los contratos. Esta sección explora cómo estas innovaciones tecnológicas han modelado el derecho contractual, iniciando con la Revolución Industrial y avanzando a través de los desarrollos en comunicación, informática, internet, y tecnologías emergentes como la inteligencia artificial y el blockchain.

La Revolución Industrial, que comenzó a finales del siglo XVIII, marcó un punto de inflexión crucial en la historia del derecho contractual. Este período, caracterizado por la transición de una economía agraria y artesanal a una industrializada y mecanizada, introdujo nuevas dinámicas en la producción y el comercio, destacando la manufactura en masa y el comercio a gran escala. La creciente complejidad de las relaciones comerciales exigió la elaboración de contratos más detallados que reflejaran las nuevas realidades económicas. En

---

14   Cfr. Mik, E. (2017). "Smart Contracts: Terminology, Technical Limitations and Real Word Complexity". *Law, Innovation and Technology* vol. 9 n. 2.

este contexto, la libertad contractual se consolidó como un principio fundamental, permitiendo a las partes negociar los términos de sus acuerdos. Al mismo tiempo, conceptos como la capacidad contractual y el incumplimiento de contrato adquirieron una relevancia creciente para resolver las disputas emergentes.

A medida que avanzaba el siglo XIX, la invención del telégrafo por Samuel Morse en la década de 1830 y del teléfono por Alexander Graham Bell en 1876 revolucionó la comunicación a larga distancia,[15] impactando significativamente el derecho contractual. La regla postal, establecida en el Reino Unido en 1818, evolucionó durante el siglo XIX y principios del XX en respuesta a estas nuevas tecnologías que facilitaban la comunicación a distancia. Este cambio dio lugar a nuevas teorías sobre la formación de los contratos, que consideran aspectos como la declaración, la expedición, la recepción y el conocimiento de las comunicaciones contractuales.[16] Estas teorías, inicialmente desarrolladas en respuesta a las innovaciones tecnológicas de su tiempo, siguen siendo vigentes en la actualidad, adaptándose a los avances contemporáneos en la comunicación y la tecnología.

La revolución informática, que comenzó en la segunda mitad del siglo XX, marcó el inicio de una nueva era en el derecho contractual. La introducción de las computadoras y la digitalización de documentos transformaron la gestión de la información contractual, permitiendo una administración más eficiente y precisa. La aparición de bases de datos electrónicas y sistemas avanzados de gestión de documentos

---

15   El teletrófono, conocido como teléfono, fue creado en 1854 por el inventor italiano Antonio Meucci. No obstante, Alexander Graham Bell fue reconocido durante mucho tiempo como su inventor, debido a que fue el primero en obtener la patente del dispositivo en 1876. Cfr. Catania, B. (2001). Antonio Meucci: Telephone Pioneer. *Bulletin of Science, Technology & Society, 21*(1), 55-76.

16   Cfr. Beatson, J., Burrows, A., y Cartwright, J. (2020). *Anson's law of contract* (31st ed.). Oxford University Press, 47-50.

facilitó la organización, almacenamiento y recuperación de información contractual, mejorando significativamente la precisión y la eficiencia en la administración de contratos.

La Tercera Revolución Industrial, en la era conocida como la "Sociedad de la Información", emergió a mediados del siglo XX y se distinguió por una avalancha de avances tecnológicos y científicos durante las décadas de 1970 y 1980. En este contexto, la llegada del internet a partir de la década de 1990 provocó un cambio significativo en el derecho contractual,[17] marcando la antesala de las tecnologías que eventualmente darían lugar a la Cuarta Revolución Industrial. La capacidad de realizar transacciones en línea y negociar contratos a través de plataformas digitales permitió una expansión global de los mercados y una mayor accesibilidad a las transacciones contractuales. Los contratos electrónicos y las firmas digitales se convirtieron en prácticas comunes, y la legislación se adaptó para reconocer su validez, estableciendo marcos legales para regular estas nuevas formas de contratación. Este avance en la digitalización y automatización sentó las bases para la Cuarta Revolución Industrial, que integra tecnologías emergentes como la inteligencia artificial, el internet de las cosas, el blockchain y la analítica avanzada, redefiniendo aún más los procesos contractuales y comerciales.

---

17   La primera transacción por comercio electrónico entre particulares se atribuye a Phil Brandenberg y Dan Kohn en 1994, sin embargo algunos autores sostienen que el 1971 un grupo de estudiantes del Masachussets Institute of Technology (MIT) y Stanford llevaron a cabo una transacción clandestina en el precedente de Internet, ARPAnet. Cfr. Lewis, P. H. (1994). *Attention Shoppers: Internet is Open*. https://www.nytimes.com/1994/08/12/business/attention-shoppers-internet-is-open.html. Recuperado el 27 de agosto de 2024; Tafulla, M. (2018). *A Brief Story of E-Commerce*. https://michaeltefula.medium.com/a-brief-history-of-e-commerce-c4692a3b2cd9. Recuperado el 27 de agosto de 2024.

En la actualidad, tecnologías emergentes como la inteligencia artificial y el blockchain están transformando de manera fundamental el derecho contractual. La inteligencia artificial, que abarca sistemas diseñados para realizar tareas que requieren inteligencia humana, está revolucionando el campo al ofrecer capacidades avanzadas de análisis y automatización. Los sistemas de IA pueden procesar grandes volúmenes de datos contractuales, identificar patrones y riesgos, y proporcionar recomendaciones precisas para la negociación y ejecución de acuerdos.

Al mismo tiempo, el blockchain está introduciendo nuevas formas de garantizar la seguridad, transparencia e integridad en la gestión de contratos, creando registros inmutables y descentralizados que optimizan la confianza y la eficiencia en las transacciones contractuales. El blockchain además ha permitido la aparición de una nueva figura en el ámbito de derecho contractual: los contratos inteligente.

Además, la IA y el blockchain son tecnologías complementarias y sinérgicas en el ámbito del negocio digital. La IA facilita la valoración, comprensión, reconocimiento y toma de decisiones, mientras que el blockchain permite la verificación, ejecución y registro de transacciones.[18]

El avance de la tecnología digital y la telemática ha dado lugar a nuevas formas de contratación que satisfacen necesidades a través de intercambios cada vez más rápidos, a menudo inmediatos y efectivos. La tendencia hacia la despersonalización y la objetivación de las relaciones contractuales, que ya se había iniciado con la negociación masiva, se ha intensificado con la negociación telemática. Esto se vuelve particularmente claro con el uso de los llamados agentes electrónicos, como programas automatizados que facilitan contratos

---

18   Cfr. Mena Duran, M. L. (2020). *Does the future of smart contracts depend on artificial intelligence?* The Technolawgist. https://www.thetechnolawgist. com/articles/future-smart-contracts-depend-on-artificial-intelligence/. Recuperado el 27 de agosto de 2024.

entre máquinas basándose en instrucciones predefinidas sin intervención humana. Este cambio ha promovido un nuevo modelo de consentimiento contractual, donde la reducción de costos de transacción y una mayor disponibilidad de información sobre los bienes o servicios han superado las incertidumbres asociadas con la compra de ciertos productos.[19]

Además, la integración de estas tecnologías está creando nuevos desafíos en términos de regulación y ética. La automatización y la autonomía de los sistemas basados en IA y blockchain plantean preguntas sobre la responsabilidad legal, la privacidad de los datos y la capacidad de los sistemas para adaptarse a circunstancias imprevistas. La evolución del derecho contractual en respuesta a estas tecnologías emergentes requiere una adaptación continua de las doctrinas legales y la creación de nuevos marcos regulatorios para abordar estos desafíos.

3. INTRODUCCIÓN A LA AUTOMATIZACIÓN EN EL DERECHO CONTRACTUAL

3.1. Primeros Mecanismos de Automatización Contractual

La automatización en el derecho contractual no es un fenómeno reciente, sino el resultado de un proceso evolutivo que ha acompañado el desarrollo tecnológico y comercial a lo largo del tiempo. Desde épocas remotas, comerciantes y profesionales del derecho han buscado maneras de simplificar y automatizar las transacciones contractuales para mejorar la eficiencia y reducir los costos. La introducción de tecnologías que permiten la ejecución automática de ciertas obligaciones contractuales ha sido un hito significativo en este proceso, marcando la transición hacia

---

19   Cfr. Gambino, A.M., y Stazi, A. (2021) "Contract Automation from Telematic Agreements to Smart Contracts". *The Italian Law Journal* n.7, 98.

una nueva era de contratos algorítmicos, en los cuales incluso la formación de los acuerdos pueden llevarse a cabo sin intervención humana.[20]

Uno de los primeros y más simples ejemplos de automatización en la ejecución de contratos es la máquina expendedora.[21] Este dispositivo mecánico permite la realización de transacciones comerciales sin la necesidad de intervención humana directa. Al insertar una moneda y seleccionar un producto, el usuario activa una serie de mecanismos que culminan en la entrega del bien deseado. La máquina expendedora, por lo tanto, actúa como un instrumento autónomo que ejecuta un contrato de compraventa en un entorno controlado y predefinido.

De similar forma opera una máquina de estacionamiento para cobro mediante un sistema integrado de control y procesamiento de pagos. Al ingresar un ticket en la máquina, un lector óptico decodifica la información contenida en el ticket, como la fecha y hora de entrada del vehículo en el aparcamento. Este dato es procesado por una unidad computacional interna que calcula el importe a pagar basado en dos parámetros, las tarifas vigentes y el tiempo transcurrido. El usuario es informado del monto adeudado a través de una pantalla de visualización y realiza el pago mediante diversos métodos como monedas, billetes, tarjetas de crédito o débito. Una vez completada la transacción, la máquina emite un recibo como prueba de pago y actualiza el estado del ticket para permitir la salida del vehículo. Este proceso asegura la correcta contabilización del tiempo de uso y el cobro correspondiente, garantizando

---

20 Contratos algorítmicos fueron definidos por primera vez en 2017 por Lauren Scholz. Un contrato algorítmico es aquel en el que una o más de las partes contratantes delegan en un algoritmo el proceso de decisión de los términos del contrato. Cfr. Scholz, L.H. (2017). "Algorithmic contracts" *Stanford Technology Law Review* 20.

21 Cfr. Szabo, N. (2018). *Smart Contracts: Building Blocks for Digital Markets.* https://www.fon.hum.uva.nl/rob/Courses/InformationInSpeech/CDROM/Literature/LOTwinterschool2006/szabo.best.vwh.net/smart_contracts_2.html. Recuperado el 27 de agosto de 2024..

la regulación efectiva del estacionamiento. Tanto la máquina expendedora como el parquímetro son ejemplos de sistemas determinísticos,[22] y en este sentido, ejemplifican la automatización de procesos.[23] Estas máquinas operan bajo reglas y algoritmos predefinidos que determinan sus funciones de manera sistemática y predecible, sin necesidad de intervención humana durante su operación. Este tipo de automatización busca mejorar la eficiencia y reducir la posibilidad de errores en tareas repetitivas y rutinarias.

El Intercambio Electrónico de Datos (EDI por sus siglas en inglés) podría considerarse el siguiente paso en la automatización contractual. Sus origenes se remotan al puente aéreo de Berlín durante la Segunda Guerra Mundial, cuando el Sargento Guilbert del ejercito de los EEUU desarrolló un sistema de comunicación electrónica para coordinar las cadenas de suministro y envíos en el ejército de los Estados Unidos. Tras la guerra, y como empleado de DuPont, transformó esta tecnología para un uso civil.[24] El EDI se refiere al proceso de transmitir datos estructurados que han sido formateados según estándares acordados, de manera que puedan ser procesados automáticamente por máquinas. Este intercambio se realiza directamente entre diferentes sistemas informáticos

---

22   Un algoritmo determinista es un conjunto de pasos o instrucciones precisos que, al ser ejecutados, producen un resultado único y predecible para una entrada específica en cualquier momento dado. En otras palabras, dado un mismo conjunto de datos de entrada, un algoritmo determinista siempre generará el mismo resultado y seguirá el mismo camino de ejecución. La determinación de su comportamiento no depende de factores externos o aleatorios, sino que está completamente definida por sus reglas y procedimientos internos.

23   Ver la distinción que Frattone ha integrado las ideas de previos autores para distinguir entre "sistemas automatizados y autónomos, con la diferencia de que estos últimos actúan de forma no determinista". Cfr. Frattone, C. *op.cit.*

24   Cfr. De Fillipi, P y Wright, A., (2018), *Blockchain and the Law: The Rule of Code.* Harvard University Press, 72-73.

utilizando interfaces de telecomunicaciones.[25] En otras palabras, es un método para enviar información de un sistema a otro sin intervención humana, asegurando que los datos sean entendidos de manera uniforme y eficiente gracias a los formatos y estándares previamente establecidos. Pero el EDI no es un contrato en si mismo, simplemente permite el intercambio de ciertos documentos como ordenes o facturas, y además precisa de un acuerdo marco entre las partes.

3.2. La Irrupción del Comercio Electrónico

La llegada del comercio electrónico ha transformado significativamente la forma en que se celebran y ejecutan los contratos. Definido como el intercambio de bienes y servicios a través de plataformas digitales, el comercio electrónico permite la realización de transacciones en línea que pueden involucrar a partes de cualquier parte del mundo. En su origen se consideró comercio electrónico cualquier forma de comercio que se llevara a cabo mediante teléfono, fax, televisión, pagos electrónicos, o sistemas de transferencia de dinero, EDI e intrenet.[26] Sin embargo, la primera definición de comercio electrónco data de 1998 cuando la Organización Mundial del Comercio la definió como "la producción, distribución, marketing, venta o entrega de bienes o servicios por medios electrónicos".[27] Los contratos electrónicos han impactado de forma significativa en la regulación de los contratos, en materias como la formación o la protección de los consumidores.

---

25   Cfr. Eiselen, S. (1995). "The Electronic Daya Interchange Agreement". *S African Mercantile Law Journal* vol. 7, 3.

26   Cfr.Todd, P (2005). *E-Commerce Law.* Routledge-Cavendish, 290.

27   "Programa de Trabajo sobre el Comercio Electrónico", adoptado por el Consejo General de la Organización Mundial del Comercio el 25 de septiembre de 1998 (WT/L/274) (30 de septiembre de 1998) https://docs.wto.org/dol2fe/Pages/SS/directdoc.aspx?filename=s:/WT/L/274.pdf&Open=True. Recuperado el 27 de agosto de 2024.

En el ámbito de la Unión Europea, con el objetivo dual de proteger los intereses de las partes involucradas y proporcionar seguridad jurídica en la contratación telemática, el Parlamento Europeo y el Consejo han promulgado diversas normas para abordar los desafíos asociados con este tipo de contratación. Estas regulaciones buscan establecer un marco legal claro y coherente que facilite las transacciones electrónicas, garantizando al mismo tiempo la protección de los derechos de los consumidores y la integridad de los acuerdos contractuales.[28] En particular, destacan las Directivas 2000/31/CE, del 8 de junio,[29] y la ya derogada 1999/93/CE, de diciembre.[30] La primera regula ciertos aspectos jurídicos del comercio electrónico en el mercado interior, estableciendo la obligación para los Estados miembros de crear un marco jurídico que permita la celebración de contratos por medios electrónicos.[31] La segunda directiva definía el marco comunitario para la firma electrónica. Ambas directivas fueron incorporadas a nuestro ordenamiento jurídico a través de la Ley

---

28   Cfr. Arnau Moya, F. (2009). *Lecciones de Derecho Civil II. Obligaciones y Contratos*. Publicacions de la Universitat Jaume I, 237.

29   Directiva 2000/31/CE del Parlamento Europeo y del Consejo, de 8 de junio de 2000, relativa a determinados aspectos jurídicos de los servicios de la sociedad de la información, en particular el comercio electrónico en el mercado interior (Directiva sobre el comercio electrónico). DOCE núm. 178, de 17 de julio de 2000, páginas 1 a 16.

30   Directiva 1999/93/CE del Parlamento Europeo y del Consejo, de 13 de diciembre de 1999, por la que se establece un marco comunitario para la firma electrónica. DOCE núm. 13, de 19 de enero de 2000, páginas 12 a 20. El 1 de julio de 2016 entró en vigor en España en Reglamento (UE) n° 910/2014 del Parlamento Europeo y del Consejo, de 23 de julio de 2014, relativo a la identificación electrónica y los servicios de confianza para las transacciones electrónicas en el mercado interior que deroga la Directiva 1999/93/CE.

31   Directiva 2000/31/CE art. 9 (1) *op.cit.*

34/2002, de Servicios de la Sociedad de la Información y de Comercio Electrónico, y la Ley 59/2003, de Firma Electrónica.[32]

Además, el comercio electrónico está sujeto al texto refundido de la Ley General para la Defensa de los Consumidores y Usuarios (TRLCU),[33] particularmente en lo que respecta al Libro II, Título III, que trata de los "Contratos celebrados a distancia". La contratación telemática no solo se ajusta al concepto de contratos celebrados a distancia establecido en el artículo 92.1 del TRLCU, sino que también en su apartado 2 se enumeran entre las técnicas de comunicación a distancia teléfono, con o sin intervención humana, y con o sin imagen, el audiotexto y videotexto, el correo electrónico, el fax y la televisión.

Uno de los principales desafíos que emergieron con el comercio electrónico fue la incertidumbre inicial respecto a la validez jurídica de los denominados acuerdos click-wrap y browse-wrap. Estas técnicas, originadas en el derecho anglosajón, son mecanismos clave mediante los cuales los propietarios de sitios web obtienen el consentimiento de los usuarios para los términos de uso.[34] Los acuerdos

---

32   Ley 34/2002, de 11 de julio, de servicios de la sociedad de la información y de comercio electrónico. BOE núm. 166, de 12/07/2002.

33   Real Decreto Legislativo 1/2007, de 16 de noviembre, por el que se aprueba el texto refundido de la Ley General para la Defensa de los Consumidores y Usuarios y otras leyes complementarias. BOE núm. 287, de 30 de noviembre de 2007, páginas 49181 a 49215.

34   Existe una tercera técnica denominada, shrink-wrap. Los acuerdos shrink-wrap son contratos en los que el comprador acepta las condiciones generales solo después de la compra o descarga del producto, al abrir el paquete o utilizar el producto. El término proviene del empaquetado en plástico retráctil como aquel en el que solían presentarse y venderse los productos de software físico. En la Unión Europea, estos contratos no son ejecutables en el ámbito de contratos de consumo debido a requisitos legales sobre la información precontractual. Cfr. Sánchez Lorenzo, S.A. (2021) "Click-Wrap International Contracts" en Esteban De La Rosa, F. et al (Eds.), *Justice, Trade, Secutiry, and Individial Freedoms in the Digital Society*, Aranzadi, 254.

click-wrap requieren un acto explícito de aceptación por parte del usuario, como hacer clic en un botón etiquetado "Acepto", antes de completar una transacción. En contraste, los acuerdos browse-wrap suponen la aceptación implícita de los términos simplemente a través del uso del sitio web, sin necesidad de una manifestación explícita de consentimiento. La aceptación de estos términos tiene implicaciones legales significativas, ya que regula aspectos esenciales como los derechos del consumidor, el régimen de responsabilidad de las partes, la ley aplicable y las jurisdicciones competentes.

Aunque la admisibilidad de los acuerdos click-wrap como medio para prestar consentimiento es generalmente aceptada, la validez de los acuerdos browse-wrap sigue siendo objeto de debate. La modificación de los artículos 1.262 del Código Civil y 54 del Código de Comercio, introducida por la Ley 34/2002, respalda legalmente los acuerdos click-wrap al establecer que "en los contratos celebrados mediante dispositivos automáticos hay consentimiento desde que se manifiesta la aceptación". Este marco legal avala los acuerdos click-wrap al considerar que el acto de hacer clic constituye una manifestación explícita de aceptación de un contrato de adhesión con condiciones generales, en conformidad con dichos preceptos. En contraste, la aceptación implícita en los acuerdos browse-wrap, basada únicamente en el uso del sitio web, no cuenta con un respaldo tan claro y sigue siendo un tema de controversia en el ámbito jurídico.

Para que los términos de uso de los acuerdos browse-wrap sean considerados válidos, deben cumplir con los requisitos relativos al consentimiento de los artículos 1.261 y 1.265 del Código Civil, así como con los requisitos de transparencia e incorporación que la Ley de Condiciones Generales de la Contratación recoge en su artículo 5.[35] Es fundamental que estos términos estén claramente accesibles para los

---

35   Ley 7/1998, de 13 de abril, sobre condiciones generales de la contratación. BOE núm. 89, de 14/04/1998 páginas 12304 a 12314.

usuarios y se presenten de manera que permitan una comprensión y aceptación consciente de las condiciones.

3.3. Contratos y sistemas computacionales

Los contratos ricardianos, introducidos por Ian Grigg y Gary Howland casi contemporáneamente al surgimiento del comercio electrónico, surgieron en el contexto de la contratación digital, en una época en que se empezaba a explorar la viabilidad de un dinero digital seguro e intrazable a través de internet. Grigg y Howland propusieron la idea de utilizar un sistema criptográfico para la emisión y negociación de instrumentos financieros en la red, centrando su estudio en los bonos. Según su análisis, un bono puede ser conceptualizado como un contrato, y sugirieron una mejora en la gestión de estos contratos al dividir su ciclo de vida en dos fases distintas: acuerdo y ejecución.

Su propuesta consistía en convertir los términos contractuales a un formato estructurado y legible por computadoras, como campos de bases de datos o tablas SQL, y separarlo de la fase de ejecución para hacer el proceso más eficiente y manejable. Sin embargo, el proyecto encontró dificultades significativas debido a la complejidad de traducir el lenguaje jurídico-financiero a un formato estructurado. Como resultado, el enfoque se modificó para desarrollar un contrato que pudiera ser primero comprendido por los humanos y, posteriormente, procesado por las computadoras.[36]

No obstante, los contratos ricardianos nunca tuvieron una aplicación práctica significativa y no adquirieron relevancia hasta la aparición de los contratos inteligentes. Con el advenimiento de estos últimos, algunos observaron que los contratos ricardianos representaban un intento

---

36   Para un análisis más detallado de los origenes y funcionamiento de los contractos ricardianos Cfr. Grigg, I. (2022). "Why the Ricardian Contract Came About", en Allen, J.G, y Hunn, P. (Eds.) *Smart Legal Contracts: Compuytable Law in Theory and Practice*. Oxford University Press, 88-106.

temprano de conectar la prosa legal con la ejecución automatizada de contratos, sirviendo como un puente conceptual entre ambos.[37] Este reconocimiento destacó la visión de Grigg y Howland como un paso hacia la automatización contractual, subrayando que, aunque sus propuestas no se materializaron plenamente en su tiempo, sentaron las bases para el desarrollo de soluciones más avanzadas en la actualidad.[38]

Sin embargo, aunque similares en algunos aspectos, los contratos ricardianos y los contratos inteligentes representan dos figuras distintas en el panorama de la automatización contractual. En esencia, se refieren a momentos diferentes en el ciclo de vida del contrato: el contrato ricardiano se centra en la formalización y aceptación inicial del acuerdo, traduciendo los términos legales a un formato comprensible para los sistemas computacionales. En contraste, los contratos inteligentes se enfocan en la ejecución y cumplimiento posterior de los términos acordados, automatizando la implementación de los acuerdos una vez que se han establecido. Mientras que los contratos ricardianos intentaban hacer que los contratos fueran legibles para las computadoras desde el inicio, los contratos inteligentes buscan garantizar que el cumplimiento de los términos se realice de manera autónoma y automatizada durante la vigencia del contrato.[39]

Años después, Harry Surden introdujo el concepto de "contratos computacionales", aportando un enfoque innovador para la representación de las obligaciones contractuales como datos informáticos. En su propuesta de "contratos orientados a los datos", Surden sugiere que, en lugar de traducir las cláusulas contractuales del lenguaje escrito al

---

37   Cfr. Cervone, L., Palmirani, M., y Vitali, F. (2020). *The Intelligible Contract.* Proceedings of the 53rd Hawaii International Conference on System *Sciences, Honolulu.*

38   Cfr. Al Khalil, F. *et al.* (2017). *Trust in Smart Contracts is a Process as Well.* Proceedings for the International Conference on Financial Cryptography and Data Security, Malta.

39   Cfr. Grigg, I., *op. cit.,*103.

código informático, las partes contratantes expresen las cláusulas directamente como datos procesables por un sistema informático. Esta metodología responde a las limitaciones tecnológicas de la época para leer y evaluar contratos basados en lenguaje natural y para verificar el cumplimiento de conceptos abstractos.

En el ámbito de los sistemas de contratación electrónica, un aspecto distintivo de los "contratos orientados a los datos" es que, a diferencia de los contratos tradicionales, diseñados principalmente para la comprensión humana, estos contratos deben ser comprensibles tanto para las partes humanas como para los sistemas informáticos. Este enfoque dual permite que las cláusulas contractuales sean procesadas y ejecutadas automáticamente por programas informáticos, lo que mejora significativamente la eficiencia y precisión en la administración y cumplimiento de los contratos.[40]

Surden define el derecho computable como "es un área de investigación centrada en la creación y uso de modelos informáticos de leyes".[41] En su propuesta, identifica dos métodos principales para lograr este objetivo. El primer método consiste en traducir los textos legales, escritos en lenguaje natural, en conjuntos organizados de datos y reglas de programación. Este enfoque busca representar la estructura, el significado y la aplicación de las obligaciones jurídicas en formas que los ordenadores puedan procesar con facilidad. Este modelo se alinea con la idea de los contratos ricardianos, que intentaban formalizar y estructurar las cláusulas contractuales en un formato comprensible para los sistemas computacionales.

---

40   Cfr. Surden, H. (2012). "Computable Contracts". *U.C. Davis Law Review* 46, 629-41.

41   Cfr. Surden, H. (2024). "Computable Law and AI". En Lim. E., y Morgan, P., (Eds.) *The Cambridge Handbook of Private Law and Artificial Intelligence.* Cambridge University Press, 36.

El segundo enfoque, en contraste, propone expresar las obligaciones jurídicas directamente como datos informáticos desde el principio, sin pasar por el lenguaje escrito tradicional. Este método permite que las obligaciones se presenten en formas comprensibles para las personas, como texto o visualizaciones en pantalla, pero estas versiones comprensibles se derivan de datos subyacentes generados a partir del procesamiento de datos informáticos de nivel inferior.[42] Este modelo corresponde a la idea de los contratos computacionales, que buscan integrar las obligaciones jurídicas en formatos nativos de sistemas informáticos para mejorar la eficiencia y precisión en la ejecución de los contratos.

Aunque el término "smart contract" fue introducido por primera vez en 1994 por Nick Szabo,[43] estos contratos no se materializaron como una tecnología práctica hasta 2013, cuando Vitalik Buterin identificó el potencial de la tecnología blockchain para concretar la visión propuesta por Szabo.[44] Originalmente, los smart contracts fueron definidos como "un conjunto de promesas, especificadas en formato digital, incluidos los protocolos con los que las partes cumplen dichas promesas".[45] Sin embargo, la visión de Szabo, aunque pionera, precedió al desarrollo de la tecnología blockchain y se basaba en la utilización de intermediarios para la ejecución de los contratos, en lugar de

---

42 *Ibid* 36-37.

43 Cfr. Szabo, N. (1994). "Smart Contracts". *Essays on Smart Contracts, Commercial Controls and Security.* https://www.fon.hum.uva.nl/rob/Courses/InformationInSpeech/CDROM/Literature/LOTwinterschool2006/szabo.best.vwh.net/smart.contracts.html. Recuperado el 27 de agosto de 2024.

44 Cfr. Buterin, V. (2013). *Ethereum White Paper. A Next Generation Smart Contracts & Decentralized Application Platform.* https://www.weusecoins.com/assets/pdf/library/Ethereum_white_paper-a_next_generation_smart_contract_and_decentralized_application_platform-vitalik-buterin.pdf. Recuperado el 27 de agosto de 2024.

45 Cfr. Szabo, N. *Smart Contracts: Building Blocks for Digital Markets, op.cit.*

aprovechar la descentralización inherente a la tecnología blockchain. La integración de los smart contracts en la blockchain permitió finalmente que esta visión se realizara de manera efectiva, eliminando la necesidad de intermediarios y facilitando la ejecución automatizada y segura de los contratos.

Vitalik Buterin, sin embargo, describió Ethereum como una plataforma de blockchain diseñada específicamente para la implementación de smart contracts. Ethereum se caracteriza por su uso de un lenguaje de programación Turing-completo, lo que permite a los desarrolladores crear smart contracts y aplicaciones descentralizadas (DApps) con una gran flexibilidad y complejidad. Este tipo de blockchain soporta un lenguaje de programación que puede ejecutar cualquier cálculo descrito algorítmicamente, siempre que se disponga de los recursos computacionales necesarios. Como resultado, los desarrolladores tienen la capacidad de escribir código personalizado para definir reglas específicas relacionadas con aspectos como la propiedad de activos, los formatos de transacción y las modificaciones en el estado de la aplicación. Esta capacidad permite la creación de aplicaciones diversas y sofisticadas que funcionan de manera autónoma en la blockchain, aplicando y ejecutando términos contractuales sin necesidad de una autoridad central.[46]

Los smart contracts pueden definirse como aquellos en los que "la ejecución del contenido no depende de la voluntad de las partes, sino que tiene lugar de manera automática, una vez se dan las condiciones preestablecidas por aquéllas".[47] La ejecución automática de los contratos inteligentes elimina la necesidad de intervención humana para llevar a cabo los términos acordados. Las máquinas verifican de manera objetiva si se cumplen las condiciones establecidas y ejecutan

---

46   Cfr. Buterin, V. *op.cit.*

47   Legerén-Molina, A. (2018). "Los Contratos Inteligentes en España" *Revista de Derecho Civil*, vol. V, núm. 2, 196.

las acciones correspondientes de forma automática. Aunque los ordenadores simplemente procesan datos y siguen algoritmos predefinidos para generar resultados, en esencia están realizando las acciones estipuladas en el contrato. Por lo tanto, no es necesario un intermediario de confianza, ya que los ordenadores asumen ese rol. La fiabilidad en la correcta ejecución se basa en la programación del software que aplica automáticamente los términos del contrato. De hecho, una de las principales críticas hacia estos contratos radica en su falta de flexibilidad: el smart contract se caracteriza por su absoluta rigidez en el sentido de que está limitado a su código, sin posibilidad de modificación.[48]

Las implicaciones de los contratos inteligentes para la legislación contractual en España aún no han sido ampliamente estudiadas. Esto podría deberse, en parte, a que los casos de uso prácticos de estos contratos no han alcanzado el nivel de expansión anticipado durante el periodo de su auge. Aunque las primeras contribuciones de autores como Legerén Molina y Ballabriga Solanas han señalado que el marco jurídico español es adecuado para estos contratos,[49] sus análisis son preliminares y no abordan en profundidad cómo los contratos inteligentes, particularmente los híbridos y totalmente codificados, podrían afectar aspectos clave como el consentimiento.[50]

---

48   Cfr. Sklaroff, J. M. (2017). "Smart Contracts and the Cost of Inflexibility". *University of Pennsylvania Law Review* 166, 263–303.

49   Cfr. Legerén-Molina, A., *op.cit.* 193-241; Ballabriga Solanas, T. (2019). "Régimen jurídico y problemática de los contratos inteligentes". *Revista CEFLegal,* 227, 5-38.

50   El trabajo más extenso y de mayor impacto realizado hasta la fecha se llevó a cabo en el Reino Unido. En 2021, la Law Commission emitió un informe con el objetivo de analizar la integración de los contratos inteligentes en el Derecho Inglés. En dicho informe se distinguen tres tipos de contratos inteligentes: los escritos en lenguaje natural con ejecución automatizada, los híbridos que combinan lenguaje natural y código para definir las obligaciones contractuales pero cuya ejecución es automática, y los completamente

4. LOS CONTRATOS EN LA ERA DE LA INTELIGENCIA ARTIFICIAL

4.1. De la automatización a la autonomía

Harry Surden hizo una disntinción entre los contratos computacionales autónomos y los contratos computacionles en general.[51] En el contexto autónomo, el contrato se expresa en términos computables, con datos y reglas, y tanto su formación como su ejecución se llevan a cabo automáticamente sin intervención humana. Por el contrario, la contratación computable general abarca una gama más amplia de acuerdos contractuales en los que los términos se expresan mediante datos y reglas computables. Esto es independiente de si un ser humano inició el acuerdo y luego lo formalizó como contrato, o si fue iniciado y gestionado por un sistema informático autónomo.

Es crucial señalar que estos conceptos están interrelacionados. Para que un sistema informático pueda participar de manera autónoma en acuerdos contractuales, es necesario que el contrato se represente primero en un formato procesable e interpretable por un ordenador. Esta representación computable es el requisito previo fundamental que permite la automatización completa en la contratación y ejecución de los términos contractuales.

En 1996, Curtis Karanow anticipó que una tecnología avanzada permitiría a los comerciantes realizar transacciones comerciales sin necesidad de supervisión o incluso sin su conocimiento directo.[52] Ese mismo año, Tom Allen y Robin Widdison plantearon la cuestión de si los

---

codificados, en los que la definición de las obligaciones es íntegramente en código. Cfr. "Law Commission No. 401. Smart Legal Contracts Advice to Government" Law Com No. 401 (2021).

51   Cfr. Surden, H., Computable Contracts. *op.cit.*, 695.

52   Cfr. Karanow en Kerr, I.R. (2001), "Ensuring the Success of Contract Formation in Agent-Mediated Electronic Commerce". *Electronic Commerce Research* 1, 184.

ordenadores podrían formalizar contratos.[53] Allen y Widdison preveían la posibilidad de que los sistemas informáticos evolucionaran hasta el punto de adaptar, modificar o generar sus propias instrucciones, reproduciendo de alguna manera capacidades humanas como la toma de decisiones y la prestación de consentimiento.[54]

La evolución de la inteligencia artificial, especialmente en el ámbito del autoaprendizaje, ha convertido esas especulaciones en una realidad palpable. Como señaló Eliza Mik, hemos observado que los ordenadores están cada vez más programados para operar de manera autónoma, respondiendo a información del mercado en tiempo real y ejecutando contratos cuando se cumplen determinadas condiciones.[55] Ejemplos de esta tendencia incluyen el high-frequency trading (HFT),[56] la fijación dinámica de precios en plataformas como Booking o en la venta de billetes de avión,[57] y la adquisición automatizada de espacios publicitarios

---

53   Cfr. Allen, T. y Widdison, R. (1996). "Can computers Make Contracts?". *Harvard Journal of Law & Technology* 9, 25.

54   *Ibid,* 27-28.

55   Cfr. Mik, E. (2020). "The Resilience of Contract Law in the Light of Technologial Change" Furmston, M. (Ed.), *The Future of the Law of Contract*, Routledge, 115.

56   El *high frequency-trading* o "comercio de alta frecuencia" o "trading de alta frecuencia" se refiere a la práctica de realizar operaciones de compra y venta de valores en los mercados financieros a velocidades extremadamente altas mediante el uso de algoritmos y tecnología avanzada. Cfr. Busch, D. (2016). "MiFID II: Regulating High Frequency Trading, Other Forms of Algorithmic Trading and Direct Direct Electronic Market Access". *Law and Financial Markets Review* 72, 74.

57   "Un algoritmo de precio es un modelo matemático computacional utilizado para predecir, de manera instantánea, el precio óptimo (generalmente aquel que maximiza las ganancias de la empresa)." Cerda, M. (2021). *"¿Pueden los algoritmos de precios facilitar la colusión?".* Centro Competencia. https://bit.ly/3Y7s3QW. Recuperado el 27 de agosto de 2024.

en línea.[58] Estos avances ilustran cómo la capacidad de los sistemas para operar sin supervisión humana ha transformado las prácticas comerciales y contractuales modernas.

El aprendizaje automático o machine learning (ML por su denominación en inglés) es el campo de estudio de la IA que dota a los ordenadores de la capacidad de aprender sin ser explícitamente programados.[59] El aprendizaje automático se distingue de la inteligencia artificial clásica, también conocida como inteligencia artificial simbólica, en su enfoque hacia la toma de decisiones y el procesamiento de la información. La IA simbólica se basa en la aplicación de reglas explícitas y representaciones del conocimiento predefinidas por los programadores. Estas reglas suelen estar estructuradas en forma de estrategias lógicas de decisión, como las clásicas "si X, entonces Y". Este enfoque determinista asegura que cada decisión que toma el sistema pueda rastrearse directamente hasta las instrucciones programadas por el desarrollador, lo que significa que, sin importar la complejidad del proceso, las decisiones finales son siempre el resultado de un conjunto de reglas preestablecidas.[60]

Este proceso contrasta con el enfoque del ML, que en lugar de depender de reglas explícitas, se basa en la capacidad del sistema para

---

58   Muchas agencias de publicidad han automatizado la compra y venta de espacios publicitarios combinando inteligencia artificial y pujas en tiempo real, optimizando campañas en tiempo real según el comportamiento del visitante. Cfr. Enache, M. C. (2020). "AI for Advertising". *Annals of "Dunarea de Jos" University of Galati, Fascicle I. Economics and Applied Informatics*. 26(1). https://doi.org/10.35219/eaii584040978. Recuperado el 27 de agosto de 2024.

59   Cfr. Brown, S., (2024). *Machine learning explained*. MIT Sloan School of Management. https://mitsloan.mit.edu/ideas-made-to-matter/machine-learning-explained. Recuperado el 27 de agosto de 2024.

60   Cfr. Turner, J. (2019). *Robot Rules: Regulating Artificial Intelligence*. Palgrave Macmillan, 18.

aprender y mejorar a partir de la experiencia, es decir, a partir de los datos con los que se entrena. En lugar de seguir un conjunto fijo de reglas, los sistemas de ML desarrollan patrones y relaciones por sí mismos, lo que les permite tomar decisiones más flexibles y adaptativas, a menudo sin que el programador tenga un control directo sobre el proceso exacto por el cual se llega a una decisión.

Las redes neuronales artificiales representan un avance significativo en el campo del aprendizaje automático, ubicándose en la cúspide de esta tecnología. Estas redes están compuestas por numerosas unidades interconectadas, cada una de las cuales lleva a cabo cálculos específicos. Las conexiones entre las unidades están reguladas por "pesos", los cuales determinan la influencia de una entrada en la salida correspondiente. Al ajustar estos pesos, las redes neuronales pueden modificar su estructura interna, lo que cambia la probabilidad de que una unidad estimule a otra. Este proceso de ajuste, conocido como "aprendizaje" o "reajuste", es fundamental para la capacidad de las redes neuronales de mejorar y optimizar sus resultados a lo largo del tiempo.[61]

En sistemas de aprendizaje automático, este aprendizaje suele realizarse mediante técnicas como la retropropagación, el aprendizaje supervisado, o el aprendizaje reforzado. La retropropagación, en particular, es un método en el que los errores calculados en las salidas se propagan de vuelta a través de la red para ajustar los pesos de manera que se minimicen estos errores en futuros cálculos. Aunque la retropropagación y el aprendizaje supervisado son los métodos más comunes, existen alternativas como el aprendizaje no supervisado y el aprendizaje por refuerzo, que permiten a las redes neuronales adaptarse a tareas más complejas y dinámicas sin depender de un conjunto de datos etiquetados o de reglas predefinidas.[62]

---

61   *Ibid* 19.

62   Cfr. Munakata, T. (2008). *Fundamentals of the New Artificial Intelligence: Neural, Evolutionary, Fuzzy and More.* Springer, 12.

Aunque a primera vista autonomía y automatización pueden parecer conceptos distintos, desde un enfoque tecnológico, la autonomía representa la forma más avanzada de automatización.[63] Sin embargo, el uso del término "autonomía" en el contexto de la inteligencia artificial, tradicionalmente asociado con el ámbito de la filosofía,[64] puede generar confusión al sugerir que las máquinas pueden alcanzar un nivel de autonomía comparable al de los seres humanos.[65] La autonomía humana, que implica la capacidad de tomar decisiones, realizar elecciones y emprender acciones, está intrínsecamente vinculada a conceptos de libertad y moralidad, que no se trasladan de manera directa a las máquinas.

4.2. Los contratos algorítmicos

Dentro del ámbito de los contratos computacionales autónomos, enontramos los contratos algorítmicos. Estos se definen como aquellos en los que una o más partes emplean un algoritmo para determinar si asumen obligaciones y bajo qué términos hacerlo.[66] La singularidad de este tipo de contratos reside en la delegación, por parte de las partes contratantes, de la fase de preevaluación contractual y la definición de los términos del acuerdo a un sistema algorítmico. Las decisiones resultantes se fundamentan en el conocimiento o los resultados generados por dicho

---

63   Cfr. Mik, E. (2021). "AI as Legal Person?". En Lee, J.A., Hilty, R.M. y Liu, K.C., (Eds.) *Artificial Intelligence and Intellectual Property*, Oxford University Press, 423.

64   Cfr. Williams, M.A. (2010). "Autonomy: Life and Being". En Bi, Y. y Williams, MA. (Eds) *Knowledge Science, Engineering and Management. KSEM 2010. Lecture Notes in Computer Science*, vol 6291. Springer. https://doi.org/10.1007/978-3-642-15280-1_15. Recuperado el 27 de agosto de 2024; Collier, J. (2002). "What is autonomy?". *International Journal of Computing Anticipatory Systems* 12, 212-221.

65   Cfr. Johnson, D.G. y Verdicchio, M. (2017). "AI Anxiety". *Journal of the Association for Information Science and Technology* 68 (9), 2228-2269.

66   Cfr. Scholz, L.H. *op. cit*, 134.

algoritmo. Este proceso, conocido como toma de decisiones algorítmica, implica el uso de sistemas de conocimiento generados algorítmicamente para fundamentar o ejecutar decisiones contractuales.[67]

Sin embargo, contrato algorítmico no es la única denominación utilizada para este tipo de acuerdos. En la literatura, tanto previa como contemporánea a su desarrollo, esta nueva forma de contraer obligaciones también se conoce por diversos términos como "agentes artificiales",[68] "agentes de software",[69] "agentes contractuales inteligentes autónomos",[70] "entes artificialmente inteligentes",[71] "asistentes robóticos"[72] o "asistentes digitales".[73]

Scholz distingue dos categorías de contratos algorítmicos, basándose en el uso del algoritmo durante diferentes fases del contrato. La primera categoría abarca aquellos contratos en los que las partes utilizan el algoritmo durante la fase de negociación para determinar qué térmi-

---

67 Cfr. Yeung K. y Lodge M. (2019). "Algorithmic Regulation: An Introduction". En Yeung K. y Lodge M. (Eds.), *Algorithmic Regulation*. Oxford University Press, 5.

68 Cfr. Scholz, L.H. *op. cit.*, 135; Chopra, S., y White, L.F., *op. cit.*, 363.

69 Cfr Teubner, G. (2018). "Digitale Rechtssubjekte? Zum privatrechtlichen Status autonomer Softwareagenten / Digital Personhood? The Status of Autonomous Software Agents in Private Law". *Ancilla Iuris* 35, 35-78; Sartor, G. (2009). "Cognitive Automata and the Law: Electronic Contracting and the Intentionallity of Software Agents". *Artificial Intelligence and Law* 17 (4), 253-290.

70 Cfr. Sartor, G. (2020). "Contracts Without Agreement, or Agreement by Artefacts?". *Digitalisierung. Privatheit und öffentlicher Raum*, Academy of Sciences in Göttingen (Ed.), Universitätsverlag Göttingen, 41-46.

71 Cfr Scholz, L.H. *op. cit.*, 133.

72 Cfr. Treleaven, P., Barnett, J., y Koshiyama, A. (2019). "Algorithms: Law and Regulation". *Computer* 52 (2), 35.

73 Cfr. Busch, C. *et al.* (2023). "EU Consumer Law and Automated-Decision Making (ADM): Is EU Consumer Law Ready for ADM?" ELI Project on Guiding Principles and Model Rules on Algorithmic Contracts.

nos proponer o aceptar. En contraste, la segunda categoría se refiere a los contratos en los que las partes acuerdan utilizar un algoritmo para completar vacíos en el contrato después de su formalización.[74] Esta segunda categoría guarda similitudes con los contratos autogestionados descritos por Casey y Niblett.[75]

Otro aspecto que Scholz aborda es la distinción entre algoritmos de caja negra y caja clara.[76] Los algoritmos de caja negra presentan un desafío significativo debido a su falta de transparencia en los procesos de toma de decisiones, lo que genera incertidumbre sobre cómo se determinan los resultados y, por ende, sobre la validez de las decisiones contractuales basadas en ellos. Esta opacidad puede dificultar la evaluación y supervisión del cumplimiento del contrato, así como la identificación de sesgos o errores. En contraste, los algoritmos de caja clara ofrecen una mayor visibilidad de sus procesos internos, facilitando la comprensión y verificación de las decisiones, y permitiendo una supervisión más efectiva y la identificación de posibles problemas o sesgos.

Basándose en la clasificación previamente establecida por Scholz, Vincent Ooi introduce una distinción adicional en el ámbito de los contratos

---

74   Cfr. Scholz, L.H. *op. cit.*,128.

75   Utilizo el término "contrato autogestionado" para reflejar la idea expresada en el término en inglés "self-driving contracts", cuya traducción literal sería "contrato de conducción autónoma". Casey y Niblett se refieren a estos contratos como aquellos en los que las partes acuerdan los objetivos del contrato y delegan en análisis realizados por inteligencia artificial la forma de alcanzar dicho objetivo. Tanto el contrato como el proceso para la determinación de sus términos específicos están establecidos de manera anticipada. Cfr. Casey A.J., y Niblett, A. (2017). "Self-Driving Contracts". *The Journal of Corpotaion Law* 43 (1).

76   · Los términos caja negra y caja blanca se emplean en sustitución de los términos ingleses "black box" and "clear box algorithms" si bien la traducción más precisa para estos últimos sería la de caja de cristla o transparente.

algorítmicos, diferenciando en estos mecanismos de formación un rol activo y otro pasivo. En su rol pasivo, el contrato algorítmico actúa como un simple medio de comunicación entre las partes. En contraste, en su rol activo, el sistema algorítmico asume la función de tomar decisiones que originalmente corresponderían al operador humano, delegando así la toma de decisiones a un sistema autónomo.[77]

Finalmente, Scholz distingue entre lo que denomina "meras herramientas" y "agentes artificiales".[78] Según Scholz, las "meras herramientas" no plantean desafíos adicionales significativos para la legislación contractual, independientemente de si se utilizan antes o después de la formación del contrato. Estas herramientas simplemente facilitan ciertas funciones sin modificar el proceso contractual en sí. En cambio, cuando los algoritmos actúan más allá de una simple función auxiliar, desempeñando roles como negociadores en lugar de solo llenar vacíos contractuales, surgen interrogantes sobre su conformidad con el marco legal vigente.[79] Este problema, conocido como el "problema de contratación", fue previamente identificado por Chopra y White, quienes señalaron las complicaciones legales asociadas con la delegación de funciones contractuales a sistemas autónomos.[80]

La delegación del proceso de evaluación precontractual y de la toma de decisiones sobre la definición de los términos contractuales a sistemas algorítmicos constituye una de las características más relevantes y distintivas de los contratos algorítmicos. Esta práctica suscita interrogantes sobre la posibilidad de considerar estos acuerdos como contratos

---

77 Cfr. Ooi, V. (2022). "Contracts Formed by Software: An Approach from the Law of Mistake". *Journal of Business Law* 2, 2-5.

78 Cfr. Scholz, L.H. *op. cit.*, 135.

79 *Ibid* p. 136.

80 El término "problema de contratación" se emplea por su traducción literal del inglés "the contracting problem" empleado por Chopra y White. Cfr. Chopra, S., y White, L.F. *op. cit.*

válidos, dado que los sistemas algorítmicos, por su naturaleza, carecen de capacidad jurídica para ser partes contractuales. En los contratos algorítmicos, el *consensus ad idem*—el acuerdo de voluntades—se alcanza a través de la participación de uno o más sistemas algorítmicos. No obstante, debido a que estos sistemas carecen de la capacidad legal necesaria, surge la cuestión de si su participación en el proceso contractual puede considerarse válida dentro del marco jurídico tradicional.

Desde una perspectiva claramente antropocéntrica, el empleo de términos como "agentes artificiales", "autonomía", e "inteligencia" en el contexto de los contratos algorítmicos ha generado considerable incertidumbre. La introducción del término "agente" ha llevado a algunos a considerar la aplicación de la ley de contrato de agencia para abordar cuestiones relacionadas con la falta de capacidad jurídica de estos sistemas.[81] El término "autonomía," originalmente del ámbito filosófico y posteriormente adaptado a las ciencias computacionales, ha causado confusión al sugerir que las máquinas podrían alcanzar un grado de autonomía comparable al de los seres humanos. Además, el uso del adjetivo "inteligente" ha complicado aún más la situación, hasta el punto de que algunos han propuesto el reconocimiento de personalidad jurídica para estos sistemas como una solución a su supuesta "autonomía".[82] Estos términos, cargados de connotaciones humanas, han influido en el debate sobre la capacidad legal y el estatus de los contratos algorítmicos.

---

81 Cfr. Bellia, A.J. (2001). "Contracting with Electronic Agents" *Emory Law Journal* 50, 1059-1065; Sartor, G. "Contracts Without Agreement, or Agreement by Artefacts?" *cit. op.*, 44; Chopra, S., y White, L.F. (2011). *Artificial Agents and Contracts*, University of Michigan Press.

82 Cfr. Allen, T. y Widdison, R. *op. cit.* 52; Sartor, G. "Contracts Without Agreement, or Agreement by Artefacts?" *cit. op.* 41-46; Beckers, A., y Teubner, G., (2021). *Three Liability Regimes for Artificial Intelligence. Algorithmic Actants, Hybrids, Crowds.* Hart Publishing; Andrade F. *et al.* (2007) "Contracting Agents: Legal Personallity and Representation". *Artificial Intelligence and Law* 15 (4), 360-361.

Aunque los contratos algorítmicos representan una innovación significativa, los sistemas algorítmicos que los generan son, en esencia, herramientas complejas que deben integrarse adecuadamente dentro del marco legal de los contratos. Estos contratos se perfeccionan cuando converge la voluntad de una de las partes con la voluntad expresada por el algoritmo, y desde ese momento son vinculantes para ambas partes, aun cuando la parte que operó el sistema algorítmico no sea aún consciente de su existencia.

A pesar de la sofisticación de los algoritmos, su función sigue estando subordinada a los objetivos y parámetros establecidos por los humanos. La dinámica de estos sistemas no implica que el consentimiento humano se ausente en el proceso. Por el contrario, el principio de autonomía de la voluntad indica que el ser humano ha elegido emplear estos sistemas para la formación del contrato. En otras palabras, aunque el proceso de toma de decisiones es automatizado, el consentimiento humano sigue siendo fundamental, ya que es el operador quien decide cómo y cuándo usar el sistema algorítmico para formalizar el acuerdo.

Este enfoque subraya que, a pesar de la capacidad de los algoritmos para tomar decisiones basadas en datos y patrones, la responsabilidad última y la intención subyacente en la formación del contrato permanecen en manos humanas. Esta perspectiva es crucial para garantizar que los contratos algorítmicos se ajusten al marco legal y ético que rige los acuerdos contractuales tradicionales.[83]

---

83   Para un análisis más detallado de estas cuestiones Cfr. Mena-Duran, M. L. (2024). *Artificial Intelligence in Contract Formation: The shift from Automation to Autonomy in the Case of Algorithmic Contracts* (Tesis de doctorado, Dickson Poon School of Law King's College London). Londres.

5. CONCLUSIONES

Los autómatas descritos en obras clásicas como la *Ilíada* de Homero o el *Peri Automatopoietikes* de Herón de Alejandría encuentran su equivalente moderno en los sistemas algorítmicos basados en inteligencia artificial. Este estudio ha revelado una evolución significativa en la contratación, donde la aspiración humana de sustituir la intervención directa por máquinas ha progresado de la simple automatización a un nivel más avanzado de autonomía. En la actualidad, existen sistemas que pueden contraer obligaciones contractuales en nombre de sus operadores sin requerir intervención humana directa, operando de manera no determinística e incluso sin que los operadores sean conscientes de dichas transacciones. Esta transición hacia una mayor autonomía en los sistemas algorítmicos marca un avance importante en la automatización de procesos contractuales, resaltando la necesidad de una revisión exhaustiva de las implicaciones legales que esta evolución conlleva.

Esta realidad ya tiene un impacto tangible en las relaciones comerciales, incluso en aquellas que involucran a particulares o consumidores. Los bots que interactúan con los consumidores en páginas web, al realizar manifestaciones contractuales, establecen vínculos directos con las empresas que los utilizan. El caso *Mr. Moffatt contra Air Canada* ilustra de manera contundente cómo estas tecnologías se integran en la práctica y las implicaciones legales que conllevan.[84] Este litigio pone de manifiesto la realidad y las consecuencias jurídicas derivadas del empleo de estas tecnologías en la formación de contratos, evidenciando la importancia de una comprensión detallada y una regulación adecuada de estos sistemas algorítmicos en el contexto legal actual. La creciente presencia de tecnologías automatizadas y autónomas en el ámbito contractual exige una revisión minuciosa de las normativas existentes, así como

---

[84]   Moffatt v. Air Canada, 2024 BCCRT 149 (CanLII). https://canlii.ca/t/k2spq. Recuperado el 24 de agosto de 2024.

el desarrollo de nuevas directrices que aborden de manera efectiva los desafíos emergentes en la intersección de la tecnología y el derecho.

Aunque la automatización de procesos contractuales, desde las máquinas expendedoras hasta los contratos inteligentes, no ha presentado desafíos significativos para el marco legal existente en materia contractual, la llamada "falacia androide" ha traído consigo debates más complejos. Esta falacia se refiere a la confusión y malentendidos que surgen de la atribución de características humanas a entidades artificiales,[85] lo que ha planteado nuevas preguntas sobre la naturaleza y el tratamiento legal de estos sistemas de contratación.

En este contexto, como se ha puesto de manifiesto algunos han comenzado a considerar la necesidad de explorar el reconocimiento de personalidad jurídica para estos sistemas algorítmicos. Esta propuesta surge en respuesta a la creciente complejidad y autonomía de estos entes artificiales, que, al realizar funciones contractuales de manera independiente, podrían desafiar las nociones tradicionales de capacidad y responsabilidad en el ámbito jurídico. La discusión sobre la posible atribución de personalidad jurídica a tales sistemas pone de manifiesto la necesidad de abordar un estudio más detallado que aclare las implicaciones jurídicas de estas tecnologías avanzadas en la formación y ejecución de contratos.

Aunque los contratos algorítmicos ya son una realidad consolidada en el contexto actual, el derecho civil español aún no ha abordado esta problemática de manera integral. Cuestiones fundamentales como la formación del contrato, los posibles vicios del consentimiento, el lugar de formalización, y las implicaciones para el derecho de los consumidores siguen sin explorarse adecuadamente. Existe, por tanto, una brecha significativa en la literatura y en la práctica jurídica. Hoy no estamos simplemente ante el "flautista automático" de los hermanos Banu Musa, sino ante un "flautista autónomo" que no solo ejecuta, sino que también

---

85   Cfr. Turner, J. *op. cit.*

compone su propia melodía. Ya no se trata de una máquina expendedora que dispensa un producto; ahora, decide qué ofrecer, a qué precio, e incluso a quién vendérselo. Esta evolución subraya la necesidad urgente de un análisis jurídico profundo que aborde estos nuevos desafíos y garantice una regulación adecuada y una comprensión clara del impacto de los sistemas algorítmicos en el ámbito contractual.

REFERENCIAS BIBLIOGRÁFICAS

Al Khalil, F. *et al.* (2017). *Trust in Smart Contracts is a Process as Well.* Proceedings for the International Conference on Financial Cryptography and Data Security, Malta.

Allen, T. y Widdison, R. (1996). "Can computers Make Contracts?". *Harvard Journal of Law & Technology* 9.

Arnau Moya, F. (2009). *Lecciones de Derecho Civil II. Obligaciones y Contratos.* Publicacions de la Universitat Jaume I.

Asimov, I. (1950) *I, Robot.* Gnome Press

Ballabriga Solanas, T. (2019). "Régimen jurídico y problemática de los contratos inteligentes". *Revista CEFLegal,* 227.

Beatson, J., Burrows, A., y Cartwright, J. (2020). *Anson's law of contract* (31st ed.). Oxford University Press.

Beckers, A., y Teubner, G., (2021). *Three Liability Regimes for Artificial Intelligence. Algorithmic Actants, Hybrids, Crowds.* Hart Publishing; Andrade F. *et al.* (2007) "Contracting Agents: Legal Personallity and Representation". *Artificial Intelligence and Law* 15 (4).

Bellia, A.J. (2001). "Contracting with Electronic Agents" *Emory Law Journal* 50.

Brown, S., (2024). *Machine learning explained.* MIT Sloan School of Management. https://mitsloan.mit.edu/ideas-made-to-matter/machine-learning-explained. Recuperado el 27 de agosto de 2024.

Busch, C. *et al.* (2023). "EU Consumer Law and Automated-Decision Making (ADM): Is EU Consumer Law Ready for ADM?" ELI Project on Guiding Principles and Model Rules on Algorithmic Contracts.

Busch, D. (2016). "MiFID II: Regulating High Frequency Trading, Other Forms of Algorithmic Trading and Direct Direct Electronic Market Access". *Law and Financial Markets Review* 72.

Buterin, V. (2013). *Ethereum White Paper. A Next Generation Smart Contracts & Decentralized Application Platform.* https://www.weusecoins.com/assets/pdf/library/Ethereum_white_paper-a_next_generation_smart_contract_and_decentralized_application_platform-vitalik-buterin.pdf. Recuperado el 27 de agosto de 2024.

Casey A.J., y Niblett, A. (2017). "Self-Driving Contracts". *The Journal of Corpotaion Law* 43 (1).

Casey A.J. y Niblett, A. (2017). "The Death of Rules and Standards", *Indiana Law Journal* n. 4 vol. 92.

Catania, B. (2001). Antonio Meucci: Telephone Pioneer. *Bulletin of Science, Technology & Society*, 21(1).

Cerda, M. (2021). *"¿Pueden los algoritmos de precios facilitar la colusión?".* Centro Competencia. https://bit.ly/3Y7s3QW. Recuperado el 27 de agosto de 2024.

Cervone, L., Palmirani, M., y Vitali, F. (2020). *The Intelligible Contract.* Proceedings of the 53rd Hawaii International Conference on System *Sciences,* Honolulu.

Chopra, S., y White, L.F., (2009) "Artificial Agents and the Contracting Problem: A Solution Via an Agency Analysis", *University of Illinois Journal of Law, Technology & Policy,* n. 2.

Chopra, S., y White, L.F. (2011). *Artificial Agents and Contracts*, University of Michigan Press.

Collier, J. (2002). "What is autonomy?". *International Journal of Computing Anticipatory Systems* 12.

De Fillipi, P y Wright, A., (2018), *Blockchain and the Law: The Rule of Code.* Harvard University Press.

Eiselen, S. (1995). "The Electronic Daya Interchange Agreement". *S African Mercantile Law Journal* vol. 7.

Enache, M. C. (2020). "AI for Advertising". *Annals of "Dunarea de Jos" University of Galati, Fascicle I. Economics and Applied Informatics*, 26(1). https://doi.org/10.35219/eai1584040978. Recuperado el 27 de agosto de 2024.

Frattone, C. (2024). "Algorithmic mistakes in machine-made contracts: the legal consequences of errors in automated contract formation". *Uniform Law Review,* volumen 28 n. 3-4.

Gambino, A.M., y Stazi, A. (2021) "Contract Automation from Telematic Agreements to Smart Contracts". *The Italian Law Journal* n.7.

Grigg, I. (2022). "Why the Ricardian Contract Came About", en Allen, J.G, y Hunn, P. (Eds.) *Smart Legal Contracts: Compuytable Law in Theory and Practice.* Oxford University Press.

Johnson, D.G. y Verdicchio, M. (2017). "AI Anxiety". *Journal of the Association for Information Science and Technology* 68 (9).

Kalligeropoulus, D., Vasileiadou, S. (2008). "The Homeric Automata and their Implementation", en S.A. Paipetis (Ed.), *Science and Technology in Homeric Epics. History of Mechanism and Machine Science,* vol 6. Springer.

Katz, A., y Macdonald, M., (2020) "Autonomous Intelligent Agents and the Roman Law of Slavery", en Edwards, L., Burkhard, S., y Harbinja, E. (Eds.) *Future Law. Emerging Technology, Regulation and Ethics,* Cambridge University Press.

Kerr, I.R. (2001), "Ensuring the Success of Contract Formation in Agent-Mediated Electronic Commerce". *Electronic Commerce Research* 1.

Lagrandeur, K. (2020). "Artificial Slaves in the Reinassance and the Dangers of Independent Innovation", en Cave, S., Dihal, K., y Dillon, S., (Eds.), *AI Narratives: A History of Imaginative Thinking about Intelligent Machines,* Oxford University Press.

Legerén-Molina, A. (2018). "Los Contratos Inteligentes en España" *Revista de Derecho Civil,* vol. V, núm. 2.

Lewis, P. H. (1994). *Attention Shoppers: Internet is Open.* https://www.nytimes.com/1994/08/12/business/attention-shoppers-internet-is-open.html. Recuperado el 27 de agosto de 2024.

March-Russell, P. (2020). "Machines Like Us? Modernism and the Question of the Robots" en Cave, S. Dihal, K., y Dillon, S. (Eds.) *AI Narratives: A History of Imaginative Thinking about Intelligent Machines.* Oxford University Press.

Mena Duran, M. L. (2020). *Does the future of smart contracts depend on artificial intelligence?* The Technolawgist. https://www.thetechnolawgist.com/articles/future-smart-contracts-depend-on-artificial-intelligence/. Recuperado el 27 de agosto de 2024.

Mena-Duran, M. L. (2024). *Artificial Intelligence in Contract Formation: The shift from Automation to Autonomy in the Case of Algorithmic Contracts* (Tesis de doctorado, Dickson Poon School of Law King's College London). Londres.

Mik, E. (2017). "Smart Contracts: Terminology, Technical Limitations and Real Word Complexity". *Law, Innovation and Technology* vol. 9 n. 2.

Mik, E. (2020). "The Resilience of Contract Law in the Light of Technologial Change" Furmston, M. (Ed.), *The Future of the Law of Contract*, Routledge.

Mik, E. (2021). "AI as Legal Person?". En Lee, J.A., Hilty, R.M. y Liu, K.C., (Eds.) *Artificial Intelligence and Intellectual Property*, Oxford University Press.

Munakata, T. (2008). *Fundamentals of the New Artificial Intelligence: Neural, Evolutionary, Fuzzy and More*. Springer.

Murphy, S. (1996). "Heron of Alexandria's on Automation-Making", en Hollister-Short, G. y James, F., (Eds.), *History of Technology*, Bloomsbury Academic.

Ooi, V. (2022). "Contracts Formed by Software: An Approach from the Law of Mistake". *Journal of Business Law* 2.

Park, J. (2020). "Making the Automation Speak: Hearing Artificial Voices in the Eighteenth Century" en Cave, S. Dihal, K., y Dillon, S. (Eds.) *AI Narratives: A History of Imaginative Thinking about Intelligent Machines*, Oxford University Press.

Sánchez Lorenzo, S.A. (2021) "Click-Wrap International Contracts" en Esteban De La Rosa, F. *et al* (Eds.), *Justice, Trade, Secutiry, and Individial Freedoms in the Digital Society*, Aranzadi.

Sartor, G. (2009). "Cognitive Automata and the Law: Electronic Contracting and the Intentionallity of Software Agents". *Artificial Intelligence and Law* 17 (4).

Sartor, G. (2020). "Contracts Without Agreement, or Agreement by Artefacts?". *Digitalisierung. Privatheit und öffentlicher Raum,* Academy of Sciences in Göttingen (Ed.), Universitätsverlag Göttingen.

Scholz, L.H. (2017). "Algorithmic contracts" *Stanford Technology Law Review* 20.

Shakerin, S. (2001). "Engineering Art". *Mechanical Engineering,* n. 123 vol. 7.

Sklaroff, J. M. (2017). "Smart Contracts and the Cost of Inflexibility". *University of Pennsylvania Law Review* 166.

Surden, H. (2012) "Computable Contracts", *U.C. Davis Law Review* 46.

Surden, H. (2024). "Computable Law and AI". En Lim. E., y Morgan, P., (Eds.) *The Cambridge Handbook of Private Law and Artificial Intelligence*. Cambridge University Press.

Szabo, N. (1994). "Smart Contracts". *Essays on Smart Contracts, Commercial Controls and Security.* https://www.fon.hum.uva.nl/rob/Courses/InformationInSpeech/CDROM/Literature/LOTwinterschool2006/szabo.best.vwh.net/smart.contracts.html. Recuperado el 27 de agosto de 2024.

Szabo, N. (2018). *Smart Contracts: Building Blocks for Digital Markets.* https://www.fon.hum.uva.nl/rob/Courses/InformationInSpeech/CDROM/Literature/LOTwinterschool2006/szabo.best.vwh.net/smart_contracts_2.html. Recuperado el 24 de agosto de 2024.

Tafulla, M. (2018). *A Brief Story of E-Commerce.* https://michaeltefula.medium.com/a-brief-history-of-e-commerce-c4692a3b2cd9. Recuperado el 24 de agosto de 2024.

Teubner, G. (2018). "Digitale Rechtssubjekte? Zum privatrechtlichen Status autonomer Softwareagenten / Digital Personhood? The Status of Autonomous Software Agents in Private Law". *Ancilla Iuris.*

Todd, P (2005). *E-Commerce Law.* Routledge-Cavendish.

Treleaven, P., Barnett, J., y Koshiyama, A. (2019). "Algorithms: Law and Regulation". *Computer* 52 (2).

Turner, J. (2019). *Robot Rules: Regulating Artificial Intelligence.* Palgrave Macmillan.

Williams, M.A. (2010). "Autonomy: Life and Being". En Bi, Y. y Williams, MA. (Eds) *Knowledge Science, Engineering and Management. KSEM 2010. Lecture Notes in Computer Science*, vol 6291. Springer. https://doi.org/10.1007/978-3-642-15280-1_15. Recuperado el 24 de agosto de 2024.

Yeung K. y Lodge M. (2019). "Algorithmic Regulation: An Introduction". En Yeung K. y Lodge M. (Eds.), *Algorithmic Regulation.* Oxford University Press.

Capítulo 11
El uso de aplicaciones móviles por parte de la administración local. Una visión desde el principio de personalización de los servicios públicos

Patricia Mendilibar Navarro[1]

1. INTRODUCCIÓN

El ecosistema móvil convive desde hace más de tres décadas en los actos rutinarios de la vida humana —el primer *smartphone* fue el denominado IBM Simon, creado en 1994—. El móvil aúna las potencialidades de diferentes dispositivos que, antaño, se utilizaban por separado: desde el despertador hasta la cámara de fotos, pasando por el calendario, el cronómetro, los juegos de mesa y, por supuesto, el teléfono. Y así es cómo, desde un solo dispositivo, vemos atendidas casi la totalidad de las necesidades y gestiones de nuestra vida profesional y personal.

Según el Informe Mobile elaborado por Ditrendia[2], en 2022, había más de 55 millones de líneas móviles en nuestro país, lo que supone una penetración del 118,8%. De hecho, 2021 fue el segundo año consecutivo en el que el 100% de los hogares españoles contaba con un

1   Departamento de Ciencias Jurídicas, Universidad Cardenal Herrera-CEU, CEU Universities, Carrer Lluís Vives, 1, 46115 Alfara del Patriarca, España.

2   Ditrendia (2023) *Informe Mobile España y el Mundo 2022*. https://mktefa.ditrendia.es/informe-mobile-2022 [Recuperado el: 1 de septiembre de 2024]

teléfono móvil. Y, por lo que respecta al objeto de este estudio, de los casi 44 millones de españoles que son usuarios de Internet, un 92,3% acceden desde su teléfono móvil. Es decir, el móvil es la principal herramienta para acceder a Internet.

Frente a esta realidad, la Administración Pública, y en especial la Administración local, aún no ha penetrado en esta interacción con la intensidad que debería. Las relaciones con la Administración Pública siguen siendo eminentemente presenciales, a pesar de que tanto la Ley 39/2015 y la Ley 40/2015, así como el Real Decreto 203/2021 que los desarrolla, establecen como medio preferente las relaciones electrónicas con la Administración Pública. No obstante, todavía no se han articulado los medios necesarios para que la ciudadanía tenga en su principal dispositivo electrónico —el móvil— los principales servicios municipales (solicitud de cita previa, pago de multas y tasas, consulta de las tarifas del agua, presentación de instancias y solicitudes, etc.).

Aun así, en los últimos años, los Ayuntamientos han experimentado una transformación significativa en la gestión de sus servicios públicos, impulsada principalmente por el auge de las tecnologías digitales y, en particular, por el desarrollo de aplicaciones móviles. Estas herramientas han permitido una mayor personalización de los servicios, adaptándose a las necesidades individuales de los ciudadanos y facilitando su interacción con la administración pública. En este contexto, las aplicaciones móviles municipales se han consolidado como un mecanismo clave para agilizar los trámites administrativos, mejorar la comunicación entre la administración y el ciudadano, y garantizar la eficiencia en la prestación de servicios públicos[3].

---

3   Campos Acuña, C. (2022) "La digitalización de los procedimientos en los Gobiernos locales: una tarea pendiente". *Cuadernos de Derecho* Local, n.º 58, pp. 88-115.

La personalización de los servicios públicos a través de estas plataformas no solo responde a las demandas de los ciudadanos y ciudadanas, que buscan inmediatez y accesibilidad, sino que también se enmarca dentro de un contexto más amplio de transformación digital en el sector público. Esta transformación incluye la adopción de nuevas tecnologías como el *machine learning* o la inteligencia artificial (en adelante, "IA") que permiten ofrecer respuestas más rápidas y acordes a las necesidades de la población[4]. Así, la Administración Pública, especialmente a nivel municipal, se enfrenta al reto de desarrollar aplicaciones que no solo simplifiquen los trámites, sino que ofrezcan un valor añadido mediante la personalización, optimización de recursos y mejora de la experiencia del usuario[5].

En definitiva, el uso de aplicaciones móviles por parte de los Ayuntamientos ofrece un nuevo enfoque de gestión pública, centrado en la personalización y en la mejora de la interacción entre el ciudadano y la Administración. Este proceso de digitalización mejora la eficiencia de la Administración y refuerza la confianza de los ciudadanos en sus instituciones locales[6].

En el presente Capítulo, se abordará: 1) la insuficiente regulación de las *apps* de la Administración Pública en la normativa administrativa española; 2) qué tipo de uso está realizando la Administración local en la actualidad, con especial mención a los municipios de más de 500.000 habitantes; y 3) se realizará un análisis crítico del cumplimiento de los principios de buena Administración digital.

---

4   Martín Delgado, I.; Moreno Molina, J.A. (2020) *Administración electrónica, transparencia y contratación pública.* Iustel, Madrid.

5   Cotino Hueso, L. (2023) "La digitalización en las administraciones públicas de España". *Documentos de trabajo (Laboratorio de alternativas)*, n.º 228.

6   *Íbid.*

2. LA INSUFICIENTE REGULACIÓN DE LAS APPS DEL SECTOR PÚBLICO

El Derecho Administrativo se enfrenta a una situación verdaderamente compleja e incierta en este ámbito y, además, el ordenamiento jurídico se ve continuamente superado por la aparición de nuevas tecnologías y nuevas formas de relacionarse con la ciudadanía[7]. Esta circunstancia nos sitúa ante el riesgo de la obsolescencia regulatoria y ante la necesidad de reflexionar sobre cómo se están revolucionando los marcos legales, también del sector público[8].

En la actualidad, la Ley 39/2015, de 1 de octubre, del Procedimiento Administrativo Común de las Administraciones Públicas y la Ley 40/2015, de 1 de octubre, de Régimen Jurídico del Sector Público constituyen el núcleo básico de la regulación de la Administración digital y, por ende, de las aplicaciones móviles. Estas leyes han sido complementadas con el Real Decreto 203/2021, de 30 de marzo, por el que se aprueba el Reglamento de actuación y funcionamiento del sector público por medios electrónicos.

El Real Decreto 203/2021 establece los principios generales que debe respetar el sector público en sus relaciones electrónicas, entre los que destacan la neutralidad tecnológica y de adaptabilidad al progreso de las tecnologías y sistemas de comunicaciones electrónicas para garantizar tanto la independencia en la elección de las alternativas tecnológicas como la libertad para desarrollar e implantar los avances tecnológicos en un ámbito de libre mercado. Por otra parte, incluye la accesibilidad, facilidad de uso, interoperabilidad y proporcionalidad en la seguridad.

Junto con estas normas, hay otras que también inciden en la Administración digital, como la Ley 19/2013, de 9 de diciembre, de transparencia,

---

7   Cerrillo i Martínez, A. (2020) "La transformación digital de la Administración local: Identificando los elementos para una hoja de ruta". *Revista Democracia y Gobierno Local*, n.º 50, pp. 4-9.

8   Campos Acuña, C. (2022) "La digitalización de los procedimientos...", *op.cit.*

acceso a la información pública y buen gobierno; el Reglamento 910/2014, relativo a la identificación electrónica y los servicios de confianza para las transacciones electrónicas en el mercado interior (ReIdAS); la Ley 59/2013, de 19 de diciembre, de firma electrónica; el Reglamento (UE) 2016/679 del Parlamento y del Consejo, de 27 de abril de 2016, relativo a la protección de las personas; la Ley orgánica 3/2018, de 5 de diciembre, de protección de datos personales y garantía de los derechos digitales ("LOPDGDD"), y la Directiva (UE) 2016/2102 del Parlamento Europeo y del Consejo, de 26 de octubre de 2016, sobre la accesibilidad de los sitios web y aplicaciones para dispositivos móviles de los organismos del sector público, que ha sido trasladada al ordenamiento interno a través del Real Decreto 1112/2018, de 7 de septiembre, sobre accesibilidad de los sitios web y aplicaciones para dispositivos móviles del sector público.

El uso de aplicaciones móviles como las que se analizan en el presente Capítulo se refiere a los que Cotino Hueso[9] ha denominado "derecho a relacionarse informalmente con la Administración" y no se encuentra regulado. No existe una norma específica sobre este derecho, más allá del Plan de Digitalización 2021-2025, que prevé como primera medida la creación de una *App Factory*, que se trata de una iniciativa "para potenciar el desarrollo de aplicaciones móviles de calidad con las que mejorar el acceso a los servicios públicos, acercar la Administración a la ciudadanía y facilitar una relación más fluida y cercana". Esta *app factory* se presenta con un doble objetivo:

- Potenciar el desarrollo de aplicaciones móviles de calidad para los principales servicios públicos ofrecidos a la ciudadanía; y

---

9   Cotino Hueso, L. (2017) "El derecho y el deber de relacionarse por medios electrónicos. Asistencia en el uso de medios electrónicos a los interesados" en Gamero Casado, E. (Dir.) *Tratado de procedimiento administrativo común y régimen jurídico básico del sector público*, Tomo I, Tirant Lo Blanch, Valencia, pp. 476-532.

- Dar acceso a la ciudadanía a través del móvil al 50% de todos los servicios públicos digitales para finales de 2025.

Por tanto, vista la inminente creación de aplicaciones para el sector público y siendo conscientes del uso que actualmente se está dando a las mismas, se torna imprescindible regular las cuestiones que van a regir estas relaciones electrónicas.

3. RIESGOS DE LA UTILIZACIÓN DE APLICACIONES MÓVILES POR PARTE DEL SECTOR PÚBLICO

Uno de los motivos que explica la infrautilización de las potencialidades de las *apps* por parte de las Corporaciones locales es la existencia de intereses públicos y derechos fundamentales implicados. La utilización de aplicaciones móviles puede afectar a los derechos fundamentales de la ciudadanía, especialmente, el derecho a la protección de datos, el derecho a la propia imagen y el derecho a la intimidad.

Desde el punto de vista de la protección de datos, en la medida en que una Administración utilice cualquier medio que comporte un tratamiento de información personal, este tratamiento deberá someterse a los principios del Reglamento (UE) 2016/679 del Parlamento Europeo y del Consejo de 27 de abril de 2016 relativo a la protección de las personas físicas en lo que respecta al tratamiento de datos personales y a la libre circulación de estos datos y por el que se deroga la Directiva 95/46/CE (en adelante, "RGPD") y de la Ley Orgánica 3/2018, de 5 de diciembre, de Protección de Datos Personales y garantía de los derechos digitales ("LOPDGDD"). Según el artículo 4.7 del RGPD, es responsable del tratamiento:

> "[...] la persona física o jurídica, autoridad pública, servicio u otro organismo que, solo o junto con otros, determine los fines y medios del tratamiento; si el Derecho de la Unión o de los Estados miembros determina los fines y medios del tratamiento, el responsable del tratamiento o los criterios específicos para su nombramiento podrá establecerlos el Derecho de la Unión o de los Estados miembros".

La utilización de las aplicaciones existentes, por ejemplo, *Whatsapp*, implica un tratamiento de datos de carácter personal, porque se comparten por un lado los datos personales identificativos de los miembros del grupo y, por otro, la información que puedan contener los mensajes enviados.

Así, ya se han producido controversias que han sido objeto de análisis por parte de la Agencia Española de Protección de Datos (en adelante, "AEPD"). Entre otras, en la Resolución 03041/2017 de la AEPD[10] se analiza la creación de un grupo de *Whatsapp* por parte de una Corporación Municipal. En el caso enjuiciado, el Ayuntamiento de Boecillo creó un grupo de *Whatsapp* en el que incluyó a un ciudadano que no había prestado su consentimiento y sin haberle informado previamente. La AEPD consideró que "la conducta del Ayuntamiento de Boecillo vulnera el principio de calidad de los datos recogido en el artículo 4.2 de la LOPD, infracción que se encuentra tipificada en el artículo 44.3.c) de la citada Ley Orgánica". Además, la AEPD señaló que vulneraba el deber de secreto porque los números de teléfono, que son datos de carácter personal, de todos los participantes del grupo de *WhatsApp* eran visibles para el resto de ciudadanos y ciudadanas.

El uso de *Whatsapp* por parte de las Administraciones no está exento de riesgos. La Autoridad Catalana de Protección de Datos también ha emitido un dictamen en esta materia, alertando de que, si se emplea *Whatsapp* para la comunicación con la ciudadanía, el Ayuntamiento debe dar cumplimiento a los principios y garantías de la normativa de protección de datos y debe disponer del consentimiento de todos los participantes de los grupos, así como darles información

---

10   Agencia Española de Protección de Datos. (2017). *Resolución sobre la creación de un grupo de WhatsApp por parte del Ayuntamiento de Boecillo* (Resolución 03041/2017).

sobre el tratamiento de los datos (artículo 13 del RGPD) y sobre las consecuencias que se pueden derivar de la utilización de ese canal[11].

Por ello, se considera positivo que los Ayuntamientos opten por la creación de aplicaciones *ad hoc* en lugar de utilizar las redes sociales existentes. Esto permite que las Corporaciones municipales configuren aplicaciones a su medida y establezcan estándares de seguridad reforzados, como corresponde en el ámbito administrativo, lo que evita conflictos como el del Ayuntamiento de Boecillo.

Junto a los derechos fundamentales mencionados, la norma que se apruebe en este ámbito debería regular todas las obligaciones legales y previsiones que puedan afectar a los ciudadanos, entre otras, han sido señaladas por la doctrina las siguientes[12]:

- La necesidad de indicar si la aplicación es un canal oficial y vinculante para la realización de cada uno de los trámites;
- Finalidades y usos que se les pueden dar a las aplicaciones;
- Carácter oficial o no la aplicación;
- Derechos de los usuarios;
- Información de contacto para obtener más información.

En definitiva, no existe ninguna norma —ni general ni especial— que regule el uso de las aplicaciones móviles por parte de las Administraciones Públicas. Sin embargo, vista la efectiva utilización de las mismas por el sector público, se considera necesario que una norma incorpore todas las previsiones que pueden afectar a los derechos de la ciudadanía.

---

11   Autoridad Catalana de Protección de Datos (2018), Dictamen de la Autoridad Catalana de Protección de Datos de 26 de abril de 2018, CNS 13/2018.

12   Davara Fernández de Marcos, L. (2018) "Uso de WhatsApp en el Sector Público: ¿Territorio sin ley?". *Actualidad Administrativa*, n.º 7, pp. 35-54.

4. EXPERIENCIAS DE USO DE APLICACIONES EN LA ADMINISTRACIÓN LOCAL

Las Administraciones locales emplean actualmente aplicaciones móviles, mayoritariamente, para que los ciudadanos reciban avisos sobre diferentes materias (el tiempo, vía pública, festividades, etc.) y que éstos, a su vez, puedan presentar solicitudes e incidencias. Hasta ahora, las *apps* tienen una interfaz muy básica y no permiten realizar otro tipo de trámites administrativos (por ejemplo, presentar una denuncia, pagar una tasa, realizar alegaciones en el seno de un procedimiento o extraer el certificado de empadronamiento, entre otros).

Para la realización de la presente investigación, con el fin de analizar las experiencias de uso de las *apps* municipales, se ha solicitado vía información pública determinada información sobre las incidencias y solicitudes registradas en el año 2023 en los Ayuntamientos de más de 500.000 habitantes (estos son, Madrid, Barcelona, Valencia, Zaragoza, Sevilla y Málaga[13]):

1. Número de incidencias y solicitudes registradas;

2. Materias en las que se presentan las incidencias y solicitudes.

3. Tiempo de resolución de las incidencias.

4. Perfil de los ciudadanos y ciudadanas que utilizan la aplicación.

---

13   No se dispone de los datos de Sevilla y Zaragoza porque no se ha respondido a la solicitud de información pública presentada. En su lugar, se han añadido los datos de la aplicación implementada por el Ayuntamiento de Bilbao.

Los resultados de la información pública solicitada son los siguientes:

Ayuntamiento	Servicios prestados	Número de incidencias (2023)	Tiempo de resolución	Perfil del/de la ciudadan/a
Barcelona (Butxaca)	Servicios municipales generales (no especificados)	61.505 peticiones	6 días de promedio	91% de Barcelona, 66% castellano, 34% catalán
Madrid (Madrid Móvil)	Incidencias en servicios de la ciudad, avisos ciudadanos	573.374 incidencias	No disponible	No recopilado por el Ayuntamiento
Valencia (App Valencia)	Incidencias en la vía pública, jardinería, movilidad, sanidad, alumbrado, limpieza	16.574 incidencias	15,32 días en promedio	No recopilado por el Ayuntamiento, solo idioma (castellano y valenciano)
Málaga (Málaga funciona)	Redes de agua, saneamiento, alumbrado, limpieza, otros servicios específicos	10.884 incidencias	28 días de promedio	No recopilado por el Ayuntamiento
Bilbao (Mejora Bilbao)	Limpieza, alumbrado, redes de agua, parques, mobiliario urbano, vialidad, saneamiento	12.627 incidencias	De 24 horas a 1 mes, según el tipo	No recopilado por el Ayuntamiento

Todas las aplicaciones de estos municipios permiten una relación bidireccional (es decir, la Administración y la ciudadanía pueden transmitirse la información mutuamente) pero sus usos son muy limitados, especialmente por lo que respecta a la participación ciudadana. Todas ellas permiten realizar sugerencias y alertar de incidencias sobre diferentes materias, pero no incorporan todas las potencialidades de la relación Administración-administrado a sus usos y posibilidades.

Se considera positivo que el tiempo de resolución de las consultas sea, en prácticamente todos los casos, un plazo muy breve, lo que redunda en una mejor Administración. Es más, los procedimientos administrativos en papel no se gestionan con la misma celeridad. Sin embargo, y por lo que respecta al objeto de este Capítulo, se echa en falta la necesidad de identificar al ciudadano o ciudadana que presenta la incidencia. Si las aplicaciones no recopilan información sobre su perfil (identificación, preferencias, historial de interacciones o necesidades específicas) no pueden adaptar su oferta de servicios ni anticiparse a las demandas individuales, lo que redundaría en una mejor aplicación del principio de personalización.

Por otro lado, destaca que prácticamente todos los Ayuntamientos de España cuentan con algún tipo de aplicación similar (en el ámbito de la Comunidad Valenciana, Torrente, Játiva, Gandía, Torrevieja, Requena, Elche, Jávea, Sagunto, Algemesí, Benetúser, entre otros). Ahora bien, en muchos casos estas aplicaciones son más limitadas ya que muchas son unidireccionales, y solo permiten la difusión de información municipal (Náquera, por ejemplo). Asimismo, interesa destacar que existen muy pocas Corporaciones locales que no hayan implementado todavía este servicio (por ejemplo, Alcira todavía no dispone de aplicación móvil en el momento de finalización del presente estudio).

En el ámbito de la Comunidad Valenciana, además, se ha potenciado la implementación de las aplicaciones por parte de la Diputación, que ha lanzado la aplicación "Ayuntamientos de Valencia", a la que se pueden adherir las Corporaciones municipales para prestar este servicio (por ejemplo, Sot de Chera y Moncada). Ayuntamientos de Valencia es una aplicación desarrollada por la Diputación de Valencia para acercar la gestión municipal a los ciudadanos y facilitar su participación en el día a día de su municipio a través de las nuevas tecnologías.

La *app* está disponible para los municipios adheridos al proyecto de Portales Web Municipales de la Provincia de Valencia que en la actualidad lo tienen 172 de los 266 que hay en la provincia de Valencia. La principal ventaja de que los Ayuntamientos utilicen la aplicación proporcionada por la diputación es el ahorro económico. Desarrollar y mantener una aplicación propia implica una inversión considerable en términos de recursos financieros, humanos y tecnológicos. Al aprovechar esta *app*, los ayuntamientos eliminan la necesidad de destinar fondos para el desarrollo y la gestión de una plataforma propia, lo que se traduce en un ahorro presupuestario notable.

Igualmente, la Diputación se encargará del mantenimiento de la aplicación, lo que garantiza que los Ayuntamientos siempre tengan acceso a una plataforma actualizada y segura. Esto libera a los municipios de la carga de gestionar las actualizaciones de *software* y garantiza que puedan ofrecer servicios digitales de alta calidad de manera consistente.

Finalmente, algunas Corporaciones han optado por la utilización del *WhatsApp* (por ejemplo, Masamagrell). Si bien esta herramienta puede resultar útil para difundir información, los estándares de seguridad y de protección de los datos de la ciudadanía no corresponden a un uso doméstico y, por tanto, no están exentos de controversia, como hemos visto anteriormente.

5. VISIÓN CRÍTICA DE LAS APLICACIONES DEL SECTOR PÚBLICO MUNICIPAL: UNA CRÍTICA DESDE EL PUNTO DE VISTA DE LA PERSONALIZACIÓN

Las aplicaciones del sector público local merecen una opinión positiva en general, dado que fomentan la participación ciudadana, implicando a la ciudadanía en las actuaciones de las Administraciones Públicas en sus respectivos ámbitos competenciales.

Las aplicaciones móviles municipales son una herramienta que ha mejorado la accesibilidad de los servicios públicos, pero desde la perspectiva del principio de personalización aún presentan carencias significativas. El Real Decreto 203/2021, que regula el funcionamiento del sector público por medios electrónicos, establece como uno de los principios fundamentales la proactividad y personalización. Esto significa que las Administraciones Públicas deben ser capaces de anticiparse a las necesidades de los ciudadanos y ofrecerles servicios que, partiendo del conocimiento adquirido sobre el usuario, estén preconfigurados y ajustados a sus necesidades. Cerrillo, Galindo y Velasco[14] subrayan que el principio de personalización implica adaptarse de manera rápida y constante a las necesidades de las personas. Para ello, debe traducir las necesidades de los usuarios en atributos y características de los servicios públicos, de modo que exista el mejor equilibrio posible entre lo que el usuario espera y lo que se ofrece[15].

5.1. La falta de personalización en las aplicaciones actuales

A pesar de los avances en la adopción de tecnologías digitales en la Administración local, las aplicaciones que utilizan los Ayuntamientos aún no cumplen completamente con el principio de personalización. La mayoría de estas aplicaciones se centran en ofrecer servicios básicos, como la gestión de incidencias en la vía pública, la consulta de información sobre eventos municipales o el pago de ciertos tributos locales. Estas funcionalidades son útiles, pero carecen de la capacidad de adaptarse a las necesidades individuales de los ciudadanos.

Por ejemplo, aplicaciones como "Madrid Móvil" y "Butxaca" de Barcelona permiten a los usuarios reportar incidencias y recibir notificaciones sobre eventos, pero no integran sistemas que permitan configurar

---

14   Cerrillo i Martínez, A.; Galindo Caldés, R.; Velasco Rico, C. (2020) "La personalización de los servicios públicos. La contribución de la inteligencia artificial y los datos masivos" *XXXIII Concurso del CLAD sobre Reforma del Estado y Modernización de la Administración Pública*, Caracas.

15   Gómez Camarero, C. (2003) "Las nuevas formas de comunicación de la Administración con el ciudadano". *Anales de documentación*, n.º 6, pp. 109-119.

preferencias personalizadas o recibir recomendaciones en función de las interacciones previas. La falta de opciones para que los ciudadanos elijan sus áreas de interés y la ausencia de servicios anticipados basados en datos de uso evidencian una carencia en el cumplimiento del principio de proactividad establecido por el Real Decreto 203/2021.

Este déficit en personalización no solo se observa en la oferta limitada de servicios, sino también en la falta de herramientas que permitan anticiparse a las necesidades de los usuarios. Actualmente, la Administración sigue siendo reactiva, esperando que el ciudadano inicie el proceso de interacción. En un contexto de digitalización, esta debería ser más proactiva, ofreciendo servicios de forma anticipada basándose en el perfil del usuario y las interacciones previas con la administración. Esto es precisamente lo que exige el artículo 2 f) del Real Decreto 203/2021, donde se menciona que las administraciones deben proporcionar "servicios preconfigurados y anticiparse a las necesidades de los ciudadanos".

5.2. Potencial de la personalización en los servicios municipales

La personalización de los servicios públicos a través de aplicaciones móviles tiene un enorme potencial para mejorar la satisfacción ciudadana y la eficiencia administrativa. Al utilizar tecnologías avanzadas como la IA y el *big data*, los Ayuntamientos podrían desarrollar aplicaciones más inteligentes que analicen patrones de uso y comportamiento, permitiendo una interacción más eficiente y ajustada a las necesidades de cada usuario. Cotino Hueso y Sánchez Acevedo[16] señalan que la clave para la personalización reside en el uso eficiente de los datos que ya posee la Administración. Estos autores señalan que, efectivamente, falta una arquitectura de referencia para el intercambio de datos.

---

16   Cotino Hueso, L.; Sánchez Acevedo, M. (2021) *Guía de ciberseguridad para ciudades inteligentes*. Banco Interamericano de Desarrollo.

Estas tecnologías permitirían, por ejemplo, que las aplicaciones municipales enviaran notificaciones automáticas basadas en las preferencias del usuario. Así, una persona que ha mostrado interés en eventos culturales podría recibir alertas específicas sobre conciertos o exposiciones, mientras que otro usuario que ha realizado varios trámites relacionados con impuestos podría recibir recordatorios personalizados sobre vencimientos de pagos o procedimientos de regularización.

Además, la integración de un modelo de datos único, facilitaría la creación de aplicaciones que no solo respondan a solicitudes puntuales, sino que puedan gestionar toda la interacción del ciudadano con la administración en un solo espacio. De este modo, un ciudadano podría consultar su historial de interacciones, acceder a trámites previos y recibir sugerencias basadas en sus gestiones anteriores, todo desde una única plataforma.

Un claro ejemplo de cómo esta personalización podría funcionar en la práctica es el uso de alertas proactivas para recordar al ciudadano los plazos de pago de impuestos o la necesidad de renovar ciertos documentos. Estas notificaciones podrían configurarse automáticamente según el perfil del usuario y sus interacciones anteriores, eliminando la necesidad de que el ciudadano inicie la solicitud. Esta capacidad proactiva, prevista en la normativa, transformaría la relación entre el ciudadano y la administración, haciéndola más ágil y eficiente[17].

5.3. Limitaciones y desafíos

A pesar de los beneficios que puede traer la personalización, uno de los principales desafíos para su implementación es la falta de recursos en los Ayuntamientos. Como señala Campos Acuña[18], "el infradimensio-

---

17   Cerrillo i Martínez, A. (2020) "La transformación digital de la Administración local: Identificando los elementos para una hoja de ruta". *Revista Democracia y Gobierno Local*, n.º 50, pp. 4-9.

18   Campos Acuña, C. (2022) "La digitalización de los procedimientos en los Gobiernos locales: una tarea pendiente..." *op.cit.*

namiento y la fragmentación de la planta local constituyen una dificultad en este proceso de digitalización". La digitalización completa de los procedimientos y la implementación de algoritmos personalizados requieren una inversión considerable en infraestructura tecnológica y en la formación del personal. Muchas Administraciones Locales carecen de estos recursos, lo que limita su capacidad para ofrecer aplicaciones más sofisticadas y personalizadas.

Otra limitación importante es la protección de datos personales. La recopilación de datos de los ciudadanos para ofrecer servicios personalizados plantea importantes desafíos en cuanto a la seguridad y la privacidad, como ha sido desarrollado anteriormente.

El desarrollo de aplicaciones personalizadas requiere garantizar la seguridad de los datos y el cumplimiento de la normativa vigente. Los Ayuntamientos deben crear sistemas que permitan a los ciudadanos controlar qué datos se recopilan y cómo se utilizan, garantizando siempre que la información esté protegida y que solo se utilice para los fines explícitamente acordados por los ciudadanos.

5.4. Propuestas para la mejora

Para que las aplicaciones municipales logren un mayor grado de personalización y proactividad, se propone la implementación de diversas medidas:

1. Desarrollo de algoritmos de personalización: Las administraciones locales deben invertir en tecnologías de IA que permitan anticiparse a las necesidades de los ciudadanos. Como menciona Cerrillo i Martínez[19]: "los municipios deben definir adecuadamente los procesos de generación, recopilación, gestión o análisis de los datos [...] En esta dirección algunos municipios están impulsando su modelo de gobernanza de datos".

---

19   Cerrillo i Martínez, A. (2020) "La transformación digital de la Administración local...", *op.cit.*

2. Configuración de preferencias: Las aplicaciones municipales deberían ofrecer a los ciudadanos la posibilidad de configurar sus preferencias y recibir notificaciones sobre los temas que más les interesen. Por ejemplo, los usuarios podrían optar por recibir información sobre eventos culturales, noticias de infraestructuras locales o alertas sobre servicios sociales.

3. Interoperabilidad de sistemas: Un aspecto clave de la personalización es la interoperabilidad entre diferentes plataformas municipales. Tal y como alerta Pedraza Córdoba[20], "todas las administraciones están sujetas a obligaciones normativas encaminadas a garantizar la interoperabilidad por defecto y cuentan con incentivos económicos y asesoramiento para alcanzar este resultado".

4. Notificaciones proactivas: Las aplicaciones deben ser capaces de enviar notificaciones automáticas sobre trámites pendientes, eventos importantes o plazos de vencimiento sin que el ciudadano tenga que solicitarlas activamente. Esto permitiría a las administraciones cumplir con el principio de proactividad establecido en el Real Decreto 203/2021.

En definitiva, a pesar de los avances que las aplicaciones municipales han supuesto en términos de accesibilidad y eficiencia, la personalización sigue siendo un reto pendiente. Para cumplir con los principios establecidos en la normativa actual, los Ayuntamientos deben invertir en tecnologías que permitan una interacción más proactiva y ajustada a las necesidades de los ciudadanos. Al mismo tiempo, deben garantizar que los datos personales se gestionen de forma segura y cumpliendo con la normativa de protección de datos. Solo a través de estas mejoras

---

20   Pedraza Córdoba, J. (2023) "Interoperabilidad e intercambio de datos entre administraciones públicas". *La Administración al Día*. https://laadministracionaldia.inap.es/noticia.asp?id=1513620 [Recuperado el: 10 de septiembre de 2024]

será posible avanzar hacia una Administración Pública verdaderamente proactiva y personalizada, que ofrezca servicios de calidad adaptados a las necesidades de toda la ciudadanía[21].

REFERENCIAS BIBLIOGRÁFICAS

Doctrina

López Acera, A. (2017) *Ventajas y desventajas de las apps para las Administraciones Públicas.* Disponible en: https://amalialopezacera.com/ventajas-desventajas-apps-administraciones-publicas/ [Recuperado el: 1 de septiembre de 2024]

Campos Acuña, C. (2022) "La digitalización de los procedimientos en los Gobiernos locales: una tarea pendiente". *Cuadernos de Derecho* Local, n.º 58, pp. 88-115.

Campos Acuña, C. (2021) "La proyección de la gestión pública en la Carta de Derechos Digitales: el derecho a una buena administración digital". *Revista de privacidad y derecho* digital, Vol. 6, Núm. 24, pp. 50-88.

Canals Ametller, D. (2019) "El proceso normativo ante el avance tecnológico y la transformación digital (inteligencia artificial, redes sociales y datos masivos)". *Revista General de Derecho Administrativo*, n.º 50.

Cerrillo i Martínez, A.; Bhousta, R.; Galindo Caldes, R. (2021) "Guia per a la personalització dels serveis públics a través de la intel·ligència artificial". *Estudis de Recerca Digitals*, n.º 19.

Cerrillo i Martínez, A.; Galindo Caldés, R.; Velasco Rico, C. (2020) "La personalización de los servicios públicos. La contribución de la inteligencia artificial y los datos masivos" *XXXIII Concurso del CLAD sobre Reforma del Estado y Modernización de la Administración Pública*, Caracas.

Cerrillo i Martínez, A. (2020) "La transformación digital de la Administración local: Identificando los elementos para una hoja de ruta". *Revista Democracia y Gobierno Local*, n.º 50, pp. 4-9.

---

21 Campos Acuña, C. (2022) "La digitalización de los procedimientos en los Gobiernos locales: una tarea pendiente..." *op.cit.*

Cotino Hueso, L. (2023) "La digitalización en las administraciones públicas de España". *Documentos de trabajo (Laboratorio de alternativas)*, n.º 228.

Cotino Hueso, L.; Sánchez Acevedo, M. (2021) *Guía de ciberseguridad para ciudades inteligentes.* Banco Interamericano de Desarrollo.

Cotino Hueso, L. (2017) "El derecho y el deber de relacionarse por medios electrónicos. Asistencia en el uso de medios electrónicos a los interesados" en Gamero Casado, E. (Dir.) *Tratado de procedimiento administrativo común y régimen jurídico básico del sector público*, Tomo I, Tirant Lo Blanch, Valencia, pp. 476-532.

Davara Fernández de Marcos, L. (2018) "Uso de WhatsApp en el Sector Público: ¿Territorio sin ley?". *Actualidad Administrativa*, n.º 7, pp. 35-54.

Ditrendia (2023) *Informe Mobile España y el Mundo 2022.* https://mktefa.ditrendia.es/informe-mobile-2022 [Recuperado el: 1 de septiembre de 2024]

Gómez Camarero, C. (2003) "Las nuevas formas de comunicación de la Administración con el ciudadano". *Anales de documentación*, n.º 6, pp. 109-119.

Martín Delgado, I.; Moreno Molina, J.A. (2020) *Administración electrónica, transparencia y contratación pública.* Iustel, Madrid.

Pedraza Córdoba, J. (2023) "Interoperabilidad e intercambio de datos entre administraciones públicas". *La Administración al Día.* https://laadministracionaldia.inap.es/noticia.asp?id=1513620 [Recuperado el: 10 de septiembre de 2024]

Doctrina administrativa

Agencia Española de Protección de Datos. (2017). *Resolución sobre la creación de un grupo de WhatsApp por parte del Ayuntamiento de Boecillo* (Resolución 03041/2017).

Autoridad Catalana de Protección de Datos (2018) *Dictamen sobre el uso de WhatsApp por las administraciones públicas* (CNS 13/2018).

Capítulo 12
Los juicios telemáticos en el proceso penal

Rosa Pascual Serrats[1]

1. INTRODUCCIÓN

La incorporación de nuevas tecnologías a la Administración de Justicia ha sido una constante en las últimas reformas legislativas. No cabe duda de que todo lo relacionado con las nuevas tecnologías suscita interrogantes dado que nos encontramos en un periodo de transformación.

En este momento, la modernización de la justicia parece asociarse, entre otras cosas, a los juicios telemáticos, requiriendo tal afirmación de alguna matización. La realización de actuaciones procesales a través de videoconferencia no constituye una novedad, sino que viene siendo una realidad, aunque dotada de cierta excepcionalidad.

La Carta de Derechos de los Ciudadanos ante la Administración de 2002[2] ya disponía: "el ciudadano tiene derecho a comunicarse con la

---

1   Profesora Titular, Departamento de Ciencias Jurídicas, Universidad CEU Cardenal Herrera, CEU Universities, calle Assegadors núm. 2, Alfara del Patriarca-Valencia (España).

2   *Carta de Derechos de los Ciudadanos ante la Administración de Justicia.* Proposición no de Ley aprobada por el Pleno del Congreso de los Diputados, por unanimidad de todos los Grupos Parlamentarios, el día 16 de abril de 2002, apartado 21.
     https://sedejudicial.justicia.es/documents/20142/109376/Carta+de+derechos+-de+los+ciudadanos.pdf/fb164806-c785-32fd-cd52-2864d2687622?t=1575025998590
     Recuperado el 7 de septiembre de 2022.

Administración de Justicia a través del correo electrónico, videoconferencia y otros medios telemáticos con arreglo a lo dispuesto en las leyes procesales". Para dar cumplimiento a este derecho, "los poderes públicos impulsarán el empleo y aplicación de estos medios en el desarrollo de la Administración de Justicia, así como en las relaciones de ésta con los ciudadanos".

A nivel europeo, el Convenio de la Unión Europea para la asistencia judicial en materia penal[3], ya habilitaba la posibilidad de usar la videoconferencia "cuando una persona que se halle en el territorio de un Estado miembro deba ser oída como testigo o perito por las autoridades judiciales de otro Estado miembro"; también la Decisión Marco del Consejo de la Unión Europea relativa al Estatuto de la Víctima[4], en el proceso penal, preveía "recurrir en la mayor medida posible, para la audición de la víctimas residentes en el extranjero a las disposiciones sobre videoconferencia", previstas en el citado Convenio de la Unión Europea.

En el ámbito internacional, el Estatuto de la Corte Penal Internacional[5] permite la presentación de pruebas por medios electrónicos u otros medios especiales; tanto la Convención de Naciones Unidas contra la

---

3   Convenio de la Unión Europea para la asistencia judicial en materia penal, de 29 de mayo de 2000, celebrado por el Consejo de conformidad con el artículo 34 del Tratado de la Unión Europea, relativo a la asistencia judicial en materia penal entre los Estados miembros de la Unión Europea (BOE núm. 247, de 15 de octubre de 2003), artículo 10.11 "Audición por videoconferencia" (TOL 311.885).

4   Decisión Marco del Consejo de la Unión Europea relativa al Estatuto de la Víctima en el proceso penal, de 15 de marzo de 2001 (DOCE núm. 82, de 22 de marzo de 2001), artículo 11 "Víctimas residentes en otro Estado Miembro" (TOL 478.894).

5   Estatuto de la Corte Penal Internacional, de 17 de julio de 1998 (BOE núm. 126, de 17 de mayo de 2002), artículo 68.2 "Protección de las víctimas y los testigos y su participación en las actuaciones" (TOL 146.277).

Delincuencia Organizada Transnacional[6] como la Convención de Naciones Unidas contra la corrupción[7] contemplan la videoconferencia, entre otras cosas, como un instrumento para evitar las represalias o intimidaciones a los testigos y peritos.

Por tanto, la utilización de la videoconferencia constituye una práctica consolidada en el orden penal. El Consejo General del Poder Judicial[8] ha venido reconociendo que las experiencias con las que se cuenta en la aplicación de tecnologías telemáticas en actos procesales son limitadas, y básicamente ha supuesto la posibilidad de realizar la conexión telemática de alguno de los participantes en actos presenciales. En la normativa se preveía el uso de la videoconferencia u otro mecanismo semejante, en la mayoría de los casos, para unas pruebas concretas configurándose como una solución técnica que permite salvar las distancias que pueden existir entre las personas que deben declarar y el órgano judicial.

La situación de la pandemia potenció la necesidad de practicar actuaciones a través de videoconferencia con la doble finalidad de evitar el contacto personal y, consecuentemente, el riesgo de transmisión de la

---

6   Instrumento de ratificación de la Convención de Naciones contra la Delincuencia Organizada Transnacional, suscrita en Nueva York el 15 de noviembre de 2000 (BOE núm. 233, de 29 de septiembre de 2003), artículo 24 "Protección de los testigos" (TOL 306.340).

7   Instrumento de ratificación de la Convención de Naciones Unidades contra la corrupción, firmado en Nueva York el 31 de octubre de 2003 (BOE núm. 171, de 19 de julio de 2006), artículo 32 (TOL 962.712).

8   Consejo General del Poder Judicial (2021). *Guía para la celebración de actuaciones judiciales de forma telemática, a*partado 5. https://www.google.com/search?q=Gu%C3%ADa+para+la+celebraci%C3%B3n+de+actuaciones+judiciales+de+forma+telem%C3%A1tica%2C+CGPJ.&rlz=1C1G-CEU_esES1064ES1064&oq=Gu%C3%ADa+para+la+celebraci%C3%B3n+-de+actuaciones+judiciales+de+forma+telem%C3%A1tica%2C+CGPJ.&gs_lcrp=EgZjaHJvbWUyBggAEEUYOdIBCDEyNTFqMG03qAIIsAIB&sourceid=chrome&ie=UTF-8 Recuperado el 14 de agosto de 2024.

enfermedad, así como la paralización y colapso de la justicia. Pero, no basta prever la posibilidad de celebrar juicios o vistas en su integridad de forma telemática y, además, reconocer su práctica como preferente, sino que es necesaria una regulación de todas las cuestiones que ello plantea. No cabe duda de que todo vacío legal conlleva una situación de inseguridad.

Una de las cuestiones que más preocupa es si la utilización generalizada del sistema de videoconferencia puede conllevar una vulneración del derecho a un proceso con todas las garantías, reconocido por el artículo 24.2 de la Constitución y la prohibición de indefensión prevista en el apartado 1 del mismo precepto.

En las páginas siguientes nos centraremos en el régimen de las actuaciones procesales en el proceso penal, previo y posterior al Real Decreto-ley 6/2023, y en alguna de las garantías procesales que pueden resultar afectadas por la utilización de la videoconferencia.

2. RÉGIMEN ANTERIOR AL REAL DECRETO-LEY 6/2023

Desde la reforma introducida por la Ley Orgánica 13/2003[9], de 24 de octubre, la utilización de la videoconferencia u otro sistema similar se ha previsto, para todos los órdenes jurisdiccionales, en el artículo 229 de la Ley Orgánica del Poder Judicial (en adelante, LOPJ).

La Ley 8/2011[10], de 5 de julio, reguladora del uso de las tecnologías de la información y de la comunicación en la Administración de Justicia,

---

9   Ley Orgánica 13/2003, de 24 de octubre, de reforma de la Ley de Enjuiciamiento Criminal en materia de prisión provisional (TOL 313.912).

10   Preámbulo de la Ley 18/2011, de 5 de julio, reguladora del uso de las tecnologías de la información y de la comunicación en la Administración de Justicia (BOE núm. 160, de 6 de julio de 2011) (TOL 2.148.182). En esta Ley se incluyen conceptos como el Punto de Acceso General de la Administración de Justicia, la Sede Judicial Electrónica y organismos como el Comité Técnico Estatal de la Administración Judicial Electrónica.

establecía entre sus objetivos actualizar el contenido del derecho fundamental a un proceso público sin dilaciones indebidas, gracias a la agilización que permite el uso de las tecnologías en las comunicaciones; así como generalizar el uso de las nuevas tecnologías para los profesionales de la justicia.

Tras la reforma operada por la Ley Orgánica 7/2015[11], de 21 de julio, el artículo 230.1 de la LOPJ establece la obligación de los órganos judiciales y de las fiscalías de utilizar medios técnicos, electrónicos, informáticos y telemáticos puestos a su disposición para el desarrollo de su actividad y ejercicio de sus funciones, con las únicas limitaciones que procedan de la Ley Orgánica de Protección de Datos Personales y garantía de los derechos digitales, y las demás leyes que resulten de aplicación.

Centrándonos en el ámbito penal, tras la citada Ley Orgánica 13/2003, de 24 de octubre, de reforma de la Ley de Enjuiciamiento Criminal (en adelante, LECrim) en materia de prisión provisional, el artículo 325 de la LECrim -al regular la fase de instrucción- y el artículo 731bis de la misma Ley -respecto de la fase de juicio oral del proceso ordinario-, establecen la posibilidad de que el órgano judicial -de oficio o a instancia de parte- acuerde que una actuación se realice a través de videoconferencia por razones de utilidad, seguridad o de orden público. También se prevé en aquellos supuestos en que la comparecencia de quien haya de intervenir en cualquier tipo de procedimiento penal como imputado, testigo, perito u otra condición resulte gravosa o perjudicial y, especialmente, cuando se trate de un menor.

En el contexto de la pandemia se aprobó el Real Decreto-ley 16/2020[12], de 22 de abril, de medidas procesales y organizativas para hacer frente

---

11 Ley Orgánica 7/2015, de 21 de julio, por la que se modifica la Ley Orgánica 6/1985, de 1 de julio, del Poder Judicial (TOL 5.207.788).

12 Real Decreto-ley 16/2020, de 28 de abril, de medidas procesales y organizativas para hacer frente al COVID-19 en el ámbito de la Administración de Justicia (TOL 7.891.229).

al COVID19 en la Administración de Justicia. Este Real Decreto fue derogado por la Ley 3/2020[13], de 18 de septiembre, de medidas procesales y organizativas para hacer frente al COVID19 en el ámbito de la Administración de Justicia.

En ambos textos legales se establecía la videoconferencia como modo preferente de celebración de las actuaciones procesales durante un determinado periodo de tiempo. No obstante, con relación al proceso penal y, en concreto, respecto del investigado-acusado, se preveía la necesaria presencia física en determinados supuestos. En estos últimos casos, también se establecía la presencia física de su defensa letrada, a petición de esta o del propio investigado o acusado.

Con la nueva regulación, se produce un salto cualitativo[14], ya no se trata de realizar actuaciones aisladas de forma telemática, sino que se extiende a la celebración de juicios. No es lo mismo que en un procedimiento se utilice la videoconferencia para la declaración de un testigo cuyo domicilio se encuentra alejado de la sede judicial, evitando así su desplazamiento, que todas las actuaciones que lo integran se desarrollen de forma telemática.

Como ha manifestado el Consejo General del Poder Judicial[15], la celebración de juicios que se desarrollen de forma íntegra por vía telemática determina un escenario diferente al que se ha venido dando, de mayor complejidad, en cuanto que obliga a considerar diversos aspectos y

---

13   Ley 3/2020, de 18 de septiembre, de medidas procesales y organizativas para hacer frente al COVID-19 en el ámbito de la Administración de Justicia (TOL 8.078.369).

14   Cfr. Prendes Valle, M. (2022), *Algunas reflexiones sobre los juicios telemáticos.* Lefebvre, Tribuna. https://elderecho.com/algunas-reflexiones-sobre-los-juicios-telematico . Recuperado el 7 de septiembre de 2022.

15   Consejo General del Poder Judicial. *Guía para la celebración de actuaciones judiciales* (...), *op. cit.*, apartado 15.

situaciones que han de tener como elemento común el respeto a los principios y garantías procesales.

La Ley 3/2020 no daba respuesta a muchos interrogantes que se planteaban, entre otros, qué criterios debe seguir el juez para la aplicación preferente de los medios telemáticos; cómo se deben desarrollar; qué requerimientos técnicos son necesarios; cómo se garantiza el contacto del acusado con su letrado o cómo se garantiza el acceso del público en general.

La etapa de cambio y la inexistencia de una cobertura legal provocó la publicación de guías orientativas como la del Consejo General del Poder Judicial que establecía, con carácter provisional, la forma y requisitos de la realización de los actos telemáticos; la del Ministerio de Justicia[16] que se centraba en los elementos organizativos, técnicos y jurídicos; o las Directrices de la Comisión Europea[17] cuyo propósito era proporcionar un conjunto de medidas clave que los Estados y los tribunales debían seguir para garantizar que el uso de la videoconferencia en los procedimientos judiciales no socavara el derecho a un juicio justo, consagrado en el artículo 6 del Convenio Europeo de Derechos Humanos. En dichas Directrices se trataba de proporcionar a los Estados un marco para eliminar cualquier riesgo de vulneración de los derechos de las partes durante las audiencias a distancia, en particular, su derecho a ser oídas y a participar activamente en el proceso, así como el derecho de defensa.

---

16   Ministerio de Justicia (2020). *Guía para la celebración de actuaciones judiciales con medios telemáticos en el ámbito competencial del Ministerio de Justicia.* https://icapalencia.es/wp-content/uploads/2021/02/guia-juicios-telem%C3%A1ticos-MJU.pdf Recuperado el 14 de agosto de 2024.

17   Comisión Europea (2021). Directrices sobre videoconferencias en procedimientos judiciales. https://rm.coe.int/cepej-2021-4-guidelines-videoconference-en/1680a2c2f4
Recuperado el 14 de agosto de 2024.

En las citadas guías se destacaba el objetivo de garantizar que el uso de los medios telemáticos no afectara a las garantías procesales. Uno de los principales problemas que se ha venido planteando y que se plantea no es tanto si se puede celebrar un juicio íntegro de forma telemática como si se puede sin afectar a las garantías procesales.

El Real Decreto-ley 6/2023[18], como establece en su Preámbulo, se presenta "como una herramienta normativa completa, útil, transversal y con la capacidad suficiente para dotar a la Administración de Justicia de un marco legal, coherente y lógico en el que la relación digital se descubra como una relación ordinaria y habitual, siendo la tutela judicial efectiva en cualquier caso la prioridad absoluta, pero hallando bajo esta cobertura de normas y reglas un nuevo cauce, más veloz y eficaz, que coadyuvará a una mejor satisfacción de los derechos de la ciudadanía".

3. RÉGIMEN PREVISTO EN EL ARTÍCULO 258BIS DE LA LECRIM

El Real Decreto-ley 6/2023, bajo el título "Medidas de Eficiencia Procesal del Servicio Público de Justicia", introduce una serie de modificaciones en la Ley de Enjuiciamiento Criminal; entre ellas, añade el nuevo artículo 258bis sobre "celebración de actos procesales mediante presencia telemática". En este precepto se dispone, como regla general, la preferencia de la presencia telemática para la realización de actuaciones procesales, estableciéndose a continuación una serie de excepciones.

---

18   Real Decreto-ley 6/2023, de 19 de diciembre, por el que se aprueban medidas urgentes para la ejecución del Plan de Recuperación, Transformación y Resiliencia en materia de servicio público de justicia, función pública, régimen local y mecenazgo (TOL 9.803.574).

3.1. Preferencia de la forma telemática de las actuaciones procesales

Las actuaciones procesales, tales como juicios, vistas, audiencias y comparecencias, se llevarán a cabo preferentemente de manera telemática, conforme al apartado 1 del artículo 258bis de la LECrim. Su desarrollo, a través de videoconferencia, está supeditado por dos circunstancias:

En primer lugar, por el hecho de que el juez no disponga la necesidad de realización mediante presencia física, concediéndole así la facultad de acordar dicha modalidad, sin especificar la norma las circunstancias que podrían justificarla. Se le reconoce un amplio margen de libertad para tomar tal decisión dado que no se prevé una regulación precisa. En cualquier caso, deberá actuar dentro del marco de la razonabilidad y deberá justificar dicha necesidad. Tan solo se contemplan, en su apartado 2, excepciones a la regla general de presencia telemática, con relación al acusado.

En segundo lugar, resulta necesario que las oficinas judiciales o fiscales estén dotadas de los medios técnicos adecuados. El artículo 7.2 del Real Decreto-ley establece la obligación de dotar a los órganos y oficinas judiciales y fiscales de sistemas tecnológicos que permitan la tramitación electrónica de los procedimientos; y en su artículo 63 también impone la necesidad de dotarlas de los medios técnicos adecuados para que puedan garantizarse las actuaciones y servicios no presenciales. En relación con este aspecto se ha manifestado que "si bien en el plano normativo se ha trabajado mucho (pues la implantación y uso de las nuevas tecnologías está prevista en todas las normas de organización de la justicia), no puede decirse lo mismo en el plano de la práctica, en las actuaciones e iniciativas concretas que se han venido desarrollando"[19]. La situación se complica si tenemos en cuenta que "en este ámbito

---

19   Bueno Benedí, M. (2022) "Retos pendientes en el uso de la videoconferencia y otras tecnologías en nuestra administración de justicia". Practica de Tribunales (158), LA LEY 10747/2022, 1-15, 3, a quien pertenece el entrecomillado siguiente.

concurren diferentes órganos, con competencias diversas y asumiendo distintas responsabilidades: tanto el Consejo General del Poder Judicial, como el Ministerio de Justicia, como las Comunidades Autónomas, son actores fundamentales e imprescindibles en esta materia, si bien cada uno en su respectivo campo competencial".

En las actuaciones realizadas a través de videoconferencia se prevé la constitución del órgano judicial en su sede, lo cual parece excluir la posibilidad de encontrarse físicamente en un lugar distinto. No obstante, se ha afirmado la posibilidad de conexión desde un lugar distinto, cuando sea conveniente o necesario para la buena administración de justicia, así cabe deducirlo de algunos preceptos legales, como el artículo 268.2 de la LOPJ, el artículo 129.3 de la LEC y artículos 65 y 68 del Real Decreto-ley 6/2023[20].

Las demás personas -partes, peritos, testigos- que deban intervenir en cualquier actuación por videoconferencia lo harán siempre a través de punto de acceso seguro[21], de conformidad con la normativa que regula el uso de la tecnología en la Administración de Justicia. En cuanto al lugar, habrá que atender a lo dispuesto en el artículo 137bis de la Ley de Enjuiciamiento Civil (en adelante, LEC), al establecerse expresamente su aplicación con carácter supletorio.

El artículo 258bis.1 de la LECrim contiene una remisión a las especialidades previstas en los artículos 325 y 731bis de la misma. Tal remisión resulta de difícil explicación dado que estos últimos establecen, a diferencia del artículo 258bis, la comparecencia a través de videoconferencia u otro sistema similar como una posibilidad "por razones de utilidad, seguridad o de orden público, así como en aquellos

---

20   Cfr. García Sanz, J.; García-Villarrubia, M.; González Guimaraes-da Silva, J. (2024). *Las vistas telemáticas en el proceso civil español.* Bosch.

21   El artículo 62 del Real Decreto-ley 6/2023 establece como tal los dispositivos y sistemas de información que cumplan los requisitos previstos en el mismo.

supuestos en que la comparecencia de quien haya de intervenir en cualquier tipo de procedimiento penal como investigado o encausado, testigo, perito, o en otra condición resulte particularmente gravosa o perjudicial". Tras la inclusión del artículo 258bis parece innecesario mantener vigentes los citados artículos 325 y 731bis, así como su remisión a los mismos.

También se contiene en el precepto estudiado una referencia al artículo 306 de la LECrim, el cual prevé la posibilidad de que el Fiscal intervenga telemáticamente, siempre y cuando existan los medios técnicos precisos.

Por último, incide el legislador en la necesidad de garantizar, de una forma especial, que la declaración o el interrogatorio se lleve a cabo en determinados supuestos de forma telemática, atendiendo a la condición de la víctima -menor de edad o con discapacidad-, al delito concreto -violencia de género, violencia sexual o trata de seres humanos-, o al carácter de autoridad o funcionario público del testigo o perito. En tales casos, se otorga al Juez o Tribunal la facultad de acordar la comparecencia física, según las circunstancias particulares del caso, requiriendo expresamente la emisión de una resolución motivada.

3.2. Excepciones a la forma telemática de las actuaciones procesales

El artículo 258bis de la LECrim, en su apartado 2, requiere en determinados supuestos la presencia física del acusado, constituyendo una excepción frente a la preferente participación telemática prevista en el mismo precepto. Esta excepción no afecta a lo estipulado en tratados internacionales, normas de la Unión Europea y otras legislaciones que regulan la cooperación con autoridades extranjeras en el ámbito jurisdiccional.

El establecimiento de tales excepciones viene a corroborar que la presencia telemática, "aunque se realice tomando en cuenta todas las garantías técnicas, no puede equipararse por completo con la confrontación directa entre el sujeto pasivo del proceso penal y el órgano judicial que va a dictar la sentencia"[22].

El Tribunal Supremo, ya en su sentencia de 10 de octubre de 2008[23], se refería al carácter excepcional de la celebración del juicio por videoconferencia con los acusados, limitándolo a los supuestos en los que "lo exijan razones de seguridad derivadas de la extrema peligrosidad de los acusados que hagan aconsejable su traslado o cuando, por las circunstancias externas, las sesiones pudieran verse seriamente alteradas por concentraciones masivas de personas en los alrededores del tribunal". En estos últimos casos deberá indicarse las razones que justifican esta decisión excepcional.

Una primera cuestión es si tales excepciones son aplicables al investigado, dado que la norma se refiere tan solo al acusado. Se ha interpretado que "el silencio de la norma, toda vez que esta sí establece la diferencia entre ambos conceptos a la hora de definir en el párrafo quinto la situación del abogado de la defensa en cuanto a su presencia en la correspondiente actuación procesal nos debería llevar como aparente solución a la aplicación al mismo de la regla general de la potestatividad a elección propia de la presencialidad telemática o física; salvo decisión judicial motivada que estableciera lo contrario"[24].

El Tribunal Supremo se ha pronunciado al respecto en el Auto de 26 de abril 2024[25]. En este caso se presentó un recurso de reforma contra el auto que acordaba recibir declaración voluntaria a través de

---

22 Khalaf Reda, A. (2024). "Reformas en el proceso penal introducidas por el Real Decreto-ley 6/2023". *Los procesos judiciales tras las reformas introducidas por el Real Decreto-Ley 6/2023*. La Ley, 511.

23 STS 644/2008, de 10 de octubre de 2010 (TOL 1.393.321).

24 Rodríguez Laínz, J.L. (2024). "Las actuaciones procesales por videoconferencia en el proceso penal tras la publicación del Real Decreto-ley 6/2023". Diario La Ley (10465), 1-25, 13-14.

25 ATC 5588/2024, de 26 de abril de 2024 (TOL 10.016.638).

videoconferencia a los investigados. El recurso se fundaba, entre otros motivos, en que la gravedad del delito de terrorismo exigía un interrogatorio con todas las garantías. El Tribunal resuelve que, en la fase procesal incipiente en que se encuentra el procedimiento, el hecho de acordar la declaración por medios telemáticos no constituía impedimento alguno. Insiste en que precisamente la finalidad de la fase de investigación es determinar la naturaleza y circunstancias del hecho, personas que han participado y órgano competente para el enjuiciamiento (artículos 299 y 771.1 LECrim). Consecuentemente, no entiende aplicable al investigado la excepción prevista en el apartado 2 del art. 258bis de la LECrim, no siendo necesaria, por tanto, su presencia física.

Al referirse el precepto exclusivamente al acusado, cabe entender que la otra parte, los testigos y peritos podrán intervenir a través de videoconferencia. Ya afirmaba el Tribunal Supremo en su Sentencia de 10 de octubre de 2008 que "la validez de la videoconferencia tiene distinta dimensión cuando se trata de utilización de esta tecnología, sustituyendo la presencia de los acusados en el momento del juicio oral por su declaración a través de la comunicación bidireccional de la imagen y el sonido, que cuando se emplea para manifestaciones de testigos y peritos". El Tribunal destacaba el papel activo que debe tener el acusado en el juicio oral, por lo que adquiere relevancia su presencia física e incluso la posibilidad de la comunicación constante con su abogado, que no solo se debe cumplir en los procedimientos de la ley del jurado, sino en toda clase de juicios orales. No obstante, cabría plantearse si la intervención del acusado de forma presencial y de la parte acusadora a través de videoconferencia podría afectar al principio de igualdad.

Las excepciones a la regla general atienden a los siguientes criterios: la gravedad del delito o el procedimiento adecuado y el lugar de residencia del acusado.

Respecto al primero de ellos, será necesaria la presencia física del acusado cuando se trate de juicios por delito grave o juicios que se celebren ante un Tribunal del Jurado.

El artículo 13.1 del Código Penal dispone que son delitos graves las infracciones que la ley castiga con pena grave. Por su parte, el artículo 33.2 del mismo texto legal enumera las penas graves. Atendiendo a lo previsto en ambos preceptos, la presencia física del acusado va a poder exigirse tanto en el proceso ordinario como en el abreviado.

A continuación, en los párrafos tercero y cuarto del apartado 2 del artículo 258bis de la LECrim se establece: "En los juicios por delito menos grave, cuando la pena exceda de dos años de prisión o, si fuera de distinta naturaleza, cuando su duración no exceda de seis años, el acusado comparecerá físicamente ante la sede del órgano de enjuiciamiento si así lo solicita este o su letrado, o si el órgano judicial lo estima necesario. La decisión deberá adoptarse en auto motivado.

En el resto de los juicios, cuando el acusado comparezca, lo hará físicamente ante la sede del órgano de enjuiciamiento si así lo solicita él o su letrado, o si el órgano judicial lo estima necesario. La decisión deberá adoptarse en auto motivado".

Mientras en el supuesto de juicios por delito grave se exige en todo caso la presencia física del acusado, tratándose de juicios por delito menos grave, se limita a los casos en que la pena de prisión exceda de dos años y tratándose de pena de distinta naturaleza[26], que no exceda de seis años, y además se solicite por el acusado, su abogado o se acuerde por órgano judicial de oficio. El órgano judicial podrá, por tanto, acordar la comparecencia física del acusado, sin necesidad de que el acusado ni su abogado lo hayan solicitado.

---

26   Este supuesto referido a pena distinta a la prisión plantea dudas. Como se ha manifestado, Khalaf Reda, A. (2024). "Reformas en el proceso penal introducidas por el Real Decreto-ley 6/2023" *op. cit.*, 513: "la mayor duración de la pena que puede imponerse no debería operar en contra de la necesidad de comparecencia física del acusado sino al revés".

A continuación, y con relación al resto de juicios se prevé la misma posibilidad de que el acusado comparezca físicamente cuando así lo solicite el mismo, su abogado o lo acuerde el juez.

En cualquiera de los casos se requerirá que se acuerde mediante auto motivado.

Si bien el precepto distingue entre juicios por determinados delitos menos graves y resto de juicios, no parece necesaria tal distinción dado que la regulación es la misma. Cabría concluir que, tratándose de juicios por delito distinto al grave se requerirá la presencia física del acusado cuando lo solicite él, su letrado o el órgano judicial lo estime necesario, debiendo acordarlo mediante auto motivado. En estos casos, por tanto, la presencia física es una opción del acusado, de su defensa o una decisión del juez.

Cabe plantearse si la solicitud por el acusado o su abogado vincula al juez. Si atendemos a lo previsto en el 731bis, al que se remite el propio artículo 258bis 1, cabría interpretar que no le vincula cuando considere procedente la comparecencia a través de videoconferencia por razones de utilidad, seguridad, orden público o por considerar que su presencia física le resulte gravosa o perjudicial. De este modo, en tales circunstancias parece que podría imponerse la presencialidad telemática, aun en contra de la voluntad del acusado y su defensa, exigiéndose un mayor rigor en su aplicación[27]. La decisión del juez contraria a lo solicitado requerirá auto motivado.

Por último, la norma dispone que "cuando el acusado decida no comparecer en la sede del órgano judicial, deberá notificarlo con, al menos, cinco días de antelación". Por tanto, viene a establecer que en aquellos supuestos en que no siendo preceptiva la presencia física, el acusado decida intervenir mediante videoconferencia, deberá notificarlo con, al menos, cinco días de antelación. No obstante, no siendo necesaria la

---

27   Cfr. Rodríguez Laínz, J.L. (2024). "Las actuaciones procesales ...", *op. cit*, 13.

presencia física y atendiendo a lo previsto anteriormente, si no se solicita la presencia física, cabría entender que su presencia sería telemática.

Tratándose de los demás participantes, habrá de atenderse, con carácter supletorio, a lo previsto en el artículo 137bis de la LEC, en el que se establece un plazo de 10 días.

En cuanto al criterio relativo al lugar de residencia del acusado, se requiere su presencia física en la sede del órgano judicial cuando resida en la misma demarcación del órgano judicial que conozca o deba conocer de la causa, salvo que concurran causas justificadas o de fuerza mayor. Cabría poner en relación esta última excepción con lo dispuesto en el artículo 731bis de la LECrim, antes citado. Por tanto, independientemente del lugar de residencia podrá admitirse su presencia telemática por razones de utilidad, seguridad o de orden público, así como en aquellos supuestos en que la comparecencia de quien haya de intervenir en cualquier tipo de procedimiento le resulte particularmente gravosa o perjudicial.

3.3. Presencia de la defensa letrada

La norma también se refiere a la forma de comparecer el abogado del investigado o acusado. Así en el párrafo quinto del apartado 2 del artículo 258bis de la LECrim se establece: "Cuando se disponga la presencia física del investigado o acusado, será también necesaria la presencia física de su defensa letrada. Cuando se permita su declaración telemática, el abogado del investigado o acusado comparecerá junto con este o en la sede del órgano judicial".

Cabe plantearse si el derecho de defensa podría verse comprometido en el supuesto en que el investigado-acusado declare por videoconferencia y el abogado decida comparecer en la sede del órgano judicial al no garantizarse la posibilidad interactuar durante la actuación procesal.

3.4. Aplicación supletoria del artículo 137bis de la LEC

El artículo 258bis 1 de la LECrim dispone la aplicación supletoria de lo previsto en el artículo 137 bis de la LEC, en el que se regula la "realización de actuaciones judiciales mediante el sistema de videoconferencia". Este último será aplicable al acusado, en aquellos casos en que no siendo obligatoria la presencia física, decida intervenir a través de videoconferencia y también a los demás sujetos del procedimiento que intervengan telemáticamente. El hecho de que no se exija la presencia física no significa que se pueda intervenir desde cualquier lugar, deben concurrir una serie de garantías.

El artículo 137bis de la LEC después de establecer la exigencia de dar cumplimiento al principio de publicidad, determina qué lugares pueden considerarse seguros para la realización de las actuaciones procesales a través de videoconferencia.

En principio, los profesionales, partes, peritos y testigos deberán intervenir desde la oficina judicial o desde el juzgado de paz, al considerarse como lugar seguro en el apartado 4 del artículo 62 del Real Decreto-ley 6/2023.

Cuando se trate de la intervención a través de videoconferencia y se realice desde la oficina judicial de un órgano judicial distinto al que conoce del proceso, conforme al artículo 137bis 2 de la LEC, se solicitará el auxilio judicial al juzgado del lugar en cuya circunscripción haya de practicarse. En tal caso, no se pide la práctica de una prueba por otro órgano judicial sino la colaboración del mismo para su práctica a través de videoconferencia. En este caso, la comparecencia se realizará en presencia del personal del órgano judicial requerido, el cual se encargará de comprobar la identidad del declarante, la correcta conexión con los sistemas del órgano requirente, así como de la grabación del acto. Será el órgano que está conociendo del proceso el que dirigirá el desarrollo de la actuación[28].

También prevé la norma la posibilidad de llevar a cabo la actuación desde cualquier otro lugar, cuando el juez lo estime oportuno, salvo que

---

28 García Sanz, J.; García-Villarrubia, M.; González Guimaraes-da Silva, J. (2024). *Las vistas telemáticas (...), op. cit*, 185-186.

el declarante sea menor o persona sobre la que verse un procedimiento de medidas judiciales de apoyo de personas discapacidad.

Tratándose de víctimas de violencia de género, violencia sexual, trata de seres humanos, y víctimas menores de edad o con discapacidad podrán intervenir desde los lugares donde se encuentren recibiendo oficialmente asistencia, atención, asesoramiento y protección, o desde cualquier otro lugar si así lo estima oportuno el juez, siempre que dispongan de medios suficientes para asegurar su identidad y las adecuadas condiciones de la intervención conforme a lo que se determine reglamentariamente.

Por tanto, salvo en los supuestos legalmente excluidos, quien participe en el proceso de forma telemática podrá elegir el lugar desde el que va a intervenir.

Aunque es posible intervenir desde lugares distintos a los previstos como seguros, dicha intervención deberá siempre realizarse a través de un punto de acceso seguro. Se entiende como tal aquel que cumpla, como mínimo, los siguientes requisitos[29]: a) permitir la transmisión segura de las comunicaciones y la protección de la información; b) permitir y garantizar la identificación de los intervinientes; c) cumplir los requisitos de integridad, interoperabilidad, confidencialidad y disponibilidad de lo actuado.

4. LOS JUICIOS TELEMÁTICOS Y LAS GARANTÍAS PROCESALES

Una de las principales preocupaciones que se surgen del uso de la conferencia en las actuaciones procesales es cómo puede afectar a las garantías procesales. El Real Decreto-ley 6/2023 destaca el carácter instrumental de las tecnologías de la información en el ámbito de la Administración

---

29   Artículo 62.2 del Real Decreto-ley 6/2023.

de Justicia, su función de soporte y apoyo a la actividad jurisdiccional, con pleno respeto a las garantías procesales y constitucionales[30].

4.1. La inmediación

El Tribunal Constitucional ha afirmado que la inmediación "consiste en que la prueba se practique ante el órgano judicial al que corresponde su valoración". La considera como "una garantía de corrección que evita los riesgos de valoración inadecuada procedentes de la intermediación entre la prueba y el órgano de valoración y que, en las pruebas personales, frente al testimonio de la declaración en el acta de la vista, permite apreciar no sólo lo esencial de una secuencia verbal trasladado a un escrito por un tercero sino la totalidad de las palabras pronunciadas y el contexto y modo en que lo fueron: permite acceder a la totalidad de los aspectos comunicativos verbales; permite acceder a los aspectos comunicativos no verbales, del declarante y de terceros; permite también, siquiera en la limitada medida en que lo tolera la imparcialidad, la intervención del juez para «comprobar la certeza de los elementos de hecho» (SSTC 188/2000, de 10 de julio, FJ 2; 229/2003, de 18 de diciembre, FJ 4; 123/2005, de 12 de mayo, FJ 5)[31].

El mismo Tribunal ha manifestado que "cualquier modo de practicarse las pruebas personales que no consista en la coincidencia material, en el tiempo y en el espacio, de quien declara y de quien juzga, no es una forma alternativa de realización de las mismas sobre cuya elección pueda decidir libremente el órgano judicial sino un modo subsidiario de practicar la prueba, cuya procedencia viene supeditada a la concurrencia de causa justificada, legalmente prevista"[32].

Por su parte, el Tribunal Supremo ha venido asimilando la presencia física y telemática. Entiende que, en el sistema de videoconferencia

---

30   Artículo 1.3 del Real Decreto-ley 6/2023.

31   STC16/2009, de 26 de enero de 2009 (TOL1.445.077).

32   STC 2/2010, de 11 de enero (TOL 1.782.852).

cuya transmisión se realiza en tiempo real, las declaraciones de testigos son percibidas directamente por los miembros del Tribunal[33]; permite la total conexión en los puntos de origen y destino como si estuvieran presentes en el mismo lugar, con lo que se da cumplimiento a la premisa de que se celebre la actuación judicial en unidad de acto[34].

No cabe duda de que el uso de la videoconferencia permite cumplir con el principio de inmediación en ciertos casos, como cuando es necesario recurrir al auxilio judicial para llevar a cabo una actuación procesal, ya sea nacional o internacional. La necesidad de acudir al auxilio judicial para la práctica de una prueba, "impedía que el juez que iba a dictar sentencia practicara la prueba bajo el principio de inmediación escuchando directamente las contestaciones que a los pliegos de preguntas y repreguntas se enviaban al órgano judicial exhortado al que se pedía la colaboración. Por el contrario, la videoconferencia "permite una conexión telemática virtual inmediata con el órgano judicial que reclama y requiere la práctica de esa prueba en concreto, pudiendo realizarse la conexión inmediata con ambos, a saber, tanto el de origen donde se encuentra el juez que está conociendo del fondo del asunto, como el otro órgano judicial al que va a acudir la persona que va a declarar en base a la proposición de prueba realizada por una de las partes. Así al practicarse la prueba por el sistema de videoconferencia, se mantiene el principio de inmediación"[35].

Con el uso de la videoconferencia, el recurso al auxilio judicial se convierte en una opción aún más subsidiaria. Cuando la videoconferencia no

---

33 STS 779/2012, de 22 de octubre (TOL 2.665.250).

34 STS 331/2019, de 27 de junio (TOL 7.355.325)

35 Magro Servet, V. (2024). "Réquiem por el auxilio judicial por escrito: bienvenida la videoconferencia (Real Decreto Ley 6/2023, de 19 de diciembre, de reforma de la LEC)". Practica de Tribunales (166), LA LEY 7386/2024, 1-12, 2.

sea posible por razones técnicas o porque no se puede realizar con todas las garantías, se recurrirá al auxilio judicial[36].

Cabría plantearse si la generalización del uso de la videoconferencia nos obliga a replantear el concepto tradicional de inmediación. Fernández-Figares se refiere a la superación de la concepción del principio de inmediación como sinónimo exclusivo de apreciación de presencia física del juez o tribunal y el paso a una visión más amplia que permitiera el modo remoto, siempre y cuando se respetaran los estándares de inmediatividad y, por supuesto, las garantías del proceso[37].

Se ha manifestado[38] que el uso de la videoconferencia en los juicios no afecta tanto a la inmediación procesal como a la "inmediación sentimental". Se afirma que la distancia puede insensibilizar a los jueces, reduciendo las tensiones inherentes a los juicios, pero también deshumanizando el proceso. El juez debe ser imparcial pero la sensibilidad es "un componente básico de la condición humana y la justicia administrada por hombres, no puede ser ajena a ella, como para eliminar todo signo que la recuerda (...) La deshumanización, la despersonalización de la administración de justicia se verá acentuada con su tecnificación, tal y como ocurre en otras áreas de la actividad humana". En este sentido, Picó i Junoy señala entre los valores que no deberían perderse, precisamente, "la humanización de la justicia, el acceso directo al juez"[39].

---

36   Gascón Inchausti, F. "Régimen jurídico de las actuaciones judiciales por videoconferencia", en *Los procesos judiciales tras las reformas introducidas por el Real Decreto-Ley 6/2023*. La Ley, 225.

37   Fernández-Figares Morales, M.ª J. (2021). *Audiencias Telemáticas en la Justicia. Presente y Futuro*. Tirant lo Blanch, 38.

38   Guerra González, R. (2021). "Generalización de los juicios celebrados por videoconferencia", *Diario La Ley* (9854), LA LEY 5137/2021, 1-18, 6.

39   Picó i Junoy, J. (2023). "La virtual justicie (o juicios online): ¿Avance o retroceso?, en *Aspectos Críticos del derecho procesal. Diálogos hispano-italianos en homenaje al profesor Angelo Dondi*, J. M. Bosch.

Podemos terminar estas reflexiones sobre el principio de inmediación con un símil, al que hace referencia Prendes Valle[40], entre un paseo virtual por el Museo del Prado y una vista judicial telemática: "Este símil nos sirve para equiparar la imagen del cuadro con la de una vista judicial ofrecida a través de la utilización de los medios tecnológicos, pues aunque en este caso no se trate del juego de la perspectiva renacentista, no se puede ignorar que la pantalla enmascara las imperfecciones y equipara todos los matices, de modo que tampoco permite apreciar plenamente el conjunto de percepciones que no pertenecen al lenguaje escrito y que se producen en una sala de juicios, con la solemnidad del rito forense y la participación conjunta y simultánea de los distintos ciudadanos que cada uno en su papel acceden al tribunal y participan en su desarrollo".

4.2. La publicidad

Otra de las cuestiones que preocupa es cómo puede incidir el uso de la videoconferencia en el principio de publicidad, una de las garantías del proceso.

El principio de publicidad se ha configurado como un derecho fundamental reconocido en nuestra Constitución -artículos 24.2 y 120.1-, y en los principales textos internacionales–Declaración Universal de Derechos del Hombre de 1948, Convenio para la Protección de los Derechos Humanos y las Libertades Fundamentales, Pacto Internacional de Derechos Civiles y Políticos, Carta de Derechos Fundamentales de la Unión Europea-.

El Tribunal Constitucional ha destacado que este principio tiene una doble finalidad: "Por un lado, proteger a las partes de una justicia sustraída al control público y, por otro, mantener la confianza de

---

40   Prendes Valle, M (2022). "Algunas reflexiones sobre los juicios telemáticos". *Lefebvre, Tribuna*. https://elderecho.con/algunas-reflexiones-sobre-los-juicios-telematicos. Recuperado el 7 de septiembre de 2022.

la comunidad en los Tribunales, constituyendo en ambos sentidos tal principio una de las bases del debido proceso y uno de los pilares del Estado de Derecho"[41].

En el proceso penal rige en la fase de juicio oral. El artículo 649.II de la LECrim dispone que una vez se mande abrir el juicio oral serán públicos todos los actos del proceso y el artículo 680.1 establece que los debates del juicio oral serán públicos, bajo pena de nulidad.

La cuestión que se plantea es si, no obstante la relevancia de este principio, se encuentra garantizado en el supuesto de actuaciones procesales por videoconferencia.

El Consejo General del Poder Judicial, en su guía[42], señalaba que la forma más idónea de asegurar este principio era mediante la asistencia del público a la sala de vistas o a otra dependencia judicial con circuito cerrado, procurando adoptar las medidas necesarias para evitar grabaciones clandestinas de lo que se aprecie en los monitores. Si esto no es posible, se refería a la necesidad de usar un programa para sesiones telemáticas que permita el acceso de terceros mediante clave o invitación, previa acreditación. Además, deberían tomarse medidas para evitar grabaciones no autorizadas de las sesiones.

En esta línea, el Consejo General del Poder Judicial publica en su página web la agenda de los señalamientos del Tribunal Supremo, la Audiencia Nacional y de 17 Tribunales Superiores de Justicia. Asimismo, la Audiencia Nacional ha creado un canal de YouTube en el que pueden seguirse las sesiones de algunos juicios.

El Real Decreto-ley 6/2023 regula esta materia en su artículo 66, "la emisión de los actos de juicio y vistas electrónicos". Establece un régimen

---

41   STC 96/1987, de 10 de junio (TOL 79.836)

42   Consejo General del Poder Judicial. *Guía para la celebración de actuaciones judiciales* (...), *op. cit.,* apartado 40.

distinto según participen telemáticamente todos los intervinientes o tan solo alguno o algunos de ellos.

Si participan todos los intervinientes de forma telemática, se dará cumplimiento al principio de publicidad mediante su retransmisión pública, conforme a los aspectos o especificidades técnicas que se establezcan por el Comité técnico estatal de la Administración judicial electrónica. Podrá acordarse que no se retransmitan cuando concurra alguno de los supuestos en los que la Ley de Enjuiciamiento Criminal permite la celebración del juicio a puerta cerrada, previstos en su artículo 681.1 o en cualquier otro en que la ley procesal permita la restricción de la publicidad.

Si el acto del juicio, la vista y la audiencia se celebra con presencia física de alguno o algunos de los intervinientes, se retransmitirá al igual que en el supuesto anterior. No obstante, el juez o tribunal podrá acordar su no retransmisión en dos supuestos: a) en los casos previstos en el mencionado artículo 681 de la LECrim; b) cuando lo considere estrictamente necesario en atención a las circunstancias concurrentes.

Con relación a la retransmisión pública se ha afirmado que, aunque de esta forma "se garantizase el acceso libre de los ciudadanos a las vistas judiciales se produciría una suerte de vulgarización del principio de publicidad alejándose de los motivos y razones que determinaron su consideración como principio fundamental del proceso y del entero sistema de justicia"[43].

En cualquiera de los casos, podrá acordarse la no retransmisión cuando la publicidad quede garantizada mediante el acceso abierto a la sala de vistas.

---

43   Richard González, M. (2020). "Elogio del juicio oral (presencial) escrito por un profesor partidario del uso de la tecnología en el sistema judicial". Diario La Ley (9654), LA LEY 7574/2020, 1-18, 8.

Para garantizar el acceso a la retransmisión, el legislador establece que en las sedes judiciales electrónicas se publicará el listado de los actos de juicio, vistas y audiencias a celebrar por cada órgano judicial, y la forma de acceso a los mismos a efectos de publicidad.

En el apartado 3 del artículo 66 del citado Real Decreto- ley se reproduce la posibilidad, prevista en el artículo 682 de la LECrim, de restringir la presencia de los medios de comunicación audiovisuales en las sesiones del juicio y prohibir que se graben todas o alguna de las audiencias cuando resulte imprescindible para preservar el orden de las sesiones y los derechos fundamentales de las partes y de los demás intervinientes, especialmente el derecho a la intimidad de las víctimas, el respeto debido a la misma o a su familia, o la necesidad de evitar a las víctimas perjuicios relevantes que, de otro modo, podrían derivar del desarrollo ordinario del proceso.

Uno de los riesgos de la retransmisión de la vista es su posible grabación y difusión. A ello ya se refería el Consejo General del Poder Judicial manifestando la necesidad de que los programas y dispositivos que se emplean puedan impedir que se realicen grabaciones de los actos, diferentes de las que corresponda para su documentación oficial. También se contempla en el Real Decreto-ley, en su artículo 67, al disponer que quienes tengan acceso a las actuaciones judiciales telemáticas no podrán grabar, tomar imágenes o utilizar cualesquiera medios que permitan una posterior reproducción del sonido y/o de la imagen de lo acontecido. Se prevé, en caso de incumplimiento, la imposición de multas sin perjuicio de las posibles responsabilidades administrativas, civiles o penales en que pueda incurrir.

4.3. El derecho de defensa

El artículo 24 de la Constitución consagra el derecho a la tutela judicial efectiva sin que, en ningún caso, pueda producirse indefensión. Asimismo, reconoce el derecho a la defensa y a la asistencia de letrado, así como a utilizar los medios de prueba pertinentes para su defensa.

El artículo 229.3 de la LOPJ también se refiere al derecho de defensa, al establecer que las actuaciones judiciales: "Podrán realizarse a través de videoconferencia u otro sistema similar que permita la comunicación bidireccional y simultánea de la imagen y el sonido y la interacción visual, auditiva y verbal entre dos personas o grupos de personas geográficamente distantes asegurando en todo caso la posibilidad de contradicción de las partes y la salvaguarda del derecho de defensa, cuando así lo acuerde el juez o tribunal".

Trasladado al ámbito digital supone "la necesidad de que las partes puedan hacer uso de las mismas posibilidades de alegación y prueba de que disponen en el entorno analógico a fin de hacer valer sus pretensiones y resistencias y encerar las del contrario"[44].

El Tribunal Supremo ha venido reiterando que el uso de la videoconferencia no vulnera ningún principio procesal al poder dirigir las partes a los testigos las preguntas que sean pertinentes con contradicción y sin que pueda existir vulneración de la tutela judicial efectiva[45]; que el sistema de presencia telemática no supone, en su realización, un sistema de menores garantías para el ejercicio del derecho de defensa de las partes que deben asistir y participar en las actuaciones"[46].

4.3.1. Prueba

En los juicios celebrados a través de videoconferencia se plantean algunas cuestiones relacionadas con la aportación de prueba documental y la práctica de pruebas personales.

---

44   FIDE (Fundación para la investigación del Derecho y la Empresa). Grupo de trabajo sobre la celebración telemática de vistas https://thinkfide.com/wp-content/uploads/2021/02/GRUPO-DE-_TRABAJO-Fide-Celebracion-telematica-de-vistas.pdf Recuperado el 7 de septiembre de 2022.

45   STS 670/2024, de 26 de junio (TOL 10.103.005)

46   ATS de 9 de julio de 2024 (TOL10.113.754)

Con relación a la prueba documental puede resultar necesario aportar algún documento durante la celebración de la vista. Por ejemplo, el artículo 786.2 de la LECrim, al regular el Procedimiento Abreviado, se prevé la posibilidad de proponer al comienzo de la vista nuevas pruebas y, por tanto, aportar nuevos documentos. En cuanto al momento en que procedería su presentación, se ha venido barajando dos opciones: en la misma vista o con carácter previo a la misma.

El Real Decreto-ley 6/2023, al regular en su artículo 45 "la aportación de documentos en las actuaciones orales telemáticas", se limita a establecer que quien intervenga por vía telemática deberá presentarlos por la misma vía, incluso quienes no estén obligados a relacionarse con la Administración de Justicia por medios electrónicos, siempre de conformidad con las normas procesales. A continuación, contempla la posibilidad de que no sea posible su presentación vía telemática, disponiéndose que en tal caso deberá justificarse y ponerse en conocimiento del órgano judicial, de manera previa a la vista o actuación, para que éste disponga lo que proceda. En tales circunstancias, cabe entender que el órgano judicial podría acordar su aportación previa a la vista.

A esta última posibilidad se refería el Consejo General del Poder Judicial[47] al considerarla conveniente para evitar interrupciones durante la tramitación de la vista o juicio. De este modo, cuando se tenga intención de presentar prueba documental, propone que se facilite con antelación al órgano judicial mediante un sistema que garantice su accesibilidad a los abogados de las partes para su visionado y eventual descarga.

Cabría pensar que la aportación anticipada podría proporcionar una injustificada ventaja a la otra parte. Para evitarlo, se propone prever que la presentación anticipada solo se dirija al tribunal, reservando la exhibición a la parte en el acto de la vista. También añade que, en

---

47 Consejo General del Poder Judicial (2021). *Guía para la celebración de actuaciones judiciales* (...), *op. cit.*, apartados 30 y 31.

ciertos casos, cabría la simple exhibición de documentos sin posibilidad de descarga por los abogados hasta que el juez resuelva sobre su admisión.

Otra de las opciones propuestas consiste en aportarlos en la vista mediante su remisión a las plataformas documentales de los órganos jurisdiccionales, por correo electrónico o a través de la función compartir pantalla o compartir archivo, aportándose con posterioridad para su incorporación al expediente[48].

Cualquiera de los sistemas debe permitir a la contraparte visualizar el documento en el trámite de la vista para poder formular las alegaciones que estime pertinentes y ejercitar su derecho de defensa, sin que pueda causársele indefensión.

Con relación a las pruebas personales resulta necesario la identificación del testigo o perito, garantizar la incomunicación previa a su declaración, así como evitar durante su declaración influencias externas[49].

Sobre la posible contaminación del declarante que no interviene desde la sede judicial o sea funcionario que declare desde sus propias dependencias, se ha pronunciado el Consejo General del Poder Judicial. En su guía indicaba que lo más adecuado es que las personas diferentes de los profesionales que tengan intervención en el acto -partes, testigos, peritos- lo hagan en una dependencia judicial, ya sea la propia del órgano en el que se desarrolle el acto u otro más cercano al lugar de residencia de quien intervenga en él. También se refería a la conveniencia de adoptar medidas, ya sean técnicas -salas de espera virtuales- o físicas, que impidan que testigos y peritos tengan conocimiento del desarrollo de la sesión en tanto se produce su intervención. Tratándose

---

48   García Sanz, J.; García-Villarrubia, M.; González Guimaraes-da Silva, J. (2024). *Las vistas telemáticas (...)*, *op. cit*,.143-144. Gascón Inchausti, F. "Régimen jurídico de las actuaciones judiciales (...)", *op cit.*, 241.

49   Loredo Colunga, M. (2020) "Actuaciones procesales con presencia telemática (o sobre cómo hacer de la necesidad virtud), Práctica de Tribunales (146), LA LEY 12230, 1-19, 7.

de la declaración de personas que se encuentran fuera de España, habrá que recabar el auxilio judicial con el fin de que se adopten las medidas necesarias para su práctica.

4.3.2. Comunicación del acusado con su abogado

Este es uno de los aspectos más cuestionados de la celebración de juicios telemáticos. El Tribunal Supremo ha venido manifestando que "la posición de la parte acusada en la sala de juzgado debería ser aquella que (...) le permite el contacto defensivo con su letrado en los términos reclamados por el sistema convencional (...).Obviamente, con los modernos métodos de comunicación electrónicos que aquí se analizan sufren estos planteamientos, tendentes a facilitar plenamente el derecho de defensa, salvo que se adopten las medidas oportunas, técnicamente posibles, de comunicación, al menos auditiva, independiente, directa y constante entre el defensor y su defendido, solución que, no obstante, también podría dar lugar en la práctica, a eventuales complicaciones merecedoras de estudio"[50]. El Tribunal adopta un criterio muy restrictivo en orden al empleo de la videoconferencia en el juicio oral cuando se trata del acusado, pudiendo acordarse atendiendo a estrictas razones de necesidad, idoneidad y proporcionalidad, y garantizando en todo caso el contacto directo constante, independiente y autónomo del acusado con su defensor.

El mismo Tribunal, en su Sentencia 161/2015, incidentalmente apuntaba la posibilidad del juicio con presencia sólo virtual del acusado, aunque incluía una advertencia: "(...) parece evidente que el sacrificio de la comunicación directa de aquel con su abogado puede encerrar, como regla general, una inevitable erosión del derecho de defensa. De ahí que, pese a la mención específica que el art. 731bis de la Ley de Enjuiciamiento Criminal hace al imputado entre aquellos cuyo testimonio puede ser ofrecido mediante videoconferencia, es lógica la exigencia de fundadas razones de excepcionalidad que, mediante el adecuado

---

50   STS 678/2005, de 16 de mayo (TOL674.633)

juicio de probabilidad, respalden la decisión de impedir el contacto usualmente directo del órgano de enjuiciamiento con el imputado"[51].

Se subraya la excepcionalidad, pero se afirma que es legalmente factible la celebración de un juicio oral con presencia solamente telemática del acusado. Por tanto, incluso renunciando a las ventajas que tiene la presencia del acusado en la sala junto con su letrado, es admitida la posibilidad de declaración por usos telemáticos, así lo prevé la Ley de Enjuiciamiento Criminal y en este sentido se pronuncia la jurisprudencia.

Resulta de particular interés el estándar establecido por el Tribunal de Derechos Humanos en su Sentencia de 5 de octubre de 2006, caso Marcelo Viola c Italia[52], para los supuestos a través de videoconferencia:

· Ha de examinarse, en primer lugar, si la acusada tuvo ocasión de comunicarse con su abogado reservadamente y transmitirle instrucciones concretas acerca del modo en que debía ejercerse la defensa, interviniendo activamente en dicha defensa.

· De lo anterior se desprende que, tal comunicación no se limita a la entrevista previa al juicio y reservada, sino que debe asegurarse la posibilidad de comunicación bidireccional en el curso de la vista para que la persona acusada pueda intercambiar impresiones, sin alterar el orden de la sala, con quien le asiste como defensor.

El artículo 258bis de la LECrim en su apartado 2 establece: "Cuando se permita su declaración telemática, el abogado del investigado o acusado comparecerá junto con este o en la sede del órgano judicial". Si el abogado decidiese comparecer en la sede judicial, resultaría difícil la comunicación directa con el abogado. En tal caso, cabe plantear si el abogado debería solicitar la suspensión del juicio, aunque sea brevemente, para interaccionar con el acusado[53] y no limitar su derecho a defensa.

---

51   STS 161/2015, de 17 de marzo (TOL4.770.855)

52   Citada en la SAP de Barcelona de 21 de septiembre de 2020 (TOL8.090.976)

53   Richard Gonzalez, M. (2020), "Elogio del juicio oral (...)", *op. cit.*,13.

5. A MODO DE CONCLUSIÓN

La Administración de Justicia se encuentra en un proceso de transformación hacia lo digital, lo que conlleva un cambio en las relaciones de los ciudadanos con la Administración de Justicia.

Las actuaciones procesales a través de videoconferencia se han incorporado a la práctica habitual de nuestros tribunales. En las sucesivas reformas legislativas, se han introducido nuevas tecnologías a la Administración de Justicia. La última reforma, llevada a cabo por el Real Decreto-ley 6/2023, pone de manifiesto la voluntad del legislador de avanzar hacia un modelo de justicia digital, fundamentado en razones de eficacia. Esta reforma busca generalizar el uso de la videoconferencia como herramienta para el desarrollo de actuaciones procesales orales, dando un paso más en la posibilidad de tramitación íntegramente digital de los procedimientos judiciales, con la convicción de que esto contribuirá de forma decisiva a mejor la eficiencia de la administración de justicia.

En el proceso penal se establece la preferencia por la realización de actuaciones procesales de forma telemática. No obstante, la previsión de una serie de excepciones con relación al acusado pone de manifiesto que no es posible equiparar completamente la modalidad presencial y telemática. Estas excepciones reflejan las reservas que el legislador sigue albergando hacia la generalización de las actuaciones procesales a través de videoconferencia.

Para poder avanzar en este proceso de transformación resulta necesario disponer de medios técnicos, informáticos, telemáticos con las debidas garantías y medidas de seguridad. Prueba de ello es que el legislador condiciona la celebración de actuaciones procesales vía telemática a que las oficinas judiciales dispongan de los medios técnicos necesarios para ello. En otro caso, puede obtenerse el efecto contrario al perseguido, produciéndose una ralentización de la justicia al poder dar lugar a numerosas suspensiones o nulidades. No solo es necesaria una regulación normativa sino también que se disponga de los instrumentos necesarios para su aplicación.

No cabe ninguna duda de que la digitalización de ciertos actos procesales conlleva ventajas. Entre los beneficios puede señalarse la mejora de la eficiencia y la accesibilidad del sistema judicial, una tramitación más rápida de los procedimientos, posible reducción de los tiempos de espera, la eliminación de barreras geográficas o la posible disminución de costes.

Entre los desafíos cabe señalar la posible deshumanización de la justicia con la consiguiente disminución de la confianza de los ciudadanos en la administración de justicia. La deshumanización se refiere a la pérdida de la interacción personal y el contacto directo entre las partes involucradas en un proceso, lo que puede tener impacto en la percepción de la justica como más distante o menos accesible.

Resulta necesario actuar con prudencia, cautela y ponderación para que lo instrumental no deje en un segundo plano lo esencial, que es la aplicación del Derecho en el caso concreto con respeto de todas las garantías procesales. Cabría plantearse si la eficacia y eficiencia del sistema judicial requiere la implementación generalizada de las actuaciones procesales telemáticas o, por el contrario, únicamente en casos específicos donde su utilización pueda tener realmente un impacto significativo y positivo en el desarrollo del procedimiento. Es fundamental mantener los estándares de justicia y equidad en cada procedimiento.

Como ha manifestado el Consejo General del Poder Judicial: "La aplicación de las tecnologías al proceso ha de ser una forma de avanzar, no de retroceder, e implicaría un retroceso limitar las garantías al servicio de la tecnología, cuando ha de ser la tecnología la que se adapte y permita la plena satisfacción de esas garantías"[54].

---

54   Consejo General del Poder Judicial (2021). *Guía para la celebración de actuaciones* (...), *op. cit.*, apartado 3.

REFERENCIAS BIBLIOGRÁFICAS

Bueno Benedí, M. (2022) "Retos pendientes en el uso de la videoconferencia y otras tecnologías en nuestra administración de justicia". Practica de Tribunales (158), LA LEY 10747/2022, 1-15.

Comisión Europea (2021). Directrices sobre videoconferencias en procedimientos judiciales. https://rm.coe.int/cepej-2021-4-guidelines-videoconference-en/1680a2c2f4. Recuperado el 14 de agosto de 2024.

Consejo General del Poder Judicial. *Guía para la celebración de actuaciones judiciales de forma telemática.* https://www.google.com/search?q=Gu%-C3%ADa+para+la+celebraci%C3%B3n+de+actuaciones+judiciales+de+-forma+telem%C3%A1tica%2C+CGPJ.&rlz=1C1GCEU_esES1064ES1064&o-q=Gu%C3%ADa+para+la+celebraci%C3%B3n+de+actuaciones+judicia-les+de+forma+telem%C3%A1tica%2C+CGPJ.&gs_lcrp=EgZjaHJvbWUyB-ggAEEUYOdIBCDEyNTFqMG03qAIIsAIB&sourceid=chrome&ie=UTF-8 Recuperado el 14 de agosto de 2024.

Fernández-Figares Morales, Mª. J. (2021). *Audiencias Telemáticas en la Justicia. Presente y Futuro.* Tirant lo Blanch.

FIDE (Fundación para la investigación del Derecho y la Empresa). Grupo de trabajo sobre la celebración telemática de vistas https://thinkfide.com/wp-content/uploads/2021/02/GRUPO-DE- TRABAJO-Fide-Celebracion-te-lematica-de-vistas.pdf Recuperado el 7 de septiembre de 2022.

García Sanz, J.; García-Villarrubia, M.; González Guimaraes-da Silva, J. (2024). *Las vistas telemáticas en el proceso civil español.* Bosch.

Gascón Inchausti, F. "Régimen jurídico de las actuaciones judiciales por videoconferencia". *Los procesos judiciales tras las reformas intorducidas por el Real Decreto-Ley 6/2023.* La Ley.

Guerra González, R. (2021). "Generalización de los juicios celebrados por videoconferencia", *Diario La Ley* (9854), LA LEY 5137/2021, 6-18.

Khalaf Reda, A. (2024). "Reformas en el proceso penal introducidas por el Real Decreto-ley 6/2023". *Los procesos judiciales tras las reformas introducidas por el Real Decreto-Ley 6/2023.* La Ley.

Loredo Colunga, M. (2020) "Actuaciones procesales con presencia telemática (o sobre cómo hacer de la necesidad virtud), Práctica de Tribunales (146), LA LEY 12230, 1-19.

Magro Servet, V. (2024). "Réquiem por el auxilio judicial por escrito: bienvenida la videoconferencia (Real Decreto Ley 6/2023, de 19 de diciembre, de reforma de la LEC)". Practica de Tribunales (166), LA LEY 7386/2024, 1-12.

Ministerio de Justicia (2020). *Guía para la celebración de actuaciones judiciales con medios telemáticos en el ámbito competencial del Ministerio de Justicia.* https://icapalencia.es/wp-content/uploads/2021/02/guia-juicios-telem%-C3%A1ticos-MJU.pdf Recuperado el 14 de agosto de 2024.

Picó i Junoy, J. (2023). "La virtual justicie (o juicios online): ¿Avance o retroceso?, en *Aspectos Críticos del derecho procesal. Diálogos hispano-italianos en homenaje al profesor Angelo Dondi,* J. M. Bosch.

Prendes Valle, M. (2022), *Algunas reflexiones sobre los juicios telemáticos.* Lefebvre, Tribuna. https://elderecho.com/algunas-reflexiones-sobre-los-juicios-telematico . Recuperado el 7 de septiembre de 2022.

Richard González, M. (2020). "Elogio del juicio oral (presencial) escrito por un profesor partidario del uso de la tecnología en el sistema judicial". Diario La Ley (9654), LA LEY 7574/2020, 1-18.

Rodríguez Laínz, J.L. (2024). "Las actuaciones procesales por videoconferencia en el proceso penal tras la publicación del Real Decreto-ley 6/2023". Diario La Ley (10465), 1-25.

Capítulo 13
La máquina: Tolkien y la tradición perdida

Guillermo Peris Bautista[1]
María Candelaria Romeu Peyró[2]

No es exagerado decir que Tolkien era un hombre desubicado temporalmente. Desde su pretensión, tomada con toda seriedad, de generar un mito para Inglaterra, pasando por su descontento con el inglés moderno o por su amor hacia lenguas recónditas y desaparecidas, como el gótico, su corazón y su mente tenían querencia por el pasado. Los motivos últimos de esta querencia posiblemente sean indescifrables para nosotros, pero parece claro que formar parte de la primera generación que hubo de experimentar los efectos del siglo más innovador y convulso de la historia tuvo algo que ver con ello. Lo cierto es que el propio Tolkien designó el motivo de su desafecto con el recién estrenado siglo mediante una palabra repetida: *la máquina*. El término encierra sus ideas, recelos y presentimientos, acerca del vertiginoso desarrollo tecnológico que le tocó vivir. También, sin duda, la nostalgia por una época histórica perdida.

En lo que sigue, intentaremos dar cuenta de la perspectiva encerrada en el término a través de algunos de sus escritos más relevantes.

---

1   Profesor colaborador doctor del departamento de Humanidades, Universidad Cardenal Herrera-CEU, CEU Universities, calle Luis Vives num.1, Alfara del Patriarca-Valencia(España).

2   Profesora colaboradora doctora del departamento de Humanidades, Universidad Cardenal Herrera-CEU, CEU Universities, calle Luis Vives num.1, Alfara del Patriarca-Valencia(España).

Para esta labor de reconstrucción y relación creemos que resulta idóneo empezar allí donde tanto Tolkien como la era premoderna sitúan este inicio del camino, cuando dan comienzo a sus propuestas sobre lo vinculante: en la materia, en el mundo físico, o en el cosmos. [3]

1. LA TRADICIÓN FILOSÓFICA PERDIDA: DEL KOSMOS A LA INVENCIÓN MODERNA DE LO NEUTRO

Tolkien tenía una jerarquía de preocupaciones/intereses durante el proceso de subcreación, que en su caso es mejor expresión que meramente crear relatos: de más a menos importante, para él el orden era lenguaje-mundo-personajes. El lector de *El señor de los anillos* que no haya leído previamente *El Silmarillion*, accederá a la Tierra Media en orden inverso, es decir, a través de los ojos de unos hobbits y, al igual que para éstos, para dicho lector parte de la intriga se basará en su desconocimiento de las reglas del juego del mundo físico en el que se adentra, establecidas al inicio de *El Silmarillion*. Paulatinamente se dará cuenta de que la Tierra Media es parte de la trama. La creación de dicho mundo le permite a Tolkien establecer unas condiciones de existencia de lo físico circundante que, por una parte, revelan la intención de la divinidad-origen —Ilúvatar—, y por otra, permiten *objetivar* la catadura moral de los personajes a ojos del lector enterado. Éste sabe que el modo de existencia misma de la Tierra Media es el primer criterio implícito, establecido

---

3   En este punto debemos detenernos a observar que, según Mentxakatorre (2018), el mundo perdido que más inspiraba artísticamente a Tolkien era el mundo pre-filosófico, cuando se daba razón del cosmos y de toda realidad poéticamente, es decir, el mundo previo a la distinción entre el discurso poético y el demostrativo. No obstante, el término "máquina" alude directamente a la modernidad tecnológica, y, como nos proponemos explicar, también es un término acertado para caracterizar la ruptura filosófica con la era anterior, ruptura que llamamos genéricamente "Modernidad". En este sentido, la edad filosófico-intelectual previa a la Modernidad sería sin duda más acorde a su manera de entender la realidad.

por Ilúvatar, a la hora de determinar cómo es cada cual dentro de ese mundo. Están los que aceptan, disfrutan, padecen y aspiran a conservar ese mundo —hobbits, enanos, elfos y la mayoría de los hombres—, y quienes recelan, se revelan, y porfían por generar un mundo alternativo, el cual inevitablemente tomará como negativo el que tienen ante sus ojos. En la aceptación, disfrute y padecimiento de las condiciones de la existencia impuestas por la Tierra Media, Ilúvatar quiere ser incluido como origen implícito. Tolkien hace que dicho contenido moral sea tan inevitable y objetivo como la existencia material de la luz en ese mundo. Así, Ella-la-Araña no rehúye la luz por capricho, ni la reclusión de Sméagol en profundas cavernas es un gesto moralmente arbitrario. Implícita pero inevitablemente, ya recelan del *logos* que rige en la Tierra Media y de su Origen al rechazar la luz que la baña.

En esto la obra magna de Tolkien es entusiasta heredera de la arquitectura fundamental de la realidad, tal y como esta se entendió durante la era premoderna de la cultura occidental. Nos referimos a una comprensión en la que el cosmos albergaba una lectura moral que se dejaba entrever en su orden.

Platón se esforzó por describir una articulación de la realidad que él encontraba cincelada de identidad y diferencia. Conceptos como *imagen, copia, mímesis* o *participación*, hablan del modo en que diferentes instancias están más o menos presentes simultáneamente en cualquier realidad dada, o del modo en que causas y efectos se anudan y relacionan, siempre sobre el supuesto de que la primera noticia de todo ello era el *aeidos*, palabra traducida comúnmente por *idea*, pero también como *forma*, variante ésta que retiene el significado de *aspecto físico que se ofrece a la vista*. Nada impide que incluyamos en la primera percepción del *aeidos* la silueta de algo —efectivamente, ésta es muy reveladora del tipo de ser—. Ahora bien, en este modo de proceder, por así decir, de los cuerpos a las formas, Platón (1986) no es sino una variación, ciertamente de una importancia enorme por su influencia posterior, del tema común que une y mueve a los pensadores de la antigüedad y que interpretan de maneras diversas, a saber: en la realidad impera la inteligibilidad, la claridad y el orden —aspecto éste retenido en el término *kosmos*, del que deriva cosmética— como experiencia básica que activa a la razón a explicitar las relaciones. Sin duda por este motivo Platón llama Bien a la Idea Suprema o *hyperousia* que es principio de todo (Platón, 1988) lo cual, dicho sea de paso, tiene algo de contracultural, dada la tendencia de la cultura griega a pensar que había algo de culpable en el hecho de existir.

Aristóteles, por su parte, piensa que el *kosmos* aspira a imitar al primer motor inmóvil como causa final ejemplar en su movimiento armonioso y circular (Aristóteles, 1987) y que "el bien es aquello a lo que todas las cosas tienden" (Aristóteles, 1998, p.131). Que ésta era la convicción metodológica ampliamente compartida lo constata el hecho de que uno de los consensos más extendidos hasta la Modernidad fuese concebir el mal como un tipo de existencia meramente parasitaria —una privación de una perfección, que por tanto depende de ésta— pues se entendía que el régimen general de la existencia era la tendencia al acabamiento o perfección propias del ser. Por este motivo, dentro de esta tradición de pensamiento se tiende a categorizar la muerte como escándalo filosófico y existencial, no como principio estructural de la realidad del viviente.[4]

Recogiendo el testigo de un mundo ordenado que se ofrece a los sentidos, Tolkien plasma dicha comprensión premoderna al hacer que lo primero experimentado en Tierra Media por un ser vivo —un elfo— sea la luz de una estrella. Platón señala al sol como mejor imagen del Bien

---

4   Al respecto, véase la entrevista concedida por Tolkien a la BBC, donde éste lee en voz alta un artículo de prensa de Simone de Beavuoir para ilustrar su afirmación de que la muerte es el "motivo fuente" —*keyspring*— de *El Señor de los Anillos*. El artículo reza ""*all men must die, but for every man his death is an accident, and even if he knows it and consents to it, an unjustifiable violation.* [Todo hombre debe morir, pero para cada hombre su muerte es un accidente, y aunque lo sepa y consienta en ello, una violación injustificable]" (BBC Archives, 2022, 6:30-6:39).

Supremo por cuanto lo que emite "hace que la vista vea y que las más hermosas cosas visibles sean vistas" (Platón, 1988, p. 332). En uno y otro caso identidad y diferencia, observables en todo, no dejan cabida a lo inespecífico, tanto perceptiva como racionalmente. Si hay algo que la racionalidad antigua no percibe al contemplar la realidad es que haya nada indiferente ni que deje indiferente. En todo ese orden y claridad inteligibles, de los cuales el ser humano forma parte, nada es concebible como neutro, sino como parte de un orden fundamentalmente benéfico:

> Estar regido por la razón significaba volverse hacia las Ideas y, por tanto, estar movido por el amor a ellas. El lugar de nuestras fuentes de energía moral está fuera. Tener acceso a lo superior es estar vuelto hacia el orden cósmico y en armonía con él, pues ha sido configurado por el Bien (Taylor, 2006, p. 203).

Por ello durante la antigüedad los modos de intervenir en la realidad estaban caracterizados por el protagonismo rector que se otorgaba a la identidad específica sobre la razón. La medicina es el mejor ejemplo al respecto. El médico se entendía a sí mismo como un *colaborador* con la *physis* previamente establecida por un orden superior, o al menos, previo. La *physis* encontrada imponía el procedimiento correcto —*techné*— y su restitución era el objetivo final de la *praxis* médica. Por eso exceder los contornos que delimitan y hacen posible la existencia de una naturaleza, con sus funciones características, era, y es, la definición de una mala *praxis* médica. *Primum non nocere*: o sea, ante todo, observar el límite, no dañar. Si no se hacía esto a sabiendas, entonces se rozaba la *hybris,* y no estaría clara su inclusión en la técnica médica por cuanto su propósito ya no sería restablecer la capacidad del cuerpo para ejercer adecuadamente por sí mismo el bien propio, la salud. Este modo de proceder no buscaría que el cuerpo ejerciese sus operaciones según su *physis* correspondiente en sintonía con el *logos* del universo (Laín Entralgo, 1978).

Así, cuando Tolkien emplea repetidamente el término La Máquina con tintes marcadamente negativos, también apunta a determinado tipo de poder o intervención sobre el cosmos, uno que exhibe determinadas justificaciones, prácticas y fines que se vuelven prevalentes en la cultura sólo tras el inicio de la Modernidad.

Es ya un tópico señalar a Descartes como iniciador de la Modernidad, pero conviene que quede claro cómo su comprensión contrasta con la comprensión clásica y es, en buena medida, el punto de partida remoto de la visión del mundo mecanicista que tanto incomoda a Tolkien. La equiparación cartesiana de la materia a una inespecífica *res extensa* —podemos traducir sin miedo mera extensión— supone una neutralización conceptual de toda materia en términos de la identidad y diferencia propia inscrita en la misma. La materia es concebida ahora como un conjunto homogéneo, sin parentescos naturales ni finalidades propias. No hay, estrictamente hablando, cuerpos.

Desde el punto de vista normativo-descriptivo, los medios que se requieren para dar razón de la materia así concebida cambian. A diferencia de los antiguos, esta nueva racionalidad desecha por irrelevante lo específico de la presentación de esa materia a los *sentidos*, es decir, su carácter vivo, corporal, y siempre-ya-(in)formado. El escenario que se abre ante esta racionalidad es el de una materialidad neutralizada de cualidades propias y de moralidad, un mundo físico a la espera de una descripción geométrico-matemática impuesta por los instrumentos de la razón, que sería su identidad más indubitable, confirmable, y real. Se puede decir que, dado lo inespecífico de toda materia, la luz y el orden posibles solo pueden provenir del haz proyectado por el método matemático-geométrico. Sólo éste otorga conocimiento objetivo, es decir, el de una realidad cuya identidad fundamental surge tras ser objeto de mediciones y cálculos objetivables. Lo objetivo se distingue de lo que pertenece al sujeto; lo exterior, el cosmos, se vuelve efectivamente indiferente a la valoración que el sujeto tenga de ello. Hechos y valores dejan de tener relación, salvo en el claustro del sujeto:

> Es necesario objetivar el mundo, incluyendo en ello nuestros propios cuerpos, y eso significa lograr verlos de un modo mecanicista y funcional, de la misma manera que los vería un desinteresado observador externo [...]

hemos de ordenar la comprensión que tenemos de la materia y dejar de pensar acerca de ella como el lugar de los acontecimientos y las cualidades cuya verdadera naturaleza sea mental. Y hacemos esto al objetivarla, es decir, al entenderla como «desencantada», como un simple mecanismo, desprovista de toda esencia espiritual o dimensión expresiva. Es necesario dejar de ver el universo material como si fuera una especie de medio en el que [...] las supuestas Formas o Especies de la tradición escolástica, puedan comunicarse, encarnarse o manifestarse (Taylor, 2006, p. 206).

Descartes no oculta que está estableciendo una nueva epistemología de la ciencia, es decir, que está estableciendo los criterios rectores del empleo más fiable de la razón. Pero este empleo de la razón podría no pasar de ser un modo de especular sobre la realidad, no muy distinto del modo en que los filósofos durante la antigüedad, a menudo matemáticos y geómetras competentes, empleaban este lenguaje para describirla. La ciencia como modo teórico especulativo es distinguible de la tecnología. No cabe duda de que Descartes rompe con la antigüedad en su modo de entender la materia y el cosmos, pero el afianzamiento de la duda metódica y su elevación a criterio procedimental para la ciencia proviene igualmente, si no en mayor medida, de la unión ciencia experimental-tecnología que ya estaba teniendo lugar por esas fechas[5].

Al respecto Hannah Arendt observa que, en paralelo a Descartes, Galileo demuestra sus tesis más allá de toda duda, y que su éxito se debe a un artilugio mediante el cual los desnudos sentidos quedan sumidos en la irrelevancia (Arendt, 2003). En retrospectiva y desde nuestra situación histórica no puede dejar de observarse que la duda metodológica cartesiana y el éxito experimental alcanzado merced a la tecnología empleada por Galileo se refuerzan mutuamente. Esto es, el logro de Galileo sirve, a efectos de nuestra era tecnológica, como argumento que

---

5   Se ha de notar que tras el cambio explicado efectuado por Descartes, toda materia ya ha sido transformada o reconfigurada conceptualmente para responder a determinadas exigencias metodológicas. No se puede decir que el método sea neutral en este sentido: ha transformado el objeto de estudio para sus propios fines.

certifica que una de las responsabilidades irrenunciables de la razón científica, como Descartes pensaba para la razón en general, es negarles a los sentidos su fiabilidad en favor del experimento controlado y, crucialmente, en favor de la información recogida en dichos experimentos por el aparataje científico. A partir de la experiencia que por primera vez hizo observable el cosmos al desnudo ojo mediante un artilugio que superaba sus capacidades, la información considerada objetiva estará ligada a los artefactos de medición en cuanto únicos mediadores fiables. Lo que se entiende como información objetiva se convierte gradualmente en una noticia exclusiva de la tecnología, desencadenando un proceso histórico ininterrumpido que ha llevado a algunos a concluir que "hoy, 'objetivas' son sólo las afirmaciones hechas por los objetos" (Anders, 2011, p. 73). En definitiva, si la nuestra es una sociedad tecnológica, también lo es en cuanto que la percepción de la realidad, tal y como la registran los aparatos de medición, se considera más fiable y canónica para la razón moderna.[6]

Por ello, continúa Arendt, el sujeto que goza del honor de ser considerado modelo de sabiduría en la Modernidad no es ya necesariamente el contemplativo el filósofo que se ocupa de los fines, como había sido indiscutiblemente antes, sino la persona que está a medio camino entre el contemplativo y el *homo faber*, y esto último en dos sentidos. En primer lugar, el conocimiento científico-técnico incluye saber fabricar la tecnología que nos informa verazmente de la auténtica composición de la realidad. En segundo lugar, el hombre sabio no solo fabrica objetos, sino que, con estos, es capaz de transformar o fabricar la realidad. El sabio es un hombre de acción, no de contemplación, es decir, alguien orientado a transformar mediante la técnica ese cosmos ya neutralizado de significado moral. En cierto modo, ahora el ser humano ocupa el lugar de un demiurgo sin modelo previo a sí mismo que le sirva de

---

6   No deja de haber aquí cierta ironía en el hecho de que sólo esta información se nos antoje plenamente *autorizada*, es decir, con un *autor*, que en este caso resulta ser fiable.

guía. El modelo es ahora la humanidad misma, sus propios fines. En este sentido, Modernidad también es el proceso histórico mediante el cual la especulación pierde prestigio paulatinamente en la medida en que no se dirija hacia resultados acreditables en la práctica, como expresión de una dinámica de poder sobre el medio para acomodarlo a los fines humanos. El saber prioritario es este saber técnico que, transformando el medio, da libertad de acción mejorando las condiciones de la vida práctica. Por su parte, el saber contemplativo, desvinculado de las máquinas y de su poder transformador, pierde su carácter primordial para la modernidad. La mirada contemplativa da acceso a un tipo de conocimiento que no tiene el poder de transformación inmediata privilegiado por la modernidad (Arendt, 2003).

Hay un aspecto más a mencionar sobre el curioso talante que adquiere la revolución científica desde el inicio y que tendrá mucha importancia para Tolkien a la hora de posicionarse sobre el papel de la tecnología. Nos referimos a Francis Bacon, contemporáneo de Descartes, campeón de la ciencia experimental, e inspirador de la *Royal Society*. Para Bacon, la ciencia experimental es el único camino posible hacia el progreso de la humanidad. Lo específico que encierra este saber es la posibilidad de que nos retorne a la condición paradisíaca del conocimiento del Adán previo al pecado original. Para él la ciencia experimental, y solo ella, tiene las claves para retornar al paraíso, al menos parcialmente; aunque, quien sabe, quizá también gradualmente, dada su capacidad para transformar el medio:

[Francis Bacon, como es bien sabido, veía en las ciencias la posibilidad de restaurar, o al menos reparar, las pérdidas de conocimiento resultantes de la Caída. Hacía hincapié en purgar la mente de los defectos introducidos por la defección de Adán. Describiendo su objetivo como 'el verdadero fin y terminación del error', sugirió que esto sólo podría lograrse si el conocimiento era 'descargado del veneno que la serpiente infundió en él']⁷ (Harrison, 2007, p. 4).

---

7   [Traducción propia de los autores] *Francis Bacon, as is well known, saw in the sciences the prospect of restoring, or at least repairing, the losses to knowledge*

Como veremos a continuación, para Tolkien, el tipo de poder que derivaría de esta posibilidad referida al conocimiento de hecho confirmaría —y quizás agravaría— otras consecuencias de la caída, éstas referidas a la voluntad. En cierto modo, a sus ojos, la tecnología moderna ya lo ha hecho. La capacidad transformativa del medio alcanzada por la técnica bien puede interpretarse como éxito común del conocimiento alcanzado por la Humanidad, pero para Tolkien este proyecto esconde ante todo voluntad de dominio e instrumentalización, tanto del cosmos como de las personas.

2. LA POSICIÓN DE TOLKIEN

El texto en que Tolkien explica su posición de modo más completo es la frecuentemente citada *Carta 131 a Milton Waldman*. Transcribimos las partes más relevantes de la misma a nuestros efectos:

> Todo este material trata sobre todo de la Caída, la Mortalidad y la Máquina. De la Caída, inevitablemente, y ese motivo se da de diversos modos. De la Mortalidad, especialmente en cuanto afecta el arte y el deseo creador (o, como yo diría, subcreador) [...] Este deseo, a la vez, se relaciona con un apasionado amor por el mundo primordial real y, por tanto, pleno del sentido de la mortalidad, aunque insatisfecho de él. Tiene varias oportunidades de 'Caída'. Puede volverse posesivo, adherirse a las cosas que ha hecho 'como propias'; el subcreador desea ser el Señor y Dios de su creación privada. Se rebelará contra las leyes del Creador, especialmente en contra de la mortalidad. Ambas cosas (juntas o separadas) conducirán al deseo de Poder, para conseguir que la voluntad sea más prontamente eficaz, y, de ese modo, a la Máquina (o la Magia). Por esto último entiendo toda utilización de planes y proyectos externos (aparatos) en lugar del desarrollo de las capacidades o talentos inherentes internos, o aun la utilización de estos talentos con el

---

that had resulted from the Fall. His emphasis lay on purging the mind of those flaws introduced by Adam's defection. Describing his goal as 'the true end and termination of error', he suggested that this could only be accomplished if knowledge was 'discharged of that venom which the serpent infused into it.

corrupto motivo del dominio: intimidar al mundo real o reprimir otras voluntades. La Máquina es nuestra forma más evidente de hacerlo, aunque más estrechamente relacionada con la Magia de lo que suele reconocerse (Carpenter y Tolkien, 1993, p. 173).[8]

Por empezar con el primer término, importa destacar su consideración de La Caída y ponerla en relación con la posibilidad que Bacon otorgaba a la ciencia de reparar algunos de sus efectos. Tolkien entiende que las capacidades humanas, sean estas científico-tecnológicas o artísticas, son, en última instancia, subcreativas, es decir, reinterpretan, reelaboran o recrean la realidad de modos nuevos a partir de las posibilidades que el ser humano advierte al conocerla —de ahí *sub*—. Según explica Tolkien (2019, p. 68), la subcreación literaria busca "[crear algo nuevo]"[9] en el sentido más estricto —es decir, mundos—, en contraste con ideas más o menos inusuales y efectistas como el *Mooreeffoc* de Chesterton. Tolkien suele tener en mente el lenguaje al decir esto en

---

8   Los autores consideran interesante incluir aquí el texto en lengua inglesa de una edición posterior. Nótese la traducción de *bulldozing* por *intimidar*: *Anyway all this stuff is mainly concerned with Fall, Mortality, and the Machine. With Fall inevitably, and that motive occurs in several modes. With Mortality, especially as it affects art and the creative (or as I should say, sub-creative) desire [...] This desire is at once wedded to a passionate love of the real primary world, and hence filled with the sense of mortality, and yet unsatisfied by it. It has various opportunities of Fall. It may become possessive, clinging to the things made 'as its own', the sub-creator wishes to be the Lord and God of his private creation. He will rebel against the laws of the Creator —especially against mortality. Both of these (alone or together) will lead to the desire for Power, for making the will more quickly effective, —and so to the Machine (or Magic). By the last I intend all use of external plans or devices (apparatus) instead of development of the inherent inner powers or talents —or even the use of these talents with the corrupted motive of dominating: bulldozing the real world, or coercing other wills. The Machine is our more obvious modern form though more closely related to Magic than is usually recognised* (Carpenter, 2023, pp.204-205).

9   [traducción propia de los autores] "[*to*] *make something new*".

otros textos, pero no es impropio entender así la ciencia y la tecnología, pues cada instrumento tecnológico supone una reinterpretación (sub) creativa de las posibilidades físico-materiales del mundo. Está por tanto claro que La Caída no ha abolido el tipo de capacidad original; ésta es hoy en lo esencial idéntica a la otorgada a Adán, a juzgar por la inventiva humana en todos los ámbitos. Para Tolkien el conocimiento de las cosas en la actualidad es ya similar al de Adán, y nada impide que mejore, se acreciente o sea más preciso, eso sí, a través de penalidades y precauciones metodológicas que el padre de la humanidad, según algunos, no requeriría antes de la caída.

El problema fundamental para Tolkien es el otro ámbito afectado por la desobediencia de Adán, esto es, la voluntad. Nada hace suponer que alcanzar el conocimiento inerrante previo a la falta original, que Bacon atribuía como posibilidad a las ciencias naturales, reparase el deseo de, precisamente con ese conocimiento, desdeñar el *logos* recibido e intentar diseñar otro, por así decir, de nueva planta. De hecho, por seguir con el relato, Adán gozaba de ese supuesto conocimiento tan penetrante, y ello no impidió la desobediencia. Este nuevo diseño sería necesariamente uno en que "las capacidades o talentos inherentes internos" (Carpenter, 1993, p. 173) de toda realidad tenderían a ser violentados como efecto del abandono del Origen, y con ello, del *logos* previsto por éste para la realidad. Así, partiendo de la capacidad y el deseo de dominio del mundo para acrecentar las capacidades internas inscritas en cada cosa e incrementar de este modo el orden en el universo, para Tolkien sería inevitable que, en el presente estado caído, la voluntad de algunos buscase "intimidar al mundo real o reprimir voluntades" (Carpenter, 1993, p.173) justo con ese conocimiento, o sea, que sojuzgase o sometiese toda realidad a finalidades no encontradas en la realidad, sino a finalidades autorreferenciales y autogeneradas por el sujeto caído y, por ello, a objetivos impuestos artificialmente desde fuera —planes y proyectos externos a las cosas—. Esto es propiamente La Máquina para Tolkien: tanto el tipo de deseo posesivo y de autoría que transformaría y suplantaría al diseño original, como los objetos y la tecnología que le otorgan el poder para manipular la realidad hacia ese fin. Como telón de fondo, la muerte, el aspecto del diseño original que permea todo el *logos* recibido y, por lo tanto, el objetivo primordial a superar por La Máquina. Si el ser humano es capaz de abolirla, podría —quizá con justicia— reclamar la Tierra Media como suya. Por eso, a pesar de ser una obra de artesanía, el anillo único es La Máquina por excelencia, porque apunta, sin conseguirlo, a la consecución del objetivo más deseable como consecuencia de la lógica interna al poder ejercido por el humano caído: suplantar el Origen, eliminar la muerte para reescribir las reglas de la realidad desde sí y para sí.

De hecho, como deseo que excede las "capacidades inherentes" (Carpenter, 1993, p, 173) de la realidad, el deseo que conduce a abusar del medio no solo se hace evidente en la actividad, digamos, tecnológico-industrial del complejo Saruman-Sauron. Hay un primer contraste respecto de la técnica interno a su obra, puesto de relieve por la actitud de pueblos en principio pacíficos y expertos en habilidades manufactureras: hobbits y enanos.

En lo que respecta a los hobbits, lo que se podría considerar La Máquina como deseo brilla por su ausencia en la Comarca. Si bien la vida social de los hobbits no estaba exenta de rencillas y ambiciones desmedidas, su modo de vida es presentado como algo idílico precisamente porque sus preocupaciones cotidianas se limitan casi exclusivamente a tareas agrarias, con la limitación correspondiente de sus instrumentos, tal como hace notar Stewart (2012):

> [En el prólogo de El Señor de los Anillos, aprendemos que los hobbits tienen 'una estrecha amistad con la tierra' y que, de hecho, nunca han estudiado magia de ningún tipo. Y aunque los hobbits son hábiles con las herramientas y expertos en muchos oficios, 'no entienden ni entendían máquinas más complicadas que un fuelle de forja, un molino de agua o un telar manual', ni 'se apresuran innecesariamente']¹⁰ (p.151).

---

10   [Traducción propia de los autores] *In the prologue to The Lord of the Rings, we learn that hobbits have "a close friendship with the earth," and*

Los enanos pueden servir de contraste a la sencillez de los hobbits en este sentido. Su destreza técnica para elaborar determinados objetos es legendaria en la Tierra Media, tan legendaria, sin embargo, como su codicia, rayana en la obsesión, por extraer y hacer acopio de minerales preciosos, sobre todo el mithril. Siempre cuidadoso con los términos empleados, Tolkien configura el comportamiento de esta raza de modo que no se pueda decir que refleje *amistad con la tierra* por mucho que conocieran a la perfección las características del terreno, ni tampoco cabe decir que los enanos sean inocentes del defecto de *apresurarse innecesariamente* en busca de dichos minerales. De hecho, fue su codicia por dichos recursos lo que les llevó a cavar tan hondo que despertaron demonios ancestrales —Balrogs— (Tolkien, 2001a), seres malignos desaparecidos de la Tierra Media muchos milenios atrás, una consecuencia ésta que sitúa la actitud de los enanos en el territorio de la *hybris* griega. Es cierto, como Tolkien dice, que la forja de la espada Gram revela la naturaleza del acero (Tolkien, 2019) y la cota de malla regalada a Frodo la naturaleza del mithril, pero el afán extractivo agota los recursos y desencadena desgracias. Esto es fruto de una comprensión de una realidad natural —en este caso, la montaña— como mero medio para un plan y proyecto externo autorreferencial, un plan tan sesgado que se ciega a la naturaleza íntegra del ser encontrado.

Como parte de este contraste, encontramos varias alegorías de toda esta destructividad de la máquina e idealización de la sociedad preindustrial en sendos momentos de *El Señor de los Anillos*. La más clara tiene que ver con todo el proceso de industrialización que tiene lugar en Isengard. El despliegue tecnológico-industrial desarrollado por Saruman es formidable, pero este despliegue de fuerza y hierro

---

have never, in fact, studied magic of any sort. And although hobbits are skillful with tools and adept at many crafts, they "do not and did not understand machines more complicated than a forge bellows, a water-mill, or a hand loom," nor do they "hurry unnecessarily".

sucumbe ante la naturaleza, personificada en los Ents, capaz de engullir toda esta creación para el mal y la muerte.

La última imagen a destacar, más interesante si cabe, es la industrialización de la Comarca. Recordemos que para Tolkien el modo de vida de los hobbits es idílico (Stewart, 2012), teniendo estos una profunda amistad con la Tierra. Es precisamente al final de *El Señor de los Anillos*, cuando los hobbits regresan a casa, que se produce una gran ruptura: la Comarca se ha corrompido en su ausencia y de nuevo ha sido Saruman el autor de tal corrupción por medio de la tecnología y las máquinas. Tras la destrucción del Anillo Único, La Máquina por excelencia, se enfrentan a la recuperación de la propia identidad, la de su pueblo, la de la Comarca. La lucha contra Saruman representa la lucha contra la máquina, el retorno a una tierra idílica y la amistad con la Tierra.

Los contrastes precedentes ilustran un punto: el conocimiento técnico no garantiza la sabiduría. El hecho de que algo acontezca de un modo descriptible matemáticamente no es más que un punto de llegada del conocimiento que se recorta sobre un tapiz de consideraciones filosóficas, históricas y literarias que dan la medida, entre otras cosas, de la admiración y el interés constante que despierta esa realidad. Estas consideraciones atestiguan que el ser contiene una profundidad que no es reducible a descripción alguna de la relación entre sus partes, ni a su funcionamiento. La tecnología, siempre inclinada hacia lo pragmático y, por lo tanto, hacia lo relativo, puede oscurecer esta comprensión para hacernos suponer que toda realidad consiste en algo tan cercano como su utilidad práctica, confundiendo el ser con su cotidianeidad, a través del uso que de él nos sirve la ciencia. En realidad, toda experiencia y toda experimentación tiene interés porque presupone una admiración, una mirada, solo conservada en los relatos. Éstos contienen la expresión de la sorpresa que provoca y la profundidad que tiene el ser por encima de su practicidad, y tras ella. Ahora bien, el conocimiento técnico no garantiza este trasfondo, mientras que este último es, de hecho, la salvaguarda de los usos prácticos. El sabio en

Tolkien es quien se comporta y trata las cosas según el orden establecido por el trasfondo de los relatos antiguos, lo sepa o no.

En la Tierra Media, esto distingue entre sí a los que parecen tener un poder adicional al cotidiano. Los elfos, que no entienden qué quieren decir los hobbits cuando aluden a la magia élfica, lo describen diciendo que "en todo lo que hacemos ponemos el pensamiento de todo lo que amamos" (Tolkien, 2001a, p. 497), siendo lo que aman los relatos del origen que siguen muy vivos en su memoria. Por eso su saber técnico conserva y potencia los talentos y capacidades inherentes de las cosas, mientras que, en contraste, se dice de Saruman que "tiene una mente de metal y ruedas, y no le preocupan las cosas que crecen, excepto cuando puede utilizarlas en el momento" (Tolkien, 2001b, p. 89), es decir, está predispuesto a violentar la constitución interna, incluido el tiempo de crecimiento propio, de cada cosa, en orden a "conseguir que [su] la voluntad sea más prontamente eficaz, y, de ese modo, a la Máquina (o la Magia)" (Carpenter, 1993, p.173). Las máquinas, para Tolkien, son la magia moderna porque acortan la distancia entre el deseo y su consecución, imponiendo la voluntad sobre los elementos, haciendo que éstos se apresuren innecesariamente.

A la luz de esos mismos relatos sapienciales resulta patente que el mundo físico no es sólo un medio para un fin, o sea, una realidad sin otra lectura que el fin que nos propongamos con ella. Tampoco la perspectiva de los relatos permite, por tanto, que técnica ni tecnología queden a salvo del ámbito moral, parapetadas tras la etiqueta de mero instrumental. La categoría moral *neutro* es una invención moderna que permite la idea tan difundida de que, con carácter general, nada es bueno ni malo, sino que depende de su uso. Esta visión es la abierta por Descartes respecto a la materia, y, en tanto realidad material, la que permite equiparar al mundo físico con un artefacto, esto es, algo sin valor propio inicial al cual posteriormente se le podría otorgar alguno, dependiendo de su aptitud para rendir según la finalidad impuesta. Esta es una noción por completo desconocida en el mundo antiguo al que Tolkien se sentía vinculado.

En realidad, lo que su visión implica es que todo es en principio bueno, incluidos los artefactos, hasta que se demuestre lo contrario. Un bisturí, un martillo, no son cosas ni buenas ni malas, sino son cosas buenas que, precisamente por ello, pueden usarse mal, o de un modo desviado respecto de su función. Ese mal uso sería circunstancial, y no afectaría a la cualidad fundamentalmente buena de un instrumento apto para fines loables.

Ahora bien, su experiencia biográfica le llevó al convencimiento personal de la capacidad dañina intrínseca a algunas invenciones recientes. En concreto, tras participar en la Primera Guerra Mundial, por un lado, y observar cómo la campiña inglesa sufría un intenso proceso de industrialización por otro, Tolkien concluyó que quedaba demostrado lo contrario respecto del motor de combustión interna, invención que para él concentraba los significados explicados del término *máquina*: "[Cuánto desearía que el motor de 'combustión infernal' no se hubiera inventado nunca]"[11] (Carpenter, 2023 p. 112).

Es comprensible que su posición se nos antoje inútil e incluso algo pueril, ya que apunta a un mundo tan irrecuperable como en muchos aspectos indeseable. Sin embargo, si hacemos el esfuerzo de contextualizar lo que debió suponer la Primera Guerra Mundial como experiencia de un poder jamás visto, cortesía de las nuevas tecnologías, quizá su ataque de nostalgia esté más justificado, y posiblemente, hasta sea inevitable. Uno de estos artefactos por entonces nuevo quizá venga a la mente: el tanque. Su correcto funcionamiento no es un bien precisamente deseable, y el hecho de que pueda tener utilidades positivas distintas a las previstas es técnicamente accidental. Tan solo una generación antes, y a excepción de las armas de fuego, la norma solía ser la contraria, es decir, estar rodeado de objetos que eran dañinos solo accidentalmente, un martillo, por ejemplo. Se puede pensar, de nuevo, con razón, que se

---

11 [Traducción propia de los autores] *"How I wish the 'infernal combustion' engine had never been invented".*

trata de un ejemplo muy extremo. Pero si pensamos en muchos nuevos artefactos fruto de recientes posibilidades tecnológicas y cuya finalidad es pacífica, el balance, sin ser completamente negativo, no es tan claro como antes.[12] Las palabras de Tolkien delatan la conciencia de que un artefacto no solo no es desvinculable de la lógica que lo ha hecho existir, sino que la revela con bastante precisión. Con tan solo mirar a un tractor intuimos que está hecho para la producción masiva, así como un coche lo está para apresurarse innecesariamente; de otro modo, no existirían. Lo anecdótico es el hecho de que puedan ser usados con esta finalidad o con alguna otra, dependiendo de circunstancias. Como objetos su existencia no es neutral, pues su existencia hace real efectos secundarios indeseables que no existían previamente. Todo objeto actualiza finalidades, éstas están inscritas en él, y, lejos de quedar por encima, su modo de empleo acaba exigiendo militancia al sujeto: "los aparatos mismos [...] determinan su utilización a través de su estructura y función fijas y, con ello, también el estilo de nuestro quehacer y nuestra vida: en pocas palabras, a nosotros" (Anders, 2011, p. 108).

En una carta de reciente aparición, Tolkien alude a esta simbiosis entre máquina y hombre. Refiriéndose al uso de cuestionarios para determinar la inteligencia o aptitud en el servicio militar que por entonces su hijo Christopher estaba cumpliendo en la RAF, escribe en dicha carta 66 del 6 de mayo de 1944:

> [Cuanto más pensamos en los seres humanos como si fueran máquinas que se ponen en marcha al accionar ciertas manivelas, más dependerán de esa basura [los cuestionarios de inteligencia]. Y el sufrimiento será mayor para los humanos menos mecánicos. Gente como tú y yo. No somos ágiles, ocurrentes y vivaces. En parte porque digerimos comida o la evacuamos, y no la engullimos sin más por la boca y luego la vomitamos. En parte porque, en cualquier caso, recelamos de los procesos mentales apresurados, ocurrentes

---

12   Ahora lo sabemos por la amenaza al medio ambiente, pero también por problemas de conducta inducidos por algunas nuevas tecnologías, e incluso por modelos antropológicos muy cuestionables surgidos al aliento de la capacidad tecnológica reciente.

y estandarizados. Pero *somos* un poco lentos. Y en tu servicio [el que su hijo debía prestar como militar], donde los humanos son reducidos a siervos de la maquinaria más aún que en cualquier otro, es necesario convertirlos en esclavos ocurrentes, prestos y veloces"][13] (Carpenter, 2023, p.114).

Estas palabras encierran la sospecha de fondo de que la máquina se está volviendo parte de la vida, y que quizá incluso colonice ámbitos o procesos en los que los artefactos parezcan ausentes. O si se quiere, la intuición de que se irá imponiendo un mundo en que se nos exijan respuestas rápidas, tasadas según estándares predeterminados y, concluye Tolkien, todo ello con una intención clara: hacernos siervos de la rapidez —no al revés— con que todo se mueve merced a la tecnología. Pero lo cierto es que, como humanos, y en comparación con las máquinas, "somos un poco lentos"[14] , y no solo los Tolkien. Para Tolkien no había duda de que la tecnología es la forma más evidente en la actualidad de ejercer la voluntad de dominio de La Máquina sobre los humanos.

REFERENCIAS BIBLIOGRÁFICAS

Anders, G. (2011). *La Obsolescencia del Hombre. Sobre el alma en la época de la segunda revolución industrial. Vol I*. Pre-Textos.

Arendt, H. (2003). *La Condición Humana*. Paidós.

Aristóteles (1987). *Metafísica de Aristóteles*. (Edición trilingüe. Valentín García Yebra). Gredos.

---

13   [Traducción propia de los autores] *The more men think of human beings as machines that tick over when you turn certain handles, the more they'll rely on that sort of rot. And the worse the less mechanical humans will suffer. People of your (and my) sort: are not quick, bright, and perky. Partly because we digest food, or excrete it, and don't just take it in the mouth and vomit. Partly because we distrust quick, bright, standardized, mental processes anyway. But we are a bit slow. And speed in your service, where men are more nearly reduced to the serfs of machinery than in any other, do need to be made into bright quick ready slave.*

14   [Traducción propia de los autores] *"we are a bit slow"*

Aristóteles (1998). *Ética Nicomáquea*. (Traducción de Julio Pallí Bonet). Gredos.

BBC Archives, (2022). *1968: Tolkien on Lord of the Rings*. https://www.youtube.com/watch?v=rre7zQGcldI Recuperado el 5 de julio de 2024.

Harrison, P. (2007) *The Fall of Man and the Foundations of Science*. Cambridge University Press.

Carpenter, H. y Tolkien, C. (1993). *Cartas de J.R.R. Tolkien*. Minotauro.

Carpenter, H. (2023). *The Letters of J.R.R. Tolkien: Revised and Expanded Edition*. HarperCollins.

Laín Entralgo, P. (1978). *Historia de la Medicina*. Salvat.

Mentxakatorre Odriozola, J. (2018). *La muerte como don: J.R.R. Tolkien. Hacia una metafísica del arte y la redención*. [Tesis doctoral]. Universidad Autónoma de Madrid.

Platón (1986). *Diálogos III: Fedón, Banquete y Fedro*. Biblioteca clásica Gredos.

Platón (1988). Diálogos IV: República. (Traducción, introducción y notas Conrado Eggers Lan) Biblioteca clásica Gredos.

Stewart, C. (2012). *The Hobbit and Philosophy: For When You've Lost Your Dwarves, Your Wizard, and Your Way*. Blackwell.

Taylor, C. (2006). *Fuentes del yo. La construcción de la identidad moderna*. Paidós.

Tolkien, J.R.R. (2001a) *El Señor de los Anillos, Vol I. La Comunidad del Anillo*. Minotauro.

Tolkien, J.R.R. (2001b) *El Señor de los Anillos, Vol II. Las Dos Torres*. Minotauro.

Tolkien, J.R.R. (2019) *On Fairy-stories*. (Edited by Verlyn Flieger and Douglas A. Anderson). HarperCollins.